KB211450

예수의 피를 힘입어
기드온, 바락, 삼손, 입다

신학을 전공한
정신과 의사의
성경인물 이야기,
세 번째

예수의 피를 힘입어
기드온, 바락, 삼손, 입다

지은이 | 최관호
표지디자인 | 한영애
펴낸이 | 원성삼
펴낸곳 | 예영커뮤니케이션
초판 1쇄 발행 | 2023년 6월 30일
등록일 | 1992년 3월 1일 제2-1349호
주소 | 03128 서울시 종로구 대학로3길 29, 313호 (연지동, 한국교회100주년기념관)
전화 | (02) 766-8931
팩스 | (02) 766-8934
이메일 | jeyoung@chol.com
ISBN 979-11-89887-67-4 (03230)

본 저작물은 저작권법에 의하여 한국 내에서 보호를 받는 저작물이므로
무단 전재와 무단 복제를 금합니다.

값 31,000원

모든 인간은 하나님의 형상을 닮은 존귀한 존재입니다. 사람은 인종, 민족, 피부색, 문화, 언어에 관계없이 모두 다 존귀합니다. 예영커뮤니케이션은 이러한 정신에 근거해 모든 인간이 존귀한 삶을 사는 데 필요한 지식과 문화를 예수 그리스도의 사랑으로 보급함으로써 우리가 속한 사회에 기여하고자 합니다.

신학을 전공한
정신과 의사의
성경인물 이야기,
세 번째

예수의 피를 힘입어
기드온, 바락, 삼손, 입다

최관호 지음

이 책은 "인생에서 무언가 하나씩 빠진 사람들의 이야기"를 담고 있다. 이들은 분명히 뭔가 하나씩 모자란 인물들이다. 하지만 이들은 히브리서 11장 "믿음의 전당"에 이름을 올린 "믿음의 사람들"이다.
성경에는 '우리 눈에 기이해 보이는 하나님의 역사하심'이 담겨있다.
우리 같으면 다른 인물과 하나님 나라를 이루어갈 것 같으니 말이다.
그러나 하나님의 시선은 세상의 눈과 다르다.
그런 점에서, 이 책은 '희망'을 노래하고 있다.
물론 배경이 '사사기'이다 보니 기가 막힌 이야기가 많이 나올 것이다.
그러나 그러한 배경이 역설적으로 '무언가 하나씩 빠져 있는 우리네 인생의 가치'를 웅변할 것이다.
사실 우리네 인생에 있는 그 틈은 '우리 하나님의 은혜가 스며드는 통로'이기 때문이다.

예영

차 례

서문_ 예수의 피를 힘입어 성소에 들어갈 담력을 얻었나니 6

1부 배경

레위 지파_ 만일 이 사람들이 침묵하면 돌들이 소리 지르리라 34

사사기의 구조 그리고 사사 시대의 주류 '에브라임 지파' 59

사사기의 배경_ 미가의 신상과 단 지파 이야기 80

2부 기드온

기드온 1_ 미디안과의 전쟁 116

기드온 2_ 기드온의 욕망 그리고 십자가의 길 150

기드온 3_ 기드온의 성품과 하나님의 은혜 181

아비멜렉 1_ 아비멜렉과 세겜 사람들 205

아비멜렉 2_ 아비멜렉과 하나님의 보복 232

3부 바락

바락 1_ '젖과 꿀'이 사라진 약속의 땅에 '젖과 꿀'이 흐르게 하라 258

바락 2_ '젖과 꿀'이 사라진 약속의 땅에 '젖과 꿀'이 흐르게 하라 284

4부 삼손

삼손 1_ 당신은 다릅니까? 308

삼손 2_ 당신은 다릅니까? 336

삼손 3_ 당신은 다릅니까? 365

삼손 4_ 당신은 다릅니까? 390

삼손 5_ 당신은 다릅니까? 409

5부 입다

입다 1_ 너는 우리 아버지의 집에서 기업을 잇지 못하리라 440

입다 2_ 너는 우리 아버지의 집에서 기업을 잇지 못하리라 461

입다 3_ 너는 우리 아버지의 집에서 기업을 잇지 못하리라 486

Gideon
Barak
Samson
Jephthah

서문

예수의 피를 힘입어 성소에 들어갈 담력을 얻었나니

[19]그러므로 형제들아 우리가 **예수의 피를 힘입어 성소에 들어갈 담력을 얻었나니** [20]그 길은 우리를 위하여 휘장 가운데로 열어 놓으신 새로운 살 길이요 휘장은 곧 그의 육체니라(히브리서 10:19–20)

이 책은 '인생에서 무언가 하나씩 빠진 사람들의 이야기'를 담고 있다. 그들의 이름은 '기드온, 바락, 삼손, 입다'이다. 이들은 분명히 뭔가 하나씩 모자란 인물들이다. 하지만 이들은 히브리서 11장 '믿음의 전당'에 이름을 올린 '믿음의 사람들'이다. 성경을 자세히 읽어본 성도라면 누구나 동의하는 점이 있을 것이다. 그것은 성경에 나오는 '모순(?)' 혹은 '반전'일 것이다. 방금 언급한 '모순(?)'이라는 단어는 '우리 눈에 기이해 보이는 하나님의 역사하심'을 의미한다. 우리 같으면 다른 인물을 불러서 하나님 나라를 이루어 갈 것 같으니 말이다.[1] 그러나 하나님의 시선은 세상의 시선과 다르다. 그런 점에서, 이 책은 '희망'을 노래하고 있다. 물론 배경이 '사사기'이다 보니 기가 막힌 이야기가 많이 나올 것이다. 그러나 그러한 배경이 역설적으로 '무언가 하나씩 빠져 있는 우리네 인생의 가치'를 웅변할 것이다. 사실 우리네 인생에 있는 그 틈은 '우리 하나님의 은혜가 스며드는 통로'이기 때문이다.

이 책의 서문은 저자의 '신앙 간증'부터 시작할 것이다. 그 과정을 통해 '구약에 나오는 4명의 사사'를 다루는 책의 제목이 어떻게 '예수의 피를 힘입어'로 정해지게 되었는지 알게 될 것이다. 하나님께서는 그 시대를 살아내는 오류투성이의 설교자를 들어 당신의 '메시지(message)'를 전해주신다. 하나님께서 이렇게 하시는 이유는 '우리 주 예수 그리스도의 성육신'과 맥을 같이 한다.[2] 하나님께서 완벽한 사람만을 들어 쓰신다면 우리는 어떻게 될까? 그렇게 된다면, 과연 하나님 나라에 우리가 설 자리가 남아 있을까? 이 책이 '인생에서 무언가 하나씩 빠진 사람들의 이야기'를 다룰 수 있게 된 이유는 간단하다. 저자인 내가 바로 그들 중 하나이기 때문이다. 내가 그들과

---

1 "[26]**형제들아 너희를 부르심을 보라 육체를 따라 지혜로운 자가 많지 아니하며 능한 자가 많지 아니하며 문벌 좋은 자가 많지 아니하도다** [27]그러나 하나님께서 세상의 미련한 것들을 택하사 지혜 있는 자들을 부끄럽게 하려 하시고 세상의 약한 것들을 택하사 강한 것들을 부끄럽게 하려 하시며 [28]하나님께서 세상의 천한 것들과 멸시 받는 것들과 없는 것들을 택하사 있는 것들을 폐하려 하시나니 [29]**이는 아무 육체도 하나님 앞에서 자랑하지 못하게 하려 하심이라**"(고린도전서 1:26-29).

2 "[15]우리에게 있는 대제사장은 **우리의 연약함을 동정하지 못하실 이가 아니요** 모든 일에 우리와 똑같이 시험을 받으신 이로되 죄는 없으시니라 [16]그러므로 우리는 긍휼하심을 받고 때를 따라 돕는 은혜를 얻기 위하여 은혜의 보좌 앞에 담대히 나아갈 것이니라"(히브리서 4:15-16).

닮은 부분이 있지 않고서야 어찌 그들의 세밀한 사정을 알 수 있을까? 그러면 이제 내 인생 가운데 아픔으로 시작된 틈 사이로 비친 하나님의 역사하심을 따라가 보자.

나는 성경을 읽다가 회심했다. 전적인 하나님의 은혜였다. 나는 어린 시절, 몇 년 전 돌아가신 엄마의 영향으로 성당에서 운영하는 유치원[3]을 나왔다. 고등학교 시절, 폭풍우 같던 사춘기를 겪었다. 그 당시를 회상할 때마다, 나는 폭우와 천둥 번개가 치는 '망망대해에 떠 있는 돛단배'가 떠오르곤 한다. "나는 왜 태어났나? 나는 왜 살아야 하나? 나는 어디에서 와서 어디로 가는 존재인가?" 누구도 답해주지 않았다. 이 질문에 돌아오는 대답은 항상 "공부나 해라, 네가 배가 불렀구나."였다. 그렇게 해서, 읽기 시작한 성경이었다. 그 결과, 나는 내 질문에 대한 답을 얻게 되었다. 지금 와서 생각해보면, 당연한 결과였다. 이 땅을 살아가는 인생(人生)들에게는 답이 없다. 그들 또한 답이 필요한 존재들일 뿐이다. 우리의 존재와 삶에 대한 모든 답은 하나님께 있다.

> [29]참새 두 마리가 한 앗사리온에 팔리지 않느냐 그러나 너희 아버지께서
> 허락하지 아니하시면 그 하나도 땅에 떨어지지 아니하리라 [30]**너희에게
> 는 머리털까지 다 세신 바 되었나니** [31]두려워하지 말라 너희는 많은 참

---

3 충주 해성유치원, 충청북도 충주에 있는 교현동성당 부설 유치원이다. 오십이 넘은 사람이 "엄마, 아빠"라는 호칭을 쓰게 된 연유(緣由)는 내 책 『하나님을 위한 변명』(최관호, 예영커뮤니케이션) 서문에 설명해두었다.

새보다 귀하니라 [32]**누구든지 사람 앞에서 나를 시인하면 나도 하늘에 계신 내 아버지 앞에서 그를 시인할 것이요** [33]**누구든지 사람 앞에서 나를 부인하면 나도 하늘에 계신 내 아버지 앞에서 그를 부인하리라**(마태복음 10:29-33)

"너희에게는 머리털까지 다 세신 바 되었나니." 마태복음의 이 말씀이 사춘기 시절 내 질문에 대한 답이 되었다. 그것으로 나의 사춘기는 마침표를 찍게 되었다. 내 머리털 하나까지도 다 세어 두신 그분이 '나의 창조주'이셨다. 그분이 내 존재와 인생의 시작이셨다. 그렇다면, 내 인생은 '우연(偶然)의 산물(産物)'이 아니지 않은가? 나를 향한 그분의 목적과 분명한 뜻이 있다는 이야기 아닌가? 물론 그 당시, 나를 향한 그분의 목적과 뜻이 무엇인지 정확히 알 수는 없었다. 하지만 그분이 허락하지 않으시면 참새 한 마리도 땅에 떨어지지 않는다고 하시지 않았는가? 그런데 그 많은 참새보다 귀한 내 인생이 아니던가? 그렇다면 나를 향한 그분의 뜻을 신뢰하지 못할 이유가 무엇인가? 내가 꼭 내 인생에 대해 알아야만 그분을 따를 수 있는 것은 아니지 않은가? 그렇게 생후 21년이 되던 해, 나는 예수님을 따라나서기로 했다.[4]

마태복음의 말씀이 내 마음 한가운데를 파고든 것은 1991년 '1차 걸프전' 당시 '사우디아라비아 알루아리아'에서 있었던 일이다. 나는 그때 '대한민국

---

4 회심(回心)은 그 전(前) 해에 있었다.

국군 비둘기부대' 소속으로 걸프전에 참전한 상황이었다. 지금 생각해보면 참으로 어린 나이였다. 동시에 그만큼 어린 나이에 나를 찾아와 주신 하나님께 감사한 마음이다. 화학병과(兵科) 제독병으로 파병된 나는 지상전이 시작된 후 밤마다 진지(陣地) 경계를 섰다. 지금도 모래 마대와 철조망 너머로 보이던 황무지의 모습이 눈에 선하다. 파병된 병력이 충분치 않았기에, 우리는 한 명씩 자리를 지켰다. 안에 껴입은 방탄조끼는 일교차(日較差)가 심한 사막에서 보온(保溫)에 도움이 되었다. 그러나 그 당시 나를 심리적으로 안정시켰던 것은 '하나님의 손'[5]이었다. 지상전 개시 후, 한밤중에 홀로 경계를 설 때마다 나를 감싸 안는 나보다 큰 손이 있었다. 내 키보다 큰 그 손은 걸프전 이후 내 인생의 위기 때마다 나타났다.[6] 일교차가 큰 사막 밤공기의 서늘함과 나를 감싸 안은 손의 온기(溫氣)는 내 정신을 맑게 해주었다. 그때 하나님께서 내게 말씀해주셨다. "관호야, 내가 너의 머리털 하나까지도 다 세어 놓은 바 되었단다. 내가 관호 너보다 너를 더 잘 안단다." 하나님의 이 말씀으로 내 인생의 방황은 마침표를 찍었다.

이후 내가 지켜야 할 태도는 분명해 보였다. 그것은 내 머리털 하나까지도 다 세어 놓으신 그분을 사람들 앞에서 시인하고 고백하는 것이었다.

"누구든지 사람 앞에서 나를 시인하면 나도 하늘에 계신 내 아버지 앞에

---

5 이때 '하나님의 손'은 내 책에서 반복되는 '하나님의 섭리'와는 다른 뜻으로 썼다. 이때 '하나님의 손'은 정말 '손 모양'을 의미한다.

6 물론 이러한 말을 경계하는 분들이 있을 것이다. 나 또한 이러한 말을 경계하는 대표적인 사람이다. 내 개인의 체험을 함부로 일반화시킬까 봐 나 또한 조심스럽다. 그러나 내 인생에 일어난 일을 있는 그대로 설명하자면 그렇다.

서 그를 시인할 것이요. 누구든지 사람 앞에서 나를 부인하면 나도 하늘에 계신 내 아버지 앞에서 그를 부인하리라." 이 말씀은 이후 내 평생에 '좌우명'이 되었다. 나는 항상 사람들 앞에서 그분을 시인했다. 그 결과는 쉽지 않았다. 매일은 아니었지만, 중요한 순간마다 나에게 적개심을 보이는 적지 않은 수의 사람들을 만나야만 했다. 이대로 가면 죽을 수도 있다는 생각을 많이 했다. 물론 이때의 죽음은 '물리적 죽음'보다는 '사회적 죽음'을 의미한다. 21세기 대한민국 땅에서 예수님을 시인한다고 물리적으로 죽임을 당하는 경우는 거의 없다. 이대로 가면 죽을 수도 있다는 생각에서 '죽음'은 '사회적 경제적 그리고 평판에서의 어려움'을 의미한다. 그러한 위기를 당할 때마다 나는 어린 시절 나를 찾아와 주신 하나님을 기억했다. 그리고 반복해서 내 안에 새겼던 말은 이것이었다. "내 인생은 내가 시작한 것이 아니다. 내가 가는 'CMF 간사'로서의 이 길 또한 내가 시작한 것이 아니다. 이 모든 것은 하나님으로부터 시작되었다."

앞에 했던 말을 다시 한번 반복한다. "내 머리털 하나까지도 다 세어 두신 그분이 '나의 창조주'이셨다. 그분이 내 존재와 인생의 시작이셨다. 그렇다면, 내 인생은 우연(偶然)의 산물(産物)이 아니지 않은가?" 이 말은 '내가 만난 하나님에 대한 신앙고백'이었다. 이후 나는 사람들 앞에서 내가 만난 하나님을 부인하면 안 되었다. 나는 나의 창조주이신 하나님을 만난 이후 내 인생이 '우연의 산물'이 아님을 알게 되었다. 그런데 21세기 전 세계를 지배하고 있는 '진화론(進化論)'은 우리의 인생과 존재를 '우연의 산물'이라고 주장한다. 말도 안 되지만 이해할 수 있는 일이었다. 왜냐하면, 선악과 사건

이후 인류 역사는 '반역의 역사'이기 때문이다.

그러나 교회 내에서도 같은 말이 나올 때 나는 당황했다. 한국 교회에 널리 퍼져있는 '유신 진화론'은 나를 당황하게 만들었다. 쉽게 말해, 나는 이런 꼴을 보려고 예수님을 따라나선 것이 아니었다. 유신 진화론자들의 주장은 이러했다. "하나님께서는 '우연'과 '아주 긴 시간'을 통하여 세상을 만드셨다." 그들은 성경에 대해서도 과학에 대해서도 제대로 배우지 못했다. 그런 점에서 '유신 진화론'은 성경적이지 않은 '사이비 과학'이고 '사이비 신학'이다.

한국누가회(CMF) 간사가 된 뒤, 나는 내가 속한 공동체에도 적지 않은 수의 임원들이 '유신 진화론자'라는 사실을 알게 되었다. 나는 그분들 앞에서 "내 머리털 하나까지도 다 세어 놓으신 나의 창조주 하나님"을 부인하지 않았다. 우리 하나님의 '필연(必然)'을 '우연(偶然)'에 양보하지 않았다. 온라인과 오프라인을 가리지 않고 공개적인 장소에서 여러 번 격렬한 논쟁이 있었다. "유신 진화론이 왜 성경적이지 않은지? 왜 유신 진화론은 궁극적으로 우리 주 예수 그리스도의 십자가 보혈을 부인하는 자리까지 가게 되는 이단 사상인지?"[7]에 대해서 여러 번의 충돌이 있었다.

---

7 궁극적으로 유신 진화론은 '첫 번째 아담'을 부정한다. 그들은 첫 번째 아담을 성경의 증언대로 믿지 않는다. 그들은 '첫 번째 아담'을 여러 인류를 대표하는 '상징'으로 여긴다. 문제는 여기에서 발생한다. 성경이 우리 주 예수 그리스도를 '두 번째 아담, 마지막 아담'으로 증언하기 때문이다.: "[14]그러나 아담으로부터 모세까지 아담의 범죄와 같은 죄를 짓지 아니한 자들까지도 사망이 왕 노릇 하였나니 **아담은 오실 자의 모형이라** [15]그러나 이 은사는 그 범죄와 같지 아니하니 곧 **한 사람의 범죄를 인하여 많은 사람이 죽었은즉** 더욱 하나님의 은혜와 또한 **한 사람 예수 그리스도의 은혜로 말미암은 선물은 많은 사람에게 넘쳤느니라**"(로마서 5:14-15). "[21]사망

쉽게 예상할 수 있듯이, 그 결과는 혹독했다. 특별히 지방에서 사역하는 나에게 불리한 점은 '소문'이었다. 나는 지방에서 사역하였기에 현실적으로 중앙에 자주 출입할 수 없었다. 그 결과 '유신 진화론'을 신봉(信奉)하는 사역자들과 적지 않은 수의 임원들이 한 편을 이루어 내는 소문과 평판에 속수무책(束手無策)이었다. 인생을 살아보면 알게 되겠지만, 이런 경우 다수의 사역자들은 대세를 따르게 마련이다. "그 일과 그 사람은 그렇지 않다."라고

이 한 사람으로 말미암았으니 죽은 자의 부활도 한 사람으로 말미암는도다 [22]**아담 안에서 모든 사람이 죽은 것 같이 그리스도 안에서 모든 사람이 삶을 얻으리라**"(고린도전서 15:21–22). "기록된 바 **첫 사람 아담**은 생령이 되었다 함과 같이 **마지막 아담은 살려 주는 영**이 되었나니"(고린도전서 15:45).: 즉 첫 번째 아담을 성경대로 고백하지 않고 여러 아담 중에 하나로 보게 되면, 마지막 아담이신 "우리 주 예수 그리스도의 유일성"을 부정하는 결과를 가져오고 만다. "이단이냐? 이단이 아니냐?"의 구분을 간단하게 하자면 이러하다. 그것은 우리 주 예수 그리스도의 '유일(唯一) 중보자 되심'과 '십자가 보혈의 가치'를 조금이라도 훼손하는 논리가 "그 안에 있느냐? 없느냐?"의 문제다.: 그것뿐이 아니다. '유신 진화론'은 성경 전체에서 증언하는 '창조주 하나님의 성품'을 부인한다.: "[14]바리새인들이 나가서 어떻게 하여 예수를 죽일까 의논하거늘 [15]예수께서 아시고 거기를 떠나가시니 많은 사람이 따르는지라 예수께서 그들의 병을 다 고치시고 [16]자기를 나타내지 말라 경고하셨으니 [17]이는 선지자 이사야를 통하여 말씀하신 바 [18]보라 내가 택한 종 곧 내 마음에 기뻐하는 바 내가 사랑하는 자로다 내가 내 영을 그에게 줄 터이니 그가 심판을 이방에 알게 하리라 [19]그는 다투지도 아니하며 들레지도 아니하리니 아무도 길에서 그 소리를 듣지 못하리라 [20]**상한 갈대를 꺾지 아니하며 꺼져가는 심지를 끄지 아니하기를** 심판하여 이길 때까지 하리니"(마태복음 12:14–20).: 마태복음 12장에서 예수님은 안식일에 손 마른 사람을 고쳐주셨다. 그러자 바리새인들이 예수님을 죽이려고 모의했다. 안식일에 병자를 고쳤다는 이유 때문이었다. 이때 '성자 하나님'이신 예수님께서는 '이사야서'에 나오는 말씀을 인용하셨다. 그 말씀은 당신에 대해 예언한 말씀이었다. "그는 상한 갈대를 꺾지 아니하며 꺼져가는 심지를 끄지 아니하신다." 진화론의 핵심 이론은 '적자생존(適者生存)'이다. 진화론에 따르면 '상한 갈대'와 '꺼져가는 심지'는 도태되어야 마땅한 존재일 뿐이다. 이것이 하나님의 성품인가? 그런데 이러한 '진화의 원리'를 통하여, 하나님께서 온 우주를 창조하시고 유지하신다는 주장이 바로 '유신 진화론'이다. 하나님께서는 이러한 주장을 하는 자들을 죄 없다고 하지 않으셨다.: "너는 네 하나님 여호와의 이름을 망령되게 부르지 말라 **여호와는 그의 이름을 망령되게 부르는 자를 죄 없다 하지 아니하리라**"(출애굽기 20:7).: 또한 '유신 진화론'은 '이신론(理神論, Deism)'의 아류(亞流)다. 교회사를 공부해보면 알겠지만, 이신론은 '대표적인 이단 사상' 중 하나다. 이신론에 대해서는 인터넷 검색을 권한다.

나서는 사람은 정말 극소수다. 그것이 세상이다.[8] 그리고 그 일에 많은 시간과 관심을 할애하지 않는 대중들은 이렇게 반응한다. "다들 그분에 대해서 그렇게 말하던데요?" 삼인성호(三人成虎)라는 말이 있다. 세 사람이 뭉치면 없던 호랑이도 만들어낸다는 뜻이다. 거짓말도 여러 사람이 하면 곧이듣게 되는 것이 세상이다. 중간중간 그분들이 단체 카톡방에서 나눈 내용을 '캡쳐(capture)'해서 보내주는 지체들이 있었다. 이것 또한 인생에서 반복되는 현상이다. 어찌 되었든, 나에 대한 그분들의 호칭은 "신학적으로나 인격적으로 문제가 있는 간사"였다. 하지만 나는 내가 20대 초반에 만난 나의 하나님을 부인할 수 없었다. 한참 방황하던 시절의 '어린 최관호'를 '어른 최관호'가 배신할 수는 없었다.

이런 일을 겪을 때마다, 내가 붙잡았던 말씀들이 있었다.[9] 그리고 50대 사역자가 된 지금, 지난 시간을 돌아볼 때 그 말씀들은 진실이었다. 또한 성경인물설교 가운데 깨닫게 된 점이 하나 있었다. 내가 속수무책으로 당했던 그 일들마저 우연히 일어난 일이 아니었다. 그 일들마저 '하나님의 주권' 가

---

8 "그 일과 그 사람은 그렇지 않다"라고 나서는 경우, 같은 취급을 받는 것이 세상이다.

9 "**사람을 두려워하면 올무에 걸리게 되거니와** 여호와를 의지하는 자는 안전하리라"(잠언 29:25). "[7]다른 복음은 없나니 다만 어떤 사람들이 너희를 교란하여 그리스도의 복음을 변하게 하려 함이라 [8]그러나 우리나 혹은 하늘로부터 온 천사라도 우리가 너희에게 전한 복음 외에 다른 복음을 전하면 저주를 받을지어다 [9]우리가 전에 말하였거니와 내가 지금 다시 말하노니 만일 누구든지 너희가 받은 것 외에 다른 복음을 전하면 저주를 받을지어다 [10]**이제 내가 사람들에게 좋게 하랴 하나님께 좋게 하랴 사람들에게 기쁨을 구하랴 내가 지금까지 사람들의 기쁨을 구하였다면 그리스도의 종이 아니니라**"(갈라디아서 1:7-10). "사람을 경책하는 자는 혀로 아첨하는 자보다 **나중에 더욱 사랑을 받느니라**"(잠언 28:23).

운데 허락된 '훈련의 과정'이었다. 나는 내가 속한 공동체에서 잔인한 세월을 견뎌냈다. 그 과정 가운데 이런저런 인간군상들의 특징을 알게 되었다. 사람이란 어떤 존재인지를 배우게 되었다. 그리고 어느 순간 깨닫게 되었다. '이제는 험난한 인생을 살다 간 인물들도 다룰 수 있겠다.' 성경에 나오는 '일반적이지 않는 삶의 유형들'마저 볼 수 있는 눈이 생겼음을 알았다. 그렇게 해서 묵상하기 시작한 인물들이 바로 '기드온, 바락, 삼손, 입다'이다.

사사기에 나오는 이들 네 인물은 평탄한 삶을 살아온 설교자가 다룰 인물들이 아니다. 이들 네 인물은 황무지에서 하나님과 단둘이 걸어본 경험이 있는 설교자가 다루어야 할 인물들이다. 특별히 이들 넷처럼 '인생에서 무언가 하나씩 빠진 사람들의 이야기'를 통해 독자들이 얻었으면 하는 것이 있다. 첫 번째, 이들 넷처럼 '비주류의 서러움'과 '거친 환경'을 헤쳐 나온 독자들에게는 이들의 이야기가 '하나님의 위로'가 되었으면 좋겠다. 아니, 그렇게 될 것이다. 두 번째, 소위(所謂) 한국 교회의 2, 3세로 주류의 삶을 살아온 지체들에게는 좀 더 넓은 하나님의 시선과 책임감을 깨닫는 계기가 되기를 기도한다. 잘 되었으면 좋겠다.

"누구든지 사람 앞에서 나를 시인하면 나도 하늘에 계신 내 아버지 앞에서 그를 시인할 것이요, 누구든지 사람 앞에서 나를 부인하면 나도 하늘에 계신 내 아버지 앞에서 그를 부인하리라."[10] 이 말씀을 반복하는 이유는 간단하다. 한국 교회 내, 상처받은 영혼들에게 희망을 주고 싶기 때문이다. 동

---

10 마태복음 10:32–33

시에 어린 시절부터 한국 교회의 혜택을 입고 자란 영혼들에게는 책임감을 촉구하고 싶기 때문이다. 지난 세월, 나는 손해를 무릅쓰고 예수님을 시인하는 사람들을 거의 보지 못했다. 하나님과 사람들 앞에서 동일(同一)한 모습을 보이는 사람들을 거의 보지 못했다.[11] 젊은 시절의 자신을 배신하지 않는 어른을 거의 보지 못했다. 당연히 그러한 모습은 하나님 앞에서 "나는 그를 모른다"라는 예수님의 증언으로 돌아올 것이다.[12]

나는 폭풍우 같은 사춘기를 통과했다. 나는 고등학교 2학년 2학기 때 보았던 시험에서 모든 과목에 백지를 냈다. 그렇게 하면 우리 엄마가 자퇴를 시켜주실 줄 알았다. 하지만 그런 일은 없었다. 그 결과 나는 고등학교를 졸업한 지 6년 만에 의대에 입학할 수 있었다. 당시는 지금과 같이 몇 년이 지나면 내신이 무효가 되는 시절이 아니었다. 고등학교 내신이 종신(終身)이던 시절이었다. 그 결과 나는 제대한 해에 치른 수능에서 적지 않은 점수를 깎고 의대에 입학해야 했다. 예수님을 만나기 전과 후, 삶에 대한 나의 태도는 완전히 바뀌어 있었다. 예수님을 만난 후, 나는 방황하지 않았다. 시간을 효율적으로 쓰는 습관이 몸에 배었다. 그러나 예수님을 만나기 전, 나는 하루

---

11 전해 들은 이야기다. 아마 25년 전쯤이었던 것으로 기억한다. 어느 기관에서 한국 교회 교인들을 대상으로 "예수님을 정말 믿습니까?"(예수님 때문에 당신의 삶 가운데 손해가 생긴다 해도 예수님을 부인하지 않겠습니까?)라는 설문을 했다고 한다. 이 설문에 대해 "예"라고 답한 비율은 8%였다고 한다.

12 20대 초반, 내가 마음에 새겼던 예수님의 말씀이 하나 더 있다.: "예수께서 이르시되 손에 쟁기를 잡고 뒤를 돌아보는 자는 하나님의 나라에 합당하지 아니하니라 하시니라"(누가복음 9:62).

하루를 소비해야 했다.

재수 삼수를 마치고 성경을 읽기 시작했다. 당시 입시 학원가에는 이런 속담이 있었다. "재수생하고는 인생을 논하지 말고, 삼수생하고는 철학을 논하지 말고, 사수생하고는 염치를 논하지 마라." 지금처럼 재수생과 삼수생이 흔하던 시절이 아니었다. 삼수 시절, 나는 아들이 몇이냐는 질문에 아들이 둘인지 셋인지 말을 흐리는 우리 엄마의 모습을 목격했다. 나는 삼 형제 중 둘째였다.

그런 시절에 읽었던 성경 말씀이다.

> [19]그러므로 형제들아 우리가 **예수의 피를 힘입어 성소에 들어갈 담력을 얻었나니** [20]그 길은 우리를 위하여 휘장 가운데로 열어 놓으신 새로운 살 길이요 **휘장은 곧 그의 육체니라**(히브리서 10:19–20)

히브리서에서 증언하는 '예수의 피를 힘입어 들어갈 담력을 얻게 된 성소'는 '지성소'다. 그 길은 우리 주 예수 그리스도께서 십자가에서 흘리신 보혈로 열어 놓으신 새로운 살길이다. 우리를 위하여 열어 놓으신 길이다.

> [1]첫 언약에도 섬기는 예법과 세상에 속한 성소가 있더라 [2]예비한 첫 장막이 있고 그 안에 등잔대와 상과 진설병이 있으니 이는 성소라 일컫고 [3]**또 둘째 휘장 뒤에 있는 장막을 지성소라 일컫나니**(히브리서 9:1–3)

"휘장은 곧 그의 육체니라." 삼위일체 하나님께서는 항상 '아들을 통하여, 성령 안에서' 당신의 백성을 만나주신다. 지성소는 삼위일체 하나님께서 '임재(臨在)'하시는 곳이다. 위에 인용한 말씀을 통해 우리는 '성전' 안에 '성소와 지성소'가 구분되어 있음을 알 수 있다. 우선 성막 안에 '등잔대와 상 그리고 진설병'이 있는 장소를 성소라 한다. 성경에 익숙한 지체라면 진설병을 보면서 다윗을 떠올릴 것이다.[13] 이렇듯 거룩한 떡인 진설병이 있는 첫 번째 장막을 '성소'라 한다. 그리고 성소와 구별하기 위해 휘장으로 막아놓은 뒤에 있는 장막이 있는데 그곳을 '지성소'라고 한다. 이때 성소와 지성소를 구별하기 위해 쳐져 있는 휘장을 '우리 주 예수 그리스도의 육체'라고 성경은 증언한다.

이 지성소는 오직 대제사장이 일 년에 한 번 자기와 백성의 허물을 위하여 속죄제를 드린 뒤에만 들어갈 수 있는 장소였다. 쉽게 말해 아무나 쉽게 들어갈 수 있는 장소가 아니었다. 대제사장이라고 한들 아무 때나 들어갈

---

13 "[1]다윗이 놉에 가서 제사장 아히멜렉에게 이르니 아히멜렉이 떨며 다윗을 영접하여 그에게 이르되 어찌하여 네가 홀로 있고 함께 하는 자가 아무도 없느냐 하니 [2]다윗이 제사장 아히멜렉에게 이르되 왕이 내게 일을 명령하고 이르시기를 내가 너를 보내는 것과 네게 명령한 일은 아무것도 사람에게 알리지 말라 하시기로 내가 나의 소년들을 이러이러한 곳으로 오라고 말하였나이다 [3]이제 당신의 수중에 무엇이 있나이까 떡 다섯 덩이나 무엇이나 있는 대로 내 손에 주소서 하니 … [6]**제사장이 그 거룩한 떡을 주었으니 거기는 진설병 곧 여호와 앞에서 물려 낸 떡밖에 없었음이라** 이 떡은 더운 떡을 드리는 날에 물려 낸 것이더라"(사무엘상 21:1–3, 6).: 다윗이 사울을 피해 도망하던 때의 일이다.: "[1]안식일에 예수께서 밀밭 사이로 지나가실새 제자들이 이삭을 잘라 손으로 비비어 먹으니 [2]어떤 바리새인들이 말하되 어찌하여 안식일에 하지 못할 일을 하느냐 [3]예수께서 대답하여 이르시되 다윗이 자기 및 자기와 함께 한 자들이 시장할 때에 한 일을 읽지 못하였느냐 [4]**그가 하나님의 전에 들어가서 다만 제사장 외에는 먹어서는 안 되는 진설병을 먹고 함께 한 자들에게도 주지 아니하였느냐** [5]또 이르시되 인자는 안식일의 주인이니라 하시더라"(누가복음 6:1–5).

수 없는 장소였다. 즉 예수님의 십자가 이전 인류가 하나님 앞에 나아가려면 정말 많은 절차와 자격이 필요했다.

> [6]이 모든 것을 이같이 예비하였으니 제사장들이 항상 첫 장막에 들어가 섬기는 예식을 행하고 [7]**오직 둘째 장막은 대제사장이 홀로 일 년에 한 번 들어가되 자기와 백성의 허물을 위하여 드리는 피 없이는 아니하나니** [8]성령이 이로써 보이신 것은 첫 장막이 서 있을 동안에는 성소에 들어가는 길이 아직 나타나지 아니한 것이라(히브리서 9:6-8)

예수님의 십자가 이전, 일 년에 한 번 제비 뽑힌 대제사장은 허리에 방울이 달린 허리띠를 착용한 뒤 지성소에 들어가야 했다. 이유는 간단하다. 그것은 만에 하나, 속죄제가 충분치 못하여 하나님께서 그 대제사장을 치게 되셨을 때를 대비해서다. 성소에 머물러 있던 제사장들은 지성소 안에서 들리는 방울 소리를 통하여 대제사장의 생존 여부를 확인할 수 있었다. 문제는 방울 소리가 멈추는 경우였다. 대제사장의 속죄가 충분치 못하여 하나님께서 그를 치셨을 경우, 지성소 안에 있는 시체를 치울 방법이 없었다. 이 경우를 대비하여 대제사장은 지성소 밖까지 연결된 긴 끈을 허리에 매고 직임(職任)을 감당했다. 그리고 이때 성소와 지성소를 구별하는 휘장을 '우리 주 예수 그리스도의 육체'라고 성경은 증언한다.

그렇다면, 이 휘장은 언제 열리게 되었을까?

> [50]예수께서 다시 크게 소리 지르시고 영혼이 떠나시니라 [51]이에 성소 휘장이 위로부터 아래까지 찢어져 둘이 되고 땅이 진동하며 바위가 터지고(마태복음 27:50-51)[14]

복음서의 기록이다. 예수님께서 십자가에서 숨지시던 순간, 성소 휘장이 위로부터 아래까지 찢어져 둘이 되었다. 휘장이 아래로부터 위로가 아니라 위로부터 아래로 찢어진 것은 하나님께서 친히 그분의 손으로 찢으셨다는 뜻이다. 이 휘장은 바로 성소와 지성소를 막고 있던 것이었다. "휘장은 곧 그의 육체니라." 십자가상(上)에서 예수님의 육체가 찢기심으로, 지성소를 막고 있던 휘장이 위로부터 아래까지 찢어져 둘이 되었다. 그 결과 우리는 '예수의 피를 힘입어 지성소에 들어갈 담력'을 얻게 되었다. 이제는 대제사장처럼 일 년에 한 번 제비 뽑을 필요가 없어졌다. 이제는 매번 반복되는 속죄제를 드릴 필요가 없어졌다.[15]

예수님의 보혈을 통하여 휘장 가운데로 '새로운 살길'이 열렸다. 그 길을 따라 '구원받은 모든 성도들'은 삼위일체 하나님께 직접 나아갈 수 있게 되었다. 그렇게 '성전 된 예수님의 육체'를 통하여 새로운 '성전 공동체가 형성' 되었다.[16] 이때로부터 예수의 영이신 성령 하나님의 내주(內住)하심을 입은

---

14 "[37]예수께서 큰 소리를 지르시고 숨지시니라 [38]**이에 성소 휘장이 위로부터 아래까지 찢어져 둘이 되니라**"(마가복음 15:37-38).

15 "그는 저 대제사장들이 먼저 자기 죄를 위하고 다음에 백성의 죄를 위하여 **날마다 제사 드리는 것과 같이 할 필요가 없으니 이는 그가 단번에 자기를 드려 이루셨음이라**"(히브리서 7:27).

16 "[19]예수께서 대답하여 이르시되 **너희가 이 성전을 헐라 내가 사흘 동안에 일으키리라** [20]유대인들이 이르되 이 성전은 사십육 년 동안에 지었거늘 네가 삼 일 동안에 일으키겠느냐 하더라

성도가 하나님의 성전이 되었다.[17] 돌로 지어진 건축물은 더 이상 성전이 될 수 없었다.

내가 이 말씀들을 깨달았던 때는 폭풍우 같던 방황 속에 있던 시절이었다. 방황의 끝이 보이지 않던 시절이었다. 삼 형제 중 둘째로 태어났지만, 아들이 몇이냐는 질문에 가장 믿었던 엄마마저 말끝을 흐리던 시절이었다. 내 근원에 대한 회의가 밀려오던 시절이었다. "나는 왜 태어났나? 나는 왜 살아야 하나? 나는 어디에서 와서 어디로 가는 존재인가?" 누구 하나 답해 주지 않던 시절이었다. 그런데 내 머리털 하나까지도 다 세어 놓으신 하나님께 직접 나아갈 수 있는 길이 나에게 열렸다! 그 길은 "예수의 피를 힘입어" 열린 새로운 살길이었다.

솔로몬의 영광으로도 입은 것이 들에 핀 백합화 하나만 못하다고 하신 예수님이셨다. 오늘 있다가 내일 아궁이에 던져지는 들풀도 하나님께서 그토록 아끼시고 입히신다고 하셨던 예수님이셨다.[18] 그분의 십자가 보혈로 열어 놓으신 지성소로 향하는 그 길은 어린 시절 나에게 '삶의 이유'가 되었

---

[21]**그러나 예수는 성전된 자기 육체를 가리켜 말씀하신 것이라** [22]죽은 자 가운데서 살아나신 후에야 제자들이 이 말씀하신 것을 기억하고 성경과 예수께서 하신 말씀을 믿었더라"(요한복음 2:19–22).

17 "너희는 **너희가 하나님의 성전인 것과 하나님의 성령이 너희 안에 계시는 것을** 알지 못하느냐"(고린도전서 3:16).

18 "[28]또 너희가 어찌 의복을 위하여 염려하느냐 들의 백합화가 어떻게 자라는가 생각하여 보라 수고도 아니하고 길쌈도 아니하느니라 [29]그러나 내가 너희에게 말하노니 **솔로몬의 모든 영광으로도 입은 것이 이 꽃 하나만 같지 못하였느니라** [30]**오늘 있다가 내일 아궁이에 던져지는 들풀도 하나님이 이렇게 입히시거든** 하물며 너희일까보냐 믿음이 작은 자들아"(마태복음 6:28–30).

다. '존재의 이유'가 되었다. 그렇게 예수님을 따라나선 지 삼십여 년의 세월이 지났다. 그리고 나는 그 당시 내 신앙고백의 순서대로 책이 쓰여지고 있음을 깨닫게 되었다.

지금도 1991년 1월 23일, 서울공항[19]을 이륙하던 순간이 눈에 선하다. 나는 걸프전 참전을 위해 우리 대한민국 국군 154명을 태우고 이륙하던 비행기 안에 있었다. 창문 밖으로 보이던 가족들의 모습은 지금도 마치 한 장의 사진처럼 내 눈 안에 있다. 그리고 그날로부터 만 30년이 되던 2021년 1월 23일, 나는 우리 엄마를 하나님 곁으로 떠나보냈다. 너무도 갑작스러운 이별이었다. Triple A(Abdominal Aortic Aneurysm, 복부 대동맥류)로 엄마를 보내기 25일 전, 나는 평소 당신의 자서전을 남기고 싶다는 엄마에게 약속했다. 엄마의 어린 시절 이야기를 나중에 아들의 설교집에 넣어주겠다고 약속했다. 그 약속으로 2022년 1월 5일, 내 첫 번째 성경인물 설교집인 '하나님을 위한 변명'이 출판되었다. '하갈, 사라, 아브라함, 하박국, 라합, 룻, 보아스'의 이야기가 담긴 책이었다. 그 책에 '나와 엄마의 이야기' 그리고 '하나님께서 나를 사역자로 부르신 과정'을 담았다. 나는 이 모든 과정에 '하나님의 손'[20]이 역사하셨음을 느꼈다.

---

19 공군성남기지 혹은 서울비행장으로 부르기도 한다. 군용기뿐 아니라 대한민국 대통령 전용기나 외국 귀빈이 주로 이용한다.

20 내가 설교문 중에 자주 하는 표현이다. '하나님의 손'은 당신이 창조하신 온 우주를 지금도 살아계셔서 유지하시고 보호하시고 통치하시는 '하나님의 섭리'를 의미한다.

첫 번째 책이 출판되고 캠퍼스로 복귀했다. 그 시기 나는 '하나님을 위한 변명'을 읽은 어느 독자의 요청으로 '밧세바'에 대한 글을 쓰고 있었다. 그러다가 문득 이런 생각이 들었다. 2년 만에 만나는 캠퍼스였다. 2년에 걸친 안식년 내내 코로나로 거의 만나지 못했던 지체들 앞에서 하는 설교였다. 거기에 더해 신입생들 앞에서 하는 인물 설교가 "밧세바?", '이건 좀 아니지 않은가?'라는 생각이 들었다. 서둘러 다른 인물을 찾아보았다.

그렇게 해서 두 번째 성경인물 설교집이 쓰여졌다. 그리고 두 번째 설교집 '나사렛 여인, 마리아' 원고를 출판사에 넘기면서 깨닫게 되었다. '아, 지금 나는 30여 년 전 내 신앙고백의 순서대로 가고 있구나!'

매일 자살을 꿈꾸던 시절에 예수님을 만났다. "자살하면 지옥에 간다."[21] 라는 누군가의 말이 무서워 자살하지 못했던 시절이었다. 자존감이라고 부를 그 무엇 하나 남아 있지 않던 시절이었다. 그 시절, 솔로몬의 영광으로도 입은 것이 들에 핀 백합화 하나만 못하다고 하신 예수님의 말씀이 내게 위로가 되었다. 오늘 있다가 내일 아궁이에 던져지는 들풀도 하나님께서 그토록 아끼시고 입히신다고 하셨던 예수님의 말씀이 내게 힘이 되었다. 예수님께서 당신의 십자가 보혈로 열어 놓으신 지성소로 향하는 그 길은 20대 초반의 나에게 '삶의 이유'가 되었다. '존재의 이유'가 되었다.

---

21 물론 자살한다고 지옥에 가는 것은 아니다. 우리의 구원은 우리가 무슨 행동을 하느냐 안 하느냐의 문제가 아니라, 오직 우리 주 예수 그리스도로 말미암는다. "자살하면 지옥에 간다."라는 말은 '행위 구원'을 말하는 잘못된 언급이다. 다만 삼십몇 년 전의 나처럼 이 말을 통하여 예방된 자살 또한 많을 것이다.

엄마의 영향으로 성당에서 자란 내가 그 시절 문득 깨닫게 된 것이 있었다. 예수님께서 십자가 보혈로 열어 놓으신 휘장 한가운데 한 여인이 서 있었다. 삼위일체 하나님께서 계시는 지성소로 통하는 길이었다. 그 길을 한 여인이 막아서고 있었다. 그녀의 이름은 '마리아'였다. 당연히 앞의 문장들은 성경적이지 않다. 그러나 로마 가톨릭이 가르치는 '천상(天上)의 모후(母后), 성모(聖母) 마리아'와 '마리아 4대 교리'[22]에 따르면, 분명히 마리아는 그 길 한 가운데를 막아서고 있음에 틀림이 없었다.

그 시절, 예수님께서 십자가 보혈로 열어 놓으신 그 길은 이미 나의 존재 이유였다. 매일 자살을 꿈꾸던 시절, 내가 마지막으로 부여잡고 있던 그 길을 막아선 마리아를 나는 도저히 인정할 수 없었다. 그렇게 나는 천주교에서 개신교로 개종(改宗)했다. 세례를 받고 사병으로 군대에 입대했다. 그렇게 시작된 '하나님과의 동행'이었다.

무슨 말을 하려고 저자의 지난 신앙 여정(旅程)을 이야기하는가? 앞에서도 밝혔듯이, '기드온, 바락, 삼손, 입다' 성경인물 설교가 모여 "예수의 피를 힘입어" 책이 된 과정을 설명하기 위해서다. 구약에 나오는 사사들의 인물설교에 "예수님의 보혈"이 연결된 과정을 설명하기 위해서다. '기드온, 바

---

22 로마 가톨릭에서 마리아를 우상화하기 위해 주장하는 '마리아 4대 교리'는 이와 같다. 첫 번째, 마리아는 '신성을 따라서도' 예수님의 어머니다. 두 번째, 마리아는 평생 동정으로 지냈다. ("성경에 나오는 예수님의 동생들은 친척 동생이다."라고 주장한다. 이 부분을 포함하여 '마리아 4대 교리'가 왜 성경적이지 않은지에 대해서는 『나사렛 여인, 마리아』(최관호, 예영커뮤니케이션) 가운데 자세히 설명했다.) 세 번째, 마리아는 원죄 없이 태어났다. 네 번째, 마리아는 죽음을 맛보지 않고 승천했다.

락, 삼손, 입다'가 왜 히브리서 11장 '믿음의 전당'에 오르게 되었는지 그 이유를 설명하기 위해서다. 이들 넷이 '다윗과 사무엘'과 같은 하나님의 사람인 이유를 설명하기 위해서다.

> [32]**내가 무슨 말을 더 하리요 기드온, 바락, 삼손, 입다, 다윗 및 사무엘과 선지자들의 일을 말하려면 내게 시간이 부족하리로다** … [38]**(이런 사람은 세상이 감당하지 못하느니라)** 그들이 광야와 산과 동굴과 토굴에 유리하였느니라(히브리서 11:32, 38)

히브리서 11장에 나오는 인물들을 향하여 성경은 이렇게 평가한다. "이런 사람은 세상이 감당하지 못하느니라." 얼핏 들으면 이해되지 않는 말씀이다. 기드온이? 바락이? 삼손이? 설마 입다가?

미디안과의 전쟁 후, 이스라엘 백성이 탈취한 금귀고리로 에봇을 만들어 음란히 섬기게 한 '기드온'이었다. 그런데 그가 어떻게 '믿음의 전당'에 오를 수 있단 말인가?

> [24]기드온이 또 그들에게 이르되 내가 너희에게 요청할 일이 있으니 너희는 각기 탈취한 귀고리를 내게 줄지니라 하였으니 이는 그들이 이스마엘 사람들이므로 금 귀고리가 있었음이라 [25]무리가 대답하되 우리가 즐거이 드리리이다 하고 겉옷을 펴고 각기 탈취한 귀고리를 그 가운데에 던지니 … [27]**기드온이 그 금으로 에봇 하나를 만들어 자기의 성읍 오브**

> **라에 두었더니 온 이스라엘이 그것을 음란하게 위하므로 그것이 기드온 과 그의 집에 올무가 되니라**(사사기 8:24-25, 27)

드보라가 아니라 '바락'이 어떻게 믿음의 전당에 오를 수 있단 말인가? 하나님께서는 드보라를 통하여 약속하셨다. "가나안 왕 야빈의 군대 장관 시스라와 그의 병거들과 그의 무리를 넘겨주겠다." 그리고 드보라를 통하여 바락에게 명령하셨다. "납달리 자손과 스불론 자손 만 명을 거느리고 다볼 산으로 가라." 하지만 바락이 드보라에게 했던 답은 이것이었다. "만일 당신이 나와 함께 가면 내가 가려니와 만일 당신이 나와 함께 가지 아니하면 나도 가지 아니하겠노라." 그런 바락이 '믿음의 전당'에? 왜?

> [6]드보라가 사람을 보내어 아비노암의 아들 바락을 납달리 게데스에서 불러다가 그에게 이르되 이스라엘의 하나님 여호와께서 이같이 명령하지 아니하셨느냐 너는 납달리 자손과 스불론 자손 만 명을 거느리고 다볼산으로 가라 [7]**내가 야빈의 군대 장관 시스라와 그의 병거들과 그의 무리를 기손강으로 이끌어 네게 이르게 하고 그를 네 손에 넘겨 주리라** 하셨느니라 [8]바락이 그에게 이르되 **만일 당신이 나와 함께 가면 내가 가려니와 만일 당신이 나와 함께 가지 아니하면 나도 가지 아니하겠노라** 하니(사사기 4:6-8)

삼손의 이름 뜻은 '작은 태양'이다. 블레셋 족속의 압제 가운데 신음하는 언약 백성 이스라엘의 빛이 되라고 주신 이름이었다. 그런 그가 '그 어두움'

이라는 뜻인 '들릴라'를 사랑하여 두 눈이 뽑힌 이야기가 삼손의 인생이다. 평생 여자만을 쫓아다닌 결과였다. 게다가 삼손이 죽는 순간에 했던 기도는 이러했다. "주 여호와여 구하옵나니 나를 생각하옵소서. 하나님이여 구하옵나니 이번만 나를 강하게 하사 나의 두 눈을 뺀 블레셋 사람에게 원수를 단번에 갚게 하옵소서." 무슨 뜻인가? "하나님 제 원수를 단번에 갚게 해주세요!" 이 기도가 '믿음의 전당'에 이름을 올린 사람의 기도로 보이는가? 그러나 문제는 사사기에서 증언하는 삼손에 대한 평가다. 사사기는 삼손에 대해 이렇게 증언하고 있다. "삼손이 이스라엘의 사사로 이십 년 동안 지냈더라." 아무리 봐도 이십 년간 삼손은 여자만 쫓아다닌 것으로 보이는데 …

> [4]이후에 **삼손이 소렉 골짜기의 들릴라라 이름하는 여인을 사랑하매** … [28]삼손이 여호와께 부르짖어 이르되 **주 여호와여 구하옵나니 나를 생각하옵소서 하나님이여 구하옵나니 이번만 나를 강하게 하사 나의 두 눈을 뺀 블레셋 사람에게 원수를 단번에 갚게 하옵소서** 하고 … [31]그의 형제와 아버지의 온 집이 다 내려가서 그의 시체를 가지고 올라가서 소라와 에스다올 사이 그의 아버지 마노아의 장지에 장사하니라 **삼손이 이스라엘의 사사로 이십 년 동안 지냈더라**(사사기 16:4, 28, 31)

입다가 암몬과의 전쟁에 나아가며 했던 서원의 내용은 이것이었다. "내가 암몬 자손에게서 평안히 돌아올 때에 누구든지 내 집 문에서 나와서 나를 영접하는 그는 여호와께 돌릴 것이니 내가 그를 번제물로 드리겠나이다." 이 서원은 말도 안 되는 이야기다. 하나님께서 강력하게 금하시는 것이 인신공양(人身供養)이었다.[23] 즉 입다는 아예 기본이 안 되어 있었다는 이야기다. 그런 입다가 어떻게 '믿음의 전당'에 오를 수 있단 말인가?

> [29]이에 여호와의 영이 입다에게 임하시니 입다가 길르앗과 므낫세를 지나서 길르앗의 미스베에 이르고 길르앗의 미스베에서부터 암몬 자손에게로 나아갈 때에 [30]그가 여호와께 서원하여 이르되 주께서 과연 암몬 자손을 내 손에 넘겨 주시면 [31]**내가 암몬 자손에게서 평안히 돌아올 때에 누구든지 내 집 문에서 나와서 나를 영접하는 그는 여호와께 돌릴 것이니 내가 그를 번제물로 드리겠나이다** 하니라(사사기 11:29–31)

어떻게 '기드온, 바락, 삼손, 입다'는 히브리서 11장 '믿음의 전당'에 이름을 올릴 수 있었을까? 지난 30년간 나는 이 부분이 정말 궁금했다. 도대체 이들의 인생에서 배울 점이 무엇이란 말인가? 이해할 수가 없었다. 그러던 중, 사사기의 한 말씀이 내 눈에 들어왔다.

> **여호와께서 그들을 위하여 사사들을 세우실 때에는 그 사사와 함께 하셨고** 그 사사가 사는 날 동안에는 여호와께서 그들을 대적의 손에서 구원하셨으니 이는 그들이 대적에게 압박과 괴롭게 함을 받아 슬피 부르

---

23 "[9]네 하나님 여호와께서 네게 주시는 땅에 들어가거든 너는 그 민족들의 가증한 행위를 본받지 말 것이니 [10]**그의 아들이나 딸을 불 가운데로 지나게 하는 자나** 점쟁이나 길흉을 말하는 자나 요술하는 자나 무당이나 [11]진언자나 신접자나 박수나 초혼자를 너희 가운데에 용납하지 말라" (신명기 18:9–11).

짖으므로 여호와께서 뜻을 돌이키셨음이거늘(사사기 2:18)

"여호와께서 그들을 위하여 사사들을 세우실 때에는 그 사사와 함께 하셨고," 그렇다. 하나님의 사람이 위대한 이유는 '그 사람 때문'이 아니다. 하나님의 사람이 위대한 이유는 '그와 함께하신 하나님 때문'이다. 지극히 당연한 진리를 내가 잊고 있었다.

앞에서 했던 말을 반복한다. 무슨 말을 하려고 저자의 지난 신앙 여정(旅程)을 이야기하는가? 앞에서도 밝혔듯이, '기드온, 바락, 삼손, 입다' 성경인물 설교가 모여 "예수의 피를 힘입어" 책이 된 과정을 설명하기 위해서다. 구약에 나오는 사사들의 인물설교에 "예수님의 보혈"이 연결된 과정을 설명하기 위해서다. '기드온, 바락, 삼손, 입다'가 왜 히브리서 11장 '믿음의 전당'에 오르게 되었는지? 그 이유를 설명하기 위해서다. 이들 넷이 '다윗과 사무엘'과 같은 하나님의 사람인 이유를 설명하기 위해서다.

우리가 기억해야 할 연결 고리는 이것이다. 구약시대 백성들도 오직 우리 주 예수 그리스도를 통하여 구원받는다. 우리의 구원은 오직 예수로 말미암는다. 이 말이 낯선 독자들이 적지 않을 것이다. 그러나 '스스로 계신 무한하신 창조주 하나님'의 모든 구원 사역은 시공간에 매이지 않는 '영원의 사역'이시다. 우리는 '시공간' 또한 '삼위일체 하나님의 피조물'임을 기억할 필요가 있다. 그러므로 무한하신 창조주 하나님의 모든 구원 사역은 시공간을 초월한다. 즉 구약 백성들도 오직 우리 주 예수 그리스도의 구원 사역으

로 구원받는다. 구약 백성들도 오직 성자 하나님이신 예수님의 은혜로 구원 받는다.[24] [25]

"여호와께서 그 사사와 함께 하셨고," 사사기 1장의 이 말씀을 보는 순간, 나는 30여 년 전 나에게 당신의 십자가 보혈로 열어주신 구원의 길을 떠올렸다. 지성소로 통하는 휘장 사이로 난 길을 통하여 '어린 나를 만나주신 하나님'을 기억했다. 이후 평생 나를 버리지 않으신 하나님을 추억하게 되었다. 단 한 순간도 나를 놓지 않으신 하나님의 손이 떠올랐다. 그렇다. 우리에게 함께 하셨던 하나님께서 '기드온, 바락, 삼손, 입다'에게도 함께 하셨다. 그 결과, 하나님의 손에 붙들린 그들은 '예수의 피를 힘입어' 히브리서

---

24 구약의 신자들은 율법이 명령한 희생제물들을 통해서, 오직 그리스도가 성취하신 속죄 외에는 다른 어디에서도 구원을 찾아서는 안 된다는 사실을 분명하고도 공공연하게 배웠다. (Inst. 2.6.2: Inst.는 '기독교 강요'를 뜻하며, 이어지는 세 개의 숫자는 '권, 장, 절'을 의미한다. 즉 이 내용은『기독교 강요』2권 6장 2절 '구약 백성들이 믿은 기름부음 받은 자 중보자 그리스도'에 나오는 내용이다.) 하나님은 아브라함의 자손 모두를 자기의 언약에 포함시키셨다(창세기 17:4). 이에 대해 바울은 그리스도가 모든 나라로 복을 받게 할 바로 고유한 그 "씨(자손)"라고(적용. 갈라디아서 3:16) 현명하게 논증했다. (Inst. 2.6.2) 하나님은 중보자가 없이는 인류를 용서하지 않으시며, 그리스도는 언제나 율법 아래에 살던 거룩한 조상들에게 그들의 믿음이 방향을 잡아야 할 목적이셨다는 점이 충분히 명료하게 드러나고 있다. (Inst. 2.6.2): 자세한 내용을 알고 싶은 독자들에게는『1559년 라틴어 최종판 직역 기독교 강요 1-4권 세트』(존 칼빈 저, 문병호 역, 생명의말씀사)를 권한다. 참고로, 앞에 언급한 '기독교 강요' 2권 6장 2절의 제목은 역자인 문병호 교수의 주석이다.

25 우리는 히브리서 11장 '믿음의 전당'에 올라 있는 모든 인물이 '구약의 인물들'임을 기억해야 한다. 또한 그 인물 중, 율법의 상징인 모세가 바라본 우리 주 예수 그리스도가 증언되어 있음을 잊어서는 안 된다. 즉, 구약 백성들도 오직 우리 주 예수 그리스도를 힘입어 구원받는다.: "[24]**믿음으로 모세는** 장성하여 바로의 공주의 아들이라 칭함 받기를 거절하고 [25]도리어 하나님의 백성과 함께 고난 받기를 잠시 죄악의 낙을 누리는 것보다 더 좋아하고 [26]**그리스도를 위하여 받는 수모를** 애굽의 모든 보화보다 더 큰 재물로 여겼으니 이는 상 주심을 바라봄이라"(히브리서 11:24-26).

11장 '믿음의 전당'에 오를 자격을 가지게 되었다.

사사기를 자세히 볼수록, 우리는 이들 넷이 우리 주변에서 쉽게 발견되는 '인간 군상(群像)'이라는 점을 깨닫는다. 우리 자신의 모습에서 이들을 발견하곤 한다. 따라서 이 책은 그러한 '기드온, 바락, 삼손, 입다'와 함께하신 하나님의 은혜를 살펴볼 것이다. 그 과정을 통하여 이들 사사가 어떻게 '하나님의 사람'으로 성장하게 되었는지 자세히 추적해 볼 것이다. 그리고 이러한 작업은 오늘을 살아내는 우리 인생에 많은 깨달음과 성찰을 주게 될 것이다. 이 모든 과정에 우리 하나님의 은혜가 함께 하시길 기도한다.

1부

배경

레위 지파

만일 이 사람들이 침묵하면 돌들이 소리 지르리라

얼마 전, 인기리에 방영된 "이상한 변호사 우영우"에 나온 대사다. "변호사님, 우리는 왜 안 되는 거에요? 도대체 왜 헤어져야 하냐고요?" 이 드라마의 극중 주인공 우영우는 '자폐 스펙트럼 장애(Autism spectrum disorder)'를 가지고 있는 변호사다. 주인공의 연인(戀人) 이준호의 질문에 대한 우영우의 대답이다.[1] "제가 이준호 씨를 행복하게 만들어줄 수 있는 사람인지 모르겠습니다. 이준호 씨가 보살펴야 하는 사람인 것만 같아요." 그녀와 같이 있기만 해도 행복하다는 이준호의 대답에 주인공 우영우가 다시 대답한다. "하지만 저와 함께 있을 때 외로운 적 없었습니까? 내 안은 나 자신으로 가득 차 있어서 가까이 있는 사람을 외롭게 만듭니다. 언제 왜 그렇게 만드는지도 모르고, 어떻게 해야 안 그럴 수 있는지도 모릅니다. 저는 이준호 씨를

---

1 워낙 인기리에 방영되었던 드라마인지라, 이 글을 읽는 독자들 대부분이 맥락을 알고 있으리라는 전제(前提)하에 글을 쓰고 있다. 혹시 이 드라마를 모르는 독자들은 유튜브에 '영우가 말하는 준호와 헤어져야 하는 이유' 영상을 검색해 보기 바란다.

좋아하지만, 이준호 씨를 외롭지 않게 만들 자신이 없습니다."

자폐 스펙트럼 장애(Autism spectrum disorder)라는 진단명에는 '스펙트럼(spectrum)'이라는 용어가 들어가 있다. 이를 통해서 알 수 있듯이, 자폐증은 광범위한 수준에 걸친 복잡한 범위의 문제 행동을 수반하는 장애다. 겉으로 드러나는 자폐 스펙트럼 장애는 다양한 수준의 '사회적 상호작용의 장애'와 '언어 및 비언어적 의사소통의 장애'를 특징으로 한다. 그뿐 아니라, '상동행동'[2]과 '인지적(認知的) 정서적(情緒的) 조절 장애' 그리고 '감각 통합 장애'를 수반하는 것이 자폐증이다. 그러나 이러한 다양한 증상의 내적 요인은 의외로 단순하다.[3] 자폐증 환자의 다양한 외적 증상은 **'공감 능력의 부족'**에서 기인(起因)한다. 즉 '다른 사람의 감정을 읽지 못해서 생기는 증상'이 주된 외면적 특성을 이룬다. 그 결과, 환자 주변 사람들이 겪게 되는 가장 큰 고통은 드라마의 대사에도 나오듯이 **'외로움'**이다.

극 중에서 주인공은 자폐증 환자 중 일부가 보이는 천재성을 보이고 있다. 그럼에도 주인공의 이 대사는 사실이다. "내 안은 나 자신으로 가득 차 있어서 가까이 있는 사람을 외롭게 만듭니다. 언제 왜 그렇게 만드는지도 모르고, 어떻게 해야 안 그럴 수 있는지도 모릅니다. 저는 이준호 씨를 좋아하지만, 이준호 씨를 외롭지 않게 만들 자신이 없습니다." 결국 자폐증 환자

2 외부 자극과 관계없는 행동을 반복하는 것을 말한다.

3 엄밀히 따지자면, 이 문장은 옳은 표현이 아니다. 분명히 '자폐 스펙트럼 장애(Autism spectrum disorder)'의 내적 요인은 단순하지 않다. 또한 아직 그 원인이 정확히 밝혀지지도 않았다. 자폐증은 '다양한 신경생물학적 원인'에서 기인(起因)하는 '뇌 발달 장애'다. 이 문장은 수사학(rhetoric)적인 목적으로 쓰인 것이다.

를 주인공으로 하는 드라마는 '공감 능력의 부재(不在)'로 인한 '외로움'이 주된 감정선(感情線)이 될 수밖에 없다.

자폐 스펙트럼 장애(Autism spectrum disorder)를 가진 우영우는 주변 사람을 외롭게 하는 것이 분명하다. 하지만 시청자들이 드라마를 통해 알게 된 사실이 하나 더 있다. 역설적이게도, 많은 사람들이 주인공 우영우에 깊이 감정 이입하는 이유 중 하나는 그녀의 '외로움'이다. 공감 능력의 부족으로 주변 사람들을 외롭게 만드는 우영우가 홀로 겪어내야만 하는 '그녀의 외로움' 말이다. 그 '외로움'에 대한 안타까움이 시청자들을 가슴 아프게 한다. 동시에 악역(惡役)이나 막장과 같은 전개 없이도 드라마가 재미있을 수 있다는 것을 알게 해주었다는 평가처럼, 시간이 갈수록 '우영우의 외로움을 감싸주는 조연(助演)들'에게 시청자들은 위로받는다. 이 두 가지 요소가 드라마의 인기를 견인했던 것으로 보인다.

그렇다면 사람들은 왜 이토록 "이상한 변호사 우영우"에 열광했던 것일까? 왜 우영우 그녀의 외로움에 깊이 감정 이입했던 것일까? 이유는 간단하다. 이 시대가 타인의 감정과 고통에 둔감하기 때문이다. 이 사회가 타인의 감정과 고통에 무관심하기 때문이다. 공감(共感)이 사라진 사회에서 우리는 그 어느 때보다 공감이라는 단어를 남발하며 살고 있다. 긍정적으로 평가할 때, 이 시대는 '거대 담론'보다는 '개개인의 취향이 존중받는 시대'다. 하지만 이러한 특징을 다른 측면에서 볼 때, 우리가 사는 이곳은 '사회구성원 사이의 공통분모'가 최소화된 '뒤틀린 사회'라는 이야기가 된다.

더 이상 이 사회는 나의 고통에 반응하지 않는다. 사람이 인생 가운데 겪게 되는 고통의 종류와 모양은 다양할 수밖에 없다. 물론 거대 담론이라는 공통분모가 사라진 사회는 이전 시대와 같이 '당위(當爲)라는 무기'로 나에게 무언가를 강요하는 것 또한 분명히 줄게 마련이다. 하지만 사람이 사는 동네에서 일어나는 일의 대부분에는 '동전의 양면'이 있는 것이 순리 아니던가? 이제는 나와 같은 처지가 아닌 이상, 그 어느 누구도 나의 고통에 공감하지 않는다.[4] 나의 고통은 타인에게 있어 '그들의 문제일 뿐'인 세상이 되었다. 우리는 도시에 모여 살지만, 각자의 삶의 영역에서 혼자 세상을 살아내야만 하는 현실 속에 서 있다.

"이상한 변호사 우영우"에 사람들이 열광하는 이유가 여기에 있다. 이 시대를 살아내는 우리가 바로 '우영우'이고 '우영우의 주변 사람들'이기 때문이다. 그런 우영우가 드라마 가운데 바르게 살아보겠다고 애쓰며 발버둥 치는 모습에 자신을 투영하지 않기란 쉽지 않다. 동시에 '우영우의 주변 사람들'과 같은 가족과 친구를 가지고 싶은 욕망까지 자극받는다는 점에서, 이 드

---

4 물론 '거대 담론'이 지배하는 '전체주의적 사회' 또한 마찬가지다. 거대 담론이 지배하는 사회에서 개인은 '집단을 위한 수단'으로 전락한다. 그 과정 가운데 무시되고 유린 되는 인권 또한 많았던 것이 역사적 사실이다. 사람이라는 존재는 참 묘한 것 같다. 그리고 사람은 무엇을 해도 '사각 지역'이 존재하게 마련이다. 어떤 예(例)가 있을까? 고3 때, 엄마의 공부하라는 잔소리는 정말 듣기 싫다. 이런 아이들의 핸드폰에 저장된 엄마 이름은 '마귀할멈' 등등 다양하다. 하지만 엄마가 어느 날부터 공부하라는 잔소리를 하지 않으면 어떤 느낌이 들까? 이제는 엄마가 나를 포기한 것만 같아 서운하다. 뭔지 모를 '거절감과 불안'이 엄습해오는 것이 사람이다. 사회 또한 마찬가지다. 거대 담론이 지배하는 사회는 상당수 개인에게 '소속감과 안정감'을 제공한다. 그럼에도 거대 담론보다는 개개인의 취향이 존중받는 사회에 좋은 면이 많다. 하지만 개개인의 취향이 존중받는 사회에는 '왠지 모를 불안과 서운함'이 있게 마련이다. 엄마가 "그래 네 인생은 네 인생이니까 네가 알아서 해라. 엄마는 엄마 인생 살련다"라고 하는 것만 같은 불안말이다. 결국 인류가 만들어내는 사회제도는 항상 '사각 지역'이 존재하게 마련이다. 그런 점에서, 정치 제도를 통해서 이 땅에 '유토피아(Utopia)'를 만들어낼 수 있다는 생각은 망상(妄想)에 불과하다. **즉 '정치적 신념'은 '복음'을 대신할 수 없다!**

라마를 한번 접하게 된 시청자는 그 매력에서 쉽게 헤어 나오지 못한다.

그러므로 거대 담론이 모든 '이슈(issue)'를 지배하던 시대로 돌아가야 한다는 말을 하려는 것이 아니다. 그 시절이 지금보다 나았다는 이야기를 하려는 것 또한 아니다. 책 제목을 "예수의 피를 힘입어–기드온, 바락, 삼손, 입다"로 잡고서 문득 그런 생각을 했다. 왜 다윗도 아니고 사무엘도 아니고 '기드온, 바락, 삼손, 입다'를 성경 인물설교의 대상으로 잡았을까? 성경의 대세는 다윗과 사무엘 아닌가?

> 내가 무슨 말을 더 하리요 기드온, 바락, 삼손, 입다, **다윗 및 사무엘과** 선지자들의 일을 말하려면 내게 시간이 부족하리로다(히브리서 11:32)

그동안 내가 설교해온 인물들 또한 마찬가지다. 그들은 성경의 대세(大勢)에서 어느 정도 벗어난 하나님의 사람들이었다.[5] 설교 준비를 위해 사사기를 공부하며 알게 된 사실을 주변 지체들과 나누었다. 특별히 드보라와 바락에 대한 내 해석을 접한 한 지체가 물었다. "신학자 중에 바락에 대해서 자세히 다룬 경우가 있나요?" 내가 알기로는 없었다. 바락이 '믿음의 전당에 오른 이유'에 대해 나만큼 자세히 다룬 경우는 없었다. "어떻게 그렇게 오랜 세월 동안 바락에 대해 다룬 신학자가 없을 수 있나?"는 질문을 전해

---

5 물론 성경에서 대세(大勢)를 이룬 인물들 또한 상당수는 그 시대, 그가 속한 사회에서는 주류(主流)가 아니었다.

들은 어느 목사님께서 한마디 던지셨다. "예전에는 다윗과 사무엘이 필요한 시대였고, 현시대는 기드온 바락 삼손 입다가 필요한 시대가 된 것이지."

항상 하나님의 손에 이끌려가는 느낌을 받고 있던 나로서는 눈이 번쩍 뜨이는 말씀이었다. '그렇지, 예전에는 다윗이나 사무엘을 통해 배울 수 시대였었지. 하지만 이제는 기드온 바락 삼손 입다와 같은 인생들을 통해 역사하시는 하나님을 배우는 시대가 된 것일 수도 있겠다. 결국 대세에서 벗어난, 어쩌면 파편화된 인생들에 임하시는 하나님의 은혜를 통해 이 시대를 살아내는 지혜를 배워야 하는 단계에 우리 사회가 이르렀을 수도 있겠구나. 그러한 연유로 하나님께서 나를 이 인물들에게 인도하셨구나.' 그렇게 놓고 보니, 내가 설교해온 인물들의 핵심 감정 또한 많은 경우 '외로움'이었다. 그리고 "이상한 변호사 우영우"를 관통하는 감정선(感情線) 또한 '외로움'이었다.

솔직히 나는 "이상한 변호사 우영우" 전체를 보지는 못했다. 어느 날부터인가, 유튜브에 올라온 요약본을 보게 되었다. 그러나 이 작품을 쓴 작가의 시선이 이 땅의 주류(主流)가 아니라 비주류(非主流)를 향해 있음을 쉽게 알 수 있었다. 이번에 다룰 '기드온, 바락, 삼손, 입다'를 비롯하여 사사기에 등장하는 사사들의 일관된 특징 또한 마찬가지다. 그들은 그 당시 사회의 '비주류'였다.

사사기를 잘 모르는 독자들이라 하더라도 사사기에 나오는 이 말씀은 알 것이다.

> **그때에 이스라엘에 왕이 없으므로** 사람이 각기 자기의 소견에 옳은 대로 행하였더라(사사기 21:25)

이 말씀의 진짜 속뜻은 무엇일까? 사사 시대, 정말 이스라엘에 왕이 없었을까? 그렇지 않다. 사사기 이후 이스라엘이 왕정국가가 된 이후에도 그리고 그 이전에도 이스라엘의 왕은 하나님이셨다.

우리는 성경을 읽을 때마다 하나님의 표정을 살펴야 한다. "그때에 이스라엘에 왕이 없으므로, 그때에 이스라엘에 왕이 없으므로" 이 말씀은 "내가 이스라엘의 진정한 왕인데 …, 내가 이스라엘의 진정한 왕인데 …"라는 하나님의 깊은 탄식이다. "그때도 나 여호와가 이스라엘의 진정한 왕이었는데 사람들이 마치 나 여호와가 없는 것처럼 각기 자기의 소견에 옳은 대로 행하더라." 우리는 이 말씀에서 하나님의 깊은 탄식을 들을 수 있어야 한다.

이때 "자기 소견"의 반대는 무엇일까? 당연히 "하나님의 뜻"이다. 그렇다면 이스라엘의 진정한 왕 되신 하나님은 '누구를 통하여' 당신의 뜻을 언약 백성인 이스라엘에게 밝힐 계획이셨을까? 그것은 바로 **'레위 지파'**를 통해서다.

> [8]**레위에 대하여는 일렀으되 주의 둠밈과 우림이 주의 경건한 자에게 있도다** 주께서 그를 맛사에서 시험하시고 므리바 물 가에서 그와 다투셨도다 [9]그는 그의 부모에게 대하여 이르기를 내가 그들을 보지 못하였다 하며 그의 형제들을 인정하지 아니하며 그의 자녀를 알지 아니한 것은 주의 말씀을 준행하고 주의 언약을 지킴으로 말미암음이로다 [10]**주의 법**

> **도를 야곱에게, 주의 율법을 이스라엘에게 가르치며 주 앞에 분향하고 온전한 번제를 주의 제단 위에 드리리로다**(신명기 33:8-10)

신명기 33장 말씀은 모세가 죽기 전에 이스라엘 자손을 위하여 축복한 내용을 담고 있다.[6] 위에 인용한 본문은 레위 지파였던 모세가 자신이 속한 지파를 축복한 내용이다.[7] "레위에 대하여는 일렀으되 주의 둠밈과 우림이 주의 경건한 자에게 있도다." 둠밈은 '완전하다'를 우림은 '빛'을 뜻한다. 즉 '둠밈과 우림'은 '완전한 빛'을 뜻하며 '하나님의 뜻'을 결정할 때 사용되었다.[8] 바로 이 '둠밈과 우림'이 레위 지파에게 있다고 모세는 선언한다. 모세의 이 선언을 통해 우리는 이스라엘의 진정한 왕이신 '하나님의 뜻이 언약 백성에게 전달되는 통로'가 바로 '레위 지파'였음을 알 수 있다.

---

6 "하나님의 사람 모세가 죽기 전에 이스라엘 자손을 위하여 축복함이 이러하니라"(신명기 33:1).

7 모세는 레위의 둘째 아들 그핫의 자손이다.: "레위의 아들은 게르손과 **그핫**과 므라리요"(창세기 46:11).: 성경에는 '그핫과 고핫'이라는 두 이름이 기록되어 있는데 같은 인물이다.: "레위의 아들들의 이름은 이러하니 게르손과 **고핫**과 므라리요"(민수기 3:17).: 레위에서 아론과 모세까지의 족보를 기록한 성경 본문이다.: "[16]**레위의 아들들의 이름은 그들의 족보대로 이러하니 게르손과 고핫과 므라리요** 레위의 나이는 백삼십칠 세였으며 [17]게르손의 아들들은 그들의 가족대로 립니와 시므이요 [18]**고핫의 아들들은 아므람과** 이스할과 헤브론과 웃시엘이요 고핫의 나이는 백삼십삼 세였으며 [19]므라리의 아들들은 마흘리와 무시니 이들은 그들의 족보대로 레위의 족장이요 [20]**아므람은 그들의 아버지의 누이 요게벳을 아내로 맞이하였고 그는 아론과 모세를 낳았으며** 아므람의 나이는 백삼십칠 세였으며"(출애굽기 6:16-20).

8 "그는 제사장 엘르아살 앞에 설 것이요 엘르아살은 그를 위하여 **우림의 판결로써 여호와 앞에 물을 것이며** 그와 온 이스라엘 자손 곧 온 회중은 엘르아살의 말을 따라 나가며 들어올 것이니라"(민수기 27:21).

이 '둠밈과 우림'은 제사장이 입는 옷인 에봇[9]의 흉패 안에 넣었다.[10] 이 '둠밈과 우림'은 이스라엘 백성이 하나님의 뜻을 판별하기 위해 제비뽑기할 때 사용된 돌 혹은 보석으로 보인다.[11] '우림'의 뜻이 '빛'이라는 점에서, 제비뽑기가 하나님의 뜻에 맞을 때 우림이 초자연적인 빛을 내었을 것이라는 견해가 있다.

"주의 법도를 야곱에게, 주의 율법을 이스라엘에게 가르치며 주 앞에 분향하고 온전한 번제를 주의 제단 위에 드리리로다." 이것이 바로 모세가 레위족속을 축복하는 가운데 밝힌 '레위 지파의 구체적인 역할'이다. 레위 지파가 이 역할을 하나님으로부터 부여받게 된 계기는 광야에서 있었던 '금송아지 사건' 때문이었다. 모세가 하나님께 십계명을 받기 위해[12] 시내산에 올라갔을 때의 일이다. 모세가 그들의 예상보다 더디 내려오자, 그 시간을 견디지 못한 이스라엘 백성들이 우상숭배에 빠진 사건이 바로 '금송아지 사건'이다.[13]

---

9 제사장이 입는 에봇은 '앞치마' 혹은 '상하의(上下衣)가 붙어있는 작업복'과 비슷한 모양을 했다. 인터넷을 검색해 보면 쉽게 '에봇'의 모양과 '둠밈과 우림을 넣는 흉패'의 모양을 확인할 수 있다.

10 "[29]아론이 성소에 들어갈 때에는 이스라엘 아들들의 이름을 기록한 이 판결 흉패를 가슴에 붙여 여호와 앞에 영원한 기념을 삼을 것이니라 [30]**너는 우림과 둠밈을 판결 흉패 안에 넣어** 아론이 여호와 앞에 들어갈 때에 그의 가슴에 붙이게 하라 아론은 여호와 앞에서 이스라엘 자손의 흉패를 항상 그의 가슴에 붙일지니라"(출애굽기 28:29–30).

11 이 내용에 대해 신학자들 사이에 완전한 의견 일치는 되어 있지 않다.

12 "여호와께서 시내산 위에서 모세에게 이르시기를 마치신 때에 증거판 둘을 모세에게 주시니 이는 돌판이요 하나님이 친히 쓰신 것이더라"(출애굽기 31:18).

13 "[1]**백성이 모세가 산에서 내려옴이 더딤을 보고** 모여 백성이 아론에게 이르러 말하되 일어나라 우리를 위하여 우리를 인도할 신을 만들라 이 모세 곧 우리를 애굽 땅에서 인도하여 낸 사람은

이렇게 쉽게 우상숭배에 빠진 이스라엘 백성을 징계하는 과정에서 여호와 편에 서서 충성한 지파가 레위 자손들이었다. 레위 지파는 우상숭배를 저지른 이스라엘 백성을 거리낌 없이 하나님을 대신하여 죽였다.[14] 그 결과, 하나님으로부터 언약 백성을 위한 율법 교사 역할을 부여받게 되었다.

> [25]모세가 본즉 백성이 방자하니 이는 아론이 그들을 방자하게 하여 원수에게 조롱거리가 되게 하였음이라 [26]이에 모세가 진 문에 서서 이르되 **누구든지 여호와의 편에 있는 자는 내게로 나아오라 하매 레위 자손이 다 모여 그에게로 가는지라** [27]모세가 그들에게 이르되 이스라엘의 하나님 여호와께서 이렇게 말씀하시기를 **너희는 각각 허리에 칼을 차고 진 이 문에서 저 문까지 왕래하며 각 사람이 그 형제를, 각 사람이 자기의 친구를, 각 사람이 자기의 이웃을 죽이라** 하셨느니라 [28]레위 자손이 모세의 말대로 행하매 **이 날에 백성 중에 삼천 명 가량이 죽임을 당하니라**

어찌 되었는지 알지 못함이니라 [2]아론이 그들에게 이르되 너희의 아내와 자녀의 귀에서 금 고리를 빼어 내게로 가져오라 [3]모든 백성이 그 귀에서 금 고리를 빼어 아론에게로 가져가매 [4]**아론이 그들의 손에서 금 고리를 받아 부어서 조각칼로 새겨 송아지 형상을 만드니** 그들이 말하되 **이스라엘아 이는 너희를 애굽 땅에서 인도하여 낸 너희의 신이로다** 하는지라 … [6]이튿날에 그들이 일찍이 일어나 번제를 드리며 화목제를 드리고 백성이 앉아서 먹고 마시며 일어나서 뛰놀더라 [7]여호와께서 모세에게 이르시되 **너는 내려가라 네가 애굽 땅에서 인도하여 낸 네 백성이 부패하였도다** [8]**그들이 내가 그들에게 명령한 길을 속히 떠나 자기를 위하여 송아지를 부어 만들고 그것을 예배하며 그것에게 제물을 드리며 말하기를 이스라엘아 이는 너희를 애굽 땅에서 인도하여 낸 너희 신이라 하였도다**"(출애굽기 32:1-4, 6-8).

14 우리는 이 사실을 통하여, '금송아지 사건' 당시 우상숭배에 빠진 이스라엘 백성이 전부가 아니었음을 알 수 있다. 이렇듯이 대세(大勢)가 기울어 모두가 하나님을 떠난 것처럼 보이는 시대에도 항상 '하나님의 은혜'로 '하나님 편'에 서 있는 '하나님의 백성'이 남아 있게 마련이다.: "그러나 내가 이스라엘 가운데에 칠천 명을 남기리니 다 바알에게 무릎을 꿇지 아니하고 다 바알에게 입맞추지 아니한 자니라"(열왕기상 19:18).

[29]모세가 이르되 각 사람이 자기의 아들과 자기의 형제를 쳤으니 오늘 여호와께 헌신하게 되었느니라 그가 오늘 너희에게 복을 내리시리라(출애굽기 32:25-29)

레위 지파가 이스라엘의 율법 교사가 된 일련의 과정을 생각해볼 때, 섬뜩함이 느껴지는 것은 나만이 아닐 것이다. '레위 지파에게 부여된 역할을 제대로 행하는 것이 무엇일까?'를 생각해보면 더욱 그러하다. 그렇게 '하나님께 부여받은 레위 지파의 구체적인 역할'은 이것이었다. "주의 법도를 야곱에게, 주의 율법을 이스라엘에게 가르치며 주 앞에 분향하고 온전한 번제를 주의 제단 위에 드리리로다."

당연히 이쯤에서 이런 질문이 나올 수 있다. "간사님[15], 처음 레위 지파가 행했던 것처럼 율법 교사들이 제 역할을 하지 않으면 어떻게 되나요?" "응, 우선 세상이 사사 시대처럼 되겠지. 그리고 음 …, 성경의 패턴으로 볼 때, 레위 지파가 삼천 명가량을 죽이면서까지 율법 교사 역할을 하지 않았다면 …, 보통 하나님께서 직접 죽이시거나 이방 민족을 들어서 죽이셨겠지 …, 생각만 해도 무섭네 … ."

그렇게 하나님께서 언약 백성의 왕이 되셔서 '레위 지파를 통하여 직접 이스라엘을 통치'하시는 것이 원래 하나님의 뜻이셨다. 그런 점에서, 사사기는 주님의 율법을 언약 백성에게 가르쳐야 했던 "레위 지파가 제 역할을

15 이 책은 한국누가회(CMF) 캠퍼스에서 선포된 설교를 다듬은 것이다. 즉 질문과 대답에 사용된 어법(語法)은 그러한 상황에 맞춘 것이다.

하지 못했을 때 어떤 상황이 벌어지는가?"에 대한 이야기이기도 하다. 즉 아래 인용한 사사기의 말씀은 레위 지파가 하나님의 뜻을 언약 백성에게 가르치지 않았을 때 벌어지는 상황을 한 문장으로 요약한 것이다.

> **그때에 이스라엘에 왕이 없으므로** 사람이 각기 자기의 소견에 옳은 대로 행하였더라(사사기 21:25)

'사사기' 바로 앞에 나오는 '여호수아서'의 1장은 하나님께서 이스라엘 백성에게 하신 '약속과 명령'으로 시작된다.

> [3]내가 모세에게 말한 바와 같이 너희 발바닥으로 밟는 곳은 모두 내가 너희에게 주었노니 [4]곧 광야와 이 레바논에서부터 큰 강 곧 유브라데강까지 헷 족속의 온 땅과 또 해 지는 쪽 대해까지 **너희의 영토가 되리라** (여호수아 1:3-4)

"너희의 영토가 되리라." 가나안 정복 전쟁[16]을 앞두고 하나님께서 이스라엘 백성에게 주신 약속이다. 즉 이 전쟁은 결과를 정해놓고 시작한 일이었다.

---

16 엄밀히 말하면 '수복 전쟁'이다. 이스라엘 백성이 가나안 땅을 차지하는 전쟁이 '수복 전쟁'인 이유에 대해서는 내 첫 번째 책『하나님을 위한 변명』(최관호, 예영커뮤니케이션) 367페이지부터 379페이지까지 자세히 설명해두었다.

> [7]**오직 강하고 극히 담대하여 나의 종 모세가 네게 명령한 그 율법을 다 지켜 행하고** 우로나 좌로나 치우치지 말라 그리하면 어디로 가든지 형통하리니 [8]이 율법책을 네 입에서 떠나지 말게 하며 주야로 그것을 묵상하여 **그 안에 기록된 대로 다 지켜 행하라** 그리하면 네 길이 평탄하게 될 것이며 네가 형통하리라(여호수아 1:7-8)

"그 안에 기록된 대로 다 지켜 행하라." 가나안 정복 전쟁을 앞두고 하나님께서 이스라엘 백성에게 주신 명령이다. 위에 인용한 성경 말씀을 자세히 살펴볼 때, 특이한 점이 있을 것이다. "오직 강하고 극히 담대하여 나의 종 모세가 네게 명령한 그 율법을 다 지켜 행하고" 생각해보면 "오직 강하고 담대하여"라는 말씀은 이스라엘이 전투에 임할 때 주셔야 하는 말씀이 아닐까? 가나안 정복 전쟁을 앞둔 이스라엘 백성이었다. 그런데 하나님께서는 이 말씀을 "나의 종 모세가 네게 명령한 그 율법을 다 지켜 행하고"와 연결해서 명령하신다.

하나님의 이러한 '약속과 명령'은 무슨 뜻일까? 첫 번째, 골리앗을 향해 나아갈 때 다윗이 했던 고백처럼[17] '가나안 정복 전쟁'은 하나님께 속한 것이라는 점이다. 두 번째, 그러니 이스라엘 너희는 모세를 통하여 명령한 그 율법을 다 지켜 행하는데 온 힘을 다하라는 말씀이다.[18] 즉 전쟁의 결과는 모

---

17 "또 여호와의 구원하심이 칼과 창에 있지 아니함을 이 무리에게 알게 하리라 **전쟁은 여호와께 속한 것인즉** 그가 너희를 우리 손에 넘기시리라"(사무엘상 17:47).

18 구약성경은 언약 백성인 이스라엘이 이 부분에서 '실패한 역사'를 기록한 책이다. 이스라엘의 이러한 실패는 우리 주 예수 그리스께서 십자가에 못 박혀 죽으시고 부활하시고 승천하신 후 보내주시는 영, 그때부터 '예수의 영'이라 불리우는 '성령 하나님의 내주(內住)하심'으로 '마음에

세를 통하여 이스라엘 백성에게 명령한 율법을 지키느냐? 지키지 않느냐? 와 관련된 일이라는 것이다.

> 이스라엘 자손이 여호와의 명령을 따라 자기의 기업에서 이 성읍들과 그 목초지들을 레위 사람에게 주니라(여호수아 21:3)

그리고 하나님께서는 레위 지파에게 가나안 영토를 따로 주지 않으셨다. 그 대신 '이스라엘 열두 지파 중에' 그들이 거주할 성읍을 따로 지정하여 주셨다.[19] 그 결과 레위 지파는 다른 지파와 같이 일정 영역을 차지하지 못하고, 이스라엘 열두 지파 가운데 흩어지게 되었다. 이것은 하나님께서 의도

할례'를 받은 성도들을 통하여 회복된다.: "[28]무릇 표면적 유대인이 유대인이 아니요 표면적 육신의 할례가 할례가 아니니라 [29]오직 이면적 유대인이 유대인이며 **할례는 마음에 할지니 영에 있고 율법 조문에 있지 아니한 것이라 그 칭찬이 사람에게서가 아니요 다만 하나님에게서니라**"(로마서 2:28–29).

19 야곱의 아들 열두 명 중 레위를 빼고 나면 열두 지파가 아니라 열한 지파가 아니냐는 질문이 있다. 그렇지 않다.: "이 일 후에 어떤 사람이 요셉에게 말하기를 네 아버지가 병들었다 하므로 그가 곧 **두 아들 므낫세와 에브라임과 함께 이르니**"(창세기 48:1). "[5]내가 애굽으로 와서 네게 이르기 전에 **애굽에서 네가 낳은 두 아들 에브라임과 므낫세는 내 것이라 르우벤과 시므온처럼 내 것이 될 것이요** [6]이들 후의 네 소생은 네 것이 될 것이며 **그들의 유산은 그들의 형의 이름으로 함께 받으리라**"(창세기 48:5–6).: 요셉에게는 아들이 둘 있었다. '므낫세와 에브라임'이 바로 그들이다. 그런데 이 둘을 야곱이 아들로 입양한다. 즉 '므낫세와 에브라임'은 그들의 삼촌들과 같은 분깃을 상속받게 된다. 그 결과 이스라엘은 레위 지파를 제외하고도 열두 지파가 될 수 있었다.: "[44]여호와께서 모세에게 말씀하여 이르시되 [45]이스라엘 자손 중 모든 처음 태어난 자 대신에 레위인을 취하고 또 그들의 가축 대신에 레위인의 가축을 취하라 **레위인은 내 것이라 나는 여호와니라**"(민수기 3:44–45).: 우리는 "레위인은 내 것이라."라고 하신 하나님의 말씀과 야곱이 요셉에게 했던 말 "네가 낳은 두 아들 에브라임과 므낫세는 내 것이라."가 같은 맥락의 이야기라는 점을 기억해야 한다. 야곱은 요셉의 두 아들을 입양하는 방식으로 요셉에게 두 지파의 분깃을 넘겼다. 이것은 요셉이 그 아버지 야곱의 집에 기여한 공 때문이었다. 그런 점에서 하나님의 말씀을 맡은 레위 지파를 향한 '하나님의 마음과 기대'가 무엇인지 이 땅에 있는 모든 말씀 사역자들은 기억해야 한다.

하신 것이었다. 하나님께서는 이렇게 레위 지파를 이스라엘 전체에 흩는 방식으로 **"이스라엘 열두 지파의 통일성"**을 유지하시려 했다. 그리고 이 레위 지파를 통하여 하나님의 뜻을 언약 백성들에게 전하는 '시스템(system)'을 계획하셨다.

이러한 하나님의 계획은 여호수아가 사는 날 동안과 여호수아 뒤에 생존한 장로들이 사는 날 동안에는 잘 지켜졌다.[20] 그들은 여호와께서 이스라엘을 위하여 행하신 모든 큰일을 본 자들이었다. 그러나 그 기간은 길지 못했다.[21]

생각해보면 세월만큼 빠른 것도 없는 것 같다. 그렇게 세월이 지나, 여호와의 종 눈의 아들 여호수아가 백십 세에 죽었다. 그리고 여호수아와 함께 하나님께서 이스라엘에게 행하신 모든 큰일을 본 자들 또한 전부 죽었다. 그러고 나자, 이후에 남은 이스라엘은 '다른 세대'가 되고 말았다. 성경에서는 신앙의 대물림이 성공한 경우 '다음 세대'라는 표현을 쓰는 반면, 신앙의 대물림이 실패한 경우 '다른 세대'라는 표현을 쓴다. 사실 이러한 징조는 사사기 1장에서 이미 예견되어 있었다.

---

20 "[6]전에 여호수아가 백성을 보내매 이스라엘 자손이 각기 그들의 기업으로 가서 땅을 차지하였고 [7]**백성이 여호수아가 사는 날 동안과 여호수아 뒤에 생존한 장로들 곧 여호와께서 이스라엘을 위하여 행하신 모든 큰 일을 본 자들이 사는 날 동안에 여호와를 섬겼더라**"(사사기 2:6-7).

21 "[8]여호와의 종 눈의 아들 여호수아가 백십 세에 죽으매 [9]무리가 그의 기업의 경내 에브라임 산지 가아스산 북쪽 딤낫 헤레스에 장사하였고 [10]그 세대의 사람도 다 그 조상들에게로 돌아갔고 **그 후에 일어난 다른 세대는 여호와를 알지 못하며 여호와께서 이스라엘을 위하여 행하신 일도 알지 못하였더라**"(사사기 2:8-10).

[27]므낫세가 벧스안과 그에 딸린 마을들의 주민과 다아낙과 그에 딸린 마을들의 주민과 돌과 그에 딸린 마을들의 주민과 이블르암과 그에 딸린 마을들의 주민과 므깃도와 그에 딸린 마을들의 주민들을 쫓아내지 못하매 **가나안 족속이 결심하고 그 땅에 거주하였더니** [28]**이스라엘이 강성한 후에야 가나안 족속에게 노역을 시켰고 다 쫓아내지 아니하였더라** [29]에브라임이 게셀에 거주하는 가나안 족속을 쫓아내지 못하매 **가나안 족속이 게셀에서 그들 중에 거주하였더라** [30]스불론은 기드론 주민과 나할롤 주민을 쫓아내지 못하였으므로 **가나안 족속이 그들 중에 거주하면서** 노역을 하였더라 [31]아셀이 악고 주민과 시돈 주민과 알랍과 악십과 헬바와 아빅과 르홉 주민을 쫓아내지 못하고 [32]아셀 족속이 **그 땅의 주민 가나안 족속 가운데 거주하였으니** 이는 그들을 쫓아내지 못함이었더라 [33]납달리는 벧세메스 주민과 벧아낫 주민을 쫓아내지 못하고 **그 땅의 주민 가나안 족속 가운데 거주하였으나** 벧세메스와 벧아낫 주민들이 그들에게 노역을 하였더라 [34]아모리 족속이 단 자손을 산지로 몰아넣고 골짜기에 내려오기를 용납하지 아니하였으며 [35]결심하고 헤레스산과 아얄론과 사알빔에 거주하였더니 요셉의 가문의 힘이 강성하매 **아모리 족속이 마침내는 노역을 하였으며** [36]아모리 족속의 경계는 아그랍빔 비탈의 바위부터 위쪽이었더라(사사기 1:27-36)

"가나안 족속이 결심하고 그 땅에 거주하였더니, 이스라엘이 강성한 후에야 가나안 족속에게 노역을 시켰고 다 쫓아내지 아니하였더라." 우리는 가나안 땅에 들어가기 전, 하나님께서 이스라엘에게 주신 명령이 히브리어로 '헤렘' 즉 '진멸(殄滅)'이었음을 기억해야 한다. 진멸의 뜻은 단 한 명도 남기지 않는 것을 의미한다.

> **네 하나님 여호와께서 네게 넘겨주신 모든 민족을 네 눈이 긍휼히 여기지 말고 진멸하며** 그들의 신을 섬기지 말라 그것이 네게 올무가 되리라(신명기 7:16)

얼핏 볼 때, 잔인해 보이는 하나님의 이러한 명령은 어떤 이유 때문이었을까? 그것은 바로 뒤에 이어지는 말씀을 통하여 드러난다. "그들의 신을 섬기지 말라. 그것이 네게 올무가 되리라." 즉 하나님은 '죄의 전염성'을 경계하셨다.

"가나안 족속이 결심하고 그 땅에 거주하였더니 이스라엘이 강성한 후에야 가나안 족속에게 노역을 시켰고" 노예무역을 공부해보면 이해가 될 것이다. 기계문명 이전 노동력은 곧 돈이었다. 노예무역이 그 시절 황금알을 낳는 사업이었다는 사실은 역사를 조금만 공부 해 봐도 알 수 있다. 그 당시 강대국의 경제적 근간(根幹)을 떠받치는 요소는 노예무역이었다. 이와 같은 사실을 생각해보면, 이스라엘이 가나안 족속을 진멸할 수 있을 만큼 강해진 다음에도 그들을 남겨둔 이유가 무엇이었는지 쉽게 예측할 수 있다. 그들에게 노역을 시키기 위해서였다. 그렇게 이스라엘은 '하나님의 명령'보다는 '경제적 이득'을 우선시했다.

물론 '이스라엘 백성들 입장'에서도 할 말이 있었을 것이다. 그 당시 '이스라엘 백성의 입장'을 상상해보면 이와 같다. 물론, 이러한 시도는 이스라엘 백성을 변명하기 위한 것이 아니다. 그들을 옹호하는 것 또한 아니다. 이러한 상상은 현재를 살아가는 우리에게 많은 통찰(洞察)을 주기 위함이다. 비록 시대와 상황은 다를지언정, 인생살이라는 것은 서로 다른 옷을 입고 있을 뿐, 그 본질에 있어서는 동일하게 마련이다. 즉 오늘을 살아가는 우리의 삶에 경계(警戒)를 위해서 이런 시도를 하는 것이다.

전통적으로 이스라엘은 농경민족이 아니었다. 그들은 대(代)를 이어 목축을 하던 민족이었다.[22] 그런데 가나안 땅에 들어간 뒤, 이스라엘 백성들은 농사를 지어야 했다. 가나안은 목축뿐 아니라 밀과 보리농사를 지어야 하는 땅이었다. 심지어 그들은 지난 40년간 광야에서 만나를 먹던 민족이었다.[23]

가나안 땅은 그들의 조상 아브라함 때부터 야곱 때까지 거주했다고는 하지만, '애굽에서 430년[24], 광야에서 40년[25]' 거의 500년 만에 돌아오는 땅이었다. 애굽에서 노예 생활을 할 때도, 그 이전에 가나안에 머무를 때도, 이스라엘은 농사를 지어본 적이 없었다. 그들의 생업은 조상 대대로 "목축"이

---

22 "[33]바로가 당신들을 불러서 너희의 직업이 무엇이냐 묻거든 [34]**당신들은 이르기를 주의 종들은 어렸을 때부터 지금까지 목축하는 자들이온데 우리와 우리 선조가 다 그러하니이다 하소서** 애굽 사람은 다 목축을 가증히 여기나니 당신들이 고센 땅에 살게 되리이다"(창세기 46:33-34).

23 "**또 그 땅의 소산물을 먹은 다음 날에 만나가 그쳤으니** 이스라엘 사람들이 다시는 만나를 얻지 못하였고 그 해에 가나안 땅의 소출을 먹었더라"(여호수아 5:12).

24 "[40]이스라엘 자손이 **애굽에 거주한 지 사백삼십 년이라** [41]사백삼십 년이 끝나는 그날에 여호와의 군대가 다 애굽 땅에서 나왔은즉"(출애굽기 12:40-41).

25 "여호와께서 이스라엘에게 진노하사 그들에게 **사십 년 동안 광야에 방황하게 하셨으므로** 여호와의 목전에 악을 행한 그 세대가 마침내는 다 끊어졌느니라"(민수기 32:13).

었다. 그러므로 가나안 정복 이후 이스라엘 입장에서는 '500년 만에 돌아온 낯선 땅'에서 처음 지어야 하는 농사였다.

> [10]네 하나님 여호와께서 네 조상 아브라함과 이삭과 야곱을 향하여 네게
> 주리라 맹세하신 땅으로 너를 들어가게 하시고 네가 건축하지 아니한
> 크고 아름다운 성읍을 얻게 하시며 [11]네가 채우지 아니한 아름다운 물건
> 이 가득한 집을 얻게 하시며 네가 파지 아니한 우물을 차지하게 하시며
> **네가 심지 아니한 포도원과 감람나무를 차지하게 하사 네게 배불리 먹
> 게 하실 때에** [12]너는 조심하여 너를 애굽 땅 종 되었던 집에서 인도하여
> 내신 여호와를 잊지 말고 [13]네 하나님 여호와를 경외하며 그를 섬기며
> 그의 이름으로 맹세할 것이니라 [14]**너희는 다른 신들 곧 네 사면에 있는
> 백성의 신들을 따르지 말라**(신명기 6:10-14)

"네가 심지 아니한 포도원과 감람나무를 차지하게 하사" 순진한 한국 교회 성도들이 정말 좋아하는 말씀이다. 하지만, 이 말씀이 현실에서는 무슨 뜻인지 피부에 조금이라도 와 닿게 설명하면 이와 같다. 서울에서 회사원으로 일하던 어떤 사람이 갑자기 직장을 그만두게 되었다. 그런데 하필이면 그때, 몇 년 전부터 과수원 농사를 짓던 부모님이 돌아가신 상황을 상상해보자. 정년퇴직하신 부모님이 몇 년 전에 매입해서 운영하던 과수원이다. 최근 몇 년 사이 바쁘다는 핑계로 몇 번 와보지도 못했던 과수원이다. 그렇다면 그 사람은 누구한테 "과수원 농사법"을 물어봐야 할까? 당연히 기존에 주변에서 과수원을 하던 분들이다.

이스라엘의 입장도 같았다. 자신들이 만들지 않은 포도원이었고 심지 아니한 감람나무였다. 당연히, 이 작물이 언제 어떻게 어떤 열매를 맺는지 알 수 없었을 것이다. 수리 시설이 없던 시대였다. 게다가 그곳은 광야 지역이었다. 그러니 처음에는 당연히 그 지역에 언제 비가 오는지 몰랐을 것이다. 냉장 시설이 없던 시절이었다. 수확한 열매를 어떻게 가공해야 오랫동안 보관할 수 있을지 본 적도 들은 적도 없었을 것이 분명하다. 그런데 가만히 보니까, 원래 그 지역에서 농사를 짓던 가나안 족속이 눈에 띄었다. 그러나 하나님께서는 그들을 한 명도 남기지 말고 전부 진멸하라고 명령하셨다.

생각해보면, 여호수아와 여호수아 뒤에 생존한 장로들 시대에도 완수하지 못한 정복이었다. 물론 여호수아와 장로들은 열심히 정복 전쟁을 했다. 하지만 하나님께서 그들에게 주신 시간이 끝나서 완수(完遂)하지 못했던 정복이었다. 그렇지만 여호와를 알지 못하는 다른 세대 입장에서는 그러한 사실을 인정하기 쉽지 않았을 것이다. 알고 싶지도 않았을 것이다. 물론 부모 세대로부터 하나님의 명령을 전해 들었을 것이다. 하지만, 광야가 아닌 가나안 땅에서 태어난 그들 입장에서는 태어날 때부터 보아왔던 가나안 사람들이었다. 어쩌면 어린 시절부터 보아왔던 옆 동네 사람들이었을 것이다. 문제는 그들의 입장이 하나님 앞에서는 핑계일 뿐이라는 점이다.

그렇다면 하나님께서는 왜 그들을 한 명도 남기지 말고 전부 진멸하라고 하셨을까? 가나안 족속을 남겨둘 경우, 당연히 이스라엘 백성들은 그 지역의 농사법을 가나안 족속에게 묻고 배우게 될 것이 뻔했기 때문이다. 저수

지나 댐이 없던 시절이었다. 모든 것을 하늘에 맡겨야 했던 시절이었다.[26] 그런 시절, "농사법"은 그 땅에 풍요를 불러온다고 추앙받는 "이방신과 연결된 문화"였다. 그런 이유로 하나님께서 명령하셨던 것이다. "네가 심지 아니한 포도원과 감람나무를 차지하게 하사 네게 배불리 먹게 하실 때에, 너희는 다른 신들 곧 네 사면에 있는 백성의 신들을 따르지 말라." 하지만 우리 또한 같은 상황이었다면 어땠을까? 가나안 족속을 전부 진멸하라고 하신 하나님의 명령이 쉬워 보이는가? 이제 하나님의 이 명령이 그리 간단한 것이 아님을 알게 되었을 것이다.

하지만 이스라엘은 하나님의 이 명령을 지켜야 했다. 그리고 레위 지파는 금송아지 사건 때처럼 언약 백성의 율법 교사 역할에 충실해야 했다. 금송아지 사건 때 동족을 향해 칼을 들었던 것처럼 마음을 독하게 먹어야 했다. 그러나 "주의 법도를 야곱에게, 주의 율법을 이스라엘에게 가르치며 주 앞에 분향하고 온전한 번제를 주의 제단 위에 드려야 할 책임"이 있었던 레위 지파는 그들의 책임을 다하지 못했다. 그리고 그 결과, 가나안 땅의 신들은 이스라엘 백성의 올무가 되었다.[27]

> [7]**오직 강하고 극히 담대하여 나의 종 모세가 네게 명령한 그 율법을 다 지켜 행하고** 우로나 좌로나 치우치지 말라 그리하면 어디로 가든지 형

---

26 사실은 지금도 마찬가지다.

27 "[2]너희는 이 땅의 주민과 언약을 맺지 말며 그들의 제단들을 헐라 하였거늘 너희가 내 목소리를 듣지 아니하였으니 어찌하여 그리하였느냐 [3]그러므로 내가 또 말하기를 내가 그들을 너희 앞에서 쫓아내지 아니하리니 그들이 너희 옆구리에 가시가 될 것이며 **그들의 신들이 너희에게 올무가 되리라** 하였노라"(사사기 2:2–3).

> 통하리니 [8]이 율법책을 네 입에서 떠나지 말게 하며 주야로 그것을 묵상하여 **그 안에 기록된 대로 다 지켜 행하라** 그리하면 네 길이 평탄하게 될 것이며 네가 형통하리라(여호수아 1:7-8)

앞에 인용했던 여호수아서 말씀을 다시 반복한다. "오직 강하고 극히 담대하여 나의 종 모세가 네게 명령한 그 율법을 다 지켜 행하고" 이제는 "오직 강하고 극히 담대하여"라는 말씀을 하나님께서 "전투"와 연결해서 말씀하지 않으신 이유가 보이기 시작할 것이다. 왜 "오직 강하고 극히 담대하여"라는 말씀을 "나의 종 모세가 네게 명령한 그 율법을 다 지켜 행하고"와 연결해서 주셨는지 마음에 와닿기 시작할 것이다. 인생을 살아보면 알게 될 것이다. 전쟁보다 어려운 것이 '하나님의 명령을 지키는 것'이다. 전투보다 담대한 용기가 필요한 때는 '하나님 편에 설 때'다.

그리고 그들 중 맨 처음 "오직 강하고 극히 담대한" 용기를 내어야 했던 이들은 '레위 지파'였다. 그들은 하나님의 뜻을 이스라엘 백성에게 전하는 역할을 맡은 자들이었다. 하지만 레위 지파는 그들에게 맡겨진 소명에 충실하지 못했다. 오해하지 않았으면 한다. 엄밀히 말해, 레위 지파의 실패는 레위 지파만의 책임이 아니다. 그것은 이스라엘 전체의 책임이다. 지금도 마찬가지다. 총신대학교 신학대학원 시절, 설교학 시간에 배웠던 내용이다. "하나님께서는 그 시대 그 교회 성도들의 수준에 맞는 사역자를 보내는 방식으로 교인들을 심판하신다. 사역자가 성경적이지 않은 설교를 하는 이유는 간단하다. 교인들이 성경의 권면과 경계를 듣기 싫어하기 때문이다. 그 경우 하나님께서는 그들이 듣고 싶어 하는 말을 하는 목사를 그 교회에 보내주시는 방법으로 그 교회 교인들을 저주하신다."[28]

어찌 되었든, 사사 시대에 일어났던 그 모든 불행은 어느 시대이든지 그 시대 그 사회의 주류(主流)가 그들에게 주어진 책임을 회피할 때마다 반복되는 일이다. 사사기 시절 이스라엘에는 두 주류(主流)가 있었다. 그들은 바로 '레위 지파'와 '에브라임 지파'였다.[29] 이번 단원에서는 우선 '레위 지파' 이야기를 하는 중이다. 그렇게 하나님으로부터 직접 책임을 부여받은 레위 지파가 그들의 역할을 하지 않자, 하나님께서는 그 시대의 비주류(非主流) 중에서 사사를 일으켜 그들로 대신 언약 백성을 구원하게 하신다. 이러한 역사적 사실은 우리 주 예수 그리스도의 말씀을 기억나게 한다.

> 37이미 감람산 내리막길에 가까이 오시매 제자의 온 무리가 자기들이 본
> 바 모든 능한 일로 인하여 기뻐하며 큰 소리로 하나님을 찬양하여 38이
> 르되 찬송하리로다 주의 이름으로 오시는 왕이여 하늘에는 평화요 가장
> 높은 곳에는 영광이로다 하니 39무리 중 어떤 바리새인들이 말하되 선생
> 이여 당신의 제자들을 책망하소서 하거늘 40대답하여 이르시되 내가 너
> 희에게 말하노니 **만일 이 사람들이 침묵하면 돌들이 소리 지르리라** 하
> 시니라(누가복음 19:37-40)

---

28 당연히 21세기 대한민국 땅에서 목사만이 '레위 지파'에 해당하는 것이 아니다. 모두가 알고 있듯이 종교개혁의 정신은 '만인제사장주의'다. 즉 신약시대에는 우리 모두가 '레위 지파'다. 다만 레위 지파와 목사님들을 연결시킨 이유는 우리들 가운데 목사님들이 특별히 하나님의 말씀을 가르치는 직임(職任)을 맡았기 때문이다.

29 '에브라임 지파'에게 부여된 책임에 대해서는 다음 단원에서 설명하겠다.

"내가 너희에게 말하노니 만일 이 사람들이 침묵하면 돌들이 소리 지르리라." 이것이 하나님께서 하나님 나라를 이루어 가시는 가운데 '당신의 사람을 들어 쓰시는 방식'이다. 이것이 바로 그 시대 그 사회의 주류가 그들에게 주어진 책임을 회피할 때, 하나님께서 그 사회의 '비주류'를 들어 쓰시는 방식이다. 그리고 하나님께서는 사사 시대에 사용 받은 그 비주류의 이름을 히브리서 11장 '믿음의 전당'에 올리셨다. 그들의 이름은 바로 '기드온, 바락, 삼손, 입다'다.

> [26]**형제들아 너희를 부르심을 보라 육체를 따라 지혜로운 자가 많지 아니하며 능한 자가 많지 아니하며 문벌 좋은 자가 많지 아니하도다** [27]그러나 하나님께서 세상의 미련한 것들을 택하사 지혜 있는 자들을 부끄럽게 하려 하시고 세상의 약한 것들을 택하사 강한 것들을 부끄럽게 하려 하시며 [28]하나님께서 세상의 천한 것들과 멸시 받는 것들과 없는 것들을 택하사 있는 것들을 폐하려 하시나니 [29]**이는 아무 육체도 하나님 앞에서 자랑하지 못하게 하려 하심이라**(고린도전서 1:26-29)

이러한 역사는 구약시대에만 적용되지 않는다. 신구약 시대를 통틀어 하나님께서는 일관되게 '비주류'를 들어 쓰셨다. 성경을 주의 깊게 읽은 성도라면 누구나 잘 알고 있는 내용이다. 하지만 이 말을 특별히 강조하는 이유는 이것이다. 어느 시대이건 그 시대의 과제를 떠안는 것은 쉬운 일이 아니다. 그 사회의 주류가 나선다고 해도 마찬가지다. 보통 어려운 일이 아니다. 하물며 그 사회의 주류가 팔짱을 끼고 있는 상황에서 비주류가 나서 그 시대의 과제를 해결할 경우, 어떤 일이 벌어질까? 이때 하나님께 쓰임 받는 비주류의 삶은 어떻게 될까? 정말 쉽지 않은 일이다. 이때 하나님께 사용받은 비주류가 느끼는 핵심 감정은 무엇일까? 그렇다. 이 단원 첫 부분에서 예로 들었던 '이상한 변호사 우영우'를 관통하는 감정인 '외로움'이다. 그 부분을 지적하고 싶었다. 그리고 이 시대 하나님께 부름받은 성도들을 위로하고 싶었다. 하나님 앞에서 잘 견디라는 말을 건네고 싶었다. 물론 문벌 좋은 주류의 눈에는 이들의 인생이 불완전하고 별것 없어 보이는 삶일지 모른다. 그렇다 하더라도, 하나님은 그러한 비주류 사람들을 들어 쓰시고 그 이름을 히브리서 11장 '믿음의 전당'에 올리신다는 사실을 전해주고 싶었다.

사사기의 구조 그리고 사사 시대의 주류 '에브라임 지파'

사사기는 총 세 부분으로 구분할 수 있다. 사사기의 '첫 번째 부분'은 1장 1절에서 3장 6절까지로 '완수(完遂)되지 못한 사명(使命) 이야기'가 나온다. 당연히 이때 '완수되지 못한 사명'은 '가나안 정복'이다. 하나님으로부터 받은 사명을 완수하지 못한 결과는 무엇일까? 이 이야기에서부터 우리는 뭔가 불길한 느낌을 받게 된다. 이러한 불길한 예감은 그대로 현실이 되어 나타나는데, 그 내용이 사사기의 '두 번째 부분'을 이룬다. 즉 사사기 1부가 사사 시대의 '원인'이라면 2부는 '결과'다. 언약 백성이 완수하지 못한 사명은 그대로 그들에게 올무가 되고 만다. 그 결과 사사기는 '샬롬'[30]의 땅에서 일어난 '엔샬롬'[31]의 이야기가 되고 만다.[32]

---

30 '평안'을 뜻하는 히브리어

31 '평안이 없음'을 뜻하는 히브리어

32 평안이 없는 '엔샬롬'의 상황에서 '샬롬'(평안)을 외치는 선지자를 '거짓 선지자'라고 한다. 목사들 또한 마찬가지다. 성경대로 살지 않는 성도들을 향해 평안을 외치는 목사들은 모두 구약에

결국, 언약 백성이 완수하지 못한 사명은 그들로부터 삶과 존재의 평안을 앗아가고 만다. 사실 생각해보면 이보다 아이러니한 상황이 없다. 이스라엘이 그들에게 주어진 사명을 외면한 이유는 무엇일까? 당연히 현실적인 갈등을 피하기 위해서다. 이미 그 땅에 살고 있던 가나안 족속이었다. 여호수아의 정복 전쟁 가운데서도 생존한 그들이었다. 그런 그들을 하나님의 명령대로 진멸한다는 것은 현실적으로 볼 때 '엔샬롬'을 불러올 것만 같았을 것이다.[33] 그러나 사람과의 '엔샬롬'을 피하기 위해 하나님을 외면한 대가는 너무도 컸다. 이스라엘은 가나안 족속과의 '샬롬'을 추구했지만, 그 결과 이스라엘의 삶은 그 뿌리로부터 '샬롬'을 박탈당하게 되었다. 그 땅이 하나님께서 언약 백성에게 선물하신 '평안의 땅'이었는데도 말이다.

사사기의 두 번째 부분은 3장 7절에서 16장까지로 '12명의 사사'에 대해 기록되어 있다. 12명의 사사를 가만히 살펴보면, 뒤로 갈수록 사사들의 상태가 나빠지고 수준이 떨어지는 것을 알 수 있다. 먼저 흔히 통용되는 오류 한 가지를 확인하고 가자. 최근 성경 통독을 위한 책들이 많이 출판되어 도움을 주고 있다. 보통 이러한 류(類)의 책들에서 사사기는 연대기순(年代記順)으로 기록된 책이 아니라는 설명이 나오곤 한다. 이러한 주장의 근거는 이

나오는 '거짓 선지자'다.: "모든 사람이 너희를 칭찬하면 화가 있도다 그들의 조상들이 거짓 선지자들에게 이와 같이 하였느니라"(누가복음 6:26).: 그렇다면 이들은 왜 평안을 외칠까? 이유는 간단하다. 성도들의 사랑을 받고 싶어서다. 그런 점에서, 모든 성도에게 사랑받는 목사님? 생각해봐야 하는 문제다.

33 "사람을 두려워하면 올무에 걸리게 되거니와 여호와를 의지하는 자는 안전하리라"(잠언 29:25).

것이다. 아래 인용하는 두 본문은 사사기 마지막 부분의 기사다.

> 단 자손이 자기들을 위하여 그 새긴 신상을 세웠고 **모세의 손자요 게르솜의 아들인 요나단과 그의 자손은 단 지파의 제사장이 되어** 그 땅 백성이 사로잡히는 날까지 이르렀더라(사사기 18:30)

사사기가 연대기순으로 기록되지 않았다는 주장의 첫 번째 근거다. 인용한 말씀은 '미가의 신상과 단 지파 이야기'에 나오는 레위인의 신분을 밝힌 부분이다. 그는 '모세의 손자 요나단'이었다.

> **아론의 손자인 엘르아살의 아들 비느하스가 그 앞에 모시고 섰더라** 이스라엘 자손들이 여쭈기를 우리가 다시 나아가 내 형제 베냐민 자손과 싸우리이까 말리이까 하니 여호와께서 이르시되 올라가라 내일은 내가 그를 네 손에 넘겨 주리라 하시는지라(사사기 20:28)

사사기가 연대기순으로 기록되지 않았다는 주장의 두 번째 근거다. 인용한 말씀은 '어느 레위인의 첩 이야기에 이어진 베냐민 지파와의 내전(內戰) 이야기' 가운데 나오는 기록이다. 성경에 밝은 독자라면 언뜻 눈에 띄는 인물이 있을 것이다. '아론의 손자 비느하스'가 바로 그다. 이 사람은 모세의 생전(生前)에 모압 여인들과 음행한 이스라엘 백성에게 분노하신 하나님의 분노를 멈추게 한 인물이다.

> [1]이스라엘이 싯딤에 머물러 있더니 **그 백성이 모압 여자들과 음행하기를 시작하니라** … [6]이스라엘 자손의 온 회중이 회막 문에서 울 때에 이스라엘 자손 한 사람이 모세와 온 회중의 눈앞에 미디안의 한 여인을 데리고 그의 형제에게로 온지라 [7]**제사장 아론의 손자 엘르아살의 아들 비느하스가 보고 회중 가운데에서 일어나 손에 창을 들고** [8]**그 이스라엘 남자를 따라 그의 막사에 들어가 이스라엘 남자와 그 여인의 배를 꿰뚫어서 두 사람을 죽이니 염병이 이스라엘 자손에게서 그쳤더라** [9]그 염병으로 죽은 자가 이만 사천 명이었더라 [10]여호와께서 모세에게 말씀하여 이르시되 [11]제사장 아론의 손자 엘르아살의 아들 비느하스가 내 질투심으로 질투하여 이스라엘 자손 중에서 내 노를 돌이켜서 내 질투심으로 그들을 소멸하지 않게 하였도다(민수기 25:1, 6–11)

즉 사사기 마지막 부분에 모세와 아론의 손자가 나온다. 이 둘이 언급되기 전, 사사기에는 이미 12명의 사사에 대한 기사가 언급되어 있다. 우선 사사기에 나오는 열두 사사의 기간만을 단순히 합해도 296년이 된다.[34] 당연히 중간중간, 사사가 세워지기 전에 이스라엘의 패역으로 이방 민족의 압제를 받았던 시간을 뺀 기간이 296년이다.[35] 그렇다면 사사기는 적어도 300

---

34 옷니엘: 40년, 에훗: 80년, 삼갈: 기록이 없음, 드보라: 40년, 기드온: 40년, 돌라: 23년, 야일: 22년, 입다: 6년, 입산: 7년, 엘론: 10년, 압돈: 8년, 삼손: 20년

35 12명의 사사 중 일부는 기간이 서로 겹친다는 설명이 있다. 성경 본문을 자세히 살펴볼 때, 이 설명이 맞는 것으로 보인다.

년이 넘는 기간을 기록한 책이라는 이야기가 된다.[36] 그런데 아론의 손자 비느하스가 하나님의 분노를 잠재웠던 사건은 가나안 정복 전쟁 전의 일이었다. 물론 창세기에 나오는 인물들은 수백 년씩 장수했다. 하지만 출애굽과 사사 시절은 그 정도는 아니었다. 모세는 백이십 세에 죽었고, 여호수아는 백십 세에 죽었다. 그런데 모세의 손자 요나단과 아론의 손자 비느하스가 사사기 마지막 부분에 나온다. 바로 이점이 성경 통독을 위한 책들이 '사사기는 시간순으로 기록되어 있지 않다'라고 하는 이유다. 모세와 아론의 손자가 나온다는 면에서, 당연히 '에필로그(epilogue)'에 해당하는 사사기의 '세 번째 부분'은 시간순으로 기록된 기사가 아니다. 이 부분은 '사사기의 배경'

---

36 사사기 기간에 대해서 여러 의견이 있지만, 내가 보기에 '사사기는 320년의 기록'이라는 주장이 맞다.: "**이스라엘 자손이 애굽 땅에서 나온 지 사백팔십 년이요** 솔로몬이 이스라엘 왕이 된 지 사 년 시브월 곧 둘째 달에 **솔로몬이 여호와를 위하여 성전 건축하기를 시작하였더라**"(열왕기상 6:1).: 솔로몬 성전이 건축되기 시작한 연도에 대한 성경의 기록이다. 솔로몬 성전은 출애굽 사백팔십 년 후에 시작되었다. 솔로몬이 왕이 된 지 사 년째 되던 해였다. 사울이 왕이 된 해는 기원전 1050년이라고 알려져 있다. 즉 사울이 40년간, 다윗이 40년간 왕위에 있었다는 것을 감안한다면 솔로몬 성전은 기원전 966년에 건축되기 시작하였다. 그리고 기원전 966년의 480년 전은 기원전 1446년이다. 여기에서 광야 생활 40년과 정복 전쟁 7년(정복 전쟁이 7년인 근거는 뒤에 언급해 두었다.)을 빼면 기원전 1399년에 이스라엘 백성은 땅 분배를 마친 셈이 된다. 그러면 사사기는 언제부터 시작되었을까?: "[8]**여호와의 종 눈의 아들 여호수아가 백십 세에 죽으매** [9]무리가 그의 기업의 경내 에브라임 산지 가아스산 북쪽 딤낫 헤레스에 장사하였고 [10]**그 세대의 사람도 다 그 조상들에게로 돌아갔고** 그 후에 일어난 다른 세대는 여호와를 알지 못하며 여호와께서 이스라엘을 위하여 행하신 일도 알지 못하였더라"(사사기 2:8-10).: 여호수아뿐 아니라 그와 함께했던 세대의 사람도 다 죽은 후, 그 다음에 일어난 세대는 여호와 하나님을 알지 못했다는 증언이다. 이 기간이 몇 년이나 되었을까? 이 기간을 한 세대에 해당하는 30년 정도라고 한다면, 사사 시대는 대충 기원전 1370년에 시작되었다. 그리고 왕정국가의 시작인 사울은 기원전 1050년에 왕이 되었다. 그렇다면 사사기의 기간은 320년이라는 주장이 맞게 된다. 이 부분을 이렇게 자세히 언급하는 이유는 이와 같다. 성경에는 분명히 솔로몬 성전이 건축되기 시작한 시점으로부터 사백팔십 년 전에 출애굽이 있었다고 기록되어 있다. 그럼에도 불구하고, 이러저러한 이유를 대면서 출애굽 시점을 기원전 1446년이 아닌 기원전 1200년에서 1300년경으로 주장하는 사람들이 있다. 이러한 태도는 바람직하지 않다. 성경에 분명한 기록이 남아 있는 경우, 모든 것의 최종 기준은 "성경 본문"이어야 한다.

을 설명하는 동시에 '사사기 전체의 시대상을 요약'한다는 점에서 '에필로그'에 충실한 내용을 담고 있다.

그러나 사사와 사사 사이의 연결 부분을 자세히 살펴볼 경우, 사사기의 '에필로그'를 제외한 부분은 대부분 연대기순으로 기록되어 있음을 알 수 있다. 그중 몇 부분만 인용하면 아래와 같다.

> [11]그 땅이 평온한 지 사십 년에 그나스의 아들 **옷니엘이 죽었더라** [12]**이스라엘 자손이 또 여호와의 목전에 악을 행하니라** 이스라엘 자손이 여호와의 목전에 악을 행하므로 여호와께서 모압 왕 에글론을 강성하게 하사 그들을 대적하게 하시매 … [14]이에 이스라엘 자손이 모압 왕 에글론을 열여덟 해 동안 섬기니라 [15]이스라엘 자손이 여호와께 부르짖으매 **여호와께서 그들을 위하여 한 구원자를 세우셨으니** 그는 곧 베냐민 사람 게라의 아들 왼손잡이 **에훗이라** 이스라엘 자손이 그를 통하여 모압 왕 에글론에게 공물을 바칠 때에 … [31]**에훗 후에는 아낫의 아들 삼갈이 있어** 소 모는 막대기로 블레셋 사람 육백 명을 죽였고 그도 이스라엘을 구원하였더라(사사기 3:11-12, 14-15, 31)

> **그 후에 길르앗 사람 야일이 일어나서** 이십이 년 동안 이스라엘의 사사가 되니라(사사기 10:3)

사사와 사사 사이를 잇는 말씀을 살펴보면 거의 동일한 '패턴(pattern)'을 볼 수 있다. 보통 "누가 죽었더라."에 이어 "이스라엘 자손이 또 여호와의 목적에 악을 행하니라."라는 언급이 나오거나, "누구 후에 누가 일어나서 이스라엘을 구원하였다."라는 기록이 전형적이다. 이러한 기록으로 볼 때, 사사기 2부에 기록된 열두 사사는 연대기순으로 보인다.

어찌 되었든 사사기를 공부해본 사람이라면, 사사기의 전형적인 패턴에 대해 들어본 적이 있을 것이다. "범죄 – 압제 – 간구 – 구원 – 망각" 참고로 지난 단원에서 다루었던 레위 지파의 역할이 가장 필요한 단계는 '망각의 때'다. "이스라엘의 범죄 – 이방인의 압제 – 이스라엘의 간구 – 하나님의 구원 – 이스라엘의 망각"을 좀 더 세분하면 10단계로 나눌 수 있다. "악행 – 우상숭배 – 진노 – 팖 – 부르짖음 – 세움 – 사사 – 이김 – 태평 – 죽음"[37] 사사기의 이러한 패턴은 사사기 3장에 나오는 첫 번째 사사 옷니엘의 짧은 이야기 가운데 쉽게 찾아볼 수 있다.

> 7이스라엘 자손이 여호와의 목전에 악을 행하여 자기들의 하나님 여호와를 잊어버리고 바알들과 아세라들을 섬긴지라 8여호와께서 이스라엘에게 진노하사 그들을 메소보다미아 왕 구산 리사다임의 손에 파셨으므로 이스라엘 자손이 구산 리사다임을 팔 년 동안 섬겼더니 9이스라엘 자손이 여호와께 부르짖으매 여호와께서 이스라엘 자손을 위하여 한 구원

---

37 물론 이러한 10단계는 12명의 사사 모두에서 나타나지는 않는다. 사사마다 몇 단계씩이 생략되어 나타난다. 이 부분에 대해 더 자세히 공부해보고 싶은 지체에게는 『여호와의 날개 아래 약속의 땅을 향하여, 구약 역사서 이해 – 문예적 신학적 서론』(김지찬 저, 생명의말씀사)을 권한다.

> 자를 세워 그들을 구원하게 하시니 그는 곧 갈렙의 아우 그나스의 아들 옷니엘이라 [10]여호와의 영이 그에게 임하셨으므로 그가 이스라엘의 사사가 되어 나가서 싸울 때에 여호와께서 메소보다미아 왕 구산 리사다임을 그의 손에 넘겨 주시매 옷니엘의 손이 구산 리사다임을 이기니라 [11]그 땅이 평온한 지 사십 년에 그나스의 아들 옷니엘이 죽었더라(사사기 3:7–11)

바로 위의 성경 본문을 사사 시절에 나타나는 전형적인 패턴(pattern) 10단계로 나누어보면 이와 같다. "이스라엘 자손이 여호와의 목전에 악을 행하여"(악행) – "자기들의 하나님 여호와를 잊어버리고 바알들과 아세라들을 섬긴지라"(우상 숭배)**38** – "여호와께서 이스라엘에게 진노하사"(진노) – "그들을 메소보다미아 왕 구산 리사다임의 손에 파셨으므로 이스라엘 자손이 구산 리사다임을 팔 년 동안 섬겼더니"(팖) – "이스라엘 자손이 여호와께 부르짖으매"(부르짖음) – "여호와께서 이스라엘 자손을 위하여 한 구원자를 세워 그들을 구원하게 하시니 그는 곧 갈렙의 아우 그나스의 아들 옷니엘이라"(세움) – "여호와의 영이 그에게 임하셨으므로 그가 이스라엘의 사사가 되어"(사사) – "싸울 때에 여호와께서 메소보다미아 왕 구산 리사다임을 그의 손에 넘겨 주시매 옷니엘의 손이 구산 리사다임을 이기니라"(이김) – "그 땅이 평온한 지 사십 년에"(태평) – "그나스의 아들 옷니엘이 죽었더라"(죽음)

---

38 특별히 '바알과 아세라'는 앞 단원에서 이야기했던 농경문화와 관련 있는 이방신이다.

이렇게 한 '사이클(cycle)'이 돌자마자 바로 원상태로 돌아가는 이스라엘의 모습을 이어지는 성경 본문을 통해 확인할 수 있다.

> [12]이스라엘 자손이 또 여호와의 목전에 악을 행하니라 이스라엘 자손
> 이 여호와의 목전에 악을 행하므로 여호와께서 모압 왕 에글론을 강성
> 하게 하사 그들을 대적하게 하시매 [13]에글론이 암몬과 아말렉 자손들을
> 모아 가지고 와서 이스라엘을 쳐서 종려나무 성읍을 점령한지라 [14]이에
> 이스라엘 자손이 모압 왕 에글론을 열여덟 해 동안 섬기니라 [15]이스라
> 엘 자손이 여호와께 부르짖으매 여호와께서 그들을 위하여 한 구원자를
> 세우셨으니 그는 곧 베냐민 사람 게라의 아들 왼손잡이 에훗이라 이스
> 라엘 자손이 그를 통하여 모압 왕 에글론에게 공물을 바칠 때에(사사기
> 3:12-15)

이러한 패턴(pattern)은 사사기 두 번째 부분에 나오는 열두 사사의 이야기 내내 반복된다. 이스라엘 백성들은 도대체 왜 이랬을까? 그들이 특별히 인류 가운데 패역(悖逆)한 족속이어서 그랬을까? 아니면 지능이 떨어졌던 것일까? 그렇지 않다. 유대인의 우수성은 모두가 아는 사실이다. 내가 인생을 살아가면서 알게 된 사실 하나가 있다. 시간이 갈수록 더욱 깊이 느끼는 사실이 하나 있다. 그것은 '우리 한민족 혹은 우리나라 사람들의 특징'으로만 알았던 그 무엇이 사실은 대부분 '온 인류의 공통된 특징'이라는 점이다.

예수병원 신경정신과 레지던트 시절 주임 과장님과 미국 정신과학회[39]에 참석했던 적이 있다. 17일간의 여정이었다. 맨 처음 미국 서부에 도착한 우리는 미국에 간 김에 '옐로우 스톤(Yellowstone National Park)'을 돌아본 뒤 학회가 열리는 동부로 가기로 했다. 둘이 교대로 운전했다. 그 당시 초보 운전이었던 나에게 있어 미국 도로는 신세계였다. 우선 도로 폭이 우리 대한민국보다 넓어 운전하기 편했다. 땅이 넓다는 것이 이런 것이구나 싶었다. 게다가 시골이 많은 미국 서부의 운전 문화는 정말 '젠틀(gentle)'했다. 모든 사람들이 '양보 운전'을 위해 태어난 것처럼 보였다. 사거리에서 마주치는 차 대부분이 초보 운전인 나에게 양보했다. 차 창문이 열려 있는 경우 운전자의 미소 띤 얼굴을 보는 것이 익숙해질 즈음 우리는 미국 동부를 향했다. 그리고 그곳에서 깨닫게 되었다. 대도시가 몰려있는 미국 동부의 운전자들은 너무 거칠었기 때문이다. 요즘 표현으로 하면 '인성 파탄자'들의 비율이 아주 높아 보였다. 미국 동부 운전자들과 비교한다면 우리 대한민국 운전자들은 양반이었다. 같은 미국 사람들이었다. 그렇다면, 무엇이 이들의 운전 습관을 다르게 만들었을까? 바로 인구밀도에 의한 도로 사정이었다.

결국 사람들은 비슷한 환경에 가져다 놓으면 대부분 비슷한 행동을 한다는 사실을 알게 되었던 경험이었다.[40] 동시에 그런 점에서 지도자는 공동체의 환경에 민감해야 한다는 사실을 깨달았던 계기였다. 크기에 상관없이 한 공동체를 책임져야 하는 지도자라면 그 자신이 책임져야 하는 "공동체의 분

---

39 American Neuro−psychiatric Association (ANPA) Annual Meeting(연례 회의).

40 물론 이러한 환경을 극복하고 바른 품성과 행동을 유지하는 사람들이 소수이지만 분명히 있다. 그들은 하나님께 은혜를 입은 사람들이다.

위기를 어떻게 이끌어가야 할까?"에 대해 생각하게 된 계기였다. 이때의 경험은 결혼 후 가장(家長)으로서 내가 어떻게 행동해야 하는지에 대해 많은 도움을 주었다. CMF 간사로서 공동체에서 어떤 분위기를 풍겨야 하는지에 대해서도 많은 지혜(통찰)를 주었다.

사사 시대에는 그 시대를 책임져야 했던 '레위 지파'와 '에브라임 지파'가 자신들의 책임을 다하지 않았다. 그 결과 이스라엘 공동체는 '각자도생(各自圖生)'에 빠지고 말았다. 각자도생의 시대에는 공동체 안의 윤리와 규범은 실종되게 마련이다. 각자도생의 시대, 사람들은 자신들이 억울할 때만 윤리와 규범을 주장하게 된다. 상대방을 비난하거나 무언가를 요구할 때만 윤리와 규범을 말하게 된다. 그들이 말하는 윤리와 규범이 자신을 향하는 경우는 희귀한 것이 이러한 시대의 특징이다.

사사기의 '세 번째 부분'은 17장에서 21장까지로 '사사기 당시 종교적 혼란과 도덕적 부패에 대한 이야기'다. 이 부분에는 '두 명의 레위인'이 등장한다. 결국 이들을 통하여 사사기는 하나님의 말씀을 맡은 레위 지파가 그들의 소명에 충실하지 않았던 것이 '이 모든 혼란의 통로'였음을 은연중에 고발하고 있다. 레위 지파에게 주어진 사명은 이것이었다. "주의 법도를 야곱에게, 주의 율법을 이스라엘에게 가르치며 주 앞에 분향하고 온전한 번제를 주의 제단 위에 드리리로다."[41]

---

41 신명기 33:10

앞에서도 언급했지만, 사사 시대 이스라엘에는 두 주류(主流)세력이 있었다. "그때에는 이스라엘에 왕이 없었으므로 사람마다 자기 소견에 옳은 대로 행하였더라"[42]라는 말씀에서도 설명했듯이, 사사 시대에도 왕정 시대에도 이스라엘의 왕은 하나님이셨다. 그리고 이스라엘의 왕이신 하나님은 열두 지파 가운데 흩어 놓은 '레위 지파'를 통하여 당신의 뜻을 언약 백성에게 가르치고자 하셨다.

그것에 더해, 사사 시대 '종교적 정치적 군사적 주류세력'은 '에브라임 지파'였다. 가나안 정복 전쟁을 지휘한 하나님의 사람은 '여호수아'였다. 그는 '에브라임 지파' 출신이었다.[43] 그렇다면 여호수아가 전쟁을 수행하는 가운데 가장 가까운 거리에서 그를 보좌한 사람들은 누구였을까? 전쟁의 내밀한 내용을 본 사람들의 다수는 어느 지파 출신이었을까? 쉽게 예측할 수 있는 일이다.

걸프전에 참전한 후 20개월간 모 부대 사령부에서 근무한 나의 경험으로 볼 때, 사령부에 근무하는 사람과 말단 부대에 있는 사람은 전혀 다른 눈을 갖게 된다. 전쟁드라마 중 한 번씩은 들어본 대사가 있을 것이다. 말단 부대에게 요구되는 것은 '생각하지 않는 것'이다. 명령대로 정확히 임무를 수행하는 것이 말단 부대의 중요한 덕목(德目)이다. 말단 부대가 독자적으로 생각하게 되는 경우, 전쟁에 패하기 쉽다. 이유는 간단하다. 전쟁은 철저한 '팀플레이(team play)'이기 때문이다. 전쟁은 동네 패싸움이 아니다. 그리고

---

42 사사기 17:6

43 모세는 '레위 지파' 출신이었다.

전체 판세를 볼 수 있는 눈은 사령부에 근무하는 요원들에게 주어지는 특권이다.[44] 그리고 당연히 에브라임 지파에는 이러한 특권을 누린 사람들이 많았을 것이다. 결과적으로 에브라임 지파는 언약 백성 가운데 '군사적 주류'에 해당하는 지파가 되었다.

> [49]이스라엘 자손이 그들의 경계를 따라서 기업의 땅 나누기를 마치고 자기들 중에서 눈의 아들 **여호수아에게 기업을 주었으니** [50]곧 여호와의 명령대로 여호수아가 요구한 성읍 **에브라임 산지 딤낫 세라를 주매 여호수아가 그 성읍을 건설하고 거기 거주하였더라** [51]제사장 엘르아살과 눈의 아들 여호수아와 이스라엘 자손의 지파의 족장들이 **실로에 있는 회막 문 여호와 앞에서 제비 뽑아 나눈 기업이 이러하니라 이에 땅 나누는 일을 마쳤더라**(여호수아 19:49-51)

정복 전쟁을 마치고, 여호수아에게 이스라엘 백성들이 여호수아 몫의 땅을 나누어 준 내용에 이어 나오는 말씀이다. 참으로 감격스러운 순간이었다. "이에 땅 나누는 일을 마쳤더라." 나는 이 말씀을 읽으면서 석양을 배경으로 자신의 아이를 안아 올리는 한 사내의 모습을 떠올리곤 했다. 오랜 수고 끝에 집에 돌아와 사랑하는 아내와 자식을 끌어안고 함께 석양을 바라보는 한 사내의 모습을 떠올렸다.

---

44 당연히 처음부터 사령부에만 근무하는 경우 '탁상공론(卓上空論)의 주인공이 될 수 있다. 그러한 이유로 군대에서 누군가를 작전통으로 키울 계획이 있는 경우, 반드시 젊은 시절 최전방 야전 부대에서 경험을 쌓게 한다. 현장을 모르는 지휘부는 패전(敗戰)으로 가는 지름길이다.

애굽에서의 오랜 노예 생활에 마침표를 찍는 역사적 순간이었다. 지난 40년간의 광야 생활에 작별을 고하는 장면이었다. 지난 '7년간의 정복 전쟁'[45]을 마치고 약속의 땅에서 새로운 출발을 알리는 순간이었다. 바로 이 감격스러운 순간을 이스라엘 백성들은 '실로'에 있는 회막 문 여호와 앞에서 행했다고 성경은 증언한다. 그렇다면 실로는 언약 백성 중 어느 지파에게

---

45 '지난 7년간의 정복 전쟁'이라고 한 근거는 이와 같다.: "[6]그때에 유다 자손이 길갈에 있는 여호수아에게 나아오고 **그니스 사람 여분네의 아들 갈렙이 여호수아에게 말하되** 여호와께서 가데스 바네아에서 나와 당신에게 대하여 하나님의 사람 모세에게 이르신 일을 당신이 아시는 바라 [7]**내 나이 사십 세에 여호와의 종 모세가 가데스 바네아에서 나를 보내어 이 땅을 정탐하게 하였으므로** 내가 성실한 마음으로 그에게 보고하였고 … [10]이제 보소서 여호와께서 이 말씀을 모세에게 이르신 때로부터 **이스라엘이 광야에서 방황한 이 사십오 년 동안을 여호와께서 말씀하신 대로 나를 생존하게 하셨나이다 오늘 내가 팔십오 세로되** [11]모세가 나를 보내던 날과 같이 오늘도 내가 여전히 강건하니 내 힘이 그때나 지금이나 같아서 싸움에나 출입에 감당할 수 있으니 [12]그날에 여호와께서 말씀하신 **이 산지를 지금 내게 주소서** 당신도 그날에 들으셨거니와 그곳에는 아낙 사람이 있고 그 성읍들은 크고 견고할지라도 여호와께서 나와 함께 하시면 내가 여호와께서 말씀하신 대로 그들을 쫓아내리이다 하니 … [15]헤브론의 옛 이름은 기럇 아르바라 아르바는 아낙 사람 가운데에서 가장 큰 사람이었더라 **그리고 그 땅에 전쟁이 그쳤더라**"(여호수아 14:6-7, 10-12, 15).: 갈렙이 여호수아에게 자기 몫의 땅을 요구하며 했던 유명한 말이다. 갈렙이 모세의 명(命)으로 여호수아와 함께 **가데스 바네아에서 가나안 땅을 정탐하러 가던 때, 갈렙의 나이는 사십이었다.** 그리고 그때로부터 사십오 년의 세월이 흘러 **갈렙의 나이가 팔십오 세**가 되던 해에 한 말이다. "이 산지를 지금 내게 주소서." 갈렙이 여호수아에게 했던 이 말을 모르는 독자는 거의 없을 것이다. "모세가 나를 보내던 날과 같이 오늘도 내가 여전히 강건하니 내 힘이 그때나 지금이나 같아서 싸움에나 출입에 감당할 수 있으니, 그날에 여호와께서 말씀하신 이 산지를 지금 내게 주소서.": "[14]**가데스 바네아에서 떠나 세렛 시내를 건너기까지 삼십팔 년 동안이라** 이때에는 그 시대의 모든 군인들이 여호와께서 그들에게 맹세하신 대로 진영 중에서 다 멸망하였나니 [15]여호와께서 손으로 그들을 치사 진영 중에서 멸하신 고로 마침내는 다 멸망되었느니라"(신명기 2:14-15).: 가데스 바네아에서 가나안 땅을 정탐한 지 삼십팔 년의 시간이 지났을 때의 기록이다. 그 시간 동안 가나안 땅을 정탐할 당시 성인이었던 이스라엘 백성들은 여호수아와 갈렙 두 사람을 제외하고 모두 죽었다. 성경은 이 사실을 이렇게 기록하고 있다. "그 시대의 모든 군인들이 여호와께서 그들에게 맹세하신 대로 진영 중에서 다 멸망하였나니" 그렇게 불순종했던 이스라엘 백성들 전부가 광야에서 죽은 뒤, 가나안 정복 전쟁이 시작되었다. 즉 **가데스 바네아에서 가나안 땅을 정탐한 지 삼십팔 년 뒤에 가나안 정복 전쟁이 시작되었다.** 그렇게 '갈렙의 나이 칠십팔 세'에 시작된 전쟁이 '갈렙의 나이 팔십오 세'에 그쳤다. 이 기록을 근거로 생각해볼 때, 가나안 정복 전쟁은 바로 '7년 전쟁'이었음을 알 수 있다.

속한 곳이었을까? 그곳은 '에브라임 지파'에게 분배된 땅이었다. 비유하자면 이스라엘 백성은 '에브라임 지파의 안마당'에서 '독립 선언'을 했다. 이 선언은 '하나님이 왕이신 국가'의 독립 선언이었다. 즉 에브라임 지파는 이스라엘 백성 중 '종교적 정치적 주류'에 해당하는 지파였다.

> [14]요셉 자손이 여호수아에게 말하여 이르되 **여호와께서 지금까지 내게 복을 주시므로 내가 큰 민족이 되었거늘** 당신이 나의 기업을 위하여 한 제비, 한 분깃으로만 내게 주심은 어찌함이니이까 하니 [15]여호수아가 그들에게 이르되 **네가 큰 민족이 되므로 에브라임 산지가 네게 너무 좁을진대 브리스 족속과 르바임 족속의 땅 삼림에 올라가서 스스로 개척하라** 하니라 [16]요셉 자손이 이르되 그 산지는 우리에게 넉넉하지도 못하고 골짜기 땅에 거주하는 모든 가나안 족속에게는 벧 스안과 그 마을들에 거주하는 자이든지 이스르엘 골짜기에 거주하는 자이든지 다 철 병거가 있나이다 하니 [17]여호수아가 다시 요셉의 족속 곧 에브라임과 므낫세에게 말하여 이르되 **너는 큰 민족이요 큰 권능이 있은즉 한 분깃만 가질 것이 아니라 [18]그 산지도 네 것이 되리니 비록 삼림이라도 네가 개척하라 그 끝까지 네 것이 되리라 가나안 족속이 비록 철 병거를 가졌고 강할지라도 네가 능히 그를 쫓아내리라** 하였더라(여호수아 17:14-18)

그리고 앞 단원 각주에서 설명했듯이, 요셉에게는 두 아들이 있었다. 그들에게 하나님께서 복을 주시므로, 그들이 큰 민족이 되었다고 여호수아는 증언하고 있다. "네가 큰 민족이 되므로 에브라임 산지가 네게 너무 좁을진대 브리스 족속과 르바임 족속의 땅 삼림에 올라가서 스스로 개척하라." 실제 요셉 자손[46]은 제비 뽑아 차지한 땅이 좁을 정도로 번성했다. 특별히 요셉의 두 아들 중, 에브라임 지파가 번성했다. 이 일은 창세기에 이미 예언된 일이었다.

> [17]요셉이 그 아버지가 오른손을 에브라임의 머리에 얹은 것을 보고 기뻐하지 아니하여 아버지의 손을 들어 에브라임의 머리에서 므낫세의 머리로 옮기고자 하여 [18]그의 아버지에게 이르되 **아버지여 그리 마옵소서 이는 장자이니 오른손을 그의 머리에 얹으소서** 하였으나 [19]그의 아버지가 허락하지 아니하며 이르되 **나도 안다 내 아들아 나도 안다 그도 한 족속이 되며 그도 크게 되려니와 그의 아우가 그보다 큰 자가 되고 그의 자손이 여러 민족을 이루리라** 하고 [20]그날에 그들에게 축복하여 이르되 이스라엘이 너로 말미암아 축복하기를 하나님이 네게 에브라임 같고 므낫세 같게 하시리라 하며 에브라임을 므낫세보다 앞세웠더라(창세기 48:17-20)

야곱이 병들었다는 소식을 들은 요셉이 두 아들과 함께 야곱을 방문한 뒤 있었던 일이다. 침상에 누워 있던 야곱이 힘을 내어 일어나 침상에 앉아서 했던 일이다.[47] 요셉을 축복한 야곱이 에브라임과 므낫세를 그의 아들로

---

46 요셉 자손이라고 할 때는 요셉의 두 아들인 '에브라임과 므낫세' 양쪽 지파 모두를 의미한다.

47 "[1]이 일 후에 어떤 사람이 요셉에게 말하기를 네 아버지가 병들었다 하므로 그가 곧 두 아들 므낫세와 에브라임과 함께 이르니 [2]어떤 사람이 야곱에게 말하되 네 아들 요셉이 네게 왔다 하매

입양한 뒤에 했던 일이다.[48] 원래 요셉의 장자는 므낫세였다. 하지만 하나님의 인도함을 따라[49] 야곱은 오른손을 에브라임의 머리에 얹고 축복했다.[50]

야곱이 에브라임의 머리에 오른손을 얹은 것을 기뻐하지 아니한 요셉의 말이 위에 기록되어 있다. "아버지여 그리 마옵소서 이는 장자이니 오른손을 그의 머리에 얹으소서." 그러나 요셉의 요구를 거절하며 야곱이 했던 예언이다. "나도 안다. 내 아들아, 나도 안다. 그도 한 족속이 되며 그도 크게 되려니와, 그의 아우가 그보다 큰 자가 되고 그의 자손이 여러 민족을 이루리라." 그렇게 야곱의 예언대로 에브라임 지파는 이스라엘 중 가장 번성한 지파가 되었다.

사사 시대 이스라엘에는 두 주류(主流)가 있었다. 그들은 바로 지금까지 설명했듯이 '레위 지파'와 '에브라임 지파'였다. 사사 시대에 일어났던 그 많은 불행들은 이 두 지파가 그들에게 주어진 책임에 충실하지 않은 결과였다. 항상 그렇지만 그 시대 그 사회의 주류가 그들에게 주어진 책임을 회피하는 경우, 하나님께서는 그 시대의 비주류(非主流) 중에서 당신의 사람을

이스라엘이 힘을 내어 침상에 앉아"(창세기 48:1–2).

48 이 부분에 대해서는 앞에서 설명했다.

49 "그들이 울며 돌아오리니 나의 인도함을 받고 간구할 때에 내가 그들을 넘어지지 아니하고 물 있는 계곡의 곧은 길로 가게 하리라 **나는 이스라엘의 아버지요 에브라임은 나의 장자니라**"(예레미야 31:9).

50 그 결과 '에브라임 지파'와 '므낫세 지파' 사이에는 묘한 갈등이 존재했다. '므낫세 지파'는 동생인 에브라임이 자기들의 조상의 장자권을 빼앗아 갔다고 생각했다. 반면 '에브라임 지파'는 므낫세 지파가 장자 지파인 자신들을 인정하지 않고 무시한다고 생각했다. 이러한 갈등으로 일어난 일들에 대해서는 므낫세 지파 출신 사사인 기드온 부분에서 좀 더 설명하겠다.

일으켜 세우신다. 비주류인 그들을 주류 대신 쓰신다. 그들을 통하여 언약 백성을 구원하신다. 그리고는 그들의 이름을 하나님 당신의 '명예의 전당'에 올리신다. 이번 책에서 다루게 될 '기드온, 바락, 삼손, 입다'가 바로 그들이다.

그런 점에서, 다음 단원에서 다루게 될 '미가의 신상과 단 지파 이야기'는 사사 시절 주류에 대한 고발 뉴스(news)인 셈이다. 다음에 다루게 될 이야기는 사사기 구성 중 세 번째에 해당하는 에필로그(Epilogue)의 첫 번째 이야기다.[51] 사사기 마지막을 구성하는 사사기 17장에서 21장의 이야기는 '사사기 당시 종교적 혼란과 도덕적 부패에 대한 고발 기사'다. 두 명의 '레위인'이 등장하는 이 고발 기사의 배경은 '에브라임 지파'다. 이러한 등장인물과 배경으로 볼 때, 사사기의 문제 인식은 분명해 보인다. "이 모든 불행은 결과적으로, 그 시대 그 사회의 두 주류(主流)였던 '레위 지파'와 '에브라임 지파'가 제 역할을 하지 못한 결과였다!"

결국 열두 사사 중 '기드온, 바락, 삼손, 입다 이야기'는 비주류의 이야기다. 주류가 자신의 역할을 하지 않은 상황에서 하나님께서 들어 쓰신 비주류의 분투기(奮鬪記)다. 고등학교 당시, 추천 도서로 '위대한 개츠비'를 읽어 본 독자들이 있을 것이다. 이 소설은 이렇게 시작된다. [내가 지금보다 어리

51 원래는 사사기 에필로그 부분에 나오는 이야기 전체를 다룰 계획이었다. 하지만 설교원고를 쓰는 과정에서 에필로그에 나오는 두 개의 이야기 중 첫 번째 이야기만 다루는 것이 좋겠다는 생각을 하게 되었다.

고 쉽게 상처받던 시절, 아버지는 내게 도움 되는 말을 해주셨다. 그 이후로 나는 그 말을 가슴속에 담아 되새기곤 했다. "누군가를 비판하고 싶을 때는 이 점을 기억해두는 게 좋을 거다. 세상의 모든 사람이 다 너처럼 유리한 입장에 서있지는 않다는 것을."]

물론 하나님의 명령을 지키는 과정에서 환경이 핑계가 될 수 있다는 이야기를 하려는 것이 아니다. 당연히 우리는 주어진 환경을 극복하려 몸부림쳐야 한다. 그리고 하나님께서는 처참한 그 상황에서 쓰임 받은 그 비주류의 이름을 '믿음의 전당'에 올리신다. 이 이야기를 하는 이유는 바로 이것이다. 우리는 '기드온과 바락 그리고 삼손과 입다'를 너무 쉽게 이야기하는 경향이 있다. '그들의 인생에서 배울 점이 있을까?' 쉽게 의문을 품는다. 아니, 그들의 인생을 너무 쉽게 마음속으로 비웃는 경향이 있다. 그러나 '내가 기드온이었다면, 내가 바락의 입장이었다면, 내가 삼손의 처지였다면, 내가 입다로 태어났다면, 그들보다 나을 수 있었을까?' 한 가지 분명한 사실은 이것이다. '기드온, 바락, 삼손, 입다의 인생'을 자세히 들여다본 뒤에는 결코 이들을 쉽게 보지 못할 것이다. 이들의 인생이 결코 가벼워 보이지 않을 것이다.

사실 '기드론, 바락, 삼손, 입다'를 성경 인물설교 주제로 선택한 이유는 내 개인 경험 때문이다. 올해로 한국누가회(CMF) 생활이 30년째다. 그동안 정말 많은 인생을 만나왔다. 같이 있으면 힘이 나고 기분이 좋아지는 지체들도 있었지만, 같이 있을 때 불편한 친구들 또한 적지 않았다. 어린 시절에는 그냥 느껴지는 대로 그 지체들을 평가했다. 하지만 1년이 지나고 2년이

지나, 어느덧 세월이 10년 20년이 넘어가면서 사람 보는 눈이 달라지기 시작했다. 30년 지기가 생기면서 사람의 인생을 보는 눈이 달라졌다. 인생을 자세히 알아갈수록 겸손해지는 것이 사람인 것 같다.

더구나 정신과 전문의가 되고 신학을 마치면서 많은 지체들의 뒷이야기를 듣게 되었다. 평생을 상담자로 살게 되면서, 정말 수없이 많은 인생의 내밀한 이야기들을 알게 되었다. 전부는 아니지만 한두 해 만난 뒤 내렸던 평가가 10년 20년 뒤에 뒤집어지는 경우가 생기기 시작했다. 처음에는 '왜 저러나?' 싶었던 행동이 그 지체의 삶의 배경을 알게 된 뒤 고개가 끄덕여지는 경우가 생기기 시작했다. 내가 철이 들기 시작한 것이다.

그리고 어느 순간부터인가, 알게 된 지 1년 혹은 2년 때의 평가와 그 뒤의 평가가 달라지게 된 지체들의 삶에 함께하시는 하나님이 보이기 시작했다. 그 지체의 등 뒤에 서 계시는 하나님을 보게 되었다. 그 지체가 짊어진 삶의 무게를 같이 짊어지신 하나님을 만나게 된 뒤 알게 된 것이 있었다. 그 지체에 대한 보통 사람들의 평가와 하나님의 평가는 전혀 딴판이었다. 분명히 그 지체를 통하여 새로운 생명이 잉태되고 있었다. 사실 지금도 온전히 이해하지는 못한다. 왜 그러한 일이 일어나는지, 왜 하나님은 그런 그와 함께하시는지, 왜 하나님은 그런 그를 사랑하시는지, 솔직히 그는 그렇게 편한 사람은 아니다. 하지만 사람은 이 모든 것을 이해할 만큼 그렇게 큰 존재가 아니다. 그런 점에서 나는 '기드온, 바락, 삼손, 입다' 인물설교가 두려웠다. 내가 얼마나 그들의 인생을 이해할 수 있을까? 내가 얼마나 그들의 치열한 인생을 그려낼 수 있을까?

물론 같이 있으면 뭔가 불편한 그 지체들과 함께하시는 하나님을 보게 된 순간에도 잘 알고 있었던 사실이 있다. 21세기 대한민국의 주류에 속하는 지체들의 눈에는 그러한 지체들의 인생이 탐탁지 않을 것이다. 주류(主流)에 속하는 배경을 가진 지체들의 팔짱 낀 인생이 보이기 시작한 것도 그즈음이었던 것 같다. 그들은 판단하고 평가하는 데는 익숙했지만, 손발을 움직이지 않았다. 그럼으로서 손발에 진흙과 이 시대에 흐르는 피를 만지려 하지 않은 그들의 손은 정말 깨끗해 보였다. 그것이 전부였다. 그들의 깨끗한 손 뒤에는 하나님이 보이지 않았다. 하지만 진흙탕에 굴러 더러워진 지체들의 손에는 우리 주 예수의 보혈이 덧씌여 있었다. 이것이 이 책의 제목이 "예수의 피를 힘입어"인 이유다.

다시 한번 '위대한 개츠비'에 나오는 대사가 생각났다. "누군가를 비판하고 싶을 때는 이 점을 기억해두는 게 좋을 거다. 세상의 모든 사람이 다 너처럼 유리한 입장에 서있지는 않다는 것을."

이 책은 '기드온과 바락 그리고 삼손과 입다'의 하나님이 되어주신 바로 그 하나님의 마음을 찾아가는 여정이 될 것이다. 동시에 불리한 상황에서도 하나님 앞에서[52] 끊임없이 몸부림쳤던 인물들과 동행하는 여정이 될 것이다. 그들이 만난 하나님과 그들에게 임했던 하나님의 은혜가 우리 모두에게도 함께 하시길 기도한다.

---

52 코람데오(Coram Deo)

사사기의 배경

미가의 신상과 단 지파 이야기

> 대답하여 이르시되 내가 너희에게 말하노니 **만일 이 사람들이 침묵하면 돌들이 소리 지르리라** 하시니라(누가복음 19:40)

"만일 이 사람들이 침묵하면 돌들이 소리 지르리라." 지지난 단원에서 인용했던 예수님의 말씀이다. 그렇다면 예수님께서 말씀하신 돌에 해당하는 '사사 시대의 돌들'은 누구일까?

이제 '사사 시대의 돌들'인 '기드온, 바락, 삼손, 입다'의 배경이 된 시대상을 살펴보자.

> **그때에는 이스라엘에 왕이 없었으므로** 사람마다 자기 소견에 옳은 대로 행하였더라(사사기 17:6)

유명한 이 말씀은 모두 '사사기의 에필로그(Epilogue)'에 해당하는 '세 번째 부분'에 나온다.[53] 하나님의 한탄이 강하게 섞여 있는 이 말씀들은 어떤 기사에 이어져 나올까? 이를 살펴보면 신앙생활에 많은 도움을 얻을 수 있다. 우리 존재와 삶에 많은 경계를 일깨울 수 있다. 하나님의 깊은 한탄 바로 앞에 나오는 기사다.

> [1]에브라임 산지에 미가라 이름하는 사람이 있더니 [2]그의 어머니에게 이르되 어머니께서 은 천백을 잃어버리셨으므로 저주하시고 내 귀에도 말씀하셨더니 보소서 그 은이 내게 있나이다 내가 그것을 가졌나이다 하니 그의 어머니가 이르되 **내 아들이 여호와께 복 받기를 원하노라** 하니라 [3]미가가 은 천백을 그의 어머니에게 도로 주매 그의 어머니가 이르되 **내가 내 아들을 위하여 한 신상을 새기며 한 신상을 부어 만들기 위해 내 손에서 이 은을 여호와께 거룩히 드리노라** 그러므로 내가 이제 이 은

---

53 "**그때에 이스라엘에 왕이 없었고** 단 지파는 그때에 거주할 기업의 땅을 구하는 중이었으니 이는 그들이 이스라엘 지파 중에서 그때까지 기업을 분배 받지 못하였음이라"(사사기 18:1). "**이스라엘에 왕이 없을 그때에** 에브라임 산지 구석에 거류하는 어떤 레위 사람이 유다 베들레헴에서 첩을 맞이하였더니"(사사기 19:1). "**그때에 이스라엘에 왕이 없으므로** 사람이 각기 자기의 소견에 옳은 대로 행하였더라"(사사기 21:25).: 다시 한번 반복하지만, 사사 시절 이스라엘에 왕이 없었던 것이 아니다. 사사 시대에도 왕정 시대에도 이스라엘의 왕은 하나님이셨다. 즉 이 말씀들은 누군가의 주장처럼 이스라엘이 왕정 시대로 가기 전 '인간 왕에 대한 정당성'을 위해서 언급된 말씀이 아니다.: "[16]너희는 이제 가만히 서서 여호와께서 너희 목전에서 행하시는 이 큰 일을 보라 [17]오늘은 밀 베는 때가 아니냐 내가 여호와께 아뢰리니 **여호와께서 우레와 비를 보내사 너희가 왕을 구한 일 곧 여호와의 목전에서 범한 죄악이 큼을 너희에게 밝히 알게 하시리라** [18]이에 사무엘이 여호와께 아뢰매 여호와께서 그날에 우레와 비를 보내시니 모든 백성이 여호와와 사무엘을 크게 두려워하니라 [19]모든 백성이 사무엘에게 이르되 당신의 종들을 위하여 당신의 하나님 여호와께 기도하여 **우리가 죽지 않게 하소서 우리가 우리의 모든 죄에 왕을 구하는 악을 더하였나이다**"(사무엘상 12:16-19).: "그때에 이스라엘에 왕이 없었다"라는 사사기 말씀이 '인간 왕의 필요성'에 대한 근거 구절이 아니라는 사실은 인간 왕을 구한 이스라엘 백성을 책망하는 사무엘의 말 가운데에서도 밝히 드러난다.

> 을 네게 도로 주리라 [4]미가가 그 은을 그의 어머니에게 도로 주었으므로 **어머니가 그 은 이백을 가져다 은장색에게 주어 한 신상을 새기고 한 신상을 부어 만들었더니** 그 신상이 미가의 집에 있더라 [5]그 사람 미가에게 신당이 있으므로 그가 에봇과 드라빔을 만들고 한 아들을 세워 그의 제사장으로 삼았더라(사사기 17:1–5)

사사 시절 주류(主流)였던 '에브라임 지파'의 산지에 미가라는 사람이 있었다. 그런데 어느 날 그의 어머니가 큰소리로 '저주의 말'을 동네방네 떠들고 다녔다. 구체적인 말은 알 수 없으나 그 내용은 쉽게 추측할 수 있다. "내 은 천백을 가져간 놈에게 하나님의 저주가 임하리라!" 이 정도의 말이었을 것이다. 그녀의 저주는 효과가 있었다.

"어머니께서 은 천백을 잃어버리셨으므로 저주하시고 내 귀에도 말씀하셨더니 보소서 그 은이 내게 있나이다. 내가 그것을 가졌나이다." 미가의 이 말을 통하여 우리는 몇 가지 사실을 알 수 있다. 먼저 눈에 띄는 것은 미가의 '도덕성'이다.

> 부모의 물건을 도둑질하고서도 죄가 아니라 하는 자는 **멸망 받게 하는 자의 동류니라**(잠언 28:24)

미가는 부모의 물건을 도둑질한 자다. 그러나 미가가 그의 어머니에게 했던 말을 통해, 우리는 미가가 이 일에 대해 '죄의식'이 없음을 알 수 있다. 그의 마음을 움직인 것은 그의 어머니의 저주였다. 저주의 말을 들은 뒤에도 미가의 관심은 오직 자신의 안위(安危)에 있었다. "어머니께서 은 천백을 잃어버리셨으므로 저주하시고 내 귀에도 말씀하셨더니 보소서 그 은이 내게 있나이다. 내가 그것을 가졌나이다." 미가의 모든 시선과 판단의 기준은 '하나님과 진리'가 아니었다. 그의 모든 시선과 판단의 기준은 '그 자신'이었다. 이것이 바로 그 사회의 주류가 자신의 역할을 외면할 때 일어나는 대표적인 현상이다.

불법이 성하므로 많은 사람의 사랑이 식어지리라(마태복음 24:12)

예수님의 말씀이다. 어느 사회의 주류가 자신의 소명을 외면하는 경우, 그 사회구성원은 각자도생(各自圖生)의 길로 가게 마련이다. 그때부터 그 사회는 '법과 윤리'가 삶의 기준이 되지 못한다. 결과적으로 불법이 성하게 되며, 그러한 시대상은 많은 사람들의 사랑을 식게 만든다. 우리도 겪어본 일이다. 이러한 환경에서는 이웃을 향해 나가던 사랑이 식고, 그 모든 에너지는 자신을 향하게 된다. 이후 미가의 발언마다 반복되는 '내게'는 이러한 사사 시대의 시대상을 뚜렷이 반영하고 있다.[54]

사실 미가가 보이는 도덕성은 '미가 개인의 도덕성'이 아니다. 그가 보이는 도덕성은 사사 시대를 살았던 '이스라엘 백성의 도덕성'이다. 이러한 시

---

54 "이에 미가가 이르되 레위인이 내 제사장이 되었으니 이제 여호와께서 **내게** 복 주실 줄을 아노라 하니라"(사사기 17:13). "미가가 이르되 내가 만든 신들과 제사장을 빼앗아 갔으니 이제 **내게** 오히려 남은 것이 무엇이냐 너희가 어찌하여 나더러 무슨 일이냐고 하느냐 하는지라"(사사기 18:24).

대적 도덕성은 '단 지파'의 무장한 육백 명이 한 말 가운데에도 똑같이 나타난다. 그들이 '미가의 새긴 신상과 에봇과 드라빔'을 도둑질한 후에 있었던 일이다.

> [22]그들이 미가의 집을 멀리 떠난 때에 미가의 이웃집 사람들이 모여서
> 단 자손을 따라 붙어서 [23]단 자손을 부르는지라 그들이 얼굴을 돌려 미
> 가에게 이르되 **네가 무슨 일로 이같이 모아 가지고 왔느냐** 하니 [24]미가
> 가 이르되 내가 만든 신들과 제사장을 빼앗아 갔으니 이제 내게 오히려
> 남은 것이 무엇이냐 너희가 어찌하여 나더러 무슨 일이냐고 하느냐 하
> 는지라 [25]단 자손이 그에게 이르되 **네 목소리를 우리에게 들리게 하지
> 말라 노한 자들이 너희를 쳐서 네 생명과 네 가족의 생명을 잃게 할까
> 하노라** 하고 [26]단 자손이 자기 길을 간지라 미가가 단 자손이 자기보다
> 강한 것을 보고 돌이켜 집으로 돌아갔더라(사사기 18:22-26)

미가가 그의 신상을 도둑질한 '단 자손'을 쫓아가자 '단 지파' 사람들이 미가에게 물었다. "네가 무슨 일로 이같이 모아 가지고 왔느냐?" 이 말을 요즈음 말로 바꾸면 이와 같다. "뭔데? 왜? 한번 해보자는 거냐?"

기가 막힌 미가가 답했다. "내가 만든 신들과 제사장을 빼앗아 갔으니 이제 내게 오히려 남은 것이 무엇이냐? 너희가 어찌하여 나더러 무슨 일이냐고 하느냐?" 미가의 이러한 항의에 대한 단 자손들의 답이다. "네 목소리를 우리에게 들리게 하지 말라. 노한 자들이 너희를 쳐서 네 생명과 네 가족의 생명을 잃게 할까 하노라?" 이 말을 쉽게 바꾸면 이와 같다. "뭐라고? 아,

놔, 킹받네![55] 시끄럽고, 야 너희들 전부 죽고 싶어?" 이에 미가가 단 자손이 자기보다 강한 것을 보고 돌이켜 집으로 돌아갔다고 사사기는 증언하고 있다. 이는 사사 시대가 '힘의 논리'에 지배받는 전형적인 사회였다는 증거다.

"어머니께서 은 천백을 잃어버리셨으므로 저주하시고 내 귀에도 말씀하셨더니 보소서 그 은이 내게 있나이다. 내가 그것을 가졌나이다." 미가의 이 말을 통하여 우리는 또 한 가지 사실을 알 수 있다. 그것은 미가와 그의 어머니를 지배하고 있는 '주술적 사고(思考)'다.

은 천백을 잃은 뒤, 미가의 어머니가 이곳저곳을 돌아다니며 저주의 말을 사람들에게 한 것은 '주술적 행동'이었다. 이러한 그녀의 말과 행동이 미가에게 효과를 발휘한 것 또한 미가가 '주술적 사고'를 하는 사람이었기 때문이다. 이러한 미가 모자(母子)의 주술적 성향은 이후에 '입으로 뱉어놓은 저주'를 해결하려는 방식에서도 그대로 나타난다.

뜻밖에 자신의 아들이 범인이었음을 알게 된 미가의 어머니는 덜컥 겁이 났던 것 같다. 자신의 저주가 아들에게 임하게 될지도 모른다는 두려움에 빠졌던 것 같다. 미가의 어머니는 급(急) 태세 전환에 들어간다. "내 아들이 여호와께 복 받기를 원하노라."

그렇다면, 미가의 어머니는 어떤 성격의 소유자였을까? 21세기 한국 교회에서도 이러한 성격의 사람을 본 적이 있는 지체가 상당수 있을 것이다.

---

55 젊은 세대가 아닌 독자를 위해 주석을 하자면 '킹받네!'는 '열받네!'의 신조어(新造語)로 일종의 강조 어법이다.

아직 본 적이 없다면, 나중에 보게 될 것이다. 인턴 시절, 수술방에서 콧노래로 찬양을 부르다가 맞은편 후배 의사에게 욕을 하던 선배 의사를 본 적이 있다. 그리고 다시 찬양을 흥얼거리는 그분을 보면서 순간 멍했던 기억이 있다.

자식에게 공부하라고 갖은 욕을 해대며 "앞으로 네가 뭐를 해서 먹고살려고 그러냐? 빌어먹으려고 그러냐? 그따위로 공부해서 제대로 된 직장을 가질 수 있을 것 같냐? 돈 없으면 어떻게 되는지 아냐?" 등등의 말을 쏟아내다가, 걸려 온 전화에 핸드폰을 귀에 대는 순간 "어머, 할렐루야! 어머, 집사님, 그런 일이 있었군요. 감사하네요. 그게 다 하나님의 은혜지요. 역시 우리 하나님께서 책임져주셔야 모든 일이 해결되지요. 사람이 나서서 애를 쓴다고 되는 게 아니지요. 아멘, 그렇지요. 집사님. 예, 집사님, 저야 다 하나님의 은혜로 살지요. 기도 아니면 제가 어떻게 살겠어요? 예, 집사님, 계속 기도할게요. 감사합니다. 예"라는 말이 저절로 나오는 분들을 한 명씩은 알고 있을 것이다.

보통 이런 어머니를 둔 자녀들의 성격은 두 갈래로 나뉘게 마련이다. 첫 번째는 본인의 힘이 있는 경우이고, 두 번째는 그러한 어머니에게 반항할 만큼 성격이 강하지 못한 경우다. 우선 본인의 힘이 있는 경우, 그 자녀는 반항하며 집에서 뛰쳐나간다. 첫 번째에 해당하는 자녀의 경우, "내가 예수를 믿으면 개새끼다"라는 말을 입에 달고 살게 마련이다.

그러나 미가는 두 번째에 해당했던 것으로 보인다. 우선 미가가 훔쳤던 은 천백이 그의 어머니의 재산 중 차지하는 비중은 얼마나 되었을까? 당시 노동자의 '4일 치 임금'이 '은 하나'였다고 전해진다. 지금처럼 주 5일이 아니라 1주일에 6일씩 일하던 시대였다. 이런 점을 감안하면, 안식일과 명절을 제외하고 단 하루도 쉬지 않고 일한 노동자의 일 년 치 임금은 '은 70에서 75개 정도'였을 것이다. 그렇다면 은 천백은 당시 노동자의 15년 치 임금에 해당하는 꽤 많은 금액이었다.

그런데 미가에게 은 천백을 돌려받은 그의 어머니는 그 돈을 미가에게 도로 돌려줬다. 이것으로 보아 미가의 어머니는 상당한 재력가였던 것으로 보인다. 결국 '아주 강한 성격에 입이 거친 재력가 어머니'와 '어머니의 돈을 몰래 훔쳐 간 중년[56]의 아들 이야기'가 미가의 신상 이야기다. 은 천백은 당시 기준으로 적지 않은 돈임에 틀림이 없다. 하지만 모자간의 사이가 친근했다면 어땠을까? 어차피 재력가인 어머니의 입장에서는 쉽게 돌려줄 수 있는 금액이었다. 그렇다면 미가는 왜 달라고 하지 않고 그의 어머니의 돈을 훔쳤을까? 미가가 훔친 돈을 그냥 가지고 있었다는 점과 그 이후에 정말 돈이 필요했다고 말하지 않은 점으로 보아 미가의 도적질은 생계형이 아니었다. 미가의 이러한 행동은 정신과적으로 볼 때 어머니에 대한 '분노(특별히, aggression)'와 연관되어 보인다. 그런 점에서 볼 때, 미가의 성격은 '수동공격적'[57]이었던 것으로 보인다.

또한 신상을 도적질해 간 '단 지파 자손들'이 그보다 강한 것을 보고 돌이

---

56 미가가 그의 아들을 불법적으로 제사장으로 세운 것으로 보아, 미가는 이때 중년이었을 것이다. 미가의 나이를 이렇게 보는 이유는 간단하다. 미가는 그의 아들 중 최소한 유대인의 풍습상 성인식을 마친 아들을 제사장으로 세웠을 것이다. 유대인들은 만 13세가 된 다음 날 성인식을 치른다. 그런 점에서 미가는 그 당시 기준으로 중년의 나이였을 것이다.

57 'Passive aggressive personality'에 대해서는 정신과 책이나 인터넷을 검색해 보기 바란다.

켜 집으로 돌아가는 미가의 모습에서 나는 '학습된 무기력'을 본다. 미가에게 있어 자신보다 강해 보이는 '단 지파 자손들'은 미가의 '어머니의 또 다른 모습'에 불과했을 것이다. 이렇듯 강해 보이는 대상으로부터 자신이 부당한 대우를 받았다는 생각이 미가의 내면에 '숨겨진 공격성(hidden aggression)'을 쌓아갔을 것이다. 즉 미가가 그의 어머니의 돈을 도적질한 행동은 그 돈이 필요해서가 아니다. 그것은 그의 어머니에 대한 '숨겨진 공격성'이 겉으로 표현된 것으로 보인다.

이 일 전까지 미가는 겉으로 볼 때 '순종적인 아들'이었을 것이다. 그러므로 '혹시나' 하는 마음에 저주의 말을 미가에게도 들려주기는 했지만, 그의 어머니는 전혀 예상치 못한 일이었을 것이다. 뜻밖에 자신의 아들이 범인이었음을 알게 되었을 때, 미가의 어머니는 적잖이 당황했을 것이다. 그녀는 자신의 저주가 아들에게 임하게 될까 봐, 덜컥 겁이 났을 것이다. 그녀의 성격에 맞게, 순간 미가의 어머니는 급(急) 태세 전환에 들어갔다. "내 아들이 여호와께 복 받기를 원하노라."

하지만 이 말만으로는 안심이 되지 않았던 그녀는 추가 조치에 나섰다. "내가 내 아들을 위하여 한 신상을 새기며 한 신상을 부어 만들기 위해 내 손에서 이 은을 여호와께 거룩히 드리노라. 그러므로 내가 이제 이 은을 네게 도로 주리라." 이 말을 한 뒤, 그녀는 은 이백을 가져다 한 신상을 새기고 부어 만들었다. 그리고 미가는 그 신상을 자신의 집 신당(神堂)에 모셨다.[58]

---

58 '개인 신당'은 불법이다. 이 당시 하나님의 집은 '실로'에 있었다. '미가의 신상과 단 지파 이야

그러나 이번에는 미가 입장에서 안심이 되지 않았던 것 같다. 미가는 에봇과 드라빔을 추가로 만든 뒤[59], 자신의 아들 중 한 명을 제사장으로 세웠다.[60] 이렇게 미가와 미가의 어머니는 '은 천백 도둑질 사건'에 대한 '종교적인 후속 조치'를 그들 딴에는 신속하고도 적극적으로 취했다.

하지만 이러한 조치에도 그들은 뭔가 알 수 없는 불안감에 지속적으로 시달렸던 것 같다. 미가의 어머니가 내뱉은 저주가 그들의 집안에 덮칠 것만 같은 불안감에서 벗어날 수 없었던 것 같다. 이러한 이들 모자(母子)의 마음은 한 레위인 청년을 그들 집안의 제사장으로 삼은 뒤 미가가 한 말을 통해 드러난다.

> 이에 미가가 이르되 **레위인이 내 제사장이 되었으니** 이제 여호와께서 내게 복 주실 줄을 아노라 하니라(사사기 17:13)

미가의 이 말을 통해 우리는 또 한 가지 사실을 알 수 있다. 미가와 그의 어머니에게 있어서 하나님은 그들에게 복과 저주를 줄 수 있는 그들보다 힘이 센 존재일 뿐이었다. 이들이 하나님을 섬기는 이유는 하나님께서 그들보다 힘이 세기 때문이었다. 이러한 현상은 그들의 인생에서 일관된 패턴(pat-

---

기'의 맨 마지막 말씀은 이 사실을 지적하고 있다.: "하나님의 집이 실로에 있을 동안에 미가가 만든 바 새긴 신상이 단 자손에게 있었더라"(사사기 18:31).

59 "그 사람 미가에게 신당이 있으므로 그가 에봇과 드라빔을 만들고 한 아들을 세워 그의 제사장으로 삼았더라"(사사기 17:5).

60 당연히 이 일은 불법이다. 오직 레위 지파 중 아론의 자손들만 제사장이 될 수 있다. 미가의 아들은 에브라임 지파다.

tern)이었을 것이다. 미가의 어머니는 그녀의 성격으로 미루어 보아, 미가의 어린 시절부터 미가를 힘으로 통제하려고 했을 것이다.

그리고 미가 또한 양육 받은 대로 세상을 보는 인물이었다는 것이 사사기 본문에서 드러난다. 특별히 미가가 모세의 손자 요나단을 그의 집 제사장으로 들일 때 보였던 태도뿐 아니라 단 지파 자손들을 대하는 태도에서도 이러한 특징은 그대로 드러난다. 그런 점에서 미가 모자(母子)는 하나님의 백성도 하나님의 자녀도 아니었다.[61] 그들에게 있어서 하나님은 교제의 대상이 아니었다. 그들에게 있어서 하나님은 그저 힘의 법칙에 지배되는 남이었다.

하나님과 우리의 관계를 알려주는 성경의 가르침 하나를 짚고 넘어가자면 이와 같다. 하나님께서 모세에게 십계명을 주시면서 하신 말씀이다.

> **나를 사랑하고** 내 계명을 지키는 자에게는 천 대까지 은혜를 베푸느니라(출애굽기 20:6)

"나를 사랑하고 내 계명을 지키는 자에게는" 우리는 십계명을 단순히 율법으로만 이해하는 경향이 있다. 하지만 하나님께서는 십계명을 지켜야 하

---

61 "[11]내가 내 성막을 너희 중에 세우리니 내 마음이 너희를 싫어하지 아니할 것이며 [12]나는 너희 중에 행하여 **너희의 하나님이 되고 너희는 내 백성이 될 것이니라**"(레위기 26:11-12). "**너희가 아들이므로** 하나님이 그 아들의 영을 우리 마음 가운데 보내사 **아빠 아버지라 부르게 하셨느니라**"(갈라디아서 4:6).

는 이유를 분명히 가르쳐 주셨다. 하나님께서는 “하나님을 사랑하기 때문에 하나님의 계명을 지키는 자에게는 천 대까지 은혜를 베푸시겠다”라고 약속하셨다. 이렇듯 하나님께서 우리에게 주시는 모든 말씀은 ‘하나님과 우리의 관계’를 전제(前提)로 한다. 성경을 읽을 때, 우리는 성경에 나오는 말씀들을 ‘관계적 언어’로 이해해야 하나님의 본뜻을 제대로 알 수 있다.

미가 모자(母子)는 은으로 만든 신상을 집에 둠으로써 하나님을 자신들의 집에 모셨다고 착각했을 것이다. 아니, 그럴 수 있기를 기대했을 것이다. 이러한 이들의 ‘혼합주의 신앙’은 하나님의 말씀을 가르쳐야 했던 ‘레위 지파의 기능 상실’과 연관된다. 즉 이들은 하나님에 대한 바른 지식이 없었다. 그 결과 이들은 멸망을 향해 가는 인생이었다.[62]

이렇듯, 그의 어머니가 내뱉은 저주가 그들의 집안을 덮칠 것만 같은 불안감에서 벗어나지 못하고 있었던 미가였다. 그런데 그에게 눈이 번쩍 뜨이는 일이 일어났다. “그때에는 이스라엘에 왕이 없었으므로 사람마다 자기 소견에 옳은 대로 행하였더라”[63]라는 하나님의 한탄 뒤에 나오는 말씀이다.

> [7]유다 가족에 속한 유다 베들레헴에 한 청년이 있었으니 그는 레위인으

---

62 “[6]**내 백성이 지식이 없으므로 망하는도다** 네가 지식을 버렸으니 나도 너를 버려 내 제사장이 되지 못하게 할 것이요 **네가 네 하나님의 율법을 잊었으니 나도 네 자녀들을 잊어버리리라** [7]그들은 번성할수록 내게 범죄하니 내가 그들의 영화를 변하여 욕이 되게 하리라”(호세아 4:6-7). “[2]내가 증언하노니 **그들이 하나님께 열심이 있으나 올바른 지식을 따른 것이 아니니라** [3]**하나님의 의를 모르고 자기 의를 세우려고** 힘써 하나님의 의에 복종하지 아니하였느니라”(로마서 10:2-3).

63 사사기 17:6

> 로서 거기서 거류하였더라 8그 사람이 거주할 곳을 찾고자 하여 그 성
> 읍 유다 베들레헴을 떠나 가다가 에브라임 산지로 가서 미가의 집에 이
> 르매 9미가가 그에게 묻되 **너는 어디서부터 오느냐** 하니 그가 이르되 **나**
> **는 유다 베들레헴의 레위인으로서 거류할 곳을 찾으러 가노라** 하는지라
> 10미가가 그에게 이르되 **네가 나와 함께 거주하며 나를 위하여 아버지와**
> **제사장이 되라 내가 해마다 은 열과 의복 한 벌과 먹을 것을 주리라** 하
> 므로 그 레위인이 들어갔더라 11그 레위인이 그 사람과 함께 거주하기를
> 만족하게 생각했으니 이는 그 청년이 미가의 아들 중 하나 같이 됨이라
> 12미가가 그 레위인을 거룩하게 구별하매 그 청년이 미가의 제사장이 되
> 어 그 집에 있었더라 13이에 미가가 이르되 **레위인이 내 제사장이 되었**
> **으니 이제 여호와께서 내게 복 주실 줄을 아노라** 하니라(사사기 17:7-13)

미가는 자신의 아들을 제사장으로 삼은 것이 못내 찜찜했던 것 같다. 그런 그의 눈앞에 '레위인 청년'이 나타난 것이다. 일의 시작은 이러했다. 미가가 살던 시절 유다 베들레헴에 한 청년이 있었다. 그런데 "그는 레위인으로서 거기서 거류했다"라고 성경은 증언하고 있다. 무심한 듯 말하고 있는 성경의 이 증언에는 중요한 사실이 숨겨져 있다. 그것은 이 레위인 청년의 신분과 연관된다. '미가의 신상과 단 지파 이야기'의 마지막 부분에 이 레위인 청년의 신분과 이름이 구체적으로 드러나 있다.

> 단 자손이 자기들을 위하여 그 새긴 신상을 세웠고 **모세의 손자요 게르**

> **솜의 아들인 요나단과 그의 자손은 단 지파의 제사장이 되어** 그 땅 백성이 사로잡히는 날까지 이르렀더라(사사기 18:30)

"그는 모세의 손자요 게르솜의 아들인 요나단이었다." 미가가 살던 시절 유다 베들레헴에 한 청년이 있었는데 그는 모세의 손자 요나단이었다. 그리고 그는 레위인으로서 그곳에 거류했다고 성경은 증언하고 있다. 이 말을 통하여 성경은 요나단 그가 하나님으로부터 부여받은 '직분을 떠난 레위인'이었음을 고발하고 있다. 무슨 말인가?

이전 단원에서 언급했듯이, 하나님은 '레위 지파'에게 따로 땅을 주지 않으셨다. 그 대신, 이스라엘 열두 지파의 땅 가운데 일부 성읍을 제비 뽑아 거주하도록 하셨다. 이러한 방식으로 레위 지파는 이스라엘 열두 지파 가운데 흩어지게 되었다. 그리고 하나님께서는 이렇게 흩어진 그들을 통하여 하나님의 뜻을 이스라엘에게 전하는 방식으로 언약 백성을 다스리기 원하셨다. 이스라엘은 이렇게 흩어진 레위 지파를 통하여 하나가 될 수 있는 구조였다. 이스라엘은 이렇게 흩어진 레위 지파를 통하여 하나님의 백성이 될 수 있었다. 여호수아서 21장에는 '레위 지파에게 할당된 성읍의 수와 명단'이 나온다. 이곳에는 레위 지파에게 할당된 성읍의 수만 인용하겠다. 레위 지파에게 할당된 자세한 성읍의 명단은 여호수아 21장을 참고하기 바란다.

> [3]이스라엘 자손이 여호와의 명령을 따라 자기의 기업에서 이 성읍들과 그 목초지들을 레위 사람에게 주니라 [4]**그핫 가족을 위하여 제비를 뽑았는데 레위 사람 중 제사장 아론의 자손들은 유다 지파와 시므온 지파와**

> **베냐민 지파 중에서 제비 뽑은 대로 열세 성읍을 받았고** [5]**그핫 자손들 중에 남은 자는 에브라임 지파의 가족과 단 지파와 므낫세 반 지파 중에서 제비 뽑은 대로 열 성읍을 받았으며** [6]게르손 자손들은 잇사갈 지파의 가족들과 아셀 지파와 납달리 지파와 바산에 있는 므낫세 반 지파 중에서 제비 뽑은 대로 열세 성읍을 받았더라 [7]므라리 자손들은 그 가족대로 르우벤 지파와 갓 지파와 스불론 지파 중에서 열두 성읍을 받았더라(여호수아 21:3-7)

모세와 아론은 그핫 자손이었다. 여호수아서 21장의 증언으로 볼 때, 제사장이 될 수 있었던 '아론의 자손들'에게 할당된 성읍은 '유다와 시므온 그리고 베냐민 지파' 중에서 열세 성읍이었다. 그리고 5절에 나오는 '그핫 자손들 중에 남은 자'가 바로 '모세의 자손들'이다. 이들에게는 '에브라임과 단 그리고 므낫세 반 지파' 중에서 열 성읍이 할당되었다. 그런데 베들레헴은 '유다 지파'에 속한 땅이었다.[64] 그리고 미가의 집에 제사장 되었던 요나단은 모세의 손자였다. 즉 요나단은 '에브라임과 단 그리고 므낫세 반 지파' 중에서 받은 열 성읍 가운데 거주해야 하는 사람이었다. 그러므로 요나단은 처음부터 '하나님으로부터 받은 소명을 떠난 레위인'이었다.

"너는 어디서부터 오느냐?"라는 미가의 질문에 요나단이 했던 답이다. "나는 유다 베들레헴의 레위인으로서 거류할 곳을 찾으러 가노라." 당연히

---

64 여호수아서 21장을 확인하면 알 수 있지만, 베들레헴은 모세 자손뿐 아니라 아론 자손에게도 할당되지 않은 성읍이었다.

미가는 베들레헴이 '레위인의 거주지'가 아니라는 사실을 알고 있었을 것이다. 즉 미가의 질문에 대한 요나단의 답은 그가 일종의 '탈영병'이라는 사실을 밝히는 말이었다.

어머니의 은을 도둑질할 정도로 '돈에 진심'이었던 미가였다. 그런 그가 요나단의 이 약점을 흘려보낼 리가 없었다. 더군다나 강한 성격의 어머니 밑에서 평생 눌려 살던 미가였다. 사람이라는 존재가 원래 그렇다. 힘에 눌려 정당한 요구를 하지 못하고 살던 사람은 그 기간을 통하여 특별한 능력을 획득하게 된다. 그런 경험을 가진 사람은 위기에 몰려 정당한 요구를 하지 못하게 된 사람의 '상실된 마음'을 정확히 읽을 수 있게 마련이다.[65] 참으로 잔인한 현실이다.[66]

에브라임 지파인 자신의 아들을 제사장으로 세운 뒤, 마음 한구석에 찜찜함이 남아있었던 미가였다. 그런 그의 앞에 선택의 자유가 사라진 레위인 청년이 나타난 것이었다. 그는 순간적으로 '흥정의 말'을 요나단에게 던

---

65 "가난한 자를 학대하는 가난한 자는 곡식을 남기지 아니하는 폭우 같으니라"(잠언 28:3).

66 이런 점에서, '리더(leader)'된 자는 자신이 속한 공동체가 이러한 상황에 빠지지 않도록 최선을 다해야 한다. 동시에 이러한 상황에 빠진 하나님의 형상을 만나게 되는 경우, 적극적으로 나서서 최선의 선의를 베풀어야 한다. 이때 베푼 선의는 재난의 날에 반드시 돌아오게 마련이다. 왜냐고? 하나님은 신실하시고 살아 계시니까 …: "[25]내가 어려서부터 늙기까지 의인이 버림을 당하거나 그의 자손이 걸식함을 보지 못하였도다 [26]그는 종일토록 은혜를 베풀고 꾸어 주니 그의 자손이 복을 받는도다"(시편 37:25-26). "[1]너는 네 떡을 물 위에 던져라 여러 날 후에 도로 찾으리라 [2]일곱에게나 여덟에게 나눠 줄지어다 무슨 재앙이 땅에 임할는지 네가 알지 못함이니라"(전도서 11:1-2).

졌다. “네가 나와 함께 거주하며 나를 위하여 아버지와 제사장이 되라. 내가 해마다 은 열과 의복 한 벌과 먹을 것을 주리라.” 당시 노동자의 4일 치 임금이 ‘은 하나’였다고 전해진다. 즉 요나단이 그의 ‘직분을 떠난 레위인’이라는 사실을 파악한 미가는 요나단에게 노동자의 40일 치 임금에 해당하는 연봉을 제시한 것이다. 미가의 눈에 어차피 요나단은 ‘갈 곳이 없는 레위인’이었다.

강한 성격의 어머니 밑에서 ‘학습된 무기력’을 배운 미가는 요나단의 말투와 표정에서 ‘자신과 같은 무엇’을 보았을 것이다. 자신의 안에 있는 것이 요나단의 안에도 있는 것을 간파(看破)했을 것이다. 미가는 이런 처지에 빠진 사람을 다루는 법을 알았다. 그것은 그의 어머니로부터 배운 것이었을 것이다. 미가는 겉으로는 그럴듯한 말로 포장했다. “나를 위하여 아버지와 제사장이 되라.” 그리고 바로 이어 말도 안 되는 조건을 제시했다. “내가 해마다 은 열과 의복 한 벌과 먹을 것을 주리라.” 이것은 아마도 미가 그가 그의 어머니로부터 평생 제시받았던 조건이었을 것이다. 만에 하나, 우리 한국 교회에서 이러한 어법을 쓰는 자가 있다면 하나님의 저주를 받을 것이다.

어찌 되었든, 이러한 미가의 감각은 적중했던 것으로 보인다. “그 레위인이 그 사람과 함께 거주하기를 만족하게 생각했다.” 이러한 성경의 증언을 통하여, 우리는 미가를 만나기 전 요나단의 처지가 얼마나 곤궁했는지 가늠할 수 있다. 요나단이 처했던 이러한 상황은 ‘모세의 자손들’에게 성읍과 목초지를 제공해야 했던 ‘에브라임과 단 그리고 므낫세 반 지파’로 말미암은 것이었다. 그렇게 미가는 처음 요나단에게 “네가 나와 함께 거주하며 나를 위하여 아버지와 제사장이 되라.”라고 제안했다. 하지만 후에 “그 청년은 미가의 아들 중 하나 같이 되었다."라고 성경은 증언하고 있다.

물론 요나단은 모세의 손자이므로 제사장이 될 수 없었다.[67] 그러나 요나단은 레위인에게 주어진 '주의 법도를 야곱에게, 주의 율법을 이스라엘에게 가르쳐야 하는 소명'[68]을 가진 인물이었다. 레위인에게 주어진 이 소명을 미가 또한 당연히 알고 있었을 것이다. 그래서 던진 말이었을 것이다. "네가 나와 함께 거주하며 나를 위하여 아버지와 제사장이 되라." 그러나 이 말은 그냥 하는 말이었을 것이다. "아버지가 되라"의 뜻은 '주의 법도를 가르치는 사람이 되라'는 뜻이다. 이 말을 통해서도 우리는 미가가 율법의 범주에 드는 말과 그렇지 않은 말을 섞고 있음을 알 수 있다. 이 사실은 사사 시대의 혼합주의 신앙을 또렷이 반영한다. 레위 지파 중 아론의 자손만이 제사장이 될 수 있다는 사실보다 미가에게는 요나단이 '모세의 손자'라는 사실이 중요했을 것이다.

그의 속마음은 '하나님 아버지'를 원하는 것이 아니라 마음대로 부릴 수 있는 '하나님 아들'을 원했던 것이다.[69] 그 결과 그 청년은 미가의 아들 중 하나와 같이 되었다. 이제 하나님을 자신의 아들처럼 마음대로 통제할 수 있

---

67 아론 자손만이 제사장이 될 수 있었다.

68 신명기 33:10

69 여기에서 '하나님 아들'이라는 표현은 '하나님의 아들'이신 '성자 하나님, 우리 주 예수 그리스도'를 가리키는 말로 쓰이지 않았다. 레위인을 통하여 언약 백성을 통치하시고자 하셨던 하나님의 의도를 생각해볼 때, 이스라엘 백성들이 바라보는 레위인은 하나님의 대리인이었을 것이다. 하나님은 레위인을 통해 이스라엘 백성을 '통치'하시고자 했다. 그러나 이스라엘 백성들은 레위인을 통해 하나님을 '조정'하려고 했다. 위의 문장은 이러한 맥락에서 한 표현이다.

게 되었다고 생각한 미가의 입에서 이러한 고백이 나온다. "레위인이 내 제사장이 되었으니 이제 여호와께서 내게 복 주실 줄을 아노라." 미가의 어머니가 그를 어떻게 양육했는지를 상상해볼 때, 미가의 이 이야기는 정말 심각한 말이다. 미가는 그의 어머니가 그를 보는 시선으로 하나님을 바라보고 있었다. 미가는 당시 노동자들의 평균 40일 치 임금으로 하나님을 그의 아들 삼으려 했다. 이러한 자들을 향하여 사도 바울은 이렇게 말한다. "경건의 모양은 있으나 경건의 능력은 부인하니 이같은 자들에게서 네가 돌아서라."[70]

사사기의 '에필로그(epilogue)'에는 '레위인으로서 자신의 자리를 이탈한 요나단'과 같이 '그들의 자리를 이탈한 지파'가 연이어 나온다. 그들은 요나단에게 성읍과 목초지를 제공해야 할 의무가 있었던 지파 중 하나인 '단 지파'였다. 이 기사 또한 하나님의 탄식으로 시작한다. "그때에 이스라엘에 왕이 없었고"

> **그때에 이스라엘에 왕이 없었고** 단 지파는 그때에 거주할 기업의 땅을 구하는 중이었으니 이는 그들이 이스라엘 지파 중에서 그때까지 기업을 분배 받지 못하였음이라(사사기 18:1)

---

70 "[2]**사람들이 자기를 사랑하며 돈을 사랑하며** 자랑하며 교만하며 비방하며 **부모를 거역하며** 감사하지 아니하며 거룩하지 아니하며 [3]**무정하며** 원통함을 풀지 아니하며 모함하며 절제하지 못하며 사나우며 선한 것을 좋아하지 아니하며 [4]**배신하며** 조급하며 자만하며 쾌락을 사랑하기를 하나님 사랑하는 것보다 더하며 [5]**경건의 모양은 있으나 경건의 능력은 부인하니 이같은 자들에게서 네가 돌아서라**"(디모데후서 3:2-5).

사사기를 3부로 나누었을 때 마지막 부분에 나오는 '단 지파 이야기'다. 단 지파가 이스라엘 지파 중에서 그때까지 기업을 분배받지 못했다는 증언의 '자세한 사정과 그 영향'은 이와 같다.

> [1]이스라엘 자손이 다시 여호와의 목전에 악을 행하였으므로 여호와께서 그들을 사십 년 동안 블레셋 사람의 손에 넘겨 주시니라 [2]**소라 땅에 단 지파의 가족 중에 마노아라 이름하는 자가 있더라** 그의 아내가 임신하지 못하므로 출산하지 못하더니(사사기 13:1-2)

'미가의 신상과 단 지파 이야기' 바로 앞에 나오는 '삼손 이야기'다. 단 지파였던 삼손은 '소라 땅'에서 태어났다. 단 지파가 그들에게 주어진 땅을 떠나 북쪽으로 이주한 '단 지파 이야기'는 사사기 초반에 있었던 사건이다. 즉 삼손이 태어나기 전에 단 지파의 주류세력 대부분은 북쪽으로 이주했다. 이러한 사실은 여호수아 19장에도 언급되어 있다.[71]

삼손이 태어난 소라는 예루살렘에서 서쪽으로 약 22.5km 정도 떨어진 곳이다. 정확히는 유다 지파와 단 지파의 경계에 있던 곳이 '소라'다. 원래 단 지파는 유다 지파 옆 지중해 해안 쪽의 땅을 제비 뽑아 할당받았다. 그러

---

71 "[40]일곱째로 **단 자손의 지파를 위하여** 그들의 가족대로 제비를 뽑았으니 [41]**그들의 기업의 지역은 소라와** 에스다올과 이르세메스와 [42]사알랍빈과 아얄론과 이들라와 [43]엘론과 딤나와 에그론과 [44]엘드게와 깁브돈과 바알랏과 [45]여훗과 브네브락과 가드 림몬과 [46]메얄곤과 락곤과 욥바 맞은편 경계까지라 [47]**그런데 단 자손의 경계는 더욱 확장되었으니 이는 단 자손이 올라가서 레셈과 싸워 그것을 점령하여 칼날로 치고 그것을 차지하여 거기 거주하였음이라** 그들의 조상 단의 이름을 따라서 **레셈을 단이라 하였더라** [48]단 자손의 지파가 그에 딸린 가족대로 받은 기업은 이 성읍들과 그들의 마을들이었더라"(여호수아 19:40-48).

나 사사기 말미(末尾)에 단 지파 이야기가 나올 때, 단 지파의 땅에 대해 이렇게 증언되어 있다. "단 지파는 그때에 거주할 기업의 땅을 구하는 중이었으니 이는 그들이 이스라엘 지파 중에서 그때까지 기업을 분배 받지 못하였음이라." 그리고 이때까지도 단 지파가 이스라엘 가운데 기업을 분배받지 못한 이유가 사사기 초반에 언급되어 있다.

> **아모리 족속이 단 자손을 산지로 몰아넣고** 골짜기에 내려오기를 용납하지 아니하였으며(사사기 1:34)

삼손이 태어난 소라는 산지에 위치해 있었다. 즉 이스라엘 가운데 제비뽑아 할당받은 땅 중 비옥한 평야를 아모리 족속에게 쫓겨 차지하지 못했다. 그러자 '단 자손'들은 새로운 거류지를 찾아 나섰다. 그리고 이때 일어났던 이야기가 '단 지파 이야기'다. 이후 단 지파는 삼손이 태어난 지역과 단 자손이 새로 정복한 지역으로 나뉘어 살았음을 알 수 있다. 사사기 18장에 언급된 '라이스'라는 곳은 여호수아서 19장에 나오는 '레셈'이다.

> [27]단 자손이 미가가 만든 것과 그 제사장을 취하여 라이스에 이르러 한가하고 걱정 없이 사는 백성을 만나 칼날로 그들을 치며 그 성읍을 불사르되 [28]그들을 구원할 자가 없었으니 그 성읍이 베드르홉 가까운 골짜기에 있어서 시돈과 거리가 멀고 상종하는 사람도 없음이었더라 단 자손이 성읍을 세우고 거기 거주하면서 [29]이스라엘에게서 태어난 그들의 조상 단의 이름을 따라 **그 성읍을 단이라 하니라 그 성읍의 본 이름은 라**

이스였더라 [30]단 자손이 자기들을 위하여 그 새긴 신상을 세웠고 모세의 손자요 게르솜의 아들인 요나단과 그의 자손은 단 지파의 제사장이 되어 그 땅 백성이 사로잡히는 날까지 이르렀더라(사사기 18:27-30)

이러한 사실은 삼손이 왜 사사가 된 뒤에도 혼자 활동했는지에 대한 내밀한 사정을 엿볼 수 있게 해준다. 이러한 일련의 기록들은 삼손이 단 지파 내에서도 비주류(非主流)에 속한 인물이었다는 사실을 알려준다. 당연히 지파 전체가 나서 육백 명의 정예병을 동원한 정복 활동 후에 단 지파의 주류(主流)는 전부 라이스로 이주했을 것이다. 아모리 족속과 블레셋에 밀려 단 지파의 주류가 포기했던 땅이 '소라'다. 그 땅에서 삼손이 태어났다. 그리고 하나님께서는 그런 삼손을 들어 '블레셋'을 깨부수셨다. 그 결과 삼손은 유다 베들레헴에 태어날 '다윗의 길'을 예비하게 되었다.

모세의 손자로 태어난 요나단은 하나님께서 주신 소명지를 떠나 베들레헴에 우거(寓居)하다가 '미가의 집 제사장'이 되었다. 그렇게 자신의 '소명을 떠난 요나단'은 그들에게 '할당된 땅을 떠난 단 지파'를 만나 그들의 제사장이 되었다. 어쩌면 요나단은 '단 지파'를 따라나서면서 속으로 이렇게 생각했을지도 모른다. '하나님께서 나를 원래 자리로 돌려놓으셨구나. 하나님의 은혜로 내가 본래 자리를 찾게 되었구나.' 말도 안 되는 소리지만, 죄로 부패한 사람의 본성은 항상 '자기중심적'으로 생각한다. 이와 같은 맥락의 말은 한국 교회 교인들의 입을 통해서도 일상적으로 나오는 소리다. 구체적인 예는 들지 않겠다.

앞에서 인용한 성경 말씀이다. "그핫 자손들 중에 남은 자는 에브라임 지파의 가족과 **단 지파와** 므낫세 반 지파 중에서 제비 뽑은 대로 열 성읍을 받았으며"[72] 다시 한번 말하지만, 유다 지파에게 속한 베들레헴은 모세의 손자 요나단의 사역지가 아니었다. 모세 자손들의 사역지는 '에브라임과 단 그리고 므낫세 반 지파' 가운데 있었다.

> [11]단 지파의 가족 중 육백 명이 무기를 지니고 소라와 에스다올에서 출
> 발하여 [12]올라가서 유다에 있는 기럇여아림에 진 치니 그러므로 그곳 이
> 름이 오늘까지 마하네 단이며 그곳은 기럇여아림 뒤에 있더라 [13]무리가
> 거기서 떠나 에브라임 산지 미가의 집에 이르니라 [14]전에 라이스 땅을
> 정탐하러 갔던 다섯 사람이 그 형제들에게 말하여 이르되 이 집에 에봇
> 과 드라빔과 새긴 신상과 부어 만든 신상이 있는 줄을 너희가 아느냐 그
> 런즉 이제 너희는 마땅히 행할 것을 생각하라 하고 [15]다섯 사람이 그 쪽
> 으로 향하여 그 청년 레위 사람의 집 곧 미가의 집에 이르러 그에게 문
> 안하고 [16]단 자손 육백 명은 무기를 지니고 문 입구에 서니라 [17]그 땅을
> 정탐하러 갔던 다섯 사람이 그리로 들어가서 새긴 신상과 에봇과 드라
> 빔과 부어 만든 신상을 가져갈 때에 그 제사장은 무기를 지닌 육백 명과
> 함께 문 입구에 섰더니 [18]그 다섯 사람이 미가의 집에 들어가서 그 새긴
> 신상과 에봇과 드라빔과 부어 만든 신상을 가지고 나오매 그 제사장이
> 그들에게 묻되 **너희가 무엇을 하느냐** 하니 [19]그들이 그에게 이르되 **잠잠**

---

72 여호수아 21:5

하라 네 손을 입에 대라 우리와 함께 가서 우리의 아버지와 제사장이 되라 네가 한 사람의 집의 제사장이 되는 것과 이스라엘의 한 지파 한 족속의 제사장이 되는 것 중에서 어느 것이 낫겠느냐 하는지라 [20]**그 제사장이 마음에 기뻐하여 에봇과 드라빔과 새긴 우상을 받아 가지고 그 백성 가운데로 들어가니라**(사사기 18:11-20)

새로운 정착지를 정복하기 위해 단 지파는 육백 명을 파견했다. 이들 중에는 전에 라이스 땅을 정탐하러 갔던 다섯 사람이 포함되어 있었다. 육백 명의 단 지파 자손이 미가의 집에 도착한 뒤, 이전에 미가의 집에 묵었던 다섯 사람이 그들의 무리에게 권했던 말이다. "이 집에 에봇과 드라빔과 새긴 신상과 부어 만든 신상이 있는 줄을 너희가 아느냐? 그런즉 이제 너희는 마땅히 행할 것을 생각하라." 무슨 말인가? 미가의 집에 있는 에봇과 드라빔 그리고 신상을 도둑질하라는 이야기다. 우리는 여기서도 그의 어머니의 은 천백을 도둑질한 '미가의 결국'을 볼 수 있다. 우리 인생에 대한 성경의 가르침은 한결같다. 우리는 뿌린 대로 거두는 존재다.[73]

그렇게 그들이 에봇과 드라빔 그리고 신상을 가지고 나오자, 그 모습을 목격한 요나단이 물었다. "너희가 무엇을 하느냐?" 요나단의 이 말은 "무슨 짓이냐?"라는 질책과 항의의 뜻이 아니었다. 그냥 궁금해서 묻는 말이었다.

---

73 "스스로 속이지 말라 하나님은 업신여김을 받지 아니하시나니 **사람이 무엇으로 심든지 그대로 거두리라**"(갈라디아서 6:7).

이러한 요나단의 물음에 대해 그들은 이렇게 대답했다. “잠잠하라. 네 손을 입에 대라. 우리와 함께 가서 우리의 아버지와 제사장이 되라. 네가 한 사람의 집의 제사장이 되는 것과 이스라엘의 한 지파 한 족속의 제사장이 되는 것 중에서 어느 것이 낫겠느냐?” 이들은 요나단과는 구면(舊面)이었다.

> 2단 자손이 소라와 에스다올에서부터 그들의 가족 가운데 용맹스런 다
> 섯 사람을 보내어 땅을 정탐하고 살피게 하며 그들에게 이르되 너희는
> 가서 땅을 살펴보라 하매 그들이 에브라임 산지에 가서 미가의 집에 이
> 르러 거기서 유숙하니라 3그들이 미가의 집에 있을 때에 그 레위 청년의
> 음성을 알아듣고 그리로 돌아가서 그에게 이르되 **누가 너를 이리로 인**
> **도하였으며 네가 여기서 무엇을 하며 여기서 무엇을 얻었느냐** 하니 4그
> 가 그들에게 이르되 **미가가 이러이러하게 나를 대접하고 나를 고용하여**
> **나를 자기의 제사장으로 삼았느니라** 하니라 5그들이 그에게 이르되 청
> 하건대 우리를 위하여 하나님께 물어 보아서 우리가 가는 길이 형통할
> 는지 우리에게 알게 하라 하니 6그 제사장이 그들에게 이르되 **평안히 가**
> **라 너희가 가는 길은 여호와 앞에 있느니라** 하니라(사사기 18:2-6)

이전에 단 자손이 다섯 사람을 보내어 새로운 정착지를 정탐하고 오게 할 때였다. 그때 그들은 미가의 집에 유숙한 적이 있었다.

이때 “요나단의 음성을 알아들은” 그들이 요나단에게 물었다. “누가 너를 이리로 인도하였으며 네가 여기서 무엇을 하며 여기서 무엇을 얻었느냐?” 이때 이 다섯 사람이 “요나단의 음성을 알아들었다”라는 말뜻이 무엇인지

명확하지 않다.[74] 다만 예상할 수 있는 부분이 있다. 단 자손이 파견한 이 다섯은 당연히 단 지파 내에서는 '지도자들'이었을 것이다. 그리고 모세의 손자였던 요나단은 어린 시절 '에브라임과 단 그리고 므낫세 반 지파' 가운데 주어진 '레위인의 성읍'에서 자라났을 것이다. 그렇다면 "그들이 미가의 집에 있을 때에 **그 레위 청년의 음성을 알아듣고 그리로 돌아가서** 그에게 이르되"라는 성경의 증언은, 이 다섯이 처음부터 요나단이 모세의 손자였음을 알았다는 뜻일 수도 있다.

특히 "그리고 돌아가서"라는 말은 이들 다섯이 미가의 집에서 일단 출발한 뒤 다시 돌아왔다는 이야기다. 아마도 처음에는 '어디서 많이 듣던 음성인데?'라고 각자 생각했을 것이다. 하지만 미가의 집에서 들은 음성이 길을 나선 뒤에도 계속 마음에 걸렸던 것 같다. "아까 미가의 집에서 들었던 음성 있잖아. 그거 혹시 생사를 알 수 없게 된 모세의 손자 요나단의 목소리와 너무 닮지 않았나?" 서로의 생각이 같음을 확인한 그들 다섯이 다시 미가의 집으로 돌아가 요나단의 신분을 확인했다면 이야기는 이렇게 된다.

그렇게 보면, 요나단에게 했던 단 지파 자손 다섯의 질문이 달리 느껴질 것이다. "누가 너를 이리로 인도하였으며 네가 여기서 무엇을 하며 여기서 무엇을 얻었느냐?" 이제 보이는가? 요나단이 처음 보는 레위인 청년이었다면 그들 다섯이 이렇게 물었을까? "누가 너를 이리로 인도했느냐?" 요나단이 모르는 청년인데도 이렇게 물었을까? "네가 여기서 무엇을 하며 여기서

---

74 물론 레위인들의 기도 소리가 특별한 음조와 억양을 가졌을 수도 있다.

무엇을 얻었느냐?"

쉽게 말해 단 자손 다섯이 요나단에게 건넨 질문은 "네가 왜 거기서 나와?"라는 이야기다. "누가 너를 이곳으로 인도했냐? 너는 여기서 지금 뭐 하는 거냐? 그래서 여기서 너는 무엇을 얻었냐?" 그들의 질문에 요나단은 미가가 이러저러하게 자신을 대접하고 고용하여 제사장으로 삼았다고 대답했다.

여기서부터는 내 생각이다. 이때부터 요나단의 신분과 존재를 이 다섯이 알고 있었다면, 그들은 미가에게 어떤 감정을 느끼게 되었을까? 요나단은 모세의 손자였다. 그런 점에서 요나단은 어린 시절 '단 지파가 할당해준 성읍'에서 자랐을 가능성을 배제(排除)할 수 없다. 즉 만에 하나 요나단이 단 지파 지역에서 어린 시절을 보냈다면, 단 지파가 파견한 다섯은 요나단을 알았을 것이다. 쉽게 예를 들면 이와 같다. 대형교회 담임목사님 자녀를 일반 성도들은 모를 수 있다. 하지만 장로님들은 아는 게 당연하다. 단 지파의 지도자 출신이었을 다섯 정탐꾼들이었다. 그렇다면 이 다섯이 요나단을 전혀 예상치 못한 곳에서 만났을 때, 이들이 느낀 감정은 무엇이었을까?

그렇게 객지에 우거(寓居)하며 어머니의 은을 훔칠 정도의 인성을 가진 미가의 집에 얹혀살았던 요나단이었다. 그런 요나단에게 한 지파의 지도자들이 "청하건대"라는 말을 쓰는 것이 이상하지 않은가? "청하건대 우리를 위하여 하나님께 물어보아서 우리가 가는 길이 형통할는지 우리에게 알게 하라." 설마 단 지파내에 레위인이 없었을까?

이들은 이미 요나단이 미가에게 받는 대접을 들어 알고 있었다. 미가가 요나단에게 제공한 것은 '숙식과 일 년에 한 벌 의복과 당시 노동자의 평균 사십일 임금에 해당하는 연봉'이었다. 즉 요나단은 노동자의 평균 연봉에 칠팔분의 일 정도를 받고 시골 동네에 얹혀사는 레위인 청년이었다. 그런데 "청하건대", 이 말이 그러한 처지의 레위인 청년에게 한 지파의 지도자들이 했던 말로 보이는가? 미가의 집에 유숙하는 동안, 이 다섯은 미가의 인간 됨됨이에 대해 어느 정도 파악할 시간이 있었을 것이다.

요나단과의 두 번째 만남에서 이 다섯 사람이 제안했던 말이다. "잠잠하라. 네 손을 입에 대라. 우리와 함께 가서 우리의 아버지와 제사장이 되라. 네가 한 사람의 집의 제사장이 되는 것과 이스라엘의 한 지파 한 족속의 제사장이 되는 것 중에서 어느 것이 낫겠느냐?" 아마도 이들은 미가와 비슷한 연배였을 것이다. 그리고 '그 청년이 미가의 아들 중 하나 같이 됨이라'라는 말에서 예상할 수 있듯이, 요나단은 다섯 사람보다 한 세대 가까이 어렸을 가능성이 있다. 그렇다면 다섯 사람이 요나단에게 했던 말뜻은 무엇일까? "아가, 입 다물고 삼촌들이 시키는 대로 해. 여기서 이러고 있지 말고 우리와 함께 가서 우리 지파의 아버지와 제사장이 되라. 네가 한 사람의 집의 제사장이 되는 것과 이스라엘의 한 지파 한 족속의 제사장이 되는 것 중에서 어느 것이 낫겠냐? 너는 모세의 손자이지 않냐? 지금 이 꼴이 도대체 뭐란 말이냐? 우리 말 들어!"

생각이 여기까지 이르면, 단 지파를 따라잡은 미가에게 단 자손들이 했던 말이 어느 정도 이해가 된다. "내가 만든 신들과 제사장을 빼앗아 갔으니 이제 내게 오히려 남은 것이 무엇이냐? 너희가 어찌하여 나더러 무슨 일이냐고 하느냐?" 이러한 미가의 말에 했던 단 자손들의 대답이다. "네 목소리를 우리에게 들리게 하지 말라. 노한 자들이 너희를 쳐서 네 생명과 네 가족의 생명을 잃게 할까 하노라." 이제 보이는가? 모세의 자손들에게 할당된 성읍과 목초지가 단 지파의 경계 내에 있었다는 사실을 알기 전에는 이게 무슨 말인가 싶었다. 나는 "노한 자"들의 '노한 이유'가 깔끔하게 이해되지 않았다. 그냥 단 지파가 패역해서 그렇다고 쉽게 생각했다. 하지만 요나단과 단 지파의 관계를 알게 된 후 생각이 달라졌다.

미가의 입장에서 요나단은 '자신의 가족 제사장'이었을 것이다. 하지만 단 자손들에게 있어서 요나단은 '그들 지파에 속한 레위인'이었다. 게다가 그는 '모세의 손자'였다. 미가의 입장에서는 단 지파가 자신이 만든 신을 빼앗아 간 것이었다. 하지만 단 지파 입장에서는 미가가 그들에게 속한 모세의 손자를 말도 안 될 정도로 싼값에 갈취한 것이었다. 이렇듯 서로 다른 입장이 단 지파의 입에서 험한 말이 나오게 한 것은 아닐까? "미가 너 입 닥쳐. 그냥 네 목소리를 우리에게 들리게 하지 마. 네 목소리 자체를 듣기 싫으니까 입 닥쳐. 우리가 지금 너와 네 가족 전체를 죽이지 않은 것을 다행으로 생각해라." 따지고 보면, 이들은 지금 라이스 거민(居民)을 몰살하러 가는 중이었다.

그러나 단 지파는 미가에게 이런 말을 할 자격이 없었다. 요나단이 자신의 사역지를 떠나 유다 베들레헴에 흘러 들어간 책임은 단 지파에게 있었다. 불과 모세로부터 두 세대가 지난 뒤에 일어난 일이었다. 모세의 손자마저 생계가 불가능해져, 우리식 표현으로 하면 화전민처럼 '유리방랑(流離放浪)'하게 되었다는 이야기다.

단 지파의 이러한 모습은 사사기 때만 나타나지 않는다. 평생을 한국누가회(CMF)에서 사역하면서 알게 된 사실이 있다. 그것은 평소에 얼굴 한 번 보이지 않던 누가[75]들일수록, CMF에 무슨 민망한 일이 일어났다고 하면 갑자기 '정의의 투사'로 바뀌는 경향이 강하다. 그 순간 그들의 전투력은 정말 '만렙'[76]을 찍는다. 병원에서도 마찬가지다. 오랜 지병으로 고생하다 사망한 환자의 보호자 중 누가 환자 곁에서 간병하던 자식인지 병원에 근무해 본 의료진이라면 누구나 쉽게 알아볼 수 있다. 의료진을 향해 '의료사고' 아니냐며 세상 다 잃은 듯이 난리를 치는 보호자는 의료진 입장에서는 처음 보는 보호자인 경우가 거의 100%이다. 이것이 바로 '자신에게 주어진 책임을 지지 않는 사람들과 세대'에서 나타나는 대표적인 특성이다.

그렇게 '사역지를 떠난 레위인 청년'과 '약속의 땅을 떠난 단 지파'가 만나 한 일은 이것이었다. 그들은 한가하고 걱정 없이 사는 백성을 칼날로 치고 그 성읍을 불살랐다.

---

75 한국누가회(CMF)에서는 졸업한 학사들을 '누가', 졸업하지 않은 학생들을 '작은 누가'라고 부른다. 의료인의 선교단체인 CMF에서 이러한 호칭을 사용하는 이유는 따로 설명할 필요가 없으리라 믿는다.

76 '플레이어 캐릭터(player character)'가 가질 수 있는 최고의 레벨(level)까지 올라간 상태를 가리키는 게임 용어.

> 단 자손이 미가가 만든 것과 그 제사장을 취하여 라이스에 이르러 한가하고 걱정 없이 사는 백성을 만나 칼날로 그들을 치며 그 성읍을 불사르되(사사기 18:27)

분명히 요나단이 자신의 사역지를 떠난 배경에는 단 지파의 책임이 있었다. 그러나 하나님으로부터 받은 사역지를 떠난 것은 요나단이었다. 그리고 오랜 세월 겉으로 볼 때 "평안히 가라. 너희가 가는 길은 여호와 앞에 있느니라."라는 요나단의 대답은 성취된 것으로 보였을 것이다. 그러나 요나단은 전형적인 '거짓 선지자의 모습'을 한 인물이었다. 사사기는 이스라엘 백성이 '샬롬'의 땅인 약속의 땅에서 '샬롬'을 누리지 못한 '엔샬롬'의 이야기다.[77] 그 원인은 하나님의 말씀에 대한 불순종이었다.

모세의 손자 요나단을 통해서도 알 수 있듯이, 이 당시 하나님의 말씀을 전하는 역할을 맡은 레위 지파는 그들의 사역지를 벗어났다. 이러한 레위 지파의 모습은 이스라엘 전체에 편만한 '영적 분위기'를 그대로 반영하고 있었다. 그리고 그 결과는 혹독했다.

> 9그 선지자들이 허탄한 묵시를 보며 거짓 것을 점쳤으니 **내 손이 그들을 쳐서 내 백성의 공회에 들어오지 못하게 하며 이스라엘 족속의 호적에도 기록되지 못하게 하며 이스라엘 땅에도 들어가지 못하게 하리니 너**

---

77 앞에서도 언급했지만, '샬롬'은 '평안'을 '엔샬롬'은 '평안이 없음'을 의미한다.

> **희가 나를 여호와인 줄 알리라** [10]이렇게 칠 것은 **그들이 내 백성을 유혹하여 평강이 없으나 평강이 있다 함이라** 어떤 사람이 담을 쌓을 때에 그들이 회칠을 하는도다(에스겔 13:9-10)

에스겔에 나오는 말씀이다. "내 손이 그들을 쳐서 내 백성의 공회에 들어오지 못하게 하며 **이스라엘 족속의 호적에도 기록되지 못하게 하며** 이스라엘 땅에도 들어가지 못하게 하리니" 그리고 하나님께서 그들을 쳐서 언약 백성의 공회에 들어오지 못하게 하는 이유가 연이어 기록되어 있다. "그들이 내 백성을 유혹하여 **평강이 없으나 평강이 있다 함이라.**" 그렇다면 그들이 하나님의 백성을 유혹하여 했다는 말은 무엇일까? 그것은 요나단이 단 지파에게 했던 말이다. "평안히 가라. 너희가 가는 길은 여호와 앞에 있느니라." 그 결과 단 지파는 에스겔에 기록된 대로 이스라엘 족속의 호적에도 기록되지 못하게 된다.

> [3]이르되 **우리가 우리 하나님의 종들의 이마에 인치기까지** 땅이나 바다나 나무들을 해하지 말라 하더라 [4]내가 인침을 받은 자의 수를 들으니 **이스라엘 자손의 각 지파 중에서 인침을 받은 자들이 십사만 사천이니** [5]유다 지파 중에 인침을 받은 자가 일만 이천이요 르우벤 지파 중에 일만 이천이요 갓 지파 중에 일만 이천이요 [6]아셀 지파 중에 일만 이천이요 납달리 지파 중에 일만 이천이요 므낫세 지파 중에 일만 이천이요 [7]시므온 지파 중에 일만 이천이요 레위 지파 중에 일만 이천이요 잇사갈 지파 중에 일만 이천이요 [8]스불론 지파 중에 일만 이천이요 요셉 지파

> 중에 일만 이천이요 베냐민 지파 중에 인침을 받은 자가 일만 이천이라 (요한계시록 7:3-8)

요한계시록 7장에는 구원받은 하나님의 백성의 명단이 나온다. 그 유명한 '십사만 사천 명' 이야기다. 참고로 이때 언급된 '십사만 사천 명'은 실제 십사만 사천 명이 아니라 '완전수'를 의미한다. 성경에서 '3과 7과 10 그리고 12'가 '완전수'라는 이야기를 들은 기억이 있을 것이다. '십사만 사천'은 완전수인 12의 제곱에 완전수인 10을 3번 곱한 '완전수'다. 즉 '셀 수 없이 많은 수'를 의미하는 것이 요한계시록의 '십사만 사천 명'이다. 그런데 그렇게 셀 수 없이 많은 수 가운데 '단 지파'가 있는가? 위에 인용한 요한계시록 7장을 아무리 살펴봐도 '단 지파'가 없음을 알 수 있다.

분명히 하나님께서 주신 기업을 떠난 '단 지파'의 앞길은 '엔샬롬'의 길이었다. 하지만 그 자신의 사역지를 떠난 '거짓 선지자'였던 요나단은 단 지파에게 '샬롬'을 선포했다. "평안히 가라. 너희가 가는 길은 여호와 앞에 있느니라." 그 결과 에스겔에 기록된 말씀대로 '단 지파'는 이스라엘 족속의 호적에도 기록되지 못하게 되었다.

이러한 사실들을 사사기 기자는 아주 담담히 서술한다. 이러한 사사기의 기술 방식은 우리에게 깊은 아픔을 느끼게 한다. 이렇듯 사사기 기자는 '미가의 신상과 단 지파 이야기'를 담담하게 끝맺는다. "하나님의 집은 미가가 만든 신상이 있는 곳에 있지 않았다." "하나님의 집은 모세의 손자 요나단이 거짓 제사장으로 있는 곳에 있지 않았다." "그 시기, 하나님의 집은 실로에 있었다."

> 하나님의 집이 실로에 있을 동안에 미가가 만든 바 새긴 신상이 단 자손에게 있었더라(사사기 18:31)

2부

기드온

기드온 1

미디안과의 전쟁

어린 시절부터 신앙생활을 한 지체라면 누구나 '기드온'하면 생각나는 문구가 있을 것이다. "기드온과 300 용사(勇士)!" 그런데 과연 기드온은 300 용사를 이끌만한 사람이었을까?

'기드온과 300 용사'를 생각하며, 나는 2007년에 개봉한 "300"이라는 영화를 떠올렸다. '테르모필레 전투'를 그려낸 이 영화는 개봉 당시 선풍적인 인기와 더불어 잔인한 전투 장면으로 이러저러한 입담에 오르내렸던 작품이다. '테르모필레 전투'는 기원전 480년 7월 '제3차 페르시아 전쟁' 당시 테살리아 지방의 '테르모필레 협곡'에서 일어난 전투다. 기원전 480년, '페르시아의 크세르크세스 왕'이 이끄는 100만 대군을 상대로 '스파르타의 레오니다스 왕'이 300명의 스파르타 용사들을 이끌고 '테르모필레 협곡'을 지키기 위해 사투를 벌였던 이 전투는 실화로 전해진다. 결국 '레오니다스 왕과 300 용사'는 모두 전사했지만, 이들의 희생으로 그리스 연합 함대가 무사히

퇴각할 수 있는 시간을 벌어주게 되었다. 그 결과 이 전투는 전쟁의 흐름을 바꾸는 결정적인 계기가 되었다. 또한 논란이 있기는 하지만, 영화에 나오는 '페르시아 왕 크세르크세스'가 구약성경에 나오는 '에스더의 남편'이라는 사실이 알려지면서 관심을 끌기도 했다. 에스더는 그리스 원정 전쟁을 기점으로 간택되었다가 원정 전쟁 실패 후에 왕비가 된 것으로 추측된다.

영화 "300"에 나오는 '레오니다스 왕과 300 용사'는 정말 말이 필요 없는 용사들이었다. 같은 남자의 눈으로 보아도 영화에 나오는 그들의 강인해 보이는 신체와 분위기는 모든 면에서 '나는 용사'라고 외치고 있었다. 하지만 '레오니다스 왕과 300 용사'를 보다가 "기드온과 300 용사"로 눈을 돌리는 순간 뭐랄까? 어떻게 표현해야 할까? 귀엽다고 해야 할까? 적당한 표현이 무엇일까? 우리 주변에 흔히 보이는 친구들이 301명 모여 있는 모습이 보였다. 어느 드라마의 대사처럼 '레오니다스 왕과 300 용사'는 정말 잘 생겼지만 '기드온과 300 용사'는 그냥 생긴 이들이었다. 하지만 우리는 '그냥 생긴 이들 301명'을 "기드온과 300 용사"라고 부른다. 그리고 이 명칭은 맞는 말이다.

그렇다면 무엇이 이들을 '기드온과 300 용사'로 만들었을까? 미디안과의 전쟁에 나서기 전, 정말 여러 번 확인을 요구하는 기드온의 요청에 친절하게 응답하신 하나님이셨다. 그런데 막상 전쟁이 시작되려 하자, 이번에는 하나님께서 먼저 기드온에게 승리를 확인시켜 주신다. "일어나 진영으로 내려가라. 내가 그것을 네 손에 넘겨주었느니라." 사실 이 정도의 말에 적극적으로 움직일 기드온이 아니었다. 기드온의 성격을 잘 아시는 하나님께서 바로 이어 말씀하셨다. "만일 네가 내려가기를 두려워하거든 네 부하 부라와 함께 그 진영으로 내려가서" 무슨 말인가? "혼자 내려가기 두렵거든 네 부하 부라와 함께 가렴." 하나님의 이 말씀이 300 용사의 수장(首長)에게 하실 말씀으로 들리는가? 하지만 기드온을 향한 하나님의 호의(好意)는 계속 이어진다. (부라와 함께 내려가서) "그들이(미디안 애들이) 하는 말을 들어라. 그 후에 네 손이 강하여져서 그 진영으로 내려가리라."

> [9]그 밤에 여호와께서 기드온에게 이르시되 **일어나 진영으로 내려가라**
> **내가 그것을 네 손에 넘겨 주었느니라** [10]**만일 네가 내려가기를 두려워**
> **하거든 네 부하 부라와 함께 그 진영으로 내려가서** [11]**그들이 하는 말을**
> **들으라 그 후에 네 손이 강하여져서 그 진영으로 내려가리라** 하시니 기
> 드온이 이에 그의 부하 부라와 함께 군대가 있는 진영 근처로 내려간즉
> [12]미디안과 아말렉과 동방의 모든 사람들이 골짜기에 누웠는데 메뚜기
> 의 많은 수와 같고 그들의 낙타의 수가 많아 해변의 모래가 많음 같은
> 지라 [13]기드온이 그곳에 이른즉 어떤 사람이 그의 친구에게 꿈을 말하
> 여 이르기를 **보라 내가 한 꿈을 꾸었는데 꿈에 보리떡 한 덩어리가 미디**
> **안 진영으로 굴러 들어와 한 장막에 이르러 그것을 쳐서 무너뜨려 위쪽**
> **으로 엎으니 그 장막이 쓰러지더라** [14]그의 친구가 대답하여 이르되 **이는**
> **다른 것이 아니라 이스라엘 사람 요아스의 아들 기드온의 칼이라 하나**
> **님이 미디안과 그 모든 진영을 그의 손에 넘겨 주셨느니라** 하더라 [15]기
> 드온이 그 꿈과 해몽하는 말을 듣고 경배하며 이스라엘 진영으로 돌아
> 와 이르되 일어나라 여호와께서 미디안과 그 모든 진영을 너희 손에 넘

겨 주셨느니라 하고(사사기 7:9-15)

하나님의 말씀을 따라 기드온은 그의 부하 부라와 함께 미디안 진영(陣營) 근처로 내려갔다. 그런데 실제로 내려가 보니 기드온의 눈에 비친 장면이 장관(壯觀)이었다. "미디안과 아말렉과 동방의 모든 사람들이 골짜기에 누웠는데 메뚜기의 많은 수와 같고 그들의 낙타의 수가 많아 해변의 모래가 많음 같은지라." 그도 그럴 것이, 이때 미디안의 진영에 누워있던 군대의 수는 '십삼만 오천 명'이었다. 그리고 아래 인용한 말씀을 통하여 이들 중 '십이만 명'이 기드온과의 첫 전투에서 몰살당했음을 알 수 있다.

> 이때에 세바와 살문나가 갈골에 있는데 동방 사람의 모든 군대 중에 칼 든 자 **십이만 명이 죽었고 그 남은 만 오천 명 가량**은 그들을 따라와서 거기에 있더라(사사기 8:10)

정말이지, 십삼만 오천 명과 그들이 함께한 낙타가 함께 쉬고 있는 미디안 진영(陣營)의 모습은 태어나서 처음 본 장관이었을 것이다. 고대나 중세에 있었던 전쟁을 재현(再現)한 영화 장면들을 떠올려보면 쉽게 기드온의 눈에 비친 모습을 상상할 수 있을 것이다. 그렇다면 기드온과 부라 둘 중 누가 앞장을 섰을까? 하나님께서 겁먹은[1] 기드온과 함께 내려갈 사람으로 부라를 지명하신 것은 그럴만한 이유가 있어서일 것이다. 그런 점에서 내가 만

---

1 "만일 네가 내려가기를 두려워하거든"

약 기드온 영화를 만드는 감독이라면, 이 장면에서는 부라를 기드온보다 앞세울 것 같다. 한밤중에 부라의 뒤를 따르는 기드온, 이 상황이 어떤 장면이었을지 어렵지 않게 상상이 될 것이다. 그렇게 도착한 미디안 진영이었다.

기드온과 부라가 미디안 진영에 이르자마자, 어떤 사람이 그의 친구에게 꿈 이야기를 하는 소리가 들렸다. "보라. 내가 한 꿈을 꾸었는데 꿈에 보리떡 한 덩어리가 미디안 진영으로 굴러 들어와 한 장막에 이르러 그것을 쳐서 무너뜨려 위쪽으로 엎으니 그 장막이 쓰러지더라." 이 꿈 이야기에 대하여 그의 친구가 답한 해몽(解夢)이다. "이는 다른 것이 아니라. 이스라엘 사람 요아스의 아들 **기드온의 칼이라.** 하나님이 미디안과 그 모든 진영을 그의 손에 넘겨주셨느니라." 기드온이 그 꿈과 해몽을 듣고 하나님을 경배했다고 성경은 증언한다. 그리고 이스라엘 진영으로 돌아온 기드온은 300 용사들에게 비로소 자신 있게 명령했다. "일어나라. 여호와께서 미디안과 그 모든 진영을 너희 손에 넘겨주셨느니라."

> [16]삼백 명을 세 대로 나누어 각 손에 나팔과 빈 항아리를 들리고 항아
> 리 안에는 횃불을 감추게 하고 [17]그들에게 이르되 너희는 나만 보고 내
> 가 하는 대로 하되 내가 그 진영 근처에 이르러서 내가 하는 대로 너희
> 도 그리하여 [18]나와 나를 따르는 자가 다 나팔을 불거든 너희도 모든 진
> 영 주위에서 나팔을 불며 이르기를 **여호와를 위하라, 기드온을 위하라
> 하라** 하니라 [19]기드온과 그와 함께 한 백 명이 이경 초에 진영 근처에 이
> 른즉 바로 파수꾼들을 교대한 때라 그들이 나팔을 불며 손에 가졌던 항
> 아리를 부수니라 [20]세 대가 나팔을 불며 항아리를 부수고 왼손에 횃불을

들고 오른손에 나팔을 들어 불며 외쳐 이르되 **여호와와 기드온의 칼이 다** 하고 [21]각기 제자리에 서서 그 진영을 에워싸매 그 온 진영의 군사들이 뛰고 부르짖으며 도망하였는데 [22]**삼백 명이 나팔을 불 때에 여호와께서 그 온 진영에서 친구끼리 칼로 치게 하시므로** 적군이 도망하여 스레라의 벧 싯다에 이르고 또 답밧에 가까운 아벨므홀라의 경계에 이르렀으며 [23]이스라엘 사람들은 납달리와 아셀과 온 므낫세에서부터 부름을 받고 미디안을 추격하였더라(사사기 7:16-23)

그리고 기드온은 삼백 명을 백 명씩 셋으로 나누었다. 삼백 명을 세 부대로 나눈 기드온의 전법(戰法)은 고대에서는 전통적인 방법이었다. 압살롬의 반란을 진압하기 위한 전투에서 다윗이 선택했던 전법(戰法) 또한 부대를 셋으로 나누는 것이었다.[2]

"삼백 명을 세 대로 나누어 각 손에 나팔과 빈 항아리를 들리고 항아리 안에는 횃불을 감추게 하고" 삼백 명을 셋으로 나눈 것은 전통적인 싸움법이었지만, 기드온이 쓴 전법(戰法)이 참 묘하다. "기드온과 그와 함께 한 백 명이 이경[3] 초에 진영 근처에 이른즉"이라는 기록으로 보아, 자정에서 새벽

---

2 "[1]이에 다윗이 그와 함께 한 백성을 찾아가서 천부장과 백부장을 그들 위에 세우고 [2]다윗이 그의 백성을 내보낼새 **삼분의 일은 요압의 휘하에, 삼분의 일은 스루야의 아들 요압의 동생 아비새의 휘하에 넘기고 삼분의 일은 가드 사람 잇대의 휘하에 넘기고** 왕이 백성에게 이르되 나도 반드시 너희와 함께 나가리라 하니"(사무엘하 18:1-2).

3 구약시대에는 밤을 셋으로 나누었던 반면, 신약시대에는 넷으로 나누었다고 전해진다.: "그러므로 깨어 있으라 집 주인이 언제 올는지 혹 **저물 때일는지, 밤중일는지, 닭 울 때일는지, 새벽일는지** 너희가 알지 못함이라"(마가복음 13:35).: 신약시대에는 로마 관습에 따라 밤을 "저물 때, 밤중, 닭 울 때, 새벽"으로 구분했던 반면, 구약시대에는 "저물 때, 밤중, 새벽"으로 구분

2시 정도에 전투가 시작되었음을 알 수 있다. 전방에서 경계(警戒)를 서는 병사들에게는 반드시 지켜야 하는 주의 사항이 있다. 그것은 야간(夜間) 경계 중 담배를 피우지 말라는 것이다. 달빛도 전기 불빛도 없는 밤중에 담뱃불을 빨아들이는 순간, 그 불빛은 8km 밖에서도 보인다고 한다. 즉 적의 표적이 된다는 점에서 야간 경계 중 흡연은 금기다.

기드온이 살던 시대는 당연히 전기 불빛이 없던 시절이었다. 물론 미디안 쪽 경계병들이 피워놓은 횃불은 있었을 것이다. 하지만 "한밤중에 삼백 개의 횃불을 적에게 들키지 않고 항아리 안에 숨긴다?" 누구 하나 실수로 항아리를 깨는 경우, 그 소리와 불빛은 경계를 서는 모든 미디안 병사의 주목을 끌기에 충분했을 것이다. 그런 점에서 나는 하나님께서 남겨주신 300 용사들은 기드온과 비슷한 성품의 소유자들이었으리라 본다. 이들 또한 기드온과 같이 '끊임없이 꼼꼼하게 확인하는 신중한 성격'이었을 것이다. 이 부분은 물을 마시는 모습으로 만 명 중 300명을 추린 기사를 언급할 때 다루겠다.

어찌 되었든, 이 전투 방법은 기드온의 생각이었을까? 아니면 하나님께서 기드온에게 명령하신 것이었을까? 성경에는 기록되어 있지 않지만, 당연히 이 방법은 하나님의 명령이었을 것이다. 이것은 누구나 쉽게 예측할 수 있는 일이다. 100명씩 셋으로 나뉜 300 용사가 세 방면에서 나팔을 불며 항아리를 부수었다. 그들은 왼손에 횃불을 들고 오른손으로 나팔을 불며

했다. 즉 '이경'은 한밤중을 뜻한다.

외쳤다. "여호와와 기드온의 칼이다!" 기드온과 300 용사가 한 일은 이것이 전부였다. 그런데 이 나팔 소리와 횃불에 놀란 십삼만 오천 명에 달하는 미디안 군사들이 부르짖으며 그들의 진영에서 도망쳤다고 성경은 증언한다. '자중지란(自中之亂)'이 일어난 것이다.

그리고 성경은 기드온과 삼백 명이 나팔을 불 때 여호와께서 미디안 온 진영의 군사들이 서로를 칼로 치게 하셨다고 증언하고 있다. 쉽게 예상할 수 있듯이, 잠자던 미디안의 군사들은 소위 '공황 상태(panic)'에 빠졌었던 것으로 보인다. 공황 상태에서 그들은 서로를 칼로 치며 수많은 사상자를 냈다. 즉 기드온과 300 용사가 횃불을 들고 나팔을 불 때, 미디안 진영에는 '두려움'이 강하게 엄습했던 것으로 보인다. 당연히 이 두려움은 하나님께서 보내신 것이다. 성경에는 당신의 백성을 구원하기 위해 이스라엘의 대적(對敵)들에게 두려움을 보내시는 하나님의 모습이 여러 번 등장한다.[4]

그 결과 미디안의 군사들은 수없이 많은 이스라엘 군사들이 자신들을 기습한 것으로 여겨 아벨므홀라의 경계까지 도망쳤다. 이 과정에서 수없이 많은 미디안 군사들이 동료의 칼에 죽게 되었다. 승기(勝機)를 잡은 기드온은 300 용사 외에 모든 이스라엘 사람들에게도 전쟁 참여를 독려했던 것으로 보인다. "이스라엘 사람들은 납달리와 아셀과 온 므낫세에서부터 부름을 받고 미디안을 추격하였더라." 앞에서도 언급했듯이, 이 과정에서 미디안은 십이만 명의 병력(兵力)을 잃게 되었다. 정말 눈부신 승리였다. 이제 미디안

---

4 "그들이 떠났으나 하나님이 그 사면 고을들로 크게 두려워하게 하셨으므로 야곱의 아들들을 추격하는 자가 없었더라"(창세기 35:5).

의 남은 병력은 요단강을 건너 도망친 만 오천 명이 전부였다. 이들을 추적해 멸절하지 않을 경우, 이들은 이스라엘의 후환이 될 것이 분명해 보였다. 이들을 기드온과 300 용사가 추격했다. 아무리 도망치는 병력이라고는 하나, 만 오천 명의 병력을 301명이 추격한다? 하나님의 구원을 경험한 뒤, 비로소 '기드온과 300 용사'는 진정한 '큰 용사[5]와 용사들'이 되었음을 알 수 있다.

> [4]**기드온과 그와 함께 한 자 삼백 명이 요단강에 이르러 건너고 비록 피곤하나 추격하며** … [10]이때에 세바와 살문나가 갈골에 있는데 동방 사람의 모든 군대 중에 칼 든 자 **십이만 명이 죽었고 그 남은 만 오천 명 가량**은 그들을 따라와서 거기에 있더라(사사기 8:4, 10)

그런데 다음 이야기로 넘어가기 전에 한 가지 짚고 넘어갈 부분이 있다. 성경의 기록을 자세히 볼 때, 기드온이 300 용사에게 외치라고 지시한 내용은 분명히 이것이었다. "여호와를 위하라, 기드온을 위하라." 그런데 300 용사는 미디안과의 전장(戰場)에서 이렇게 외쳤다. "여호와와 기드온의 칼이다." 보이는가? 하나님께서 미디안 군사 둘 사이에 있었던 대화를 통해 기드온에게 들려주신 꿈의 해몽(解夢)은 이러했다. "이는 다른 것이 아니라 이스라엘 사람 요아스의 아들 **기드온의 칼이라.**" 그렇게 놓고 보면, 결과적으

---

5 "여호와의 사자가 기드온에게 나타나 이르되 **큰 용사여 여호와께서 너와 함께 계시도다** 하매" (사사기 6:12).

로 300 용사는 하나님께서 들려주신 해몽대로 외쳤다는 사실을 알 수 있다.

그렇다면 300 용사가 외쳤던 "여호와와 기드온의 칼이다."에서 "기드온의 칼"이라는 말은 누구를 통해 이들에게 전해졌을까? 그렇다. 미디안 군사 둘이 '꿈 이야기'를 할 때, 그 대화를 들은 사람이 기드온 말고 한 명 더 있었다. 바로 '부라'다. 엄밀히 말해, 기드온은 하나님께서 들려주신 꿈의 해몽을 300 용사에게 정확히 전달한 것이 아니었다. 하나님도, 하나님께서 들려주신 미디안 군사 둘 사이의 대화에도 "기드온을 위하라"라는 말은 없었다. 즉 "기드온을 위하라"라는 말은 기드온이 임의로 "여호와를 위하라"라는 말에 살짝 끼워 넣은 것이다.

그렇다면 기드온은 어떤 성격의 소유자였을까? 앞에서도 지나가는 말로 언급했지만, 기드온은 긍정적으로 표현하면 '신중한 성격'의 소유자였을 것이다. 하지만 적나라하게 표현하면, '내면에는 욕심이 많으나 약간 소심(小心)한 동시에 주변의 눈치를 많이 보는 성격'이었을 것이다. 즉 그의 내면에는 욕심이 많으나 자신의 욕심을 주변에 있는 그대로 표출(表出)하지 못하는 성격이었을 것이다. 쉽게 말해 '의뭉한[6] 성격'의 소유자였을 것이다. 이러한 기드온의 성격은 기드온 이야기 전반(全般)에 언뜻언뜻 배어 나온다. 그리고 이러한 기드온의 성격은 그의 사후(死後)에 그의 아들 69명이[7] 몰살당하는

---

6 겉보기에는 어리석어 보이나 속으로는 엉큼한 구석이 있다.

7 "[30]기드온이 아내가 많으므로 그의 몸에서 낳은 **아들이 칠십 명이었고** [31]**세겜에 있는 그의 첩도 아들을 낳았으므로** 그 이름을 아비멜렉이라 하였더라"(사사기 8:30-31). "오브라에 있는 그의 아버지의 집으로 가서 여룹바알의 아들 곧 **자기 형제 칠십 명을 한 바위 위에서 죽였으되 다만 여룹바알의 막내 아들 요담은 스스로 숨었으므로 남으니라**"(사사기 9:5).: 인용한 사사기 말씀 두 부분을 종합해 볼 때, 기드온의 아들은 총 71명이었던 것으로 보인다. 즉 첩에서 태어난 아

'씨앗'이 되었다. 이 부분은 기드온이 세겜에 있는 첩으로부터 얻은 '아비멜렉 이야기'에서 다시 다루겠다. 그러면 미디안과 기드온 사이에 있었던 전쟁의 경과(經過)를 따라가 보자.

기드온은 한밤중에 있었던 미디안과의 전투에서 단 한 명의 손실도 없이 승기(勝機)를 잡을 수 있었다. 그러자 이스르엘 골짜기 주변의 지파들로부터 부름을 받은 이스라엘 사람들이 미디안을 추격했다.

> 이스라엘 사람들은 **납달리와 아셀과 온 므낫세에서부터 부름을 받고** 미디안을 추격하였더라(사사기 7:23)

바로 앞에 언급한 '단 한 명의 손실도 없이'는 쉽게 예상할 수 있는 일이었다. 미디안과의 첫 번째 전투에서 미디안 쪽의 손실은 '자중지란(自中之亂)'에 의한 것이었다. 또한, 사사기 8장 4절에는 **"기드온과 그와 함께 한 자 삼백 명이** 요단강에 이르러 건너고"라는 증언이 나온다. 이 증언으로 볼 때, 한밤중에 시작된 미디안과의 전투에서 '기드온과 300 용사' 쪽에서는 단 한 명의 사상자도 없었다는 것을 알 수 있다. 정말 생각할수록 눈부신 전과(戰果)였다. 이 전투 결과가 얼마나 이스라엘 사람들과 그들의 역사에 강하게 각인(刻印)되었는지는 이후 성경에 언급된 말씀을 통해서도 확인할 수 있다.[8]

비멜렉이 그의 형제 69명을 죽였고, 막내만이 이 살육으로부터 살아남게 된다.

8 "**주는 미디안인에게 행하신 것 같이**, 기손 시내에서 시스라와 야빈에게 행하신 것 같이 그들에게도 행하소서"(시편 83:9). "이는 그들이 무겁게 멘 멍에와 그들의 어깨의 채찍과 그 압제자의

> 만군의 여호와께서 채찍을 들어 그를 치시되 **오렙 바위에서 미디안을 쳐죽이신 것 같이 하실 것이며** 막대기를 드시되 **바다를 향하여 애굽에서 하신 것 같이 하실 것이라**(이사야 10:26)

이사야서 10장 26절 말씀은 '앗수르'를 저주하는 가운데[9] 나온 말씀이다. '앗수르'는 솔로몬의 사후(死後) 둘로 나누어진 '남방 유다'와 '북방 이스라엘' 중 북방 이스라엘을 멸망시킨 제국(帝國)이다. 이러한 앗수르를 저주하는 가운데 하나님께서 앗수르를 치시는 예로 두 사건이 인용되는 것을 볼 수 있다. 그 두 사건은 바로 하나님께서 '출애굽 당시 애굽에 행하신 일'과 '미디안과의 전쟁 때 미디안에게 행하신 일'이다. 즉 이스라엘의 보호자이신 하나님께서 이전에 미디안과 애굽에 행하신 것처럼 앗수르를 치실 것이라는 예언이 이사야서 10장 26절 말씀이다. 우리는 여기에서 '기드온과 300 용사를 통한 전투'가 출애굽 당시 '홍해에 수장시킨 애굽 군인들의 이야기'와 나란히 기록되어 있음을 주목해야 한다.

어찌 되었든 기드온이 승기(勝機)를 잡은 후, '이스르엘 골짜기' 주변의 지파들로부터 부름을 받은 이스라엘 사람들이 미디안을 추격했다.

'이스르엘 골짜기'는 지중해와 요단 계곡 사이에 형성된 꽤 넓은 지역으로 '가나안의 곡창지역(穀倉地域)' 중 하나로 알려져 있다. 신약시대를 기준으

막대기를 주께서 꺾으시되 **미디안의 날과 같이 하셨음이니이다**"(이사야 9:4).

9 "**앗수르 사람은 화 있을진저** 그는 내 진노의 막대기요 그 손의 몽둥이는 내 분노라"(이사야 10:5).

로 '이스르엘 골짜기'의 위치를 설명하자면, 북쪽으로는 '갈릴리 지역'과 남쪽으로는 '사마리아 산지'를 나누는 경계라고 할 수 있다. '이스르엘'이라는 이름은 "하나님께서 파종하셨다"라는 뜻이다. 즉 이 지역의 지명(地名)만 보아도 이 골짜기가 얼마나 풍요로운 지역인지 알 수 있다. 이스르엘 골짜기의 이러한 풍요는 이 지역을 둘러싸고 있는 산지에서 흘러나온 충적토(沖積土) 덕분이었다. 이 땅이 얼마나 기름진 땅인지는 '유럽의 빵 바구니'라 불리는 우크라이나 지역을 상상하면 쉽게 이해가 될 것이다. "러시아가 우크라이나 지역을 침공한 뒤 얼마 지나지 않아 땅이 녹자 진흙으로 바뀐 흑토(黑土) 때문에 전차와 탱크가 진격하지 못하게 되었다"는 기사를 본 기억이 있을 것이다. 바로 이 지역이 그러한 토양을 가진 곳이었다. 이러한 이유로 비옥한 이 지역은 시기마다 여러 이민족의 침략과 노략의 대상이 되었다.

> [33]그때에 미디안과 아말렉과 동방 사람들이 다 함께 모여 요단강을 건너와서 이스르엘 골짜기에 진을 친지라 [34]여호와의 영이 기드온에게 임하시니 **기드온이 나팔을 불매 아비에셀이 그의 뒤를 따라 부름을 받으니라 [35]기드온이 또 사자들을 온 므낫세에 두루 보내매 그들도 모여서 그를 따르고 또 사자들을 아셀과 스불론과 납달리에 보내매 그 무리도 올라와 그를 영접하더라**(사사기 6:33-35)

인용한 성경 본문은 미디안과의 전투가 시작되기 바로 직전의 기사다. 미디안이 요단강을 건너 이스르엘 골짜기에 진을 치자 '여호와의 영'이 기드온에게 임했다. 구약에서 '누군가에게 여호와의 영이 임했다'라는 말의 뜻은

'그가 하나님의 백성들을 구원하거나 경계하기 위한 직분을 하나님으로부터 부여받았다'는 것을 의미한다. 여호와의 영을 받은 기드온이 나팔을 불매 맨 처음 '아비에셀'이 그의 뒤를 따랐다. 아비에셀이 맨 처음 기드온을 따른 것은 '겉으로 볼 때' 당연한 결과였다. 기드온은 '아비에셀 사람'이었다.[10]

기드온이 '여호와의 전쟁'의 시작을 의미하는 나팔을 분 뒤, 기드온의 고향 사람들인 '아비에셀 사람들'이 가장 먼저 그와 함께했다. 그리고 다음에 기드온과 함께 한 사람들은 '므낫세 지파'였다. 이 또한 '겉으로 보기에' 당연한 순서다. 기드온은 므낫세 지파 출신(出身)이다. 이렇게 '아비에셀 사람들'과 '므낫세 지파'가 기드온에게 합류한 후, '아셀과 스불론 그리고 납달리 지파'가 합류한 것을 볼 수 있다.

그렇다면 '아셀과 스불론 그리고 납달리'는 왜 기드온에게 합류했을까? 이스라엘의 열두지파 중 이들은 기드온과 무슨 관계가 있기에 기드온의 나팔 소리에 응(應)한 것일까? 이 또한 이유는 간단하다. '므낫세와 이들 세 지파' 모두 이스르엘 골짜기 주변에 살았기 때문이다. 당연히 기드온의 고향인 아비에셀 또한 이스르엘 골짜기에 있었다. 즉 지난 칠 년 동안 미디안에게 끊임없이 노략과 괴로움을 당했던 피해지역[11]이 바로 이들 지파의 거주

---

10 "**여호와의 사자가 아비에셀 사람 요아스에게 속한 오브라에 이르러** 상수리나무 아래에 앉으니라 마침 **요아스의 아들 기드온이** 미디안 사람에게 알리지 아니하려 하여 밀을 포도주 틀에서 타작하더니"(사사기 6:11).

11 "[1]이스라엘 자손이 또 여호와의 목전에 악을 행하였으므로 **여호와께서 칠 년 동안 그들을 미디안의 손에 넘겨 주시니** [2]미디안의 손이 이스라엘을 이긴지라 이스라엘 자손이 미디안으로 말미암아 산에서 웅덩이와 굴과 산성을 자기들을 위하여 만들었으며 [3]**이스라엘이 파종한 때면 미디안과 아말렉과 동방 사람들이 치러 올라와서** [4]**진을 치고 가사에 이르도록 토지 소산을 멸하여 이스라엘 가운데에 먹을 것을 남겨 두지 아니하며 양이나 소나 나귀도 남기지 아니하니**

지였다. 이것이 특별히 그 사회의 주류세력(主流勢力)이 제 역할을 하지 못할 때, 그나마 공동체의 필요에 반응하는 세력의 특징이다.

앞에서도 강조한 적이 있지만, 어느 사회의 주류가 자신들에게 주어진 역할을 하지 않는 경우 사람들은 각자도생(各自圖生)하게 마련이다. 각자도생이란 뜻이 그런 것 아니던가? 결국 자신의 이익이 침해당하지 않는 이상, 그 누구도 움직이지 않는 세상이 되었다는 뜻이다. 이런 시대에는 '옳고 그름'은 전혀 중요하지 않게 된다. 나의 어린 시절, 나는 사람들이 '옳고 그름'에 따라 생각하고 행동하는 줄로만 알았다. 이러한 나의 생각이 수정되는 과정에는 '많은 아픔과 실망 그리고 엄청난 상처'가 필요했다. 사람들은 자신의 이익에 따라 일의 방향을 정한 후, 그 위에 명분을 그럴듯하게 포장한다는 사실을 상당히 어른이 된 뒤에야 알게 되었다.

물론 '옳고 그름'에 따라 행동의 방향을 결정하는 사람이 아주 소수 있기는 하다. 그러나 이러한 사람들은 대부분 빠른 시간내에 그 사회로부터 제거당하는 경향이 있다는 사실 또한 알게 되었다. 그러나 하나님께서 찾으시는 영혼은 이러한 감수성을 가진 사람들임에 틀림이 없다. 그리고 예수님께서는 이러한 사람들이 천국에 합당하며 천국에서 큰 자들이라고 말씀하셨다.

[1]그때에 제자들이 예수께 나아와 이르되 **천국에서는 누가 크니이까** [2]예

---

[5]이는 그들이 그들의 짐승과 장막을 가지고 올라와 메뚜기 떼 같이 많이 들어오니 그 사람과 낙타가 무수함이라 그들이 그 땅에 들어와 멸하려 하니 [6]이스라엘이 미디안으로 말미암아 궁핍함이 심한지라 이에 이스라엘 자손이 여호와께 부르짖었더라"(사사기 6:1–6).

수께서 한 어린 아이를 불러 그들 가운데 세우시고 [3]이르시되 진실로 너희에게 이르노니 **너희가 돌이켜 어린 아이들과 같이 되지 아니하면 결단코 천국에 들어가지 못하리라** [4]그러므로 누구든지 이 어린 아이와 같이 자기를 낮추는 사람이 **천국에서 큰 자니라**(마태복음 18:1–4)

물론 예수님의 말씀 중 '어린아이'의 대표적인 특성은 '의존성'이다. 우리의 신앙은 누가 '우리 주 예수 그리스도의 보혈의 공로'에 잘 기대느냐[12]의 싸움이다. 하지만 위에 인용한 예수님의 말씀이 단순히 어린 아이의 의존성만을 포함한 말씀일까? "천국에서 누가 크니이까?" 제자들의 질문에 예수님께서는 이렇게 답하셨다. "그러므로 누구든지 이 어린아이와 같이 자기를 낮추는 사람이 천국에서 큰 자니라." 누군가의 말처럼, 우리는 모두 유치원 시절에 무엇이 옳은지, 무엇이 그른지에 대해 전부 배웠다. 그리고 그 시기에는 배운 대로 행동하는 경향이 있었다. 이것 또한 '어린아이의 대표적인 특성' 아닐까?

이스라엘 사람들은 **납달리와 아셀과 온 므낫세에서부터 부름을 받고** 미디안을 추격하였더라(사사기 7:23)

그렇게 미디안과의 전투가 승기(勝機)를 잡자, 미디안으로부터 직접 피해를 입은 지역 주민들이 온 이스라엘 사람들을 불렀다. 그리고 기드온이 처

---

12 의존하느냐

음 나팔을 불 당시에는 보이지 않던 이스라엘 사람들까지 미디안을 추격하는 일에 가세(加勢)하기 시작했다.

사실 기드온이 처음 나팔을 불었을 때, 온 이스라엘은 기드온 앞으로 나왔어야 했다.[13] 그러나 기드온의 나팔 소리에 반응한 이들은 미디안한테 직접 수탈당한 지파들뿐이었다.

> [24]**기드온이 사자들을 보내서 에브라임 온 산지로 두루 다니게 하여** 이르기를 내려와서 미디안을 치고 그들을 앞질러 벧 바라와 요단강에 이르는 수로를 점령하라 하매 이에 에브라임 사람들이 다 모여 벧 바라와 요단강에 이르는 수로를 점령하고 [25]또 미디안의 두 방백 오렙과 스엡을 사로잡아 오렙은 오렙 바위에서 죽이고 스엡은 스엡 포도주 틀에서 죽이고 미디안을 추격하였고 오렙과 스엡의 머리를 요단강 건너편에서 기드온에게 가져왔더라(사사기 7:24–25)

앞서 강조했듯이, 이 일에는 사사 시절 당시 이스라엘의 주류였던 '에브라임 지파'가 맨 앞에 나서야 했다. 누가 뭐래도 이 시절 '이스라엘의 군사적 정치적 종교적 주류세력'은 '에브라임 지파'였기 때문이다. 그러나 미디안과의 전투에서 승기를 잡은 후에도, 에브라임 지파는 기드온이 직접 사자를 보낸 후에야 움직이기 시작했다. 이스라엘을 압제하는 외적에 맞서 최전방

---

13 "또 너희 땅에서 너희가 자기를 압박하는 대적을 치러 나갈 때에는 나팔을 크게 불지니 그리하면 너희 하나님 여호와가 너희를 기억하고 너희를 너희의 대적에게서 구원하시리라"(민수기 10:9).

에 서야 할 지파가 맨 나중에 전쟁에 참여한 꼴이다. 생각해보면 이러한 상황은 말이 안 되는 일이었다.

"기드온이 사자들을 보내서 에브라임 온 산지로 두루 다니게 하여" 이 본문을 보고도 아직 무엇이 문제인지 눈에 보이지 않는 독자가 있다면 스스로의 삶을 돌아보아야 한다. 약간 생뚱맞을 수도 있지만, 이 상황에서 무엇이 문제인지 눈에 보이지 않는 독자들을 위해서 예를 들면 이러하다. 우리 CMF 캠퍼스 중 어느 캠퍼스의 신입생들이 "우리 캠퍼스는 사랑이 넘쳐요."라고 말한다면, 그것은 그 캠퍼스 '고학년 선배들의 영광'이다. 하지만 고학년이 해맑게 웃으면서 "우리 캠퍼스는 사랑이 넘쳐요"라고 한다면, 생각해볼 문제다. 장담하건대, 그 고학년 지체가 그렇게 해맑게 웃을 수 있는 것은 누군가가 그의 뒤에서 수고하고 있기 때문이다.[14]

지역교회 또한 마찬가지다. 어느 지역교회의 초신자(初信者)가 "우리 교회는 사랑이 넘쳐요."라고 한다면, 그것은 그 교회 '중직자들의 영광'이다. 하지만 중직자들이 해맑게 웃으면서 "우리 교회는 사랑이 넘쳐요."라고 한다면, 우리는 그 교회의 어떤 집사님을 찾아봐야 한다. 아마도 그 집사님은 하나님으로부터 받은 타고난 사랑과 겸손의 달란트를 지닌 분일 것이다. 그리고 그 집사님의 눈에는 기드온의 사자들이 에브라임 지파가 거주하는 온 산지를 두루 다닌 상황이 왜 기가 막힌 일인지 명료하게 보일 것이다.

'기드온과 300 용사'가 십삼만 오천 명의 미디안 군사들을 상대로 한창

---

14 이 예는 한국누가회(CMF) 캠퍼스에서 든 것이다.

전쟁을 벌이던 때였다. 하나님의 특별한 개입으로 전쟁의 승기를 잡은 상황이었다. 이 상황을 본 이스르엘 골짜기 부근에 있던 지파들이 온 이스라엘 사람들에게 이 소식을 전했다. 모두 나와 같이 패퇴(敗退)하는 미디안을 추격하자고 한 뒤에 일어난 일이었다. 그렇다면 '납달리와 아셀 그리고 므낫세 지파 사람들'이 '에브라임 지파'만 빼고 미디안을 추격하자고 했을까? 그럴 리가 없다. 에브라임 지파는 이미 그들로부터 소식을 전해 들었을 것이다. 같이 미디안을 추격하자는 제안을 받았을 것이다.

그렇다면 '기드온과 300 용사'는 그 시간에 무엇을 하고 있었을까? 당연히 미디안의 적장을 쫓고 있었다. 이번 전투만이 아니라 다시는 미디안 족속이 이스라엘 지경(地境)을 넘보지 못하게 하기 위해서였다. '기드온과 300 용사'는 그 시대 이스라엘 공동체에 가장 중요한 일을 정신없이 하는 중이었다. 하나님께서 주신 소중한 기회를 놓쳐서는 안 되는 것이었다. 일 분 일 초, 손발이 모자라는 상황이었다. 그렇다면 에브라임 지파는 이러한 상황에서 어떻게 행동해야 했을까? 당연히 '납달리와 아셀 그리고 므낫세 지파 사람들'이 사자들을 보냈을 때 반응했어야 했다. 하지만 이때도 에브라임 지파는 움직이지 않았다. 21세기 대한민국으로 치면 '서울 경기지역'만 빼고 온 국민이 나서서 외적에 맞서 싸우는 꼴이었다.

하는 수 없이 기드온이 직접 '에브라임 지파'에게 사자들을 보냈다. 이때도 마찬가지다. 이 바쁜 시기에 기드온이 보낸 사자가 에브라임 온 산지를 두루 다니며 말하는 상황이 정상으로 보이는가? 백번 양보해서 에브라임 지파 입장에서 '그래도 기드온 그 자식이 직접 사람을 보내야지'라는 심보(心寶)였다고 치자. 그렇다면 기드온이 보낸 사자가 에브라임 지파에 직접 와서 소식을 전했을 때는 최소한 움직여야 할 것이 아닌가? 그 정도로는 못 움직이겠다는 것이 에브라임 지파의 심보였다. 그 결과 기드온이 보낸 사자들이 직접 그 바쁜 와중에 온 에브라임 산지를 두루 다니며 소식을 전해야 했다. 사정해야만 했다. "기드온이 사자들을 보내서 에브라임 온 산지로 두루 다니게 하여 이르기를 내려와서 미디안을 치고 그들을 앞질러 벧 바라와 요단강에 이르는 수로를 점령하라."

이 정도까지 기드온과 기드온이 보낸 사자들이 정성(?)을 보이자 에브라임 지파는 그제서야 움직이기 시작했다. "이에 에브라임 사람들이 다 모여 벧 바라와 요단강에 이르는 수로를 점령하고 또 미디안의 두 방백 오렙과 스엡을 사로잡아 오렙은 오렙 바위에서 죽이고 스엡은 스엡 포도주 틀에서 죽이고 미디안을 추격하였고 오렙과 스엡의 머리를 요단강 건너편에서 기드온에게 가져왔더라." 그 결과 에브라임 지파는 미디안의 두 방백 오렙과 스엡을 죽이는 전과(戰果)를 올렸다. 무슨 말인가? 에브라임 지파의 전투 능력이 출중했다는 이야기다. 즉 '에브라임 지파'가 미디안과의 전투에 참여하지 않은 것은 능력이 없어서가 아니라는 뜻이다.

그들은 그냥 기드온이 싫었을 것이다. 그들은 맨 앞에 나서 싸우는 기드온의 모습이 질투나고 싫었을 뿐이다. 물론 그렇다고 자신들이 맨 앞서 싸우는 것 또한 싫었다. 이런 유형의 사람들은 승리한 뒤 승전 행사에서 자기가 연단 위에 앉는 것은 당연하게 여기는 경향이 있다.

물론 '에브라임 지파'가 '므낫세 지파' 출신인 기드온에게 비싸게(?) 군 이유가 있기는 했다. 그것은 '사사기의 구조'를 다룬 단원에서도 언급했듯이 '요셉의 자손'인 '에브라임 지파와 므낫세 지파' 사이에 있었던 해묵은 갈등 때문이었다. 원래 요셉의 장자는 므낫세였다. 하지만 하나님의 인도하심을 따라 야곱은 오른손을 에브라임의 머리에 얹고 축복했다. 그리고 이를 계기로 이스라엘의 장자권(長子權)은 에브라임에게 넘어가게 되었다. 그 결과 '에브라임 지파'와 '므낫세 지파' 사이에는 묘한 갈등이 존재했다. 므낫세 지파는 동생인 에브라임이 자신들의 조상의 장자권을 빼앗아 갔다고 생각했다. 반면 에브라임 지파는 므낫세 지파가 장자 지파인 자신들을 인정하지 않고 무시한다고 생각했다.

즉 므낫세 지파 출신인 기드온과 에브라임 지파 사이에 흐르는 묘한 이 알력은 꽤 오랜 갈등의 역사가 있는 일이었다. 하지만 지난 7년간 이스라엘의 모든 토지 소산(所産)을 멸하던 미디안과의 전투 상황이 아니던가? 이스라엘 가운데 먹을 것은 물론이요, 가축 하나도 남기지 않고 초토화시킨 미디안과의 목숨을 건 싸움의 급박한 상황이었다. 그런 점에서 에브라임 지파가 보여준 행동은 변명의 여지가 없었다. 또한 '미디안의 두 방백 오렙과 스엡'을 죽인 후 그 머리를 기드온에게 가져온 뒤에 보여준 에브라임 지파의 모습은 선을 넘은 것이었다. 나는 이 부분에서 '양심에 화인 맞은 인간들의 전형'을 보았다.

[1]에브라임 사람들이 기드온에게 이르되 **네가 미디안과 싸우러 갈 때에 우리를 부르지 아니하였으니 우리를 이같이 대접함은 어찌 됨이냐** 하고 그와 크게 다투는지라 [2]기드온이 그들에게 이르되 **내가 이제 행한 일이**

> **너희가 한 것에 비교되겠느냐 에브라임의 끝물 포도가 아비에셀의 만물 포도보다 낫지 아니하냐** [3]하나님이 미디안의 방백 오렙과 스엡을 너희 손에 넘겨 주셨으니 **내가 한 일이 어찌 능히 너희가 한 것에 비교되겠느냐** 하니라 기드온이 이 말을 하매 그때에 그들의 노여움이 풀리니라(사사기 8:1-3)

'오렙과 스엡'의 머리를 기드온에게 가져온 뒤 에브라임 사람들이 기드온에게 한 말이다. "네가 미디안과 싸우러 갈 때에 우리를 부르지 아니하였으니 우리를 이같이 대접함은 어찌 됨이냐?" 앞에서도 언급했지만, 에브라임 사람들의 이 말은 거짓말이었다. 정말이지, 사도 바울이 디모데에게 했던 말을 통해서도 알 수 있듯이 '양심이 화인을 맞은 자들의 특징'은 '거짓말하는 자들'이라는 것이다.

> **자기 양심이 화인을 맞아서** 외식함으로 **거짓말하는 자들이라**(디모데전서 4:2).

먼저 에브라임 지파 사람들은 기드온이 나팔 불 때 전장(戰場)에 나왔어야 했다. 기드온이 나팔을 분 것은 그에게 임한 여호와 하나님의 영으로 말미암은 것이었다. 기드온의 나팔 소리를 에브라임 지파만 듣지 못했을 리가 없다. 설령 거리가 있어 못 들었다고 변명할지라도 마찬가지다. 기드온이 미디안의 침략에 맞서 여호와의 나팔을 불었다는 소식을 듣지 못했을 리가 없기 때문이다.

두 번째로 에브라임 지파 사람들은 '납달리와 아셀 그리고 므낫세 사람들'이 미디안을 추격하자고 사람을 보내왔을 때 적극적으로 반응했어야 했다. 이러한 에브라임 사람들의 문제는 그들이 기드온에게 한 말 가운데도 그대로 드러난다. "우리를 이같이 대접함은 어찌 됨이냐?" 무슨 말인가? 에브라임 지파에게 있어서 "여호와의 전쟁보다 중요한 것은 기드온이 자신들에게 고개를 숙이느냐, 숙이지 않느냐"였다는 것이다.

이러한 에브라임 사람들의 패역한 말에 기드온은 겸손하게 반응했다. "내가 이제 행한 일이 너희가 한 것에 비교되겠느냐? 에브라임의 끝물 포도가 아비에셀의 만물 포도보다 낫지 아니하냐?"

앞에서 기드온의 성격은 '신중했을 것'이라는 말이 기억날 것이다. 적나라하게 표현하면, '내면에는 욕심이 많으나 약간 소심한 동시에 주변의 눈치를 많이 보는 성격'이었을 것이라는 말 또한 기억이 날 것이다. 나는 기드온을 향해 '내면에는 욕심이 많으나 자신의 욕심을 주변에 있는 그대로 표출(表出)하지 못하는 성격', 즉 '의뭉한 성격'의 소유자라고 했다. 이때 '의뭉한'의 뜻은 '겉보기에는 어리석어 보이나 속으로는 엉큼한 구석이 있다'라는 것이다. 기드온의 이러한 성격은 전쟁 와중에 자칫 '내부의 갈등이 격화될 수 있는 상황'을 지혜롭게 넘기는 '결정적인 요소'가 되었다.

공동체 생활을 하다 보면, 그 자리에 전혀 어울릴 것 같지 않은 인물이 '리더(leader)' 자리에 앉아 있을 때가 있다. 이런 경우, 상식적인 사고를 하는 지체들은 요즘 시장 언어로 '대환장 파티(party)'에 처하곤 한다. 하지만 좀 더 긴 안목으로 볼 때, 하나님께서 그 리더를 그 시절에 그 자리에 세우신 이유를 깨닫고는 고개를 끄덕일 때가 있다.

물론, 기드온이 그 정도의 인물이었다는 말이 아니다. 기드온은 우리 주변에서 흔히 볼 수 있는 '평범한 인물'이었다. 다만 성격이 꼼꼼하고 신중했을 뿐이다. 그냥 십삼만 오천 명이나 되는 미디안 군대와 전쟁을 할 만한 '장군 기질'이나 '카리스마(charisma)'가 있지는 않았다는 이야기다. 앞 문단에서 한 말은, 언뜻 볼 때 단점으로 보이는 기드온의 성격이 전쟁 가운데 이스라엘의 분열을 막았다는 점을 일깨우려 한 말이다. 이것이 하나님의 주권이고 하나님의 은혜다. 기드온의 성격적 특성은 자칫 내분으로 큰일을 그르칠 수도 있었던 민족적 위기를 잘 넘기게 하는 요소가 되었다.

"내가 이제 행한 일이 너희가 한 것에 비교되겠느냐?" 이 말에 이어 기드온이 덧붙인 말은 이것이었다. "에브라임의 끝물 포도가 아비에셀의 맏물 포도보다 낫지 아니하냐?" 기드온은 '아비에셀 사람 요아스의 아들'이었다. 기드온은 여기에서 멈추지 않고 한마디를 더 함으로써 에브라임 사람들을 높이는 모습을 볼 수 있다. "하나님이 미디안의 방백 오렙과 스엡을 너희 손에 넘겨주셨으니 내가 한 일이 어찌 능히 너희가 한 것에 비교되겠느냐?"

우리는 기드온의 입에서 "하나님께서 에브라임 지파와 함께하셨다"라는 고백이 나온 점을 주목해야 한다. 기드온의 이 말은 그 순간 진심이었을 것이다. 삼백 명으로 얻은 승리였다. 상대는 해마다 노략질을 전문으로 하는 용사 십삼만 오천 명이었다. 기드온뿐 아니라 기드온과 함께 한 사람들 중 어느 누구의 손에도 무기다운 무기가 들려 있지 않은 상황이었다. 그들의 손에는 항아리와 나팔 그리고 횃불뿐이었다. '미디안과의 전쟁 전'과 '미디

안과의 전쟁 후' 기드온은 다른 사람이 되어 있었다. 이 모든 것은 하나님의 은혜였다.[15]

미디안과의 전쟁에서 승리한 뒤, 기드온에게는 '하나님의 손'[16]을 볼 수 있는 눈이 열렸음을 우리는 알 수 있다. 이것이 기드온이 '의인(義人)'인 이유다. 이러한 눈은 오직 '하나님의 은혜'를 입은 자에게만 열리는 복이다.[17] 이렇게 '하나님의 은혜를 입었다는 사실'이 히브리서 11장 '믿음의 전당'에 기드온이 올라간 이유다. 이렇게 에브라임 지파 사람들을 다독인 기드온은 300 용사와 함께 미디안의 잔당들을 추격하기 시작했다.

> 기드온과 그와 함께 한 자 삼백 명이 **요단강에 이르러 건너고 비록 피곤하나 추격하며**(사사기 8:4)

여기서도 우리는 달라진 '기드온과 300 용사'의 모습을 볼 수 있다. 미디안에게는 아직 만 오천 명의 병력이 남아있는 상황이었다. 쉽게 말해 '301명'이 '만 오천 명'을 추격하는 상황이었다. 한밤중부터 시작된 전쟁이었다. 미디안 진영으로 내려가 꿈과 해몽을 듣고 돌아오는 등, 기드온은 밤을 꼬박 샌 상황이었다. 그렇다면 기드온과 부라가 미디안 진영에 다녀올 동안 남은 299명은 쉴 수 있었을까? 설마 그렇게 생각하는 사람은 없으리라 본다.

---

15 이 말을 달리 표현하면 "예수의 피를 힘입어"이다.

16 하나님의 섭리

17 그러므로 섭리에 대한 무지가 모든 것들 가운데 최고의 비참함이고 그것을 아는 것은 최상의 복이다. (Inst.1.17.11: 『기독교 강요』 1권 17장 11절)

[5]그가 숙곳 사람들에게 이르되 **나를 따르는 백성이 피곤하니 청하건대 그들에게 떡덩이를 주라 나는 미디안의 왕들인 세바와 살문나의 뒤를 추격하고 있노라** 하니 [6]숙곳의 방백들이 이르되 **세바와 살문나의 손이 지금 네 손 안에 있다는거냐 어찌 우리가 네 군대에게 떡을 주겠느냐** 하는지라 [7]기드온이 이르되 그러면 여호와께서 세바와 살문나를 내 손에 넘겨 주신 후에 내가 들가시와 찔레로 너희 살을 찢으리라 하고 [8]거기서 브누엘로 올라가서 그들에게도 그같이 구한즉 브누엘 사람들의 대답도 숙곳 사람들의 대답과 같은지라 [9]기드온이 또 브누엘 사람들에게 말하여 이르되 내가 평안히 돌아올 때에 이 망대를 헐리라 하니라(사사기 8:5–9)

미디안의 만 오천 명을 추격하는 과정에서 육체적인 한계를 느낀 기드온은 숙곳 사람들에게 도움을 요청했다. "나를 따르는 백성이 피곤하니 청하건대 그들에게 떡 덩이를 주라. 나는 미디안의 왕들인 세바와 살문나의 뒤를 추격하고 있노라." 이 당시 숙곳에는 '갓 지파' 사람들이 거주하고 있었다.[18]

그러나 기드온에게 돌아온 대답은 '거절과 냉대'였다. "세바와 살문나의 손이 지금 네 손 안에 있다는 거냐? 어찌 우리가 네 군대에게 떡을 주겠느냐?" 이 대화가 오가던 곳은 '갓 지파'의 땅이었다. 이들의 눈에는 비록 도망

---

18 "[27]골짜기에 있는 벧 하람과 벧니므라와 **숙곳과** 사본 곧 헤스본 왕 시혼의 나라의 남은 땅 요단과 그 강 가에서부터 요단 동쪽 긴네렛 바다의 끝까지라 [28]**이는 갓 자손의 기업으로** 그들의 가족대로 받은 성읍들과 주변 마을들이니라"(여호수아 13:27–28).

치는 미디안 군대였으나 '미디안'과 '기드온이 이끄는 군대'의 규모가 확연히 차이 나 보였을 것이다. 이것이 기드온에게 군수품(軍需品) 지원을 거절한 이유였다. 하지만 이것은 어디까지나 표면적 이유였을 것이다.

"세바와 살문나의 손이 지금 네 손 안에 있다는 거냐?" 이 말은 **기드온 입장에서는 단순히 넘길 수 있는 말이 아니었을 것이다.** 표면적으로 이 말의 뜻은 이것이다. 그 당시에는 전쟁에서 적군을 죽인 경우, 상대 군의 손실을 계량(計量)하기 위해 적(敵) 전사자(戰死者)의 신체 일부를 잘라서 모았다고 전해진다. 그리고 그 대표적인 신체 일부가 바로 손이었다. 즉 겉으로 볼 때 숙곳 사람들의 말은 "미디안의 만 오천 명을 쫓기에 기드온 네가 이끌고 있는 삼백 명이 너무 적은 병력이 아니냐?"라는 힐난으로 보인다.

쉽게 말해 "기드온 너희 군대에게 떡을 제공했다가 후에 미디안으로부터 우리가 보복을 당하면 너희가 책임질래?" 정도의 말일 것이다. 이때의 기드온은 미디안과의 전투 이전의 기드온이 아니었다. 그리고 꼼꼼하고 신중한 성격의 기드온은 상대의 말속에 숨겨진 진짜 이유를 충분히 알았을 것이다.

그들의 말은 군대 규모의 차이만을 문제 삼은 것이 아니었다. 갓 지파에 속한 숙곳과 브누엘은 미디안이 이스르엘 골짜기로 들어오는 통로였다. 지난 7년간 해마다 미디안이 이스라엘 백성을 노략(擄掠)할 때마다 가장 먼저 지나가야 하는 땅이었다. 즉 정상적인 경우라면 미디안으로부터 가장 큰 피해를 입은 지역이어야 했다. "세바와 살문나의 손이 지금 네 손 안에 있다는 거냐? 어찌 우리가 네 군대에게 떡을 주겠느냐?" 숙곳 방백들이 기드온에게 했던 말이다. 그런데 이 말 가운데 흐르는 '뉘앙스(nuance)'에는 미디안을 향한 어떤 적개심도 보이지 않는다. 그리고 이 두 성읍의 형편이 아무리 보아도 최전방에서 미디안의 노략질을 당했던 지역으로 보이지 않았다. 무슨 뜻인가? 이들이 바로 이스라엘 안에 있는 '미디안 쪽의 첩자'라는 이야기다. 내가 이렇게 보는 근거는 이것이다.

> [10]이때에 세바와 살문나가 갈골에 있는데 동방 사람의 모든 군대 중에 칼 든 자 십이만 명이 죽었고 그 남은 만 오천 명 가량은 그들을 따라와서 거기에 있더라 [11]**적군이 안심하고 있는 중에** 기드온이 노바와 욕브하 동쪽 장막에 거주하는 자의 길로 올라가서 그 적진을 치니 [12]세바와 살문나가 도망하는지라 기드온이 그들의 뒤를 추격하여 미디안의 두 왕 세바와 살문나를 사로잡고 그 온 진영을 격파하니라(사사기 8:10-12)

"적군이 안심하고 있는 중에" 이상하지 않은가? 십삼만 오천 명이 노략하려 들어와 십이만 명이 죽은 상황이었다. 80-90%의 병력이 손실된 상황이었다. 온 이스라엘이 나서 미디안을 추격하는 상황에서 죽을힘을 다해 도망 나온 길이었다. 이스라엘의 주력인 에브라임 지파도 전쟁에 동참하여 미디안의 두 방백 오렙과 스엡을 죽인 상황이었다.

러시아-우크라이나 전쟁 기사 중 이러한 내용을 읽어본 독자들이 있을 것이다. 한 부대 병력의 20-30%가 사망하는 경우, 해당 부대는 전투 불능 상태에 빠지는 것이 군대의 상식이다. 병력의 30%를 잃은 경우, 전멸당했다는 표현을 쓰기도 한다는 기사를 본 적이 있을 것이다. 다시 한번 말하지만, 미디안의 군대는 그 당시 80-90%의 병력을 잃은 상태였다.

이런 상황에서 미디안의 군대가 안심할 수 있는 조건은 무엇일까? 그것은 이스라엘 내부에 '미디안의 조력자'가 있지 않고서는 불가능하다. 성경에 명시적인 기록은 없으나, 어느 순간부터인가 '숙곳과 브누엘'은 '미디안의 조력자(助力者)'가 되어 있었을 것이다.

미디안의 남은 군대를 격파하고, 미디안의 두 왕 세바와 살문나를 사로잡은 기드온은 돌아오는 길에 약속대로 두 성읍을 징벌했다. 여호와의 전쟁에 참여하지 않는 것을 넘어, 적에게 조력한 성읍을 징벌하는 것은 당연히 해야 하는 일이었다. 이 일은 언약 백성인 이스라엘 공동체를 바로 세우는 일이었다.

> [13]요아스의 아들 기드온이 헤레스 비탈 전장에서 돌아오다가 [14]**숙곳 사람 중 한 소년을 잡아 그를 심문하매 그가 숙곳의 방백들과 장로들 칠십칠 명을 그에게 적어 준지라** [15]기드온이 숙곳 사람들에게 이르러 말하되 너희가 전에 나를 희롱하여 이르기를 세바와 살문나의 손이 지금 네 손안에 있다는거냐 어찌 우리가 네 피곤한 사람들에게 떡을 주겠느냐 한 그 세바와 살문나를 보라 하고 [16]그 성읍의 장로들을 붙잡아 들가시와 찔레로 숙곳 사람들을 징벌하고 [17]브누엘 망대를 헐며 그 성읍 사람들을 죽이니라(사사기 8:13-17)

"요아스의 아들 기드온이 헤레스 비탈 전장에서 돌아오다가 숙곳 사람 중 한 소년을 잡아 그를 심문하매 그가 숙곳의 방백들과 장로들 칠십칠 명을 그에게 적어 준지라." 우리는 이 이야기가 근대(近代) 이후의 상황이 아니었음을 기억해야 한다. 무슨 이야기를 하려고 "근대 이후가 아니었다"라는 말을 하는가?

기드온이 미디안의 남은 패잔병 만 오천 명마저 처부수고 돌아오는 길에 있었던 일이다. '기드온과 300 용사'는 우연히 마주친 한 소년을 잡아 심문하게 되었다. 그런데 그 소년이 숙곳의 방백들과 장로들 칠십칠 명의 명단을 적어주었다고 성경은 기록하고 있다. 생각해보라. 이 말은 우연히 잡은 소년마저 글을 읽고 쓸 줄 알았다는 이야기다. 근대 이전의 문맹률은 따로 언급할 필요가 없을 것이다. 그것에 더해, 숙곳과 브누엘이 지난 7년간 미디안의 수탈에 시달렸다면 어린 소년이 글을 배울 수 있었을까? 어림도 없는 일이다. 우리 대한민국도 마찬가지다. 독립운동가의 자손은 3대가 망하지만, 친일파의 자손은 외국 유학에 교육 수준이 높은 경우가 허다하다.

'기드온'과 '그가 세겜의 첩에게서 얻은 아들 아비멜렉' 이야기는 사사기의 한 가운데를 차지하고 있다. 성경은 중간 부분에 가장 하고 싶은 이야기를 기록한다는 말을 들어본 적이 있을 것이다. 그런데 '기드온과 아비멜렉의 이야기'는 '하나님의 보복'에 대한 대표적인 이야기다. 이 두 이야기를 평(評)한 어느 신학자가 했던 말이다. "하나님의 보복은 수학적 정밀성을 가진다."

소년이 적어준 칠십칠 명의 명단을 확보한 기드온은 숙곳과 브느엘에 합당한 보복을 단행했다. 이 두 곳은 동족(同族)인 이스라엘을 배신한 곳이었다. "기드온이 숙곳 사람들에게 이르러 말하되 너희가 전에 나를 희롱하여 이르기를 세바와 살문나의 손이 지금 네 손 안에 있다는 거냐? 어찌 우리가 네 피곤한 사람들에게 떡을 주겠느냐? 한 그 세바와 살문나를 보라 하고, 그 성읍의 장로들을 붙잡아 들가시와 찔레로 숙곳 사람들을 징벌하고 브누엘 망대를 헐며 그 성읍 사람들을 죽이니라."

앞에서 했던 말이다. 구약에서 '누군가에게 여호와의 영이 임했다'라는 말의 뜻은 '그가 하나님의 백성들을 구원하거나 경계하기 위한 직분을 하나님으로부터 부여받았다'는 것을 의미한다. 미디안이 요단강을 건너 이스르엘 골짜기에 진을 치자 '여호와의 영'이 기도온에게 임했다. 즉 기드온은 '여호와의 영을 받은 사람'으로서 '숙곳과 브느엘을 징계'했던 것이다. 그는 '언약 백성을 경계(警戒)하는 일'에 충실했다.

그렇게 숙곳과 브누엘에 합당한 보복을 시행한 뒤, 기드온이 미디안 왕 세바와 살문나에게 질문했다. 아래 인용한 성경 말씀이 그 부분이다.

> [18]이에 그가 세바와 살문나에게 말하되 **너희가 다볼에서 죽인 자들은 어떠한 사람들이더냐** 하니 대답하되 **그들이 너와 같아서 하나 같이 왕자들의 모습과 같더라** 하니라 [19]그가 이르되 **그들은 내 형제들이며 내 어머니의 아들들이니라 여호와께서 살아 계심을 두고 맹세하노니 너희가 만일 그들을 살렸더라면 나도 너희를 죽이지 아니하였으리라** 하고(사사기 8:18-19)

"너희가 다볼에서 죽인 자들은 어떠한 사람들이더냐?" 기드온의 물음에 미디안 왕 세바와 살문나가 대답했다. "그들이 너와 같아서 하나 같이 왕자들의 모습과 같더라."[19] 세바와 살문나의 말에 기드온은 보복을 선언했다. "그들은 내 형제들이며 내 어머니의 아들들이니라. 여호와께서 살아 계심을 두고 맹세하노니 너희가 만일 그들을 살렸더라면 나도 너희를 죽이지 아니하였으리라." 기드온의 이 말은 하나님의 '피의 보복자'의 규례에 따른 것이다. 우리는 이 장면에서도 미디안과의 전쟁 후 달라진 기드온의 모습을 확인할 수 있다. 이 모든 것은 하나님의 은혜였다.[20] 기드온에게 임한 하나님의 은혜가 기드온을 '믿음의 전당'에 합당한 인물로 성장시켰음을 알 수 있다.

> [11]그러나 만일 어떤 사람이 그의 이웃을 미워하여 엎드려 그를 기다리다가 일어나 상처를 입혀 죽게 하고 이 한 성읍으로 도피하면 [12]그 본 성읍 장로들이 사람을 보내어 **그를 거기서 잡아다가 보복자의 손에 넘겨 죽이게 할 것이라** [13]**네 눈이 그를 긍휼히 여기지 말고 무죄한 피를 흘린 죄를 이스라엘에서 제하라 그리하면 네게 복이 있으리라**(신명기 19:11–13)

"그를 거기서 잡아다가 보복자의 손에 넘겨 죽이게 할 것이라. 네 눈이

---

19 이 말로 미루어 '기드온의 외모'는 여호와의 사자가 했던 말 그대로였던 것 같다. "큰 용사여 여호와께서 너와 함께 계시도다."(사사기 6:12 후반절).

20 이 말을 달리 표현하면 "예수의 피를 힘입어"이다.

그를 긍휼히 여기지 말고 무죄한 피를 흘린 죄를 이스라엘에서 제하라. 그리하면 네게 복이 있으리라." 현대국가의 사법체계(司法體系)가 만들어지기 전에 주신 말씀이다. 즉 이 시대에는 누군가 고의로 사람을 죽이는 경우, 죽임을 당한 사람의 친족이 피의 보복자가 되어 대신 복수하도록 되어 있었다. 그러니 세바와 살문나가 죽였다는 사람들의 피의 보복자는 '기드온 혹은 기드온의 장자(長子)'가 되어야 했다.

> [20]그의 맏아들 여델에게 이르되 **일어나 그들을 죽이라** 하였으나 **그 소년이 그의 칼을 빼지 못하였으니 이는 아직 어려서 두려워함이었더라** [21]세바와 살문나가 이르되 네가 일어나 우리를 치라 사람이 어떠하면 그의 힘도 그러하니라 하니 **기드온이 일어나 세바와 살문나를 죽이고** 그들의 낙타 목에 있던 초승달 장식들을 떼어서 가지니라(사사기 8:20-21)

이에 기드온이 그의 맏아들 여델에게 명령했다. "일어나 그들을 죽이라." 아마도 기드온은 이번 기회를 통해 맏아들 또한 한층 성장하기를 바랐던 것으로 보인다. 지난 7년간 미디안의 수탈 가운데 기드온은 깨달은 바가 있었을 것이다. 사랑하는 가족과 친족을 지키는 것이 얼마나 소중한 일인지 알게 되었을 것이다. 그런 점에서, 기드온은 자신을 이어 집안을 책임져야 할 맏아들이 사내대장부로 성장하길 바라는 마음에서 이 명령을 내렸을 것이다. 지난 7년간 이스라엘을 수탈했던 미디안의 왕들이었다. 그러니 그들을 베어 죽인 경험은 분명히 여델의 담력을 키울 수 있었을 것이다. 하지만 기드온의 맏아들 여델은 아직 어렸다. 여델은 손을 덜덜 떨며 칼을 빼지 못했다. 그러한 여델의 모습을 보고 세바와 살문나가 기드온을 도발했다. "네가 일어나 우리를 치라. 사람이 어떠하면 그의 힘도 그러하니라." 이 말에 기드온이 일어나 세바와 살문나를 직접 처단했다.

사실 생각해보면, 세바와 살문나를 처단하는 '피의 보복자 역할'은 '에브라임 지파'가 했어야 하는 일이었다. 미디안이 이스라엘을 수탈하는 과정에서 많은 수의 이스라엘 사람들이 이들의 손에 죽었을 것이다. 그러니 이들이 흘린 수없이 많은 무죄한 피를 이스라엘에서 제할 책임은 당연히 '이스라엘의 장자'에게 있었다. 그리고 이스라엘의 장자는 예레미야의 증언처럼 '에브라임 지파'였다.

> 그들이 울며 돌아오리니 나의 인도함을 받고 간구할 때에 내가 그들을 넘어지지 아니하고 물 있는 계곡의 곧은 길로 가게 하리라 **나는 이스라엘의 아버지요 에브라임은 나의 장자니라**(예레미야 31:9)

여기까지가 '기드온과 300 용사'와 미디안 사이에 있었던 전쟁 이야기다. 다음 단원에는 미디안과의 전쟁 전과 후의 기드온 이야기를 다루도록 하겠다. 이 과정에서 기드온의 성격적 특성과 사람이라는 존재가 품고 있는 '욕심의 틈'을 살펴보겠다.

기드온 2

기드온의 욕망 그리고 십자가의 길

> [22]그때에 이스라엘 사람들이 기드온에게 이르되 **당신이 우리를 미디안의 손에서 구원하셨으니 당신과 당신의 아들과 당신의 손자가 우리를 다스리소서** 하는지라 [23]기드온이 그들에게 이르되 **내가 너희를 다스리지 아니하겠고 나의 아들도 너희를 다스리지 아니할 것이요 여호와께서 너희를 다스리시리라** 하니라(사사기 8:22-23)

정말 이스라엘 역사 가운데 '출애굽'에 비견될 만큼 눈부신 승리였다.[21] 앞 단원에서도 인용했듯이 미디안과의 전쟁에서 승리는 여러 선지자들의 입을 통하여서도 기억될 만큼 위대한 승리였다. 아마도 그 순간이 기드온의 삶에 있어서 '신앙과 믿음이 가장 충만한 순간'이었을 것이다. 여호와의 사

---

21 "만군의 여호와께서 채찍을 들어 그를 치시되 오렙 바위에서 **미디안을 쳐죽이신 것 같이** 하실 것이며 막대기를 드시되 바다를 향하여 **애굽에서 하신 것 같이** 하실 것이라"(이사야 10:26).

자가 처음 기드온에게 나타나 하셨던 말씀처럼, 기드온은 그 순간 말 그대로 '큰 용사'였다. 그리고 기드온의 이러한 변화는 하나님께서 그와 함께하신 결과였다.[22]

전쟁의 승리에 감격한 이스라엘 사람들이 기드온에게 했던 말이다. "당신이 우리를 미디안의 손에서 구원하셨으니 당신과 당신의 아들과 당신의 손자가 우리를 다스리소서." 이 말은 단순히 기드온에게 왕이 되어줄 것을 넘어선 제안이었다. 이 말은 기드온에게 '한 왕조(王朝)를 여는 태조(太祖)[23]'가 되어달라는 요청이었다.[24] 즉 '세습 왕조'를 제안한 것이었다.

그 순간 하나님의 은혜 가운데 있었던 기드온은 이렇게 답했다. "내가 너희를 다스리지 아니하겠고, 나의 아들도 너희를 다스리지 아니할 것이요. 여호와께서 너희를 다스리시리라." 기드온의 답은 사사기 저자(著者)가 가장 하고 싶었던 말을 대신해준 '정답'이었다. 기드온의 말은 애굽의 종 되었던 이스라엘 백성을 해방시키신 하나님의 목적을 정확히 지적하고 있었다. 언약 백성인 이스라엘의 왕은 여호와 하나님이셨다. 그러므로 이스라엘 백성들은 하나님의 다스림을 받아야 했다.

---

22 "여호와의 사자가 기드온에게 나타나 이르되 **큰 용사여 여호와께서 너와 함께 계시도다** 하매" (사사기 6:12).: 이 말을 신약시대의 언어로 바꾸면 "예수의 피를 힘입어"이다.

23 한 왕조(王朝)를 일으킨 첫 번째 임금 혹은 왕

24 물론, 고대 근동에서는 외적의 침입을 물리친 장수에게 백성들이 이러한 제안을 하는 경우가 흔했다고 전해진다. 그리고 "당신의 아들과 당신의 손자가 우리를 다스리소서."라는 제안 또한 특별할 것이 없다는 의견이 있다. 이 시대는 새로운 세력이 기존의 왕권에 도전할 때까지 기존 왕조가 세습되는 것이 당연했기 때문이다. 즉 누군가 일단 왕이 된다면 그 아들이 왕위를 잇는 것은 당연한 일이었다.

그러나 하나님께서 미디안 진영에 두려움을 보내시고 그 결과 눈부신 승리를 안겨주셨음에도 불구하고, 이스라엘 백성들은 눈앞에 보이는 기드온에게 왕이 되어달라고 요청했다. 우리는 이스라엘 백성들과 기드온 사이에 오가는 대화를 보면서, 이 전쟁을 통해 가장 변화된 것은 기드온이었음을 알 수 있다. 항상 그렇지만, 대부분의 경우 가장 많이 훈련받는 것은 그 모임의 '리더(leader)'다. 그런 점에서 빨리 신앙이 성장하고 싶은 독자가 있다면 '리더의 책임'을 맡는 것도 한 가지 방법이다. 특별히 사람들을 돌보고 양육하는 직분을 맡는 경우, 성장 속도는 빨라지는 경향이 있다.

정말이지 그 순간이 기드온의 삶 가운데 가장 빛나는 순간이었다. 기드온의 삶 가운데 그의 마음 전체가 '온전히 하나님을 의지'하는 순간이었다. 그러나 이후 기드온의 선택을 보면 그의 '성격적 결함'이 그의 인생을 '함정'으로 이끌고 있음을 볼 수 있다.[25] 하나님의 은혜를 입은 순간, 분명히 그의 성격은 '긍정적'으로 작용했다. 하지만 기드온의 성격이 하나님의 은혜 사이로 조금씩 '자신의 욕망'을 드러내자, 그의 삶에 하나님이 아닌 '다른 것들'이 조금씩 스며드는 것을 볼 수 있다. 이 부분에서 우리가 기억해야 하는 말씀은 이것이다.

그런즉 선 줄로 생각하는 자는 넘어질까 조심하라(고린도전서 10:12)

---

25 그 결과는 다다음 단원 기드온이 세겜에 있는 첩으로부터 얻은 아들 '아비멜렉 이야기'에서 확인할 수 있다.

사도 바울이 고린도 교회에 편지하며 했던 권면이다. 특별히 고린도 교회는 '은사가 많았던 교회'로 알려져 있다. 그런 점에서, 이 말씀은 이미 누워있는 사람들에게 준 말씀이 아니다. 이 말씀은 더 이상 넘어질 것도 없는 사람들에게 준 말씀이 아니다. 이른바 신앙적으로나 현실적으로 잘 나가는 사람들에게 주신 말씀이다. "그런즉 선 줄로 생각하는 자는 넘어질까 조심하라." 이 말씀은 기드온에게도 그대로 적용되는 말씀이었다.

> 기드온이 또 그들에게 이르되 내가 너희에게 요청할 일이 있으니 **너희는 각기 탈취한 귀고리를 내게 줄지니라** 하였으니 이는 그들이 이스마엘 사람들이므로 금 귀고리가 있었음이라(사사기 8:24)

"내가 너희를 다스리지 아니하겠고, 나의 아들도 너희를 다스리지 아니할 것이요, 여호와께서 너희를 다스리시리라." 정말 빛나는 '신앙고백'이었다. 하지만 이 고백 뒤에 이어진 기드온의 요청은 이러했다. "내가 너희에게 요청할 일이 있으니 너희는 각기 탈취한 귀고리를 내게 줄지니라."

"여호와 하나님께서 너희를 다스리시리라" 이 고백을 하는 순간, 분명히 기드온은 이 말에 진심이었을 것이다. 그러나 그 순간, 기드온의 마음 한구석에서 '어떤 욕망'이 그를 충동질했던 것으로 보인다. 그런 점에서 보면, 사람은 참으로 모순된 존재다.

기드온이 세습 왕조 제안을 거절한 배경에는 '신앙적 이유' 외에도 '현실적인 문제'가 있었다. 그것은 '에브라임 지파'였다. "우리를 이같이 대접함이 어찌 됨이냐?" 전쟁의 와중에도 기드온의 지도력을 인정하지 않던 에브라임 지파였다. "에브라임의 끝물 포도가 아비에셀의 만물 포도보다 낫지 아니하냐?" 자신을 낮춤으로 적전분열(敵前分裂)을 막기는 했지만, 기드온의 마음 한가운데 에브라임 지파를 향한 불쾌감이 없었을 리가 없다. 생각할수록 기분이 나빴을 것이다. 그리고 이러한 기드온의 불쾌감은 정당했다. 오히려 에브라임을 향한 기드온의 마음은 분명히 '공분(公憤)'에 해당하는 것이었다. 그러나 기드온과 같이 신중한 성격은 '뒷 끝이 긴 특징'을 가지게 마련이다. 내가 보기에는 이 부분에서 "문제"가 생긴 것 같다.

"에브라임의 끝물 포도가 아비에셀의 만물 포도보다 낫지 아니하냐?" 말은 이렇게 했지만, 기드온은 반대로 생각했을 가능성도 있다. 사람은 참으로 묘한 존재다. '사실은 에브라임의 만물 포도가 아비에셀의 끝물 포도만도 못하지 않은가? 외적보다도 더 언약 백성에게 해악이 되는 존재는 저런 놈들이 아니던가?' 이 생각은 현실적으로 분명한 사실이다. 그러니 기드온의 본마음은 '인간 왕'이 되어서 에브라임 지파와 같은 쓰레기들을 싹쓸이하고 싶었을 것이다. 그러나 성경은 기드온의 생각과는 다른 말씀을 한다.

> 여호와께서 온갖 것을 그 쓰임에 적당하게 지으셨나니 **악인도 악한 날에 적당하게 하셨느니라**(잠언 16:4)

현실적으로 에브라임 지파가 이스라엘 공동체에 끼친 악한 영향은 따로 언급할 가치조차 없다. 그러나 '미디안의 두 방백 오렙과 스엡'을 죽인 것은 에브라임 지파였다. 이 두 방백을 에브라임이 처단하지 않았다면, 기드온은 마음 놓고 '세바와 살문나'를 추격할 수 없었을 것이다. '오렙과 스엡'을 처단하지 않은 상황에서 '세바와 살문나'를 추격한다는 것은 자칫 미디안 군대에게 앞뒤로 포위당할 위험이 있었기 때문이다. 그러므로 에브라임의 활약이 없었다면, 기드온은 '이스라엘의 후환'을 제거할 수 없었을 것이다.

에브라임이 '벧 바라와 요단강에 이르는 수로'를 점령해주지 않았을 경우도 마찬가지다. 이 경우도 기드온은 미디안의 포위를 염려하지 않을 수 없었을 것이다. 그 결과 기드온은 '세바와 살문나'를 고이 보내줄 수밖에 없었을 것이다. 그러므로 가장 늦게 전쟁에 참여하기는 했지만, 에브라임이 이룬 전공(戰功)은 '전쟁 후반부의 승기(勝機)'를 굳히는 데 결정적인 역할을 했다.

이것이 바로 인생을 살아가면서 겪게 되는 반전(反轉)이다. 정말이지, 에브라임과 같은 무리가 있는 경우, 저 인간들 때문에 공동체가 무너져 내린다고 생각하게 마련이다. 그러나 긴 호흡으로 인생을 살다 보면, 에브라임 같은 자들에게 한 번씩 결정적인 도움을 받을 때가 생긴다. 그리고 그럴 때마다 하나님의 주권과 긍휼하심에 고개가 숙여지는 것이 인생이다. 물론 이 또한 기드온과 같이 에브라임에게 고개를 숙였을 때만 누릴 수 있는 '느닷없는 은혜'다. 그런 점에서 우리는 기드온이 에브라임에게 고개를 숙이며 했던 말을 마음속에 새겨야 한다. "에브라임의 끝물 포도가 아비에셀의 맏물 포도보다 낫지 아니하냐?"

이것이 바로 공동체에서 앞서 뛰는 지체들이 주의해야 할 지점이다. 공동체에서 땀 흘려 수고한 경험이 있는 지체들이라면 반드시 겪게 되는 일이다. 기드온과 같은 입장에 몰려 정말 애쓰며 피땀을 흘려본 경험이 있다면,

그리고 그 기간이 십 년 단위를 넘어갔다면 지금 내가 하는 말을 알아들을 것이다. 세상 어디에나 '에브라임 지파'는 존재하게 마련이다. 안 그랬으면 좋겠지만, 선악과 사건 이후 인류의 역사는 본질상 늘 '반역의 역사'다. 그러므로 "사람이라면 혹은 '크리스챤(christian)'이라면 어떻게 저럴 수 있나?"라는 일로 가득한 것이 세상이다. 그리고 이들은 당(黨)을 지어 떼로 몰려다니는 경향이 있다. 혈기 왕성할 때는 '저런 인간들 때문에 우리 공동체에 큰 해악이 있다'라는 생각에 피가 끓는 것이 당연하다. 그리고 '현실적인 힘'을 가지고 그러한 인간들을 처단하고 싶은 마음이 굴뚝같을 것이다.[26]

하지만 바로 그 순간이 하나님의 사람에게 있어서 중요한 '선택의 기로에 서는 순간'이다. 강조하지만, 그러한 인간들을 처단하기 위해서 '현실적인 힘'을 추구하기 시작하는 순간 그는 자신도 모르는 사이에 '올무'에 빠지게 될 것이다. 왜일까? 그것은 '현실적인 힘'을 추구하는 그 방법이 '십자가의 방법'이 아니기 때문이다. 하나님 나라는 '십자가의 길' 외에는 그 어떤 방법으로도 이루어지지 않는 나라이기 때문이다.

> [18]**십자가의 도가 멸망하는 자들에게는 미련한 것이요 구원을 받는 우리**
> **에게는 하나님의 능력이라** [19]기록된 바 내가 지혜 있는 자들의 지혜를

---

26 이러한 생각이 들 때마다 마음에 암송해야 하는 말씀은 이것이다.: "[16]서로 마음을 같이하며 높은 데 마음을 두지 말고 도리어 낮은 데 처하며 스스로 지혜 있는 체 하지 말라 [17]**아무에게도 악을 악으로 갚지 말고 모든 사람 앞에서 선한 일을 도모하라** [18]할 수 있거든 너희로서는 모든 사람과 더불어 화목하라 [19]내 사랑하는 자들아 너희가 친히 원수를 갚지 말고 하나님의 진노하심에 맡기라 기록되었으되 원수 갚는 것이 내게 있으니 내가 갚으리라고 주께서 말씀하시니라 [20]네 원수가 주리거든 먹이고 목마르거든 마시게 하라 그리함으로 네가 숯불을 그 머리에 쌓아 놓으리라 [21]**악에게 지지 말고 선으로 악을 이기라**"(로마서 12:16-21).

> 멸하고 총명한 자들의 총명을 폐하리라 하였으니 [20]지혜 있는 자가 어디 있느냐 선비가 어디 있느냐 이 세대에 변론가가 어디 있느냐 하나님께서 이 세상의 지혜를 미련하게 하신 것이 아니냐 [21]하나님의 지혜에 있어서는 이 세상이 자기 지혜로 하나님을 알지 못하므로 **하나님께서 전도의 미련한 것으로 믿는 자들을 구원하시기를 기뻐하셨도다** [22]**유대인은 표적을 구하고 헬라인은 지혜를 찾으나** [23]우리는 십자가에 못 박힌 그리스도를 전하니 **유대인에게는 거리끼는 것이요 이방인에게는 미련한 것이로되** [24]오직 부르심을 받은 자들에게는 유대인이나 헬라인이나 그리스도는 하나님의 능력이요 하나님의 지혜니라 [25]하나님의 어리석음이 사람보다 지혜롭고 하나님의 약하심이 사람보다 강하니라(고린도전서 1:18-25)

현실 세계에서 '에브라임 지파'를 만나게 되는 경우, 상식적인 사람이라면 누구나 '공분(公憤)'을 느끼게 될 것이다. 너무도 당연한 일이다. 누구나 하나님께서 직접 나서 이들을 처단해주시거나, 하나님께서 자신에게 이들을 '처단할 힘'을 주시기를 바라게 마련이다. 이러한 과정을 통하여 공동체 가운데 공의(公義)가 바로 서게 되는 순간을 상상해보는 것 또한 '가슴 벅찬 일'이기도 하다. 그러나 우리를 구원하신 '하나님의 방식'은 이와 다르다.

쉽게 말해 하나님께서 공의(公義)만을 앞세우셨다면, 우리 모두는 이미 죽었어야 마땅한 존재다. 우리를 구원하신 '십자가의 길(道)'은 바로 '앞 문단에서 이야기한 방법'도 '기드온이 은연중에 드러낸 방법'도 아니다. 현실 세계에서 '에브라임 지파'를 만나게 될 경우, 우리가 기억해야 하는 것은 바로 이

지점이다. "내 안에도 분명히 누군가에게는 다른 모양의 '에브라임 지파'가 존재한다!"

"내가 너희에게 요청할 일이 있으니 너희는 각기 탈취한 귀고리를 내게 줄지니라." 기드온은 왕이 되어달라는 이스라엘 백성들의 요청을 분명히 거절했다. 그리고 오직 하나님만이 이스라엘의 왕이심을 천명(闡明)했다. 그러나 바로 이어지는 기드온의 요청은 그의 본심(本心)이 어느 지점을 향하고 있는지를 보여주고 있다. 결과적으로 그는 이때 받은 금은보석으로 '왕 같은 삶'을 살게 되었다. 즉 기드온은 그를 무시했던 '에브라임 지파'가 보는 앞에서 왕처럼 떵떵거리며 살게 되었다. 그러나 이 모든 것이 그의 집안에 '불행의 씨앗'이 되었다. 무엇이 문제였을까? 그것은 기드온 그가 '하나님의 방법'을 잘 알지 못했기 때문이다.

위에 인용한 고린도전서의 말씀은 우리 주 예수 그리스도의 "성육신(成育身)과 십자가의 도(道)"에 대한 이야기다. "십자가의 도가 멸망하는 자들에게는 미련한 것이요, 구원을 받는 우리에게는 하나님의 능력이라." 정말이다. 우리가 우리 안에 내주(內住)하시는 성령 하나님을 힘써 의지하지 않는다면, 십자가의 도는 '미련한 것'으로 보일 것이 분명하다. 그러나 우리가 하나님의 은혜로 '예수 안에 있는 믿음'[27]에 거하게 된다면, 십자가의 도는 분명히

---

27 "우리 주의 은혜가 그리스도 **예수 안에 있는 믿음**과 사랑과 함께 넘치도록 풍성하였도다"(디모데전서 1:14).

우리에게 '하나님의 능력'이 될 것이다.

"하나님의 지혜에 있어서는 이 세상이 자기 지혜로 하나님을 알지 못하므로 하나님께서 **전도의 미련한 것으로** 믿는 자들을 구원하시기를 기뻐하셨도다." 일부 선교단체에서 가장 오해하는 성경 구절이 바로 이 부분이다. 그들은 하나님께서는 '미련한 방법'으로 전도(傳道)하는 것을 기뻐하신다는 명목으로, 전도에 있어서 소위 '무대포[28] 정신(?)'을 강조하곤 한다. 그러나 이 말씀은 그런 뜻이 아니다.

우리는 이 말씀 앞에 있는 말씀을 기억해야 한다. "십자가의 도가 멸망하는 자들에게는 미련한 것이요. 구원을 받는 우리에게는 하나님의 능력이라." 성경은 항상 이 말씀이 무슨 말씀을 하시다가 나온 말씀인지를 잘 살펴야 한다. 또한 무슨 말씀을 하시려고 이 말씀을 하는지도 자세히 살펴야 오류에 빠지지 않을 수 있다. "하나님께서 전도의 미련한 것으로 믿는 자들을 구원하시기를 기뻐하셨도다"라는 말씀은 '십자가의 길(道)'을 말씀하시는 가운데 나온 말씀이다.

그리고 "하나님의 지혜에 있어서는 이 세상이 자기 지혜로 하나님을 알지 못하므로"라는 말씀으로, 성경은 이 길이 얼마나 '쉽지 않은 길'인지를 밝히고 있다. 즉 이 세상의 지혜로 '십자가의 길'은 도무지 '이해할 수도, 알 수도 없는 길'이라는 의미다.

---

28 일의 앞뒤를 잘 헤아려 깊이 생각하지 않고 하는 신중하지 않은 행동, 막무가내.

또한 하나님께서는 "전도의 미련한 것으로 믿는 자들을 구원하시기를 기뻐하신다"라는 말씀 뒤에는 이 말씀이 이어진다. "유대인은 표적을 구하고 헬라인은 지혜를 찾으나" 예수님의 성육신 이후 이스라엘은 예수님에게 "당신이 그리스도인 증거를 보이라"며 '표적'을 구했다. 그리고 고린도전서가 기록될 당시 이방 문화를 대표했던 헬라인들은 예수님에게 '지혜'를 구했다.

이때 유대인들이 예수님께 구했던 것은 '군사적 정치적 메시아'로서의 표적이었다. 당시는 로마의 식민 시절이었다. 이 당시 유대인들 사이에 편만했던 '메시아 대망 사상'에서 기대했던 메시아는 다윗과 같은 '군사적 정치적 메시아'였다. 즉 유대인들이 예수님께 구했던 표적은 로마 군병(軍兵)들을 상대로 물리적 힘을 보여 달라는 것이었다. 그러나 예수님은 로마 군병들에게 끌려가 고난과 수치를 당하시고 십자가에 못 박혀 죽으셨다. 이러한 예수님의 모습은 성경에 이렇게 예언되어 있다. "그가 도살자에게로 가는 양과 같이 끌려갔고 털 깎는 자 앞에 있는 어린 양이 조용함과 같이 그의 입을 열지 아니하였도다."[29] 이러한 우리 주 예수 그리스도의 "십자가의 길"은 유대인들의 눈에는 한없이 어리석어 보였다.

또한 헬라인들이 구했던 지혜는 '영적인 것'이었다. 헬라 문화에 대해 학생 시절 배운 기억이 있을 것이다. 헬라 문화는 '영적(靈的)인 것과 육적(肉的)인 것'을 구분한다. 그리고 영적인 것을 고귀하게 여기고 육적인 것을 저급하게 여긴다. 그러니 '고귀한 성자 하나님'이신 예수님께서 '저급한 인간의

---

29 "읽는 성경 구절은 이것이니 일렀으되 그가 도살자에게로 가는 양과 같이 끌려갔고 털 깎는 자 앞에 있는 어린 양이 조용함과 같이 그의 입을 열지 아니하였도다"(사도행전 8:32).

몸'을 입었다는 사실은 그들에게 있어서 있을 수 없는 일이었다. 즉 우리 주 예수 그리스도의 성육신(成育身)은 헬라인들의 눈에 어리석어 보였다. 이러한 헬라 문화의 영향으로 예수님의 승천 이후에도 '예수 그리스도께서 육체로 오신 것을 부인하는 흐름'이 적지 않았다. 사도 요한은 요한1서에서 이것을 기준으로 영들을 분별하라고 경고하고 있다.[30]

결과적으로, 십자가에 못 박힌 우리 주 예수 그리스도는 유대인들에게는 '거리끼는 것'이요 이방인들에게는 '미련한 것'이었다. 그러나 오직 부르심을 받은 자들에게는 유대인이나 헬라인이나 할 것 없이 우리 주 예수 그리스도의 "성육신과 십자가의 길"은 "하나님의 능력이요 하나님의 지혜"가 되었다. 그리하여, 위에 인용한 고린도전서 말씀은 이렇게 결론짓고 있다. "하나님의 어리석음이 사람보다 지혜롭고 하나님의 약하심이 사람보다 강하니라."

"내가 너희를 다스리지 아니하겠고, 나의 아들도 너희를 다스리지 아니할 것이요, 여호와께서 너희를 다스리시리라." 정말 빛나는 기드온의 신앙고백이었다. 그러나 바로 이어 기드온은 그의 마음 한구석에서 솟아나는 '욕망'을 제어하지 못했다. 어쩌면 하나님의 편에 섰던 자신이 에브라임 지파 앞에서 보란 듯이 떵떵거리며 사는 것이 '하나님의 영광이라는 속삭임'에 넘어갔을지도 모른다. 그 결과, 바로 이어 그의 입을 통하여 이 말이 나왔

30 "[1]사랑하는 자들아 영을 다 믿지 말고 오직 영들이 하나님께 속하였나 분별하라 많은 거짓 선지자가 세상에 나왔음이라 [2]이로써 너희가 하나님의 영을 알지니 곧 **예수 그리스도께서 육체로 오신 것을 시인하는 영마다 하나님께 속한 것이요**"(요한1서 4:1-2).

다. "내가 너희에게 요청할 일이 있으니 너희는 각기 탈취한 귀고리를 내게 줄지니라." 기드온의 이 방식은 분명히 '십자가의 길'이 아니었다.

> [24]기드온이 또 그들에게 이르되 내가 너희에게 요청할 일이 있으니 너희는 각기 탈취한 귀고리를 내게 줄지니라 하였으니 이는 그들이 이스마엘 사람들이므로 금 귀고리가 있었음이라 [25]무리가 대답하되 우리가 즐거이 드리리이다 하고 겉옷을 펴고 각기 탈취한 귀고리를 그 가운데에 던지니 [26]기드온이 요청한 금 귀고리의 무게가 금 천칠백 세겔이요 그 외에 또 초승달 장식들과 패물과 미디안 왕들이 입었던 자색 의복과 또 그 외에 그들의 낙타 목에 둘렀던 사슬이 있었더라 [27]기드온이 그 금으로 에봇 하나를 만들어 자기의 성읍 오브라에 두었더니 온 이스라엘이 그것을 음란하게 위하므로 그것이 기드온과 그의 집에 올무가 되니라[31]
> (사사기 8:24–27)

---

31 성경에 나오는 '하나님의 사람'들을 통하여 우리가 발견할 수 있는 사실은 이것이다. "우리에게는 예수님이 필요하다!" 무슨 말인가? 성경에 나오는 하나님의 사람들의 인생에는 항상 실패가 존재한다. 어느 누구 하나, 완벽한 사람이 없다. 성경의 중요한 특징은 있었던 사실을 가감(加減) 없이 그대로 기록했다는 데 있다. 그렇게 가감 없이 기록된 사실들로 인해 드러나는 많은 하나님의 사람들의 허물을 통하여 우리가 깨닫게 되는 것은 이것이다. "결국, 우리에게는 예수님이 필요하다!" 이것이 이 책의 제목이 "예수의 피를 힘입어"인 이유다. 결국, 누군가의 인생이 위대하다면 그것은 '그의 인생에 예수의 피가 덧입혀졌기 때문'이다. 누군가가 위대한 신앙인(信仰人)인 이유는 '그의 인생에 예수의 피가 덧입혀졌기 때문'이다. 이때 "예수님의 피가 덧입혀졌다"의 구약적 표현은 "여호와의 영이 임하시니"다.: "여호와의 영이 기드온에게 임하시니 기드온이 나팔을 불매 아비에셀이 그의 뒤를 따라 부름을 받으니라"(사사기 6:34).: 이 말씀에서 "임하시니"의 뜻은 "옷 입히다"이다. 즉 여호와의 영이 기드온을 옷 입히듯 하시니, 기드온이 나팔을 불었다는 의미다. 그리고 이 말씀의 신약적 표현은 "예수의 피가 기드온에게 덧입혀졌다"이다.

이때 이스라엘 백성에게는 미디안과의 전쟁 과정에서 확보한 많은 '노략물'이 있었다. 어느 순간부터 '이스마엘 혈통'과 섞여 살았던 미디안 사람들은 귀고리를 하는 풍습이 있었던 것 같다.[32] 그런 점에서 기드온이 요구한 금귀고리는 이스라엘 백성들이 확보한 수없이 많은 노략물 중 '가장 부피가 작은 동시에, 가장 값이 나가고, 가장 많은 수를 차지'하고 있었을 것이다.

기드온의 이러한 요구에 이스라엘 백성들이 화답(和答)했다. "우리가 즐거이 드리리이다." 그리고 그들이 겉옷을 펴고 각기 탈취한 귀고리를 그 가운데 던졌다고 성경은 기록하고 있다. 이 전쟁에 참여한 미디안 사람들의 수는 십삼만 오천 명이었다. 그렇게 놓고 보면, 이스라엘 백성들이 기드온에게 내어놓은 귀고리의 수는 십삼만 오천과 거의 비슷했을 것이다. 결과적으로 기드온이 요청한 금귀고리의 무게는 '천칠백 세겔'에 달했다. 이는 거의 20kg에 달하는 무게에 해당한다.[33]

"기드온이 요청한 금 귀고리의 무게가 금 천칠백 세겔이요. 그 외에 또 초승달 장식들과 패물과 미디안 왕들이 입었던 자색 의복과 또 그 외에 그들의 낙타 목에 둘렀던 사슬이 있었더라." 그렇다면 초승달 장식들과 패물 그리고 미디안 왕들이 입었던 자색 의복은 어떻게 얻었을까? 그것들은 기

---

32 "[1]아브라함이 후처를 맞이하였으니 그의 이름은 그두라라 [2]그가 시므란과 욕산과 므단과 **미디안과** 이스박과 수아를 낳고"(창세기 25:1-2).: 미디안 족속의 조상인 미디안은 아브라함이 그의 후처인 그두라와의 사이에서 얻은 아들이다. 어느 순간 이들과 이스마엘 족속이 한 혈통으로 섞여 '이스마엘 사람'으로 통칭(統稱)하여 불리었던 것으로 보인다.

33 '일 세겔'은 11.42g 정도로 알려져 있다. 즉 '천칠백 세겔'은 19,414g으로 거의 20kg에 해당하는 무게다.

드온이 미디안 왕 세바와 살문나를 죽였을 때 얻은 것이다.[34]

그렇게 '이스라엘 백성들이 모아준 패물'과 '세바와 살문나를 죽인 후 얻은 패물'로 기드온은 금 에봇 하나를 만들어 '자기의 성읍 오브라'에 두었다. 에봇은 제사장들이 성소에서 직무를 수행할 때 입었던 옷이다. 그리고 제사장들이 에봇을 입고 여호와 하나님을 섬겼던 성소는 '실로'에 있었다.[35] 즉 기드온이 금으로 만든 에봇은 '정당한 장소'에 있지 않았다. 기드온이 이때라도 자신의 실수를[36] 깨닫고, 금으로 만든 에봇을 실로에 있는 성소에 헌납했다면 어떠했을까?

에봇의 '판결 흉패' 안에는 '우림과 둠밈'이 있어 하나님의 뜻을 분별하는 데 쓰였다.[37] 이러한 에봇의 기능으로 미루어 볼 때, 기드온은 에봇을 '하나님의 뜻을 분별하기 위해 만든 것'으로 보인다. 그러나 그는 '아론의 자손'이 아니라 '므낫세 지파'였다. 물론 기드온의 입장에서 변명하자면 이렇게 말할 수 있을 것이다. 미디안과의 전쟁 전에 양털 뭉치를 가지고 하나님의 뜻을

---

34 "세바와 살문나가 이르되 네가 일어나 우리를 치라 사람이 어떠하면 그의 힘도 그러하니라 하니 기드온이 일어나 세바와 살문나를 죽이고 **그들의 낙타 목에 있던 초승달 장식들을 떼어서 가지니라**"(사사기 8:21).

35 "하나님의 집이 실로에 있을 동안에 미가가 만든 바 새긴 신상이 단 자손에게 있었더라"(사사기 18:31).

36 '잘못'이라고 하지 않고 '실수'라고 한 것은 의도적인 표현이다. 아무리 생각해도, 기드온의 이 선택은 '잘못'이기보다는 '실수'에 가까워 보인다. 그러나 그 결과는 참담했다. 이것이 우리가 인생을 살아갈 때, 끊임없이 하나님 앞에서 자신을 살펴야 하는 이유다.

37 "너는 **우림과 둠밈을 판결 흉패 안에 넣어** 아론이 여호와 앞에 들어갈 때에 그의 가슴에 붙이게 하라 아론은 여호와 앞에서 이스라엘 자손의 흉패를 항상 그의 가슴에 붙일지니라"(출애굽기 28:30).: 이 부분은 '레위 지파, 만일 이 사람들이 침묵하면 돌들이 소리 지르리라' 단원에서 자세히 설명하였다.

반복해서 확인했던 기드온이었다.[38] 그렇게 생각하면, 기드온은 미디안과의 전쟁 후에도 우림과 둠밈을 통하여 '하나님의 뜻을 분별'하려 했을 것이다. 하지만 우림과 둠밈은 하나님께서 레위 지파에게 허락하신 것이었다.

이것이 "경험으로만 이루어진 신앙의 위험성"이다. 특별히 하나님을 믿는 과정에서 '병 고침'을 받았다고 하는 분들이 빠지는 '대표적인 오류'가 이것이다. 하나님께서 그분의 병을 고쳐주신 것은 '병 고침'이라는 그 자리에 머물러 있으라는 것이 아니다. 하나님께서 그분의 병을 고쳐주신 것은 '하나님의 사람'으로 건강하게 성장하기를 바라셨기 때문이다. 즉 이러한 경험을 가진 분이 있다면, 그 순간부터 하나님의 말씀인 성경을 통하여 하나님께서 우리에게 이루어주신 구원이 무슨 의미를 가지는지 더 깊이 공부해야 한다. 성경을 통하여 자신의 병을 고쳐주신 '삼위일체 하나님의 속성과 사역'을 공부하는 동시에, 하나님의 사람으로 균형 있게 성장해야 한다.[39]

---

38 "[36]기드온이 하나님께 여쭈되 **주께서 이미 말씀하심 같이 내 손으로 이스라엘을 구원하시려거든** [37]**보소서 내가 양털 한 뭉치를 타작 마당에 두리니 만일 이슬이 양털에만 있고 주변 땅은 마르면 주께서 이미 말씀하심 같이 내 손으로 이스라엘을 구원하실 줄을 내가 알겠나이다** 하였더니 [38]그대로 된지라 이튿날 기드온이 일찍이 일어나서 양털을 가져다가 그 양털에서 이슬을 짜니 물이 그릇에 가득하더라 [39]기드온이 또 하나님께 여쭈되 **주여 내게 노하지 마옵소서 내가 이번만 말하리이다 구하옵나니 내게 이번만 양털로 시험하게 하소서 원하건대 양털만 마르고 그 주변 땅에는 다 이슬이 있게 하옵소서** 하였더니 [40]그 밤에 하나님이 그대로 행하시니 곧 양털만 마르고 그 주변 땅에는 다 이슬이 있었더라"(사사기 6:36–40).

39 이 부분은 성경 말씀이 아닌 "경험으로만 이루어진 신앙의 위험성"을 경계한 것이다. 이러한 신앙의 경우 대부분 '신비주의'로 빠지는 경향이 있다. 신비주의란 '즉시로(immediately)' 하나님을 만날 수 있다는 '신앙 사조'다. 그러나 삼위일체 하나님은 항상 "아들을 통하여 성령 안에서" 우리를 만나 주신다. 이때 "아들을 통하여"는 '중보자(mediator)'이신 "우리 주 예수 그리스도를 통하여"라는 의미다. 즉 신비주의는 '중보자(mediator)'를 통하지 않고 '즉시로(immediately)' 하나님을 만날 수 있다는 신앙 사조다. 특별히 하나님을 믿는 과정에서 '병 고침을 받은

그렇다면 하나님은 왜 전쟁 전에 양털 뭉치로 하나님의 뜻을 반복해서 확인했던 기드온에게 응답해주셨을까? 그만큼 그 상황이 긴박하고 기드온의 신앙이 어렸기 때문이다. 위에 언급한 '병 고침을 받은 신앙' 또한 마찬가지다.

쉽게 비유하면 이와 같다. 어린 시절 엄마 아빠에게 무언가를 요구하거나 확인하는 방법은 유치할 수밖에 없다. 그 시기에는 당연한 일이고, 엄마 아빠와 아이 양쪽 모두에게 아름다운 추억이다. 그러나 자식이 어른이 된 뒤에도 어린 시절과 똑같은 방식으로 소통하려는 경우는 생각해보아야 한다. 물론 어른이 된 뒤에도 정말 처지가 어렵고 기가 막힌 경우에는 얼마든지 이해하고 품어주는 것이 부모 된 마음이다. 하나님도 마찬가지다. 하지만 미디안과의 전쟁 후 기드온의 처지는 그렇지 않았다. 그의 처지는 남 부러울 것이 없었다. 이것이 우리가 기억해야 할 지점이다.

또한 에봇은 '금 실'과 '청색 자색 홍색 실'과 '가늘게 꼰 베 실'로 정교하게 짜서 만들어야 했다.[40] 그런 점에서 기드온이 금으로 만든 에봇은 하나님께

경험'은 **그 경험 자체가 하나님을 만나는 '중보자(mediator)'로 작용할 위험성이 있다.** 기드온 또한 마찬가지였다.

40 "[1]그들은 여호와께서 모세에게 명령하신 대로 **청색 자색 홍색 실로 성소에서 섬길 때 입을 정교한 옷을 만들고** 또 아론을 위해 거룩한 옷을 만들었더라 … [5]에봇 위에 에봇을 매는 띠를 **에봇과 같은 모양으로 금 실과 청색 자색 홍색 실과 가늘게 꼰 베 실로 에봇에 붙여 짰으니** 여호와께서 모세에게 명령하신 대로 하였더라 [6]그들은 또 호마노를 깎아 금 테에 물려 도장을 새김 같이 이스라엘의 아들들의 이름을 그것에 새겨 [7]에봇 어깨받이에 달아 이스라엘의 아들들을 기념하는 보석을 삼았으니 여호와께서 모세에게 명령하신 대로 하였더라"(출애굽기 39:1, 5-7)

서 모세에게 명령하여 만들게 하신 에봇이 아니었다. 기드온이 만든 에봇은 오히려 가나안 지역의 왕들이 '이방신과 접신(接神)하기 위해 만든 옷'을 닮아 있었다. 그 당시 가나안의 왕들은 금으로 만든 옷을 우상에게 입히는 방식으로 '접신(接神)'을 시도했다고 전해진다. 이렇듯 기드온이 만든 에봇을 통해서도 우리는 '미가의 신상 이야기'에서 다루었던 '혼합 신앙'의 흔적을 강하게 느낄 수 있다. 결국 사사 시절의 배경이 되는 시대 상황으로부터 기드온도 자유롭지 못했다. 이것이 '병 고침을 받은 신앙'으로 시작하신 분들이 성경을 더 깊이 공부해야 하는 이유다.

기드온은 '그에게 은혜를 베푸신 하나님을 섬기려는 시도' 가운데서도 '그 시대의 아들로서의 한계'를 벗어나지 못했다. 즉 미디안과의 전쟁 후 기드온은 하나님의 말씀 앞에 무릎 꿇었어야 했다. 율법에 대한 자신의 무지(無知)를 자각(自覺)하고 하나님과 말씀 앞에 무릎 꿇었어야 했다. 이것은 오늘날 우리에게도 마찬가지로 요구되는 덕목(德目)이다.

물론 나는 에봇을 만든 기드온의 마음이 처음부터 '우상 숭배'를 위한 것이었다고 생각하지 않는다. 기드온은 정말이지 '하나님을 섬기는 마음'에서 에봇을 만들었을 것이다. 그리고 기드온 스스로는 그렇게 철석같이 믿고 있었을 것이다.[41] 내가 이렇게 생각하는 근거는 이러하다.

---

41 그런 점에서 보면, 기드온의 사후(死後) 그의 집에서 벌어진 비극은 성경의 이 말씀을 떠올리게 한다.: "**내 백성이 지식이 없으므로 망하는도다** 네가 지식을 버렸으니 나도 너를 버려 내 제사장이 되지 못하게 할 것이요 네가 네 하나님의 율법을 잊었으니 **나도 네 자녀들을 잊어버리리라**"(호세아 4:6).

> 미디안이 이스라엘 자손 앞에 복종하여 다시는 그 머리를 들지 못하였으므로 **기드온이 사는 사십 년 동안 그 땅이 평온하였더라**(사사기 8:28)

우선 내가 기드온의 진심(眞心)을 의심하지 않는 근거는 사사기 8장 28절 말씀 때문이다. "미디안이 이스라엘 자손 앞에 복종하여 다시는 그 머리를 들지 못하였으므로, 기드온이 사는 사십 년 동안 그 땅이 평온하였더라."

우리는 기드온 이야기가 이렇게 시작되었음을 기억해야 한다. "이스라엘 자손이 또 여호와의 목전에 악을 행하였으므로 여호와께서 칠 년 동안 그들을 미디안의 손에 넘겨주시니"[42] 항상 그렇지만 하나님께서 이스라엘을 이방인의 손에 넘겨주시는 경우는 '이스라엘에 우상 숭배'가 있었을 때다.

> [7]이스라엘 자손이 미디안으로 말미암아 여호와께 부르짖었으므로 [8]**여호와께서 이스라엘 자손에게 한 선지자를 보내시니** 그가 그들에게 이르되 여호와께서 이같이 말씀하시기를 이스라엘의 하나님 내가 너희를 애굽에서 인도하여 내며 너희를 그 종 되었던 집에서 나오게 하여 [9]애굽 사람의 손과 너희를 학대하는 모든 자의 손에서 너희를 건져내고 그들을 너희 앞에서 쫓아내고 그 땅을 너희에게 주었으며 [10]내가 또 너희에게 이르기를 나는 너희의 하나님 여호와이니 **너희가 거주하는 아모리 사람의 땅의 신들을 두려워하지 말라 하였으나 너희가 내 목소리를 듣지 아니하였느니라** 하셨다 하니라(사사기 6:7-10)

---

42 사사기 6:1

더군다나 기드온 이전에는 이스라엘 백성이 하나님께 부르짖을 때마다 하나님께서는 바로 사사를 보내주셨다. 그러나 기드온 때에는 그러지 않으셨다. 오히려 여호와께 부르짖는 이스라엘 백성들에게 이름 모를 선지자를 보내 꾸짖으셨다. "너희가 거주하는 아모리 사람의 땅의 신들을 두려워하지 말라 하였으나 너희가 내 목소리를 듣지 아니하였느니라."

그러니 기드온이 금으로 에봇을 만들었을 때, 그의 마음 가운데 '이것이 우상 숭배라는 의식'이 조금이라도 있었다면 어떻게 되었을까? 그랬다면 "기드온이 사는 사십 년 동안 그 땅이 평온하였더라"라는 성경의 기록은 불가능했을 것이다. 분명히 기드온의 행위는 사사 시절 만연했던 '혼합 신앙'의 양상을 띠고 있었다. 하지만 기드온은 자신의 행동이 잘못되었다는 인식이 없었던 것이 분명하다. 이것은 어쩌면 사사 시절 그 시대의 아들일수 밖에 없었던 기드온의 한계였을 것이다. 그리고 은혜로우신 하나님께서는 그 한계를 감안(勘案)하여 기드온이 사는 사십 년 동안 그 땅에 평안을 주신 것으로 보인다.

> [32]요아스의 아들 기드온이 나이가 많아 죽으매 아비에셀 사람의 오브라에 있는 그의 아버지 요아스의 묘실에 장사되었더라 [33]**기드온이 이미 죽으매 이스라엘 자손이 돌아서서 바알들을 따라가 음행하였으며 또 바알브릿을 자기들의 신으로 삼고**(사사기 8:32-33)

내가 기드온의 진심(眞心)을 의심하지 않는 두 번째 근거는 사사기 8장 32절에서 33절 말씀 때문이다. 천수(天壽)를 누린 기드온이 나이가 많아 죽었다는 기사를 기록한 말씀이다. 기드온이 나이 들어 죽게 되자 사람들은 그를 오브라에 있는 그의 아버지 요아스의 묘실에 장사했다. 오브라는 '기드온이 금으로 만든 에봇'이 있었던 장소다.

기드온이 그의 고향에 장사 된 이후의 상황을 증언한 성경의 고발이다. "기드온이 이미 죽으매 이스라엘 자손이 돌아서서 바알들을 따라가 음행하였으며 또 바알브릿을 자기들의 신으로 삼고" 바알브릿은 '언약의 주' 혹은 '언약의 바알'을 뜻하는 이름으로 '세겜 사람들'이 섬기던 우상이었다.[43]

이러한 사실은 역사적으로 볼 때 참으로 기가 막힌 일이었다. '세겜 땅'은 여호수아가 그의 죽음 직전에 온 이스라엘을 모으고 하나님을 향한 그들의 신앙을 재확인시켰던 곳이다. "너희가 섬길 자를 오늘 택하라. 오직 나와 내 집은 여호와를 섬기겠노라." 이스라엘 백성들은 여호수아의 이 유명한 말에 이렇게 대답했다. "우리가 결단코 여호와를 버리고 다른 신들을 섬기기를 하지 아니하오리니, 이는 우리 하나님 여호와께서 친히 우리와 우리 조상들을 인도하여 애굽 땅 종 되었던 집에서 올라오게 하시고 우리 목전에서 그 큰 이적들을 행하시고 우리가 행한 모든 길과 우리가 지나온 모든 백성들 중에서 우리를 보호하셨음이며, 여호와께서 또 모든 백성들과 이 땅에 거주하던 아모리 족속을 우리 앞에서 쫓아내셨음이라. 그러므로 우리도 여호와를 섬기리니 그는 우리 하나님이심이니이다."[44]

---

43 "[1]**여룹바알의 아들 아비멜렉이 세겜에 가서** 그의 어머니의 형제에게 이르러 그들과 그의 외조부의 집의 온 가족에게 말하여 이르되 … [4]**바알브릿 신전에서 은 칠십 개를 내어 그에게 주매** 아비멜렉이 그것으로 방탕하고 경박한 사람들을 사서 자기를 따르게 하고"(사사기 9:1, 4).: 이 부분은 '아비멜렉 이야기'에서 자세히 다루도록 하겠다.

44 "[1]**여호수아가 이스라엘 모든 지파를 세겜에 모으고** 이스라엘 장로들과 그들의 수령들과 재판

"기드온이 이미 죽으매 이스라엘 자손이 돌아서서 바알들을 따라가 음행하였으며 또 바알브릿을 자기들의 신으로 삼고" 무슨 말인가? 기드온이 살아 있는 동안, 이스라엘 백성들은 '바알 숭배'를 하지 않았다는 이야기다. 또한 세겜의 수호신인 바알브릿도 섬기지 않았다는 이야기다. '여룹바알'이라고 불렸던 기드온이었다. 여룹바알은 '바알과 다툰다'라는 뜻이다.[45] 즉 기드온은 미디안과의 전쟁 후에도 하나님께서 주신 소명에 충실했다. 자신에게 주어진 일을 열심히 하며 살았다. 비록 하나님을 아는 지식적인 측면에서 완전하지는 못했지만, 기드온은 나름대로 그에게 주어진 소명에 성실했다.

그러니 하나님께서 모세를 통하여 주신 율법의 기준으로는 말도 안 되는 일이었지만, 금으로 에봇을 만든 기드온의 진심(眞心)은 이 행위가 '우상 숭배'라는 의식조차 없었을 것이다. 그러나 이러한 '기드온의 한계'는 기드온의 사후(死後) 수없이 많은 '불행의 씨앗'을 잉태하고 있었다. 이 사실을 성경은 이렇게 표현하고 있다. "온 이스라엘이 그것을 음란하게 위하므로 그것

장들과 관리들을 부르매 그들이 하나님 앞에 나와 선지라 … [15]만일 여호와를 섬기는 것이 너희에게 좋지 않게 보이거든 너희 조상들이 강 저쪽에서 섬기던 신들이든지 또는 너희가 거주하는 땅에 있는 아모리 족속의 신들이든지 **너희가 섬길 자를 오늘 택하라 오직 나와 내 집은 여호와를 섬기겠노라** 하니 [16]백성이 대답하여 이르되 **우리가 결단코 여호와를 버리고 다른 신들을 섬기기를 하지 아니하오리니** [17]이는 우리 하나님 여호와께서 친히 우리와 우리 조상들을 인도하여 애굽 땅 종 되었던 집에서 올라오게 하시고 우리 목전에서 그 큰 이적들을 행하시고 우리가 행한 모든 길과 우리가 지나온 모든 백성들 중에서 우리를 보호하셨음이며 [18]여호와께서 또 모든 백성들과 이 땅에 거주하던 아모리 족속을 우리 앞에서 쫓아내셨음이라 그러므로 우리도 여호와를 섬기리니 그는 우리 하나님이심이니이다 하니라… [29]**이 일 후에 여호와의 종 눈의 아들 여호수아가 백십 세에 죽으매**"(여호수아 24:1, 15–18, 29).

45 "**그날에 기드온을 여룹바알이라 불렀으니** 이는 그가 바알의 제단을 파괴하였으므로 **바알이 그와 더불어 다툴 것이라** 함이었더라"(사사기 6:32).

이 기드온과 그의 집에 올무가 되니라."

> 기드온이 그 금으로 에봇 하나를 만들어 자기의 성읍 오브라에 두었더니 **온 이스라엘이 그것을 음란하게 위하므로 그것이 기드온과 그의 집에 올무가 되니라**(사사기 8:27)

미다안과의 전쟁을 대승(大勝)으로 마무리한 뒤, 이스라엘 백성들의 '왕이 되어달라는 요구'를 거절한 기드온이었다. "내가 너희를 다스리지 아니하겠고 나의 아들도 너희를 다스리지 아니할 것이요, 여호와께서 너희를 다스리시리라." 정말이지, 사사기에 나오는 신앙고백 중 이보다 완벽하고 아름다운 고백이 있을까?

그러나 이후 기드온의 행태는 완전하지 못했다. 쉽게 말해 기드온은 여전히 '그 시대의 시대정신'으로부터 자유롭지 않은 '그 시대의 아들'이었다. 진심에서 우러나온 완벽한 신앙고백을 한 후였건만, 이후의 기드온의 행적(行蹟)은 앞에서 설명했던 '십자가의 길'과는 거리가 있었다. 왕 자리를 거절했지만 '왕과 같은 삶'을 추구했고 '왕 같은 삶'을 살았다. 그는 왕과 같이 많은 부(富)를 쌓았고 '왕의 의복'을 얻었다.[46] 성소에서 제사장들이 하나님을 섬길 때 입는 에봇을 금으로 만들었으며 여러 아내를 두었다.[47]

---

46 "기드온이 요청한 금 귀고리의 무게가 금 천칠백 세겔이요 그 외에 또 초승달 장식들과 패물과 미디안 왕들이 입었던 자색 의복과 또 그 외에 그들의 낙타 목에 둘렀던 사슬이 있었더라"(사사기 8:26).

47 "기드온이 그 금으로 에봇 하나를 만들어 자기의 성읍 오브라에 두었더니 온 이스라엘이 그것을 음란하게 위하므로 그것이 기드온과 그의 집에 올무가 되니라"(사사기 8:27). "[30]기드온이

특별히 이 시절 많은 아내를 두는 목적은 '정치적 힘'과 관련이 있었다. 이 당시의 중혼(重婚)은 대부분 '정략결혼(政略結婚)'이었다. 이 당시 힘을 가진 무리와 무리 사이의 동맹은 혼인(婚姻)을 통하여 이루어졌다. "에브라임의 끝물 포도가 아비에셀의 맏물 포도보다 낫지 아니하냐?" 에브라임 지파와의 다툼 후, 기드온은 '현실적인 힘'을 추구했던 것이 분명하다. 하나님을 향한 바른 신앙고백이기는 했지만, 기드온이 이스라엘 백성들의 제안을 거절한 데는 에브라임 지파가 한몫했을 것이다. 그런 점에서, 기드온은 여러 가문과의 혼인을 통해서 세(勢)를 확장하려 했던 것으로 보인다.

굳이 그럴 필요가 있었을까? 현실적으로, 그렇게 여러 아내를 둘 필요가 있었을까? 내가 보기에는 그럴 필요가 없어 보인다.[48] 미디안과의 전쟁 후, 이스라엘 가운데 기드온보다 앞설 수 있는 '권위자'는 존재할 수 없었다. 그리고 기드온은 소위 '뼈대 있는 가문 출신'이었다. 즉 기드온이 반복되는 혼인을 통하여 많은 아내와 자녀를 둔 것은 현명한 선택이 아니었다. 오히려 후대에 많은 분란과 불행의 씨앗을 뿌릴 뿐이었다. 그러나 기드온의 반복되는 혼인은 무엇이든지 확실히 해두고 싶어 하는 '꼼꼼한 기드온의 성격'과 관련된 것으로 보인다.

[14]여호와께서 그를 향하여 이르시되 **너는 가서 이 너의 힘으로 이스라**

아내가 많으므로 그의 몸에서 낳은 아들이 칠십 명이었고 [31]세겜에 있는 그의 첩도 아들을 낳았으므로 그 이름을 아비멜렉이라 하였더라"(사사기 8:30-31).

48 사실 기드온은 여러 아내를 두지 않았어도, 충분히 여러 지파에 걸쳐 세(勢)를 확장할 수 있는 기반을 이미 하나님께서 주셨다. 이 부분은 다음 단원에서 다루도록 하겠다.

> **엘을 미디안의 손에서 구원하라** 내가 너를 보낸 것이 아니냐 하시니라
> [15]그러나 기드온이 그에게 대답하되 **오 주여 내가 무엇으로 이스라엘을 구원하리이까 보소서 나의 집은 므낫세 중에 극히 약하고 나는 내 아버지 집에서 가장 작은 자니이다** 하니(사사기 6:14–15)

하나님께서 기드온을 처음 부르셨을 때도 마찬가지다. 하나님께서 처음 기드온에게 하셨던 명령은 이러했다. "너는 가서 이 너의 힘으로 이스라엘을 미디안의 손에서 구원하라." 하나님의 이 말씀에 기드온은 이렇게 반응했다. "오 주여, 내가 무엇으로 이스라엘을 구원하리이까? 보소서, 나의 집은 므낫세 중에 극히 약하고 나는 내 아버지 집에서 가장 작은 자니이다." 그렇다면, 기드온은 정말 므낫세 지파 중에 극히 약한 가문 출신이었을까?

> 여호와의 사자가 **아비에셀 사람 요아스에게 속한 오브라에 이르러** 상수리나무 아래에 앉으니라 마침 **요아스의 아들 기드온이** 미디안 사람에게 알리지 아니하려 하여 밀을 포도주 틀에서 타작하더니(사사기 6:11)

우선 성경은 기드온을 "요아스의 아들 기드온"이라고 부르고 있다. 유대인들에게 있어서 "누구의 아들 누구"라는 호칭은 '명문가 출신'에게만 쓰는 표현이다. 또한 기드온의 고향 오브라를 성경은 "아비에셀 사람 요아스에게 속한 오브라"라고 증언하고 있다. 즉 "보소서, 나의 집은 므낫세 중에 극히 약하고 나는 내 아버지 집에서 가장 작은 자니이다"라는 기드온의 주장은 사실이 아니다. 나는 기드온의 이 말에서 모세가 생각났다.

> 10모세가 여호와께 아뢰되 **오 주여 나는 본래 말을 잘 하지 못하는 자니**
> **이다 주께서 주의 종에게 명령하신 후에도 역시 그러하니 나는 입이 뻣**
> **뻣하고 혀가 둔한 자니이다** 11여호와께서 그에게 이르시되 누가 사람의
> 입을 지었느냐 누가 말 못 하는 자나 못 듣는 자나 눈 밝은 자나 맹인이
> 되게 하였느냐 나 여호와가 아니냐 12**이제 가라 내가 네 입과 함께 있어**
> **서 할 말을 가르치리라** 13모세가 이르되 **오 주여 보낼 만한 자를 보내소**
> **서** 14여호와께서 모세를 향하여 노하여 이르시되 **레위 사람 네 형 아론**
> **이 있지 아니하냐 그가 말 잘 하는 것을 내가 아노라** 그가 너를 만나러
> 나오나니 그가 너를 볼 때에 그의 마음에 기쁨이 있을 것이라 15너는 그
> 에게 말하고 그의 입에 할 말을 주라 내가 네 입과 그의 입에 함께 있어
> 서 너희들이 행할 일을 가르치리라 16그가 너를 대신하여 백성에게 말할
> 것이니 그는 네 입을 대신할 것이요 너는 그에게 하나님 같이 되리라(출
> 애굽기 4:10-16)

여호와 하나님께서 모세를 부르시자 모세가 들먹였던 핑계다. "오 주여, 나는 본래 말을 잘하지 못하는 자니이다. 주께서 주의 종에게 명령하신 후에도 역시 그러하니 나는 입이 뻣뻣하고 혀가 둔한 자니이다." 그러자 하나님께서 모세에게 이렇게 말씀하셨다. "누가 사람의 입을 지었느냐? 누가 말 못 하는 자나 못 듣는 자나 눈 밝은 자나 맹인이 되게 하였느냐? 나 여호와가 아니냐? 이제 가라. 내가 네 입과 함께 있어서 할 말을 가르치리라."

하나님께서 이렇게까지 말씀하시는데도, 모세는 하나님의 부르심을 거

절했다.[49] "오 주여 보낼 만한 자를 보내소서." 그러자 하나님께서 모세에게 화를 내시면서 대안(代案)을 제시하셨다. "레위 사람 네 형 아론이 있지 아니하냐? 그가 말 잘하는 것을 내가 아노라. 그가 너를 만나러 나오나니 그가 너를 볼 때에 그의 마음에 기쁨이 있을 것이라. 너는 그에게 말하고 그의 입에 할 말을 주라. 내가 네 입과 그의 입에 함께 있어서 너희들이 행할 일을 가르치리라. 그가 너를 대신하여 백성에게 말할 것이니, 그는 네 입을 대신할 것이요 너는 그에게 하나님 같이 되리라."

그런데 모세는 과연 그의 주장처럼 '입이 뻣뻣하고 혀가 둔한 자'였을까?

> [21]버려진 후에 바로의 딸이 그를 데려다가 자기 아들로 기르매 [22]모세가 애굽 사람의 모든 지혜를 배워 그의 말과 하는 일들이 능하더라(사도행전 7:21-22)

사도행전의 증언이다. "모세가 애굽 사람의 모든 지혜를 배워 그의 말과 하는 일들이 능하더라." 모세는 애굽의 왕궁에서 왕자로 자랐다. 즉 제왕 수업(帝王 授業)을 받았다. 통치술의 기본은 웅변술이다. 언변(言辯)이다. 그러니 모세의 '입이 뻣뻣하고 혀가 둔한 자'라는 주장은 하나님을 향한 "사기"였다. 더군다나 모세를 애굽의 왕궁에 보내 언변을 배우도록 한 것은 하나님

---

49 모세가 처음 하나님의 부르심을 '거절한 이유'와 이때 '모세의 심리'에 대해서는 하나님께서 은혜를 베푸셔서 '모세에 대한 성경 인물설교'를 하게 될 때 자세히 다루겠다.

의 섭리였다.

마찬가지다. 기드온이 하나님의 부르심에 했던 말 "보소서 나의 집은 므낫세 중에 극히 약하고"라는 주장은 객관적으로 볼 때 "사기"가 분명하다. 또한 "나는 내 아버지 집에서 가장 작은 자니이다"라는 주장 또한 "사기"다. 기드온이 하나님의 명령대로 그의 아버지의 집에 있는 바알의 제단을 헐며 그 곁의 아세라 상을 찍었을 때 동원한 종이 열 사람이었다.

> [25]그날 밤에 여호와께서 기드온에게 이르시되 **네 아버지에게 있는 수소 곧 칠 년 된 둘째 수소를 끌어 오고** 네 아버지에게 있는 바알의 제단을 헐며 그 곁의 아세라 상을 찍고 [26]또 이 산성 꼭대기에 네 하나님 여호와를 위하여 규례대로 한 제단을 쌓고 그 둘째 수소를 잡아 네가 찍은[50] 아세라 나무로 번제를 드릴지니라 하시니라 [27]**이에 기드온이 종 열 사람을 데리고** 여호와께서 그에게 말씀하신 대로 행하되 **그의 아버지의 가문과 그 성읍 사람들을 두려워하므로 이 일을 감히 낮에 행하지 못하고 밤에 행하니라** [28]그 성읍 사람들이 아침에 일찍이 일어나 본즉 바알의 제단이 파괴되었으며 그 곁의 아세라가 찍혔고 **새로 쌓은 제단 위에 그 둘째 수소를 드렸는지라**(사사기 6:25-28)

또한 기드온은 하나님의 명령대로 그의 아버지에게 있는 칠 년 된 수소

---

50 기드온의 이름 뜻은 '찍는 자(hacker)'다. 즉 '(신상을) 찍는 자'다.

를 하나님께 번제로 드렸다.[51] 당연히 수소를 번제로 드리는 과정에서 소위(所謂) '허드렛일'은 종들이 했을 것이다. 무슨 말인가? 값비싼 재산인 수소를 가장(家長)의 허락도 없이 처분하라는 기드온의 말을 열 명의 종이 순순히 따랐다는 이야기다.

당시 수소 한 마리를 잡을 경우 300명이 먹을 분량의 고기가 나왔다고 전해진다. 즉 수소는 1년에 한두 번 있는 '성읍 전체의 잔치'에서만 잡을 수 있었다. 그러니 수소는 쉽게 처분할 수 있는 재산 목록이 아니었다. 그런데 이러한 수소를 기드온이 임의로 처분할 수 있었다는 것은 무엇을 의미할까? 과연 기드온의 주장처럼 평소 집안에서의 그의 위치가 정말 작은 자였다면 이 일이 가능했을까?

> [29]서로 물어 이르되 이것이 누구의 소행인가 하고 그들이 캐어 물은 후에 이르되 요아스의 아들 기드온이 이를 행하였도다 하고 [30]성읍 사람들이 요아스에게 이르되 **네 아들을 끌어내라 그는 당연히 죽을지니 이는 바알의 제단을 파괴하고 그 곁의 아세라를 찍었음이니라** 하니 [31]요아스가 자기를 둘러선 모든 자에게 이르되 **너희가 바알을 위하여 다투느냐 너희가 바알을 구원하겠느냐 그를 위하여 다투는 자는 아침까지 죽임을 당하리라 바알이 과연 신일진대 그의 제단을 파괴하였은즉 그가 자신을**

---

51 이 당시 바알을 상징하는 동물은 수소였다. 하나님께서 수소를 번제로 드리라고 하신 것은 이와 연관된 것으로 보인다.

> **위해 다툴 것이니라** 하니라 [32]그날에 기드온을 여룹바알이라 불렀으니 이는 그가 바알의 제단을 파괴하였으므로 바알이 그와 더불어 다툴 것이라 함이었더라(사사기 6:29-32)

게다가 기드온이 하나님의 명령대로 행한 뒤, 성읍 사람들이 기드온을 해치려 할 때 그의 아버지 요아스의 반응이 이러했다. "너희가 바알을 위하여 다투느냐? 너희가 바알을 구원하겠느냐? 그를 위하여 다투는 자는 아침까지 죽임을 당하리라. 바알이 과연 신일진대 그의 제단을 파괴하였은즉 그가 자신을 위해 다툴 것이니라." 무슨 말인가? 기드온이 파괴한 바알의 제단과 찍어낸 아세라 상은 그의 어버지에게 있는 것이었다. "네 아버지에게 있는 수소 곧 칠 년 된 둘째 수소를 끌어오고 네 아버지에게 있는 바알의 제단을 헐며 그 곁의 아세라 상을 찍고" 이 말씀을 통해서도 우리는 요아스가 그 성읍의 '지도자'인 동시에 '바알과 아세라 숭배의 중심'에 서 있었음을 알 수 있다. 당연히 그는 '바알과 아세라 숭배 의식'을 통해 그의 '리더십(leadership)'을 유지했을 것이다.

그러나 그의 아들이 바알의 제단을 헐고 그 자리에 여호와의 제단을 쌓아 번제를 드린 사실을 알게 되자마자 그는 180도 태도를 바꿨다. 요아스의 이러한 태세 전환은 자칫 성읍 내에서 누리던 그의 지위를 박탈당하는 것을 넘어 집안 전체가 위험에 처할 수도 있는 일이었다. 하지만 요아스는 그러한 위험에 전혀 신경 쓰지 않는 모습을 볼 수 있다. 무슨 뜻인가? 요아스에게 있어서 기드온은 둘도 없이 귀한 자식이었다는 이야기다. 그렇게 자식을 귀하게 여기는 아버지 밑에서 자란 기드온이었다.[52] 게다가 그의 아버지는 뛰어난 '카리스마(charisma)'와 '언변(言辯)'을 가진 인물이었다.

그런데 하나님의 부르심에 대한 기드온의 반응은 이러했다. "오 주여, 내가 무엇으로 이스라엘을 구원하리이까? 보소서. 나의 집은 므낫세 중에 극히 약하고 나는 내 아버지 집에서 가장 작은 자니이다." 그렇다면 기드온은 하나님의 부르심에 왜 이렇게 반응했을까? 그것은 기드온의 '성격적 특성'과 연관된 것으로 보인다.[53] 이러한 기드온의 성격에 대해 성경은 이렇게 언급하고 있다. "이에 기드온이 종 열 사람을 데리고 여호와께서 그에게 말씀하신 대로 행하되 그의 아버지의 가문과 그 성읍 사람들을 두려워하므로 이 일을 감히 낮에 행하지 못하고 밤에 행하니라." 이제 기드온의 성격에 대해서 좀 더 자세히 살펴보도록 하자.

---

52 이 사실을 통하여 나는 기드온이 왜 하나님께 별 어려움 없이 이것저것을 요구할 수 있었는지를 알 수 있었다. 사람은 부모를 통하여 하나님 아버지를 보는 존재다. 그런 점에서, 자녀를 어떻게 양육하느냐 하는 문제는 하나님 앞에서 예배다.

53 모세가 처음 하나님의 부르심을 '거절한 이유'는 모세의 '성격적 특성'보다는 부르심을 받을 당시 모세의 '심리 상태 그리고 처한 상황'과 연관되어 보인다. 이 또한 하나님께서 은혜를 베푸셔서 '모세에 대한 성경 인물설교'를 하게 될 때 자세히 다루겠다.

기드온 3

기드온의 성품과 하나님의 은혜

이제 성경 본문을 통해 드러난 기드온의 성격을 좀 더 살펴보는 것으로 기드온에 대한 이야기의 일부[54]를 마무리하도록 하자. 그의 성격적 결함(?)에도 불구하고, 그의 성격적 특성에 맞추어주시고 배려해주시는 '하나님의 세심함'을 살펴보도록 하자.

드보라와 바락을 통한 구원 후, 사십 년이 지나자[55] 이스라엘은 변함없이 또 여호와의 목전(目前)에 악을 행했다. 그 결과 이스라엘 백성들은 칠 년 동안 미디안의 압제에 신음해야 했다. 항상 그랬듯이 이번에도 이스라엘은 하

---

54 기드온이 세겜에 있는 첩에게서 얻은 아들 '아비멜렉 이야기'까지 포함해야 '기드온의 전체 이야기'라고 할 수 있다.

55 "여호와여 주의 원수들은 다 이와 같이 망하게 하시고 주를 사랑하는 자들은 해가 힘 있게 돋음 같게 하시옵소서 하니라 **그 땅이 사십 년 동안 평온하였더라**"(사사기 5:31).

나님께 부르짖었다.[56] 이스라엘의 부르짖음이 있을 때마다 바로 구원자인 사사를 보내주시던 하나님이셨다. 그러나 이번에는 조금 달랐다. 하나님은 이스라엘을 구원하시기 전에 '한 선지자'를 보내 그들을 꾸짖으셨다. 아마도 이쯤 해서 이스라엘이 고통받는 이유를 '재교육(再教育)'시킬 필요를 느끼셨던 것 같다.

> 6이스라엘이 미디안으로 말미암아 궁핍함이 심한지라 이에 이스라엘 자손이 여호와께 부르짖었더라 7이스라엘 자손이 미디안으로 말미암아 여호와께 부르짖었으므로 8여호와께서 이스라엘 자손에게 한 선지자를 보내시니 그가 그들에게 이르되 **여호와께서 이같이 말씀하시기를 이스라엘의 하나님 내가 너희를 애굽에서 인도하여 내며 너희를 그 종 되었던 집에서 나오게 하여 9애굽 사람의 손과 너희를 학대하는 모든 자의 손에서 너희를 건져내고 그들을 너희 앞에서 쫓아내고 그 땅을 너희에게 주었으며 10내가 또 너희에게 이르기를 나는 너희의 하나님 여호와이니 너희가 거주하는 아모리 사람의 땅의 신들을 두려워하지 말라 하였으나 너희가 내 목소리를 듣지 아니하였느니라 하셨다** 하니라(사사기 6:6-10)

이렇게 이스라엘을 재교육시키신 하나님께서 기드온을 직접 찾아가셨

56 반복되는 이스라엘 백성들의 패역(悖逆)에도 불구하고, 이스라엘은 이것 하나만은 정말 잘했다. 어쩌면 이것이 이스라엘이 이스라엘인 이유일 것이다.

다. 아래에 인용한 성경 본문을 살펴보면 "여호와의 사자"와 "여호와"라는 호칭이 같이 사용되고 있다. 이를 통해서도 우리는 "여호와 하나님"을 때로는 "여호와의 사자(使者)"로 표현하고 있음을 알 수 있다.

교리(教理)를 배우게 되면 이러한 표현을 좀 더 쉽게 이해할 수 있을 것이다. 이때 기드온을 찾아가신 하나님은 '성자 하나님'이시다. 즉 성육신하시기 전의 '성자 하나님'께서 기드온에게 '현현(顯現)'[57]하신 것이다. 삼위일체 하나님은 항상 "아들[58]을 통하여 성령 안에서" 당신의 백성을 만나 주신다. 그런 점에서 성자 하나님이신 우리 주 예수 그리스도는 우리에게 오신 '삼위일체 하나님'이신 동시에 '삼위일체 하나님의 사자(使者)'이시다. 이것이 구약에 나오는 인물들을 다루고 있음에도 불구하고, 이 책의 제목이 "예수의 피를 힘입어"인 이유다. 다시 한번 강조하지만, 삼위일체 하나님은 항상 "아들을 통하여 성령 안에서" 당신의 백성을 만나 주신다. 즉 우리 주 예수 그리스도를 통하여 은혜를 베풀어 주신다.

> 11 **여호와의 사자가** 아비에셀 사람 요아스에게 속한 오브라에 이르러 상
> 수리나무 아래에 앉으니라 마침 요아스의 아들 **기드온이 미디안 사람
> 에게 알리지 아니하려 하여 밀을 포도주 틀에서 타작하더니** 12 **여호와의
> 사자가** 기드온에게 나타나 이르되 **큰 용사여 여호와께서 너와 함께 계
> 시도다** 하매 13 기드온이 그에게 대답하되 **오 나의 주여 여호와께서** 우

---

57 나타나심.
58 성자 하나님이신 우리 주 예수 그리스도.

> **리와 함께 계시면 어찌하여** 이 모든 일이 우리에게 일어났나이까 또 우리 조상들이 일찍이 우리에게 이르기를 여호와께서 우리를 애굽에서 올라오게 하신 것이 아니냐 한 그 모든 이적이 어디 있나이까 이제 여호와께서 우리를 버리사 미디안의 손에 우리를 넘겨 주셨나이다 하니 [14]**여호와께서 그를 향하여 이르시되** 너는 가서 이 너의 힘으로 이스라엘을 미디안의 손에서 구원하라 내가 너를 보낸 것이 아니냐 하시니라(사사기 6:11-14)

어찌 되었든, 하나님께서 기드온을 찾아오셨을 때의 기드온의 모습이 좀 민망하다. "마침 요아스의 아들 기드온이 미디안 사람에게 알리지 아니하려 하여 밀을 포도주 틀에서 타작하더니" 원래 '밀을 타작하는 장소'와 '포도주 즙을 짜는 장소'는 정반대의 성격을 가지고 있었다. '밀을 타작하는 곳'은 '타작마당'이라 불렀다. 그런데 타작마당으로 가장 적절한 장소는 넓고 평평한 동시에 주변에서 가장 높은 곳이었다. 이유는 간단하다. '밀을 까부르는 과정'에서 밀과 쭉정이를 공중에 날려 무거운 알곡은 바닥에 떨어지고 쭉정이는 바람에 날아가도록 하기 위해서다. 즉 '타작마당'은 그 동네에서 가장 눈에 잘 띄는 장소에 있었다.

반면 '포도주 틀'은 '타작마당'과는 정반대의 성격을 가진 장소였다. 이 또한 이유는 간단하다. 포도알로부터 포도즙을 짜는 과정에서 불순물이 들어가는 정도에 따라 포도주의 질(質)이 달라지기 때문이다. 그러니 외부에 '공개된 장소'일수록 타작마당으로 적합했던 반면, 포도주 틀은 '밀폐된 장소'일수록 적합했다. 그런데 하나님께서 기드온을 찾아갔을 때, 기드온은 정반대 성격의 장소인 '포도주 틀'에 숨어 '밀을 타작하는 중'이었다. 이를 통해서도 우리는 기드온이 얼마나 '신중한 성격'의 소유자였는지 미루어 짐작할 수 있다. 물론 기드온의 이런 시도는 미디안 사람들에게 들키지 않기 위해서였다.

그렇다면 하나님께서 기드온을 찾아오셨을 당시 기드온의 심리 상태는 어땠을까? 조마조마한 마음으로 행여나 누구에게 들킬세라 숨어서 밀을 타작하던 중이었다. 그런데 갑자기 하나님께서 나타나셔서 말씀하시는 것이다. "큰 용사여 여호와께서 너와 함께 계시도다." 하나님의 이 말씀에 기드온이 답했다. "오 나의 주여, 여호와께서 우리와 함께 계시면 어찌하여 이 모든 일이 우리에게 일어났나이까? 또 우리 조상들이 일찍이 우리에게 이르기를 여호와께서 우리를 애굽에서 올라오게 하신 것이 아니냐 한 그 모든 이적이 어디 있나이까? 이제 여호와께서 우리를 버리사 미디안의 손에 우리를 넘겨주셨나이다."

기드온의 대답으로 볼 때, 기드온은 '신중'하기는 하지만 최소한 '소심한 성격'은 아니었던 것으로 보인다. 성경을 자세히 살펴볼 경우, 갑자기 눈앞에 나타나신 하나님으로 말미암아 기드온이 놀라거나 위축되었다는 기록이 없다. 이러한 기드온의 성격은 그의 아버지 요아스가 그를 변호했던 장면을 떠올려볼 때 충분히 이해가 되는 부분이다. 앞서 말했듯이, 기드온은 자라는 과정에서 그의 아버지로부터 무슨 의견이든지 편하게 받아주는 양육 환경을 제공받았을 가능성이 높다. 즉 내가 보기에 기드온은 아버지의 사랑을 듬뿍 받고 자란 '부잣집 도령'이었던 것으로 보인다. 그렇다면 기드온의 '신중한 성격'은 '소심함'이 아니라 '꼼꼼함'과 연관된 것이었을 것이다. 이러한 기드온의 성격은 하나님의 명령을 확인하는 과정에서 가감(加減) 없이 그대로 드러난다.

> [15]그러나 기드온이 그에게 대답하되 **오 주여 내가 무엇으로 이스라엘을 구원하리이까 보소서 나의 집은 므낫세 중에 극히 약하고 나는 내 아버지 집에서 가장 작은 자니이다** 하니 [16]여호와께서 그에게 이르시되 내가 반드시 너와 함께 하리니 네가 미디안 사람 치기를 한 사람을 치듯 하리라 하시니라 [17]기드온이 그에게 대답하되 **만일 내가 주께 은혜를 얻었사오면 나와 말씀하신 이가 주 되시는 표징을 내게 보이소서** [18]**내가 예물을 가지고 다시 주께로 와서 그것을 주 앞에 드리기까지 이곳을 떠나지 마시기를 원하나이다** 하니 그가 이르되 내가 너 돌아올 때까지 머무르리라 하니라(사사기 6:15-18)

"큰 용사여 여호와께서 너와 함께 계시도다"라고 문안하신 하나님께서 이어 말씀하셨다. "너는 가서 이 너의 힘으로 이스라엘을 미디안의 손에서 구원하라. 내가 너를 보낸 것이 아니냐?" 이에 대한 기드온의 대답이다. "오 주여, 내가 무엇으로 이스라엘을 구원하리이까? 보소서. 나의 집은 므낫세 중에 극히 약하고 나는 내 아버지 집에서 가장 작은 자니이다." 기드온의 이 대답이 얼마나 사기성이 농후한 대답이었는지에 대해서는 지난 단원에서 자세히 다루었다. 내가 보기에 기드온의 이 말 또한 그의 '소심함'보다는 어려운 일에 휘말리지 않으려는 '신중함'과 연관되어 보인다. 생각할수록 하나님을 향한 기드온의 대답은 거침이 없었다. 말은 "오 주여"로 시작하지만,

기드온은 그의 입장에서 하고 싶은 말을 거침없이 쏟아냈다. 이 또한 평소 그의 아버지 요아스와의 대화 방식을 반영한 결과일 것이다.

이러한 기드온에게 하나님께서 다시 말씀하셨다. "내가 반드시 너와 함께 하리니[59] 네가 미디안 사람 치기를 한 사람을 치듯 하리라." 하나님과 기드온 사이의 대화가 이쯤 진행되자, 기드온은 하나님께 증거를 요구했다. "만일 내가 주께 은혜를 얻었사오면, 나와 말씀하신 이가 주 되시는 표징을 내게 보이소서. 내가 예물을 가지고 다시 주께로 와서 그것을 주 앞에 드리기까지 이곳을 떠나지 마시기를 원하나이다." 하나님을 향한 기드온의 이 요구를 통해서도 그의 성격이 '꼼꼼함과 연관된 신중한 성격'이라는 말이 이

---

59 우리말 성경에는 드러나지 않지만, 히브리어 본문으로 볼 때 이 문장에는 출애굽 당시 하나님께서 당신을 지칭하실 때 쓰셨던 '에흐예'라는 이름이 나온다.: "[13]모세가 하나님께 아뢰되 내가 이스라엘 자손에게 가서 이르기를 너희의 조상의 하나님이 나를 너희에게 보내셨다 하면 그들이 내게 묻기를 그의 이름이 무엇이냐 하리니 내가 무엇이라고 그들에게 말하리이까 [14]하나님이 모세에게 이르시되 **나는 스스로 있는 자이니라** 또 이르시되 너는 이스라엘 자손에게 이같이 이르기를 스스로 있는 자가 나를 너희에게 보내셨다 하라"(출애굽기 3:13–14).: 아주 유명한 구절인 까닭에, 인용한 성경 말씀 중 굵은 글씨 부분을 들어본 지체들이 있을 것이다. NIV 성경에서 "I am who I am."으로 번역된 이 부분의 히브리어 원어는 "에흐예 아쉐르 에흐예"이다. 즉 미디안 땅에 있던 모세를 찾아가신 하나님께서 이번에는 미디안 족속으로 말미암아 고통받는 이스라엘을 위해 기드온을 찾아가신 것이다. 모세에게 당신을 알리셨던 방식과 똑같은 방식으로 하나님은 기드온에게 당신을 알리셨다. 그리고 모세가 주저할 때 두 번의 기적을 보여주셨듯이, 기드온이 주저하며 여러 차례 확인을 요구하자 하나님은 이번에도 기드온의 요구를 들어주신다. 이것이 하나님께서 당신의 사람을 부르실 때 보이시는 모습이다. 우리는 이러한 모습을 통하여 하나님이 우리에게 어떠한 분이신지를 알 수 있다.: "[2]여호와께서 그에게 이르시되 네 손에 있는 것이 무엇이냐 그가 이르되 지팡이니이다 [3]여호와께서 이르시되 그것을 땅에 던지라 하시매 곧 땅에 던지니 그것이 뱀이 된지라 모세가 뱀 앞에서 피하매 [4]여호와께서 모세에게 이르시되 네 손을 내밀어 그 꼬리를 잡으라 그가 손을 내밀어 그것을 잡으니 그의 손에서 지팡이가 된지라 [5]이는 그들에게 그들의 조상의 하나님 곧 아브라함의 하나님, 이삭의 하나님, 야곱의 하나님 여호와가 네게 나타난 줄을 믿게 하려 함이라 하시고 [6]여호와께서 또 그에게 이르시되 네 손을 품에 넣으라 하시매 그가 손을 품에 넣었다가 내어보니 그의 손에 나병이 생겨 눈 같이 된지라 [7]이르시되 네 손을 다시 품에 넣으라 하시매 그가 다시 손을 품에 넣었다가 내어보니 그의 손이 본래의 살로 되돌아왔더라"(출애굽기 4:2–7).

해될 것이다. 기드온의 이러한 거침없는 요구에 하나님께서 화답하신다. "내가 너 돌아올 때까지 머무르리라."

> 19기드온이 가서 염소 새끼 하나를 준비하고 가루 한 에바로 무교병을
> 만들고 고기를 소쿠리에 담고 국을 양푼에 담아 상수리나무 아래 그에
> 게로 가져다가 드리매 20하나님의 사자가 그에게 이르되 **고기와 무교병**
> **을 가져다가 이 바위 위에 놓고 국을 부으라** 하니 기드온이 그대로 하니
> 라 21**여호와의 사자가 손에 잡은 지팡이 끝을 내밀어 고기와 무교병에**
> **대니 불이 바위에서 나와 고기와 무교병을 살랐고 여호와의 사자는 떠**
> **나서 보이지 아니한지라** 22기드온이 그가 여호와의 사자인 줄을 알고 이
> 르되 **슬프도소이다 주 여호와여 내가 여호와의 사자를 대면하여 보았나**
> **이다** 하니 23여호와께서 그에게 이르시되 너는 안심하라 두려워하지 말
> 라 죽지 아니하리라 하시니라 24기드온이 여호와를 위하여 거기서 제단
> 을 쌓고 그것을 여호와 살롬이라 하였더라 그것이 오늘까지 아비에셀
> 사람에게 속한 오브라에 있더라(사사기 6:19-24)

기드온이 염소 새끼 하나를 준비하여 고기와 국을 만들고 무교병을 만드는 데 걸린 시간은 어느 정도였을까? 최소한 지금 우리가 '마트(mart)'에 가서 장을 보고 음식을 만드는 시간보다는 더 많은 시간이 필요했을 것이다. 나는 성경의 이러한 기록들을 볼 때마다 '우리를 기다려 주시는 하나님'을 깨닫곤 한다.

그렇게 준비해온 것을 가져다드리자 하나님께서 기드온에게 말씀하셨

다. "고기와 무교병을 가져다가 이 바위 위에 놓고 국을 부으라." 그리고는 하나님께서 손에 잡은 지팡이 끝을 고기와 무교병에 대자, 국물이 가득 고인 바위에서 불이 나와 기드온이 가져다드린 것을 모두 살랐다.[60] 동시에 여호와의 사자는 떠나서 기드온의 눈에 보이지 않게 되었다.

비로소 자신을 찾아오신 분이 하나님이시라는 사실을 깨달은 기드온이 말했다. "슬프도소이다. 주 여호와여 내가 여호와의 사자를 대면하여 보았나이다." 기드온의 이 말은 그의 죽음을 두려워한 까닭이었다. '거룩하신 하나님'을 '거룩하지 않은 인간'이 직접 대면할 경우 살아남지 못한다는 사실은 이들에게 상식이었다. 그런 점에서 기드온의 두려움은 당연한 것이었다. 이렇게 두려움에 떠는 기드온을 하나님께서 안심시키신다. "너는 안심하라. 두려워하지 말라. 죽지 아니하리라." 무슨 뜻인가? 하나님께서 "기드온의 허물을 당신의 은혜로 덮어 뒤돌아보지 않겠다"라는 말씀이다.

신학적으로 '거룩함'이란 '구별됨'을 뜻한다. 사람이라는 존재는 그 자신의 힘으로는 결코 거룩해질 수 없는 존재다. 오직 하나님만이 거룩하시다. 즉 이 세상으로부터 구별되어 '하나님의 거룩함'을 덧입은 사람만이 '거룩한

---

60 국물이 가득 고인 바위에서 불이 나와 기드온이 가져다드린 것을 모두 불사른 이 장면에서 나는 엘리야를 통해 역사하신 하나님을 떠올렸다.: "[32]그가 여호와의 이름을 의지하여 그 돌로 제단을 쌓고 제단을 돌아가며 곡식 종자 두 세아를 둘 만한 도랑을 만들고 [33]또 나무를 벌이고 송아지의 각을 떠서 나무 위에 놓고 **이르되 통 넷에 물을 채워다가 번제물과 나무 위에 부으라 하고 [34]또 이르되 다시 그리하라 하여 다시 그리하니 또 이르되 세 번째로 그리하라 하여 세 번째로 그리하니 [35]물이 제단으로 두루 흐르고 도랑에도 물이 가득 찼더라** … [37]여호와여 내게 응답하옵소서 내게 응답하옵소서 이 백성에게 주 여호와는 하나님이신 것과 주는 그들의 마음을 되돌이키심을 알게 하옵소서 하매 [38]**이에 여호와의 불이 내려서 번제물과 나무와 돌과 흙을 태우고 또 도랑의 물을 핥은지라**"(열왕기상 18:32−35, 37−38).

존재'가 된다. 마찬가지다. "기드온, 바락, 삼손, 입다"가 히브리서 11장 '믿음의 전당'에 오를 수 있었던 것은 오직 '하나님의 거룩함'을 덧입었기 때문이다. 당연히 이 일은 "예수의 피를 힘입어" 이루어진 기적이다.

이에 기드온은 하나님을 만난 자리에 제단을 쌓고 그것을 '여호와 살롬'이라고 하였다. 기드온의 이 행동은 "너는 안심하라. 두려하지 말라. 죽지 아니하리라"라는 말씀의 뜻을 알아들었다는 이야기다. 비로소 하나님과 기드온 사이에 '평안의 관계'가 이루어진 것이다.[61] 이 모든 것은 하나님께서 먼저 그리고 직접 기드온을 만나주심으로 이루어진 관계였다.

> [25]그날 밤에 여호와께서 기드온에게 이르시되 **네 아버지에게 있는 수소** 곧 칠 년 된 둘째 수소를 끌어 오고 **네 아버지에게 있는 바알의 제단을 헐며 그 곁의 아세라 상을 찍고** [26]또 이 산성 꼭대기에 네 하나님 여호와를 위하여 규례대로 한 제단을 쌓고 그 둘째 수소를 잡아 네가 찍은 아세라 나무로 번제를 드릴지니라 하시니라 [27]이에 기드온이 종 열 사람을 데리고 여호와께서 그에게 말씀하신 대로 행하되 **그의 아버지의 가문과 그 성읍 사람들을 두려워하므로** 이 일을 감히 낮에 행하지 못하고 밤에 행하니라 … [32]**그날에 기드온을 여룹바알이라 불렀으니** 이는 그가 바알의 제단을 파괴하였으므로 **바알이 그와 더불어 다툴 것이라 함이었더라** (사사기 6:25-27, 32)

---

61 이것이 바로 '구원'이다. 그리고 기드온이 히브리서 11장 '믿음의 전당'에 올라갈 자격이 있는 이유가 바로 이것이다. 구원은 오직 하나님으로만 가능하다. 우리가 거룩할 수 있는 이유는 오직 '예수의 피를 힘입어' 가능하다.

이후 이루어진 '하나님의 명령과 기드온이 행한 일 그리고 성읍 사람들과 기드온의 아버지 요아스 사이에 있었던 변론'에 대해서는 앞에서 다루었다. 이러한 과정을 통하여 기드온은 '여룹바알'[62]이라는 별명을 얻게 되었다. 결국, 이 모든 일은 미디안과의 전쟁이 시작되기 전에 기드온과 그의 집을 정결케 하기 위한 과정이었다. 성경에 나오는 여러 인물들을 볼 때, 이러한 과정은 하나님의 일을 시작하기 전에 반드시 거쳐야 하는 단계였다. 그렇게 기드온과 그의 집으로부터 우상이 제거되자, 지난 칠 년간 연례행사가 되어버린 미디안의 침략이 시작되었다. 나는 이것을 통해서도 때와 시기에 맞게 역사해 주시는 하나님의 손을 느낀다.

> [33]**그때에 미디안과 아말렉과 동방 사람들이 다 함께 모여 요단강을 건너와서 이스르엘 골짜기에 진을 친지라** [34]여호와의 영이 기드온에게 임하시니 기드온이 나팔을 불매 아비에셀이 그의 뒤를 따라 부름을 받으니라 [35]기드온이 또 사자들을 온 므낫세에 두루 보내매 그들도 모여서 그를 따르고 또 사자들을 아셀과 스불론과 납달리에 보내매 그 무리도 올라와 그를 영접하더라(사사기 6:33-35)

미디안이 침략하자, '여호와의 영'이 기드온에게 임했다. 즉 이 일이 일어나기 전에 하나님께서 기드온에게 명령하신 일들은 그에게 '여호와의 영'이 임하기 위한 준비과정이었다. 이때 기드온이 분 나팔에 응했던 지파들과 그

---

62 바알과 다툰다. 바알과 다투는 자.

사정들은 이전 단원에서 다루었다. 기드온이 나팔을 분 것은 그에게 임하신 '여호와의 영의 인도'대로 한 행동이었다. 그러나 세심한 동시에 꼼꼼했던 기드온 입장에서는 추가 확인이 필요했다.

> [36]기드온이 하나님께 여쭈되 **주께서 이미 말씀하심 같이 내 손으로 이스**
> **라엘을 구원하시려거든** [37]보소서 내가 양털 한 뭉치를 타작 마당에 두리
> 니 만일 이슬이 양털에만 있고 주변 땅은 마르면 주께서 이미 말씀하심
> 같이 내 손으로 이스라엘을 구원하실 줄을 내가 알겠나이다 하였더니
> [38]**그대로 된지라** 이튿날 기드온이 일찍이 일어나서 양털을 가져다가 그
> 양털에서 이슬을 짜니 물이 그릇에 가득하더라 [39]기드온이 또 하나님께
> 여쭈되 **주여 내게 노하지 마옵소서 내가 이번만 말하리이다** 구하옵나니
> 내게 이번만 양털로 시험하게 하소서 원하건대 양털만 마르고 그 주변
> 땅에는 다 이슬이 있게 하옵소서 하였더니 [40]**그 밤에 하나님이 그대로**
> **행하시니** 곧 양털만 마르고 그 주변 땅에는 다 이슬이 있었더라(사사기
> 6:36-40)

기드온은 하나님께 다시 확인을 요구했다. "주께서 이미 말씀하심 같이 내 손으로 이스라엘을 구원하시려거든, 보소서. 내가 양털 한 뭉치를 타작 마당에 두리니 만일 이슬이 양털에만 있고 주변 땅은 마르면 주께서 이미 말씀하심 같이 내 손으로 이스라엘을 구원하실 줄을 내가 알겠나이다." 하나님께서는 기드온의 요구대로 해주셨다. "이튿날 기드온이 일찍이 일어나서 양털을 가져다가 그 양털에서 이슬을 짜니 물이 그릇에 가득하더라."

하지만 이 정도에 만족할 기드온이 아니었다. 마실 샘이 없는 섬에 도착한 어부들의 경우, 한밤중에 '양털 뭉치'를 바깥에 두는 방식으로 생수를 구했다고 전해진다. 그러니까 기드온은 양털 뭉치 주변 땅이 마른 것은 '자연적인 현상'이 아니지만, 양털 뭉치에서 나온 물은 '자연적인 현상'으로도 볼 수 있다는 생각을 했던 것 같다. 즉 기드온은 자신이 요구했던 것이기는 하지만, 하나님의 응답이 '절반의 기적'으로 보였던 것 같다.

그러한 이유로 기드온은 잠시 갈등했던 것 같다. 기드온은 이렇게 생각했을 것이다. '지난밤 양털 뭉치와 그 주변 땅에 일어난 일은 하나님의 응답으로 보이기는 해. 하나님께서 내 손을 통해서 이스라엘을 구원하시려는 것 같아. 하지만, 혹시 아니면? 어떻게 하지? 양털 뭉치를 통해 밤중에 이슬을 모아 식수로 쓰는 일은 물이 없는 광야에서 목동들도 하는 일이 아니던가? 하나님께 내가 왜 그렇게 요구했지? 바보처럼 …. 반대로 요구했어야 하는데 …. 어떻게 하지? 어쩌지? 다시 한번 더 말씀을 드릴까? 그랬다가 하나님께서 화를 내시면 어떻게 하지? 그냥 이 정도면 하나님의 뜻을 확인한 것이 아닐까? 그러니 그냥 미디안과의 싸움에 나설까? 아니, 그랬다가 내가 잘못 안 것이면 어떻게 하지?' 타고난 성격을 극복하는 것이란 쉽지 않은 일이다. 결국, 두 갈래로 마음이 갈라진 상태에서 기드온은 하나님께 다시 한번 요구했다.

이러한 내적 갈등은 기드온이 하나님께 두 번째로 요구한 말 가운데 고스란히 드러난다. "주여 내게 노하지 마옵소서. 내가 이번만 말하리이다." 그리고 기드온은 하고 싶은 말을 했다. "구하옵나니 내게 이번만 양털로 시험하게 하소서. 원하건대 양털만 마르고 그 주변 땅에는 다 이슬이 있게 하옵소서." 정말이지, 이번 요구가 그대로 이루어진다면 하나님께서 그를 통하여 이스라엘을 구원하시기로 결정한 것이 분명해지는 것이었다. 이슬이 내리는 밤에 밖에 둔 양털 뭉치가 마르는 것은 결코 '자연적인 현상'이 아니기 때문이다.

이러한 기드온의 두 번째 요구에도 하나님께서는 흔쾌히 응하셨다. "그 밤에 하나님이 그대로 행하시니 곧 양털만 마르고 그 주변 땅에는 다 이슬이 있었더라." 그렇다면 하나님은 왜 기드온과 같은 성품의 사람을 미디안과의 전쟁에 사사로 세우셨을까? 그러니까 왜 미디안과의 전쟁에 '스파르타의 용사'와 같은 이를 세우지 않으셨을까? 이유는 간단하다.

앞에서도 다루었지만, 미디안과의 전쟁에서 하나님께서 쓰신 방법은 미디안 진영에 '두려움'을 보내는 것이었다. 그리고 그렇게 미디안 진영에 '두려움'을 보내는 방법은 '한밤중에 횃불이 든 항아리를 한꺼번에 깨며 나팔을 불어 미디안 진영에 자중지란(自中之亂)을 불러일으키는 것'이었다. 그러니 이 일은 덤벙대는 성격의 소유자가 할 일이 결코 아니었다. 이 일은 정말 꼼꼼한 성격의 소유자에게 적격(適格)인 일이었다. 즉 기드온이야말로 이 방법에 최적(最適)의 사람이었다. 나는 이러한 부분에서 당신이 지으신 세계를 운영하시는 하나님의 '주도면밀함'을 느끼곤 한다.

그렇게 기드온이 원하는 방식대로 기드온을 설득하신 하나님이셨다. 그런 하나님께서 이번에는 '기드온과 같은 부류의 사람들'을 기드온에게 붙여주신다. 물을 마시는 모습으로 최종 300명을 추리실 때 하셨던 하나님의 말씀에서도 알 수 있듯이, 이 일은 애시당초 기드온을 위한 것이었다. **"내가**

너를 위하여 그들을 시험하리라."

> [1]여룹바알이라 하는 기드온과 그를 따르는 모든 백성이 일찍이 일어나 하롯 샘 곁에 진을 쳤고 미디안의 진영은 그들의 북쪽이요 모레산 앞 골짜기에 있었더라 [2]여호와께서 기드온에게 이르시되 **너를 따르는 백성이 너무 많은즉 내가 그들의 손에 미디안 사람을 넘겨 주지 아니하리니 이는 이스라엘이 나를 거슬러 스스로 자랑하기를 내 손이 나를 구원하였다 할까 함이니라** [3]**이제 너는 백성의 귀에 외쳐 이르기를 누구든지 두려워 떠는 자는 길르앗산을 떠나 돌아가라 하라** 하시니 이에 돌아간 백성이 이만 이천 명이요 남은 자가 만 명이었더라(사사기 7:1-3)

여호와의 영을 받은 기드온의 나팔 소리에 처음 모인 이스라엘 백성의 수는 '삼만 이천 명'이었다. 이에 하나님께서는 이렇게 명령하셨다. "너를 따르는 백성이 너무 많은즉 내가 그들의 손에 미디안 사람을 넘겨주지 아니하리니, 이는 이스라엘이 나를 거슬러 스스로 자랑하기를 내 손이 나를 구원하였다 할까 함이니라. 이제 너는 백성의 귀에 외쳐 이르기를 누구든지 두려워 떠는 자는 길르앗산을 떠나 돌아가라 하라." 이 말씀대로 돌아간 백성의 수가 '이만 이천 명'이었다. 사실 두려움만큼 전염력이 강한 감정이 없다. 이제 기드온에게 남은 백성의 수는 '만 명'이었다.

> [4]여호와께서 또 기드온에게 이르시되 **백성이 아직도 많으니 그들을 인도하여 물 가로 내려가라 거기서 내가 너를 위하여 그들을 시험하리라**

> 내가 누구를 가리켜 네게 이르기를 이 사람이 너와 함께 가리라 하면 그
> 는 너와 함께 갈 것이요 내가 누구를 가리켜 네게 이르기를 이 사람은
> 너와 함께 가지 말 것이니라 하면 그는 가지 말 것이니라 하신지라 5이
> 에 백성을 인도하여 물 가에 내려가매 여호와께서 기드온에게 이르시되
> **누구든지 개가 핥는 것 같이 혀로 물을 핥는 자들을 너는 따로 세우고**
> **또 누구든지 무릎을 꿇고 마시는 자들도 그와 같이 하라** 하시더니 6손으
> 로 움켜 입에 대고 핥는 자의 수는 삼백 명이요 그 외의 백성은 다 무릎
> 을 꿇고 물을 마신지라 7여호와께서 기드온에게 이르시되 **내가 이 물을**
> **핥아 먹은 삼백 명으로 너희를 구원하며 미디안을 네 손에 넘겨 주리니**
> **남은 백성은 각각 자기의 처소로 돌아갈 것이니라** 하시니 8이에 백성이
> 양식과 나팔을 손에 든지라 기드온이 이스라엘 모든 백성을 각각 그의
> 장막으로 돌려보내고 그 삼백 명은 머물게 하니라 미디안 진영은 그 아
> 래 골짜기 가운데에 있었더라(사사기 7:4-8)

하지만 하나님은 기드온에게 남은 '만 명'도 많다고 하셨다. 이때 이들이 맞서야 했던 미디안의 병력은 노략질이 전문인 '십삼만 오천 명'이었다. "너를 따르는 백성이 너무 많은즉 내가 그들의 손에 미디안 사람을 넘겨주지 아니하리니, 이는 이스라엘이 나를 거슬러 스스로 자랑하기를 내 손이 나를 구원하였다 할까 함이니라." 하나님의 이 말씀과 물을 먹는 모습으로 돌려보낸 백성이 '만 명' 중 '구천칠백 명'이었다는 점을 들어, 하나님께서는 둘로 나뉜 백성 중에서 무조건 많은 쪽을 돌려보냈다는 주장이 있다. 물론 맞는 말이다. 처음 돌아간 백성의 수는 '삼만 이천 명' 중 '이만 이천 명'이었다. 두

번째로 돌아간 백성의 수는 '만 명' 중 '구천칠백 명'이었다. 즉 항상 소수만 남게 되었다.

그러나 나는 이 와중에도 주도면밀하게 당신의 백성을 위하여 일하시는 '하나님의 손'을 본다. 다시 한번 강조하지만, 하나님께서 '삼만 이천 명' 중 '삼백 명'의 백성을 추리는 기준은 '기드온'이었다. **"내가 너를 위하여 그들을 시험하리라."**

하나님께서 처음 돌려보내신 백성들의 특징은 '두려움에 떠는 사람들'이었다. 앞에서도 언급했지만, 기드온은 신중했지만 소심한 성격은 아니었다. 기드온의 '신중함'은 '꼼꼼함'과 연관된 것이었다. 처음 하나님을 만났을 때도 거침이 없던 기드온이었다. 물론 처음 하나님의 명령을 수행할 때 기드온은 두려워했다. 그리고 이 사실을 근거로 그가 소심한 성격이었다고 보는 신학자들이 많다. 그러나 나는 그렇게 보지 않는다.

우선 바알의 제단을 헐고 아세라 상을 찍을 때의 일이다. 기드온이 '그의 아버지의 가문과 그 성읍 사람들'을 두려워하므로 이 일을 감히 낮에 행하지 못하고 밤에 행했다는 성경의 언급이 있다.[63] 그러나 이 말씀은 기드온의 성격이 소심했다는 근거가 될 수 없다. 내가 보기에 이 말씀은 오히려 기드온이 안하무인(眼下無人)의 성격이 아니었다는 것을 보여주는 근거다. 이 일을 할 때 기드온이 염두에 둔 상대는 적(敵)이 아니었다. 이 일을 할 때 기드온이 어려워한 상대는 '그의 아버지의 가문과 자신이 어린 시절부터 보아온

63 사사기 6:27

성읍의 어른들'이었다.

미디안과의 전쟁 직전에 있었던 일 또한 마찬가지다. **"만일 네가 내려가기를 두려워하거든** 네 부하 부라와 함께 그 진영으로 내려가서"[64] '삼백 명의 민병(民兵)'을 데리고 '십삼만 오천 명의 전문 노략꾼'을 상대로 한 전쟁이었다. 그런 점에서 이때 기드온의 두려움은 '성격에 연관된 문제'이기보다는 상황에 따른 '정상적인 반응'이었다. 오히려 하나님의 이 말씀은 기드온이 '무모한 성격'이 아니었음을 의미한다. 아무리 봐도, 기드온은 그의 아버지에게 사랑받으며 자란 약간 '똘끼(?)'가 있는 동시에 '꼼꼼하며 신중한 성격'의 '부잣집 도령'으로 보인다. 즉 하나님께서 처음 돌려보내신 '두려움에 떠는 사람들'은 기드온의 성격과 소위(所謂) '코드(code)'가 맞지 않는 사람들이었다.

두 번째로 하나님께서 돌려보내라고 하신 사람들은 '무릎을 꿇고 물을 마신 사람들'이었다. 사실 '무릎을 꿇고 물을 마신 사람들'이나 '손으로 물을 움켜 입에 대고 핥는 사람들'이나 이들은 모두 담력에 있어서는 증명된 사람들이었다. 내가 그렇게 보는 근거는 하나님의 명령 때문이다. "백성이 아직도 많으니 그들을 인도하여 물가로 내려가라. 거기서 **내가 너를 위하여** 그들을 시험하리라."

먼저 우리는 '미디안 진영'과 기드온이 인도하여 내려간 '물가'의 거리를 확인해 봐야 한다. "여룹바알이라 하는 기드온과 그를 따르는 모든 백성이

---

64 사사기 7:10

일찍이 일어나 **하롯 샘 곁에 진을 쳤고** 미디안의 진영은 그들의 북쪽이요 **모레산 앞 골짜기에 있었더라**" 우선 기드온이 인도하여 내려간 물가는 '하롯 샘'이었다. 그리고 미디안 진영은 '모레산' 앞 골짜기에 있었다. '하롯 샘'과 '모레산'의 거리는 7km 정도로 알려져 있다. 그런데 하나님께서는 기드온에게 하롯 샘으로 내려가 백성들을 시험해보라고 하신 것이다. 이 당시 기드온은 '길보아산'에 진을 치고 있었다. 기드온과 그를 따르는 백성이 "하롯 샘 곁에 진을 쳤다"라는 것은 "길보아산에 진을 쳤다"라는 것을 의미한다. 그리고 길보아산은 낙타를 타고 오르기 힘든 곳이었다고 전해진다. 쉽게 말해, 기드온은 미디안 사람들이 접근하기 힘든 곳에 진을 치고 있었다. 그런데 하나님께서는 백성을 선별하기 위해 미디안 사람들이 접근하기 쉬운 곳으로 내려가라고 하신 것이다.

미디안 사람들의 주요 이동 수단은 '낙타'였다.[65] 낙타는 보통 시속 65km까지 달리는 '사막의 배'로 알려진 동물이다. 즉 기드온이 백성들과 '하롯 샘'으로 내려왔을 때 미디안의 군대가 이를 눈치채고 기습할 경우 그곳은 채 7분이 안 되는 거리였다. 이러한 상황을 생각해 보면, 하나님께서 처음 돌려보낸 '이만 이천 명'은 물 먹는 시험 자체를 치를 배포가 없는 사람들이었다.

결과적으로 하나님은 '손으로 물을 움켜 입에 대고 핥는 사람' 삼백 명을 기드온과 함께 하게 하셨다. 그렇다면 하나님께서는 어떤 기준으로 이들을

65 "미디안과 아말렉과 동방의 모든 사람들이 골짜기에 누웠는데 메뚜기의 많은 수와 같고 그들의 **낙타의 수가 많아** 해변의 모래가 많음 같은지라"(사사기 7:12).

구분하셨을까? 삼백 명이 선택된 이유는 무엇일까?

가장 일반적인 주장은 이러나저러나 숫자가 적은 쪽을 선택하셨다는 의견이다. 이 의견은 전적으로 맞는 말이다. 근거는 이 말씀 때문이다. "너를 따르는 백성이 너무 많은즉 내가 그들의 손에 미디안 사람을 넘겨주지 아니하리니, 이는 이스라엘이 나를 거슬러 스스로 자랑하기를 내 손이 나를 구원하였다 할까 함이니라."

그런데 '무릎을 꿇고 물을 마신 사람들'과 '손으로 물을 움켜 입에 대고 핥는 사람들'에 대한 해석은 신학자들 사이에 의견이 엇갈린다. 우선 '무릎을 꿇고 물을 마신 사람들'은 '경계심이 없는 경솔한 사람들'이라는 의견과 '옆에 있는 전우를 믿는 좋은 군인'이라는 의견이 맞선다. 다음으로 '손으로 물을 움켜 입에 대고 핥는 사람들'에 대해서는 '옆에 있는 전우를 믿지 못하는 의심이 많은 사람'이라는 의견과 '물을 마시는 중에도 주변 경계를 게을리하지 않는 신중한 군인'이라는 의견이 맞선다.

어느 의견이 더 설득력이 있어 보이는가? 사람마다 차이가 있겠지만, 내가 보기에 '손으로 물을 움켜 입에 대고 핥는 사람들'은 '물을 마시는 중에도 주변 경계를 게을리하지 않는 신중한 사람'이라는 의견이 맞아 보인다. 내가 이렇게 보는 이유는 간단하다. 내가 아는 하나님이시라면 그러실 것이기 때문이다. 그리고 내가 이렇게 생각하는 근거는 하나님께서 기드온에게 하신 말씀 때문이다. "거기서 **내가 너를 위하여** 그들을 시험하리라." 무슨 말씀인가? '삼백 명'을 추려내는 과정에서 하나님께서 보신 기준은 처음부터 "기드온을 위함"이었다. 기드온에게 딱 맞는 사람들이 하나님께서 처음부터 생각하신 기준이었다는 이야기다. 기드온 신중한 사람이었다. 그러므로 그와 함께 할 삼백 명 또한 신중한 사람들이어야 했던 것이다.

나의 이 말에 갑자기 하나님께 서운함을 느끼는 독자들이 있을 것이다. 기드온에게는 딱 맞는 사람들을 붙여주신 하나님께서 왜 나에게는 그렇지 않으신가? 라고 생각하는 독자들이 상당수 있을 것이다. 일상에서 어쩔 수 없이 경험하는 일일 것이다. 나와 성향이 맞지 않는 사람과 얽매이는 경우, 마음 고생 몸 고생이 말로 표현할 수 없을 정도로 심하게 마련이다. 하나님은 도대체 왜 이러실까? 기드온과 달리 왜 나한테는 이러실까? 왜 이러한 상황을 허락하시는 것일까? 이유는 간단하다. 그 과정을 통해서 나의 그릇을 넓히고[66] 겸손하게 만들기 위함이다. 세상을 보는 시야를 넓히고 내 인격을 다듬기 위해서다.

그러나 삼백 명을 선택할 당시는 '기드온의 인격을 다듬는 것'이 목표인 때가 아니었다. 미디안의 대군(大軍)을 맞아 민족적 위기에서 이스라엘을 구해야 하는 무거운 임무를 기드온에게 맡기신 상황이었다.[67] 이런 경우 내가 아는 하나님이라면 기드온과 성격적으로 '코드(code)'가 맞는 사람들을 붙여주시게 마련이다. 더군다나 하나님께서는 "내가 너를 위하여"라고 '선택 기준'을 말씀해주신 상황이었다. 기드온은 '미디안의 대군'뿐 아니라 내부의 적인 '에브라임 지파'와 같은 부류(部類)들의 도전도 감당해야 하는 상황이었

---

66 키우고

67 마찬가지다. 우리에게도 기드온과 '같은 상황'에서 '같은 일'을 맡기신다면, 하나님께서는 기드온에게 해주셨던 것과 '똑같은 배려'를 우리에게도 해주실 것이다.

다. 이런 경우, 내가 아는 하나님은 반드시 의지할 수 있는 동역자들을 붙여주시는 분이시다. 기드온은 '신중한 성격의 소유자'였다. 그러니 하나님께서 기드온에게 동역자로 붙여주신 300 용사의 성격 또한 기드온과 '닮은꼴'인 것은 당연한 일이다.

그렇다면, 왜 하나님은 기드온과 비슷한 성격을 지닌 300 용사를 기드온에게 붙여주셨을까? 첫 번째 이유는 미디안과의 첫 번째 전투에서 쓰신 '전투 방법' 때문이었을 것이다. 미디안과의 전쟁 가운데 하나님께서 쓰신 방법은 미디안 진영에 '두려움'을 보내는 것이었다. 그리고 미디안 진영에 두려움을 보내는 방법은 '한밤중에 횃불이 든 항아리를 한꺼번에 깨며 나팔을 불어 미디안 진영에 자중지란(自中之亂)을 불러일으키는 것'이었다. 그러니 이 일은 기드온뿐 아니라 300 용사 또한 '신중한 성격의 소유자'여야 했다.

두 번째 이유는 미디안과의 전쟁 이후, 이스라엘 내에서 기드온의 곁을 지켜줄 동역자에 대한 하나님의 배려였을 것이다. 미디안과의 전쟁이 대승으로 끝난 후, 이스라엘 내에서 '기드온의 울타리'가 되어준 사람들은 누구였을까? '300 용사들!' 당연한 이야기 아닌가? 기드온뿐 아니라 이들 300명은 '민족적 영웅'으로 대접받았을 것이다. 이들 300명은 미디안과의 전쟁 후 그들의 고향에서 '유력자(有力者)'가 되었을 것이다. 게다가 이들 300명은 기드온이 속한 므낫세 지파 사람들로만 구성되어 있지 않았다. 여러 지파 출신으로 구성되어 있었다. 그리고 그 여러 지파들은 이스라엘의 곡창지역인 이스르엘 골짜기에 있었다. 즉 이들 300명은 '상징적인 영향력'뿐 아니라

'경제적인 기반' 또한 튼튼했을 것이 분명하다.

에브라임 지파와 같은 세력이 존재하는 상황이었다. 그러니 미디안과의 전쟁 이후, 이들 300 용사는 기드온에게 정말 '든든한 울타리'가 되었을 것이다. 게다가 이들은 모두 기드온과 똑 닮은 성격의 소유자들이었다. 이 모든 것은 하나님의 세심한 배려였다. 성격이 맞는 친구가 얼마나 사람을 편안하게 하고 행복하게 만들어 주는지에 대해서는 따로 언급할 필요가 없으리라 믿는다.

> [28]미디안이 이스라엘 자손 앞에 복종하여 다시는 그 머리를 들지 못하였으므로 기드온이 사는 사십 년 동안 그 땅이 평온하였더라 … [33]**기드온이 이미 죽으매 이스라엘 자손이 돌아서서 바알들을 따라가 음행하였으며 또 바알브릿을 자기들의 신으로 삼고** [34]이스라엘 자손이 주위의 모든 원수들의 손에서 자기들을 건져내신 여호와 자기들의 하나님을 기억하지 아니하며 [35]**또 여룹바알이라 하는 기드온이 이스라엘에 베푼 모든 은혜를 따라 그의 집을 후대하지도 아니하였더라**(사사기 8:28, 33-35)

그 결과 기드온은 그의 '실수와 성격적 틈'에도 불구하고, 그에게 맡겨진 소명을 잘 마무리할 수 있었다. 기드온이 사는 사십 년 동안 미디안은 이스라엘 앞에 복종했다. 기드온의 생전에 미디안은 다시는 그 머리를 들지 못했다. 그리고 기드온이 살아 있는 동안 이스라엘은 '바알들'을 섬기지 않았다. 기드온이 살아 있는 동안 이스라엘은 '바알브릿'을 자기들의 신으로 삼지 못했다. 기드온이 살아 있는 동안 이스라엘은 기드온이 이스라엘에 베푼

모든 은혜를 따라 그의 집을 후대할 수밖에 없었다.[68]

어떻게 이 모든 일이 가능했을까? 기드온 한 사람의 힘으로 이 모든 일이 가능이나 했을까? 그렇지 않다. 곳곳에 흩어져 있던 '기드온의 300 용사들'이 기드온에게 힘을 보탰기 때문에 이 모든 일이 가능했을 것이다. 즉 하나님께서는 미디안과의 전쟁의 와중에도 기드온에게 성격이 맞는 친구들을 이스라엘 각지에서 300명 모아 주신 것이다. 게다가 그들은 두려움을 모르는 친구들이었다. 이것이 바로 하나님께서 당신의 사람을 세워서 쓰실 때 해주시는 아주 세밀한 배려다. 이것이 바로 하나님의 은혜다.

따라서 기드온은 정략결혼(政略結婚)을 통해 그의 세력을 공고히 할 필요가 없었다. 정략결혼을 통해 친구를 만들 필요가 애시당초 없었다. 그러나 뭐든지 꼼꼼하게 자신의 손안에 두지 않으면 못 견디는 기드온의 '성격적 틈'은 여러 곳에 많은 아내와 자식들을 남겼다.[69] 그리고 그 결과 세겜에서 얻은 첩의 아들 아비멜렉으로 말미암아, 기드온 사후(死後) 칠십 명의 아들 중 막내아들 요담 외에 육십 구명이 살해당하는 참혹한 비극이 일어나고 말았다.

---

68 "기드온이 이미 죽으매 … 또 여룹바알이라 하는 기드온이 이스라엘에 베푼 모든 은혜를 따라 그의 집을 후대하지도 아니하였더라." 무슨 말인가? 기드온이 살아 있는 동안, 이스라엘 백성들은 기드온의 집을 후대했다는 이야기다. 그리고 이러한 분위기를 주도한 것은 당연히 기드온과 함께했던 300 용사들이었을 것이다. 그러나 기드온뿐 아니라 그와 함께했던 300 용사들 또한 나이 들어 죽은 뒤 모든 것은 기드온과 300 용사 이전으로 돌아갔다.

69 이전 단원에서도 강조했지만, 기드온의 이러한 방식은 '성육신과 십자가의 길'이 아니었다. 하나님께서 '전도의 미련한 것으로 믿는 자들을 구원하시기를 기뻐하시는 방법'이 아니었다.: "하나님의 지혜에 있어서는 이 세상이 자기 지혜로 하나님을 알지 못하므로 하나님께서 전도의 미련한 것으로 믿는 자들을 구원하시기를 기뻐하셨도다"(고린도전서 1:21).

아비멜렉 1

아비멜렉과 세겜 사람들

> 30기드온이 아내가 많으므로 그의 몸에서 낳은 아들이 칠십 명이었고
> 31세겜에 있는 그의 첩도 아들을 낳았으므로 **그 이름을 아비멜렉이라 하**
> **였더라**(사사기 8:30-31)

"내가 너희를 다스리지 아니하겠고 나의 아들도 너희를 다스리지 아니할 것이요, **여호와께서 너희를 다스리시리라.**" 이 말을 할 때가 기드온의 인생 가운데 가장 빛나는 순간이었을 것이다. 기드온의 이 말은 "오직 여호와 하나님만이 이스라엘의 왕이시다!"라는 선언이었다.

그런데 성경은 기드온 이야기의 말미(末尾)에 이상한 이야기를 살짝 언급하고 지나간다.[70] 성경 본문으로 볼 때, 기드온의 아들이 '칠십 명'이었는지

---

70 성경을 읽을 때 이런 부분을 기억해야 한다. 이것은 전형적인 성경의 기록 방식이다. 무심한 듯 한마디 툭 던지고 가는 말씀 가운데 정말 많은 의미가 담겨있는 경우가 많다.

'칠십 한 명'이었는지는 분명하지 않다.[71] 일단 나는 '칠십 한 명'으로 보겠다. 위에 인용한 말씀으로 보아, 기드온에게는 많은 아내들과 한 명의 첩이 있었던 것으로 보인다. 물론 처첩(妻妾)을 합쳐 '많은 아내들'이라고 표현했을 수도 있다. 어찌 되었든 아들의 수가 칠십 한 명이었다면, 기드온에게는 백 명이 넘는 자녀가 있었을 것이다. 딸의 숫자 또한 이에 못지않았을 것이기

---

71 "[4]바알브릿 신전에서 은 칠십 개를 내어 그에게 주매 아비멜렉이 그것으로 방탕하고 경박한 사람들을 사서 자기를 따르게 하고 [5]오브라에 있는 그의 아버지의 집으로 가서 **여룹바알의 아들 곧 자기 형제 칠십 명을 한 바위 위에서 죽였으되** 다만 여룹바알의 막내 아들 요담은 스스로 숨었으므로 남으니라"(사사기 9:4-5).: 성경의 이 본문까지를 생각하면 기드온의 아들은 '칠십 한 명'이었던 것 같다. 숫자가 정확하지 않은 구약성경의 이러한 서술 방식은 '히브리어'와 연관된다. 쉽게 설명하면 이와 같다. 우리말에는 '서너 개 혹은 대여섯 개'라는 표현이 흔하다. 그러나 영어권에서는 세 개를 네 개라고 하는 경우 '거짓말'이 된다. 언어는 그 언어를 사용하는 민족의 문화를 담게 마련이다. 우리 민족에게 있어서는 "그게 아마 서너 개쯤 되었어."라고 하는데 "그러니까 그게 정확히 세 개야? 네 개야?"라고 확인(確認)이 들어온다면 싸우자는 이야기다. 우리는 "그러니까 그게 정확히 세 개야? 네 개야?"라고 묻는 사람의 성격을 좋게 보지 않는다. 하지만 영어를 사용하는 사람들은 우리와 다르다. 우리에게는 세 개나 네 개나 그게 그거지만, 영어권 사람들에게 있어서 세 개와 네 개는 분명히 다른 수다. 그러한 이유로, 우리 대한민국에서는 무언가를 분명하게 구분하고 따져야 하는 '토론(討論)'이 쉽지 않다. 그냥 우리나라의 교육과정이 토론 교육을 하지 않아서라고들 이야기하지만, 내가 보기에는 어린 시절부터 아무리 토론 교육을 시킨다 한들 쉽지 않아 보인다. 우리 대한민국에서 가장 사람을 궁지로 모는 죄는 "괘씸죄"다. 무슨 말을 하려고 이리 장황한 설명을 하는가? '히브리어'가 '우리말'과 비슷한 계열(系列)의 언어라는 이야기를 하려는 것이다. 그러한 이유로 히브리어로 기록된 구약성경의 경우 숫자가 가끔 '대충 그쯤 된다'는 식으로 기록된 부분이 있다. 반면 신약성경을 기록한 '헬라어'는 '영어'와 같은 계열(系列)의 말이다. 이렇게 구약성경을 '히브리어'로, 신약성경을 '헬라어'로 주신 하나님의 의도는 분명해 보인다. 우리말과 히브리어는 형용사가 발달 되어 있는 '문학적 언어'다. 반면 헬라어와 영어는 '과학적 언어'다. 즉 하나님께서는 '오실 예수님'을 예언한 구약성경을 '문학적 언어'인 '히브리어'로 주심으로 우리 주 예수 그리스도의 모형(模型)을 문학적으로 아주 풍부하게 표현하셨다. 반면 이미 '오신 예수님'께서 이루어주신 구원의 의미에 대해서는 아주 세밀하게 절대 오해가 있을 수 없는 '과학적 언어'로 주셨다. 심지어 헬라어는 이미 예수님을 믿고 있는 성도들을 향하여 "주 예수를 믿으라"고 하는 말과, 아직 예수님을 믿지 않는 사람들을 향하여 "주 예수를 믿으라"고 하는 말이 구별되어 있다. 이것은 헬라어에 있는 백 개가 넘는 '격(格, 문법에서 쓰는 '격')'으로 구별된다. 신학대학원에 입학하게 되는 경우, 1학년 1학기가 시작되기 전에 미리 '히브리어'와 '헬라어'를 배우는데, 이때 '헬라어의 그 수많은 격(格)'을 외우는 것은 정말이지 두고두고 많은 추억을 남긴다.

때문이다.

기드온에게 '많은 아내'가 있었던 이유는 기드온이 세력을 공고히 할 목적으로 한 '정략결혼(政略結婚)' 때문이었다. 앞 단원에서도 언급했지만, 기드온은 정략결혼을 통해 친구들을 만들 필요가 애시당초 없었다. 그에게는 하나님께서 준비해주신 '300 용사'가 있었다. 더군다나 그들은 기드온이 처음 나팔을 불었을 때 모였던 '아셀과 스불론 그리고 납달리 지파'와 '므낫세 지파' 사람들이었다.

다시 한번 사실관계를 확인하자면 이와 같다. 기드온뿐 아니라, 이들 300 용사들 또한 미디안과의 전쟁 후 '민족적 영웅'으로 대접받았을 것이다. 쉽게 말해 이들 모두는 고향에서 '지역 유지(地域 有志)'로 대우받았을 것이다. 당연한 이야기다. 게다가 이들 네 지파는 모두 이스라엘의 곡창지대인 '이스르엘 골짜기'에 자리 잡고 있었다. 그러니 미디안과의 전쟁 후 사십 년간 하나님께서 주신 평화의 시기 300 용사의 삶은 말 그대로 '유력자(有力者)의 삶'이었을 것이다. 미디안과의 전쟁 후, 이들 300 용사는 경제적으로나 사회적으로 그리고 물리적인 힘에 있어서 각자 탄탄한 기반을 가지고 있었을 것이다. 그런 점에서 이스라엘의 곡창지대에 퍼져있는 이들 '300명의 유력자(有力者)'는 당연히 '기드온의 든든한 울타리'였을 것이다.

그러니 기드온은 자신의 세력을 공고히 할 목적으로 정략결혼을 할 필요가 없었다. 그러나 꼼꼼한 그의 성격이 그를 가만히 두지 않았다. 신중한 그의 성격이 그를 자꾸 충동질했던 것으로 보인다. 이런 말을 들은 적이 있을 것이다. 세상에는 무언가를 '안 해본 사람'은 있어도 '한 번만 해본 사람'은 없다. 하나님께서 정해주신 일부일처제(一夫一妻制)를 넘어 '여러 번 결혼하는 것' 또한 마찬가지다. 즉 중혼(重婚)을 안 해본 사람은 있어도, 본처(本妻)를 두고 다른 여자를 취하는 일을 한 번만 해본 사람은 거의 없다. 혹시 한 번만 그런 사람이 있다면, 그 사람은 원래 그런 사람이 아닌데 '사고'가 있었던 경우다.

기드온 또한 마찬가지였던 것으로 보인다. 본처(本妻)를 두고 한 번 두 번 새로운 아내를 계속 맞이하는 과정에서, 여자를 보는 그의 '시선(視線)과 가치관(價値觀)'이 변화되었을 것이다. 그 결과 여러 아내가 있었음에도 불구하고, 세겜에서 얻은 첩에게서 아들을 낳게 되었다. 정말이지, 별생각 없이 본능대로 한 일이었을 것이다. 기드온은 얼마나 그 첩과 아비멜렉에게 정이 깊었을까? 성경에서 명시적으로 언급하고 있지 않기 때문에 알 수 없는 일이다. 다만 세겜에서 첩을 얻는 과정에서도, 그녀에게서 얻은 아들의 이름을 짓는 과정에서도 기드온은 신중하지 못했던 것으로 보인다. 이것은 신중한 기드온의 성격과는 거리가 먼 행동이었다.

참으로 아이러니한 일이었다. 처음 일의 시작은 기드온의 꼼꼼하고 신중한 성격 때문이었다. 무엇이든지 확실히 해두지 않으면 못 견디는 성격 때문이었다. 그래서 미디안과의 전쟁 전에도 양털 뭉치로 하나님께 끊임없이 확인을 요청했었다. 물론 하나님께서는 이러한 기드온의 요청에 화답(和答)하셨다. 그러나 전쟁에서 대승을 거둔 뒤, 기드온은 계속 더 성장했어야 했다. 이제는 미디안 사람들이 두려워 포도주 틀에서 밀을 타작하던 때의 기드온이 아니지 않은가? 기드온의 이름은 이스라엘뿐 아니라, 이스라엘 지경(地境)을 넘어 그 시절 근동 지역(近東 地域)에 사는 사람들에게 널리 퍼졌을 것이다.

그러나 그는 뭐든지 확실히 해두지 않으면 못 견디는 성격의 유혹에서 벗어나지 못했다. 그 결과 하나님께서 이미 300 용사를 통해 확실한 울타리를 주셨음에도 불구하고, 스스로 자신의 울타리를 만들겠다고 나선 것이었다. 그렇게 시작된 정략결혼이었다. 그러나 기드온이 스스로 자신의 울타리를 만들기 시작하자, 이번에는 그가 만든 환경이 그를 변화시키고 있음을 볼 수 있다. 이제 스스로 만든 환경 가운데 그의 성격이 변화되기 시작했다. 신중하고 꼼꼼했던 기드온의 성격에 틈이 생긴 것이다.

그 결과 기드온은 세겜에 있는 첩과의 사이에서 얻은 아들의 이름을 '아비멜렉'이라고 했다. '아비멜렉'은 '나의 아버지는 왕이시다'라는 뜻이다. 신중한 기드온의 성격에 틈이 생기자, 그 틈으로 그의 본심(本心)이 드러난 것이었다. 정식 아내들에게서 얻은 아들들한테는 붙이지 못했던 이름이다. "내가 너희를 다스리지 아니하겠고 나의 아들도 너희를 다스리지 아니할 것이요, **여호와께서 너희를 다스리시리라.**" 이토록 빛나는 신앙고백을 한 기드온이었지만, 시간이 갈수록 '그의 욕망'이 그의 '성격적 틈' 사이를 비집고 나오기 시작했다. '꼼꼼하고 신중한 성격' 때문에 모든 것을 분명히 해두려는 목적으로 시작한 정략결혼이었다. 그러나 그 과정에서 그의 성격과 가치관에 조금씩 '틈'이 벌어지기 시작했다. 그 결과 그 사이로 숨겨진 그의 욕망이 비집고 나오게 된 것이다. 이것이 바로 기드온 집안에 벌어진 비극의 시작이었다.

> 1여룹바알의 아들 아비멜렉이 세겜에 가서 그의 어머니의 형제에게 이
> 르러 그들과 그의 외조부의 집의 온 가족에게 말하여 이르되 2**청하노니
> 너희는 세겜의 모든 사람들의 귀에 말하라 여룹바알의 아들 칠십 명이
> 다 너희를 다스림과 한 사람이 너희를 다스림이 어느 것이 너희에게 나
> 으냐 또 나는 너희와 골육임을 기억하라** 하니 3그의 어머니의 형제들이
> 그를 위하여 이 모든 말을 세겜의 모든 사람들의 귀에 말하매 그들의 마
> 음이 아비멜렉에게로 기울어서 이르기를 **그는 우리 형제라** 하고 4**바알
> 브릿 신전에서 은 칠십 개를 내어 그에게 주매** 아비멜렉이 그것으로 방
> 탕하고 경박한 사람들을 사서 자기를 따르게 하고 5오브라에 있는 그의
> 아버지의 집으로 가서 여룹바알의 아들 곧 자기 형제 칠십 명을 한 바위
> 위에서 죽였으되 **다만 여룹바알의 막내 아들 요담은 스스로 숨었으므로
> 남으니라**(사사기 9:1-5)

기드온의 사후(死後), 여룹바알(기드온)의 아들 아비멜렉이 세겜에 가서 그의 어머니의 형제들에게 제안(提案)했다. "청하노니, 너희는 세겜의 모든 사람들의 귀에 말하라. 여룹바알의 아들 칠십 명이 다 너희를 다스림과 한 사람이 너희를 다스림이 어느 것이 너희에게 나으냐? **또 나는 너희와 골육임을 기억하라.**" 기드온에게는 아비멜렉 외에도 칠십 명의 아들이 더 있었다. 즉 아비멜렉의 제안은 이런 뜻이었다. "다스림을 받는 입장에서는 칠십 한 명의 통치자보다 한 명의 통치자가 훨씬 낫지 않겠느냐?"

그리고 "나는 너희와 골육(骨肉)임을 기억하라"라는 그의 말은 그 시대에 흔한 어법(語法)이었다. 이 시대에 살던 사람들에게는 이 사실이 매우 중요

했다.[72] 사실 아비멜렉의 이 말은 '모순(矛盾)의 극치(極致)'다. 그는 세겜 사람들에게 '자신이 그들과 골육(骨肉)임'을 내세워 '자신의 골육(骨肉)인 이복형제(異腹兄弟) 칠십 명'을 살해했다.

"여룹바알의 아들 칠십 명이 다 너희를 다스림과 한 사람이 너희를 다스림이 어느 것이 너희에게 나으냐?" 우리는 아비멜렉의 이 말을 통해서도 기드온이 현실적으로는 왕 같은 삶을 살았음을 알 수 있다. 비록 미디안과의 전쟁 후 빛나는 신앙고백을 했던 그였지만, 현실에서의 삶은 이와는 거리가 있었던 것으로 보인다.

물론 기드온이 미디안과의 전쟁 후 이스라엘 사회에 어떠한 영향력(影響力)도 행사(行使)해서는 안 된다는 의미가 아니다. 미디안과의 전쟁 후, 기드온은 그가 원하든 원하지 않든 상관없이 이스라엘 사회에 강력한 영향력을 가질 수밖에 없었다. 내가 아쉬워하는 것은 이것이다. 어차피 주어진 영향력, 기드온은 그에게 주어진 영향력을 이스라엘의 미래를 위해 사용해야 했다.

기드온이 "여호와께서 이스라엘을 다스리시리라"라는 말을 그대로 실현하려 했다면, 그는 레위인들을 세워 이스라엘 가운데 '말씀의 부흥'을 시도했어야 했다. 미디안과의 전쟁 후, 기드온은 그가 원하든 원하지 않든 이스라엘 가운데 영향력이 있을 수밖에 없지 않은가? 당연히 기드온은 이스라

---

72 물론 지금도 선거 때는 이 말이 중요하게 작동하는 것 같다. 아비멜렉이 했던 말을 21세기 대한민국 '버전(version)'으로 바꾸면 이것이다. "우리가 남이가?"

엘 백성들의 눈에 '하나님의 대리인'으로 보였을 것이다. 이것은 어쩔 수 없는 일이다.

다시 한번 말하지만, 나는 지금 기드온이 이러한 현실을 거부했어야 한다고 말하는 것이 아니다. 이 부분을 강조하는 이유는 이러하다. 이러한 생각과 주장을 하는 사람들이 의외로 많기 때문이다. 이러한 주장을 하는 사람들의 성향은 한결같다. 그들은 행동하기보다는 말하는 것을 좋아한다. 나는 이러한 발언을 "잘났다"라고 표현한다.

현실적으로 이러한 영향력을 거부하는 것은 기드온이 죽거나 이스라엘 땅을 떠나지 않는 한 불가능했다. 그러므로 내가 말하려는 것은 이것이다. 기드온은 현실적으로 부여된 그의 영향력을 '말씀의 부흥'에 썼어야 했다. 기드온은 그에게 부여된 영향력과 권위로 레위인들이 그들에게 '주어진 역할'을 제대로 할 수 있도록 끊임없이 힘썼어야 했다.[73] 그가 그렇게 했었더라면, 그가 죽은 뒤 이스라엘이 그토록 빨리 '바알과 바알브릿'으로 돌아가는 일은 없었을 것이다. 그리고 그렇게 되었더라면, 세겜에 있는 사람들이 '바알브릿 신전'에서 '은 칠십 개'를 내어 아비멜렉에게 주는 일 또한 없었을 것이다. 당연히 '은 칠십 개'가 '바알브릿 신전'에서 나올 수 없었다면, 아비멜렉은 방탕하고 경박한 사람들을 살 수 없었을 것이다. 그 결과 아비멜렉

---

73 "[8]레위에 대하여는 일렀으되 주의 둠밈과 우림이 주의 경건한 자에게 있도다 주께서 그를 맛사에서 시험하시고 므리바 물 가에서 그와 다투셨도다 … [10]주의 법도를 야곱에게, 주의 율법을 이스라엘에게 가르치며 주 앞에 분향하고 온전한 번제를 주의 제단 위에 드리리로다"(신명기 33:8, 10).

은 기드온의 아들 칠십 명을 한 바위 위에서 죽일 수 없었을 것이다.

그러나 기드온은 미디안과의 전쟁 후, 그에게 주어진 영향력을 '말씀의 부흥'에 쓰지 않았다. 오히려 많은 처첩(妻妾)을 얻는 일에 썼다. 그러한 정략 결혼을 통해 기드온은 자신과 자기 집안의 안전을 꿈꿨을 것이다. 그는 자신의 이러한 행보(行步)가 자신의 사후(死後) 그의 집안을 지켜줄 것이라고 생각했을 것이다. 하지만 하나님께서 주신 영향력을 '말씀의 부흥'에 쓰지 않았던 기드온의 선택은 그의 집안에 비극을 불러들이고 말았다.

이러한 사실을 전하는 사사기 본문에 기드온의 이름이 '여룹바알'로 기록된 것은 의도적으로 보인다. '여룹바알'은 '바알과 다툰 자'라는 뜻으로 기드온의 별명이었다. 사사기 기자는 이러한 서술 방식으로 '바알과 다툰 자'가 그에게 주어진 영향력을 '말씀의 부흥'에 쓰지 않을 경우, 어떠한 결과가 나타나는지를 드러낸다. 하나님으로부터 부여된 영향력을 '자신의 욕망과 사익(私益)'에 쓸 경우, 어떠한 결과가 나타나는지를 극명하게 드러내고 싶었던 것으로 보인다. 결과적으로 여룹바알의 칠십 명의 아들들은 '바알브릿 신전'에서 나온 '은 칠십 개'로 말미암아 몰살당하고 만다.

그 가운데 여룹바알의 막내아들 요담이 살아남은 것은 하나님의 배려였다. 아비멜렉이 그의 아버지의 집을 난도질한 것은 기드온이 뿌린 씨앗이 '싹튼 결과'였다. 하지만 하나님의 손은 기드온의 대가 끊어지는 것을 허락하지 않으셨다. 구체적으로 어떠한 계기와 방법으로 요담이 스스로 숨게 되었는지는 성경에 자세히 기록되어 있지 않다. 하지만 하나님과 동행해본 성도들은 이 부분에서 느껴지는 것이 있을 것이다. 쉽게 와닿는 부분이 있을 것이다. 구체적인 과정이야 알 수 없지만, 우리네 인생 가운데 역사하셨던 하나님의 손처럼 그렇게 요담을 구해내신 것은 분명하다. 이러한 경우, 우리가 흔히 듣게 되는 간증은 이러하다. "어떻게 그 순간 그 일 때문에 일이 지체되어서 …. 나중에 알고 보니 …, 어떻게 하필이면 그 사람이 그 순간 찾아와서 …, 하필이면 그 순간 어디가 아파서 …."

"내가 너희를 다스리지 아니하겠고 나의 아들도 너희를 다스리지 아니할 것이요, **여호와께서 너희를 다스리시리라.**" 기드온은 분명히 왕이 되어달라는 이스라엘 백성들의 요구를 거절하였다. 그러나 그의 아들 아비멜렉은 왕이 되는 데 거침이 없었다. 그도 그럴 것이 그의 아버지가 그에게 지어준 이름은 '아비멜렉, 나의 아버지는 왕이시다'였다. 그러니 매 순간 불리는 이름 자체가 '아버지가 왕'이었던 아비멜렉의 입장에서는 왕이 못 되는 것이 오히려 이상한 일이었을 수도 있다. 오히려 그에게는 왕이 되지 않는 것은 마땅히 해야 할 일을 안 한 것으로 느껴졌을 것이다.

그렇게 아비멜렉은 '바알브릿 신전'에서 나온 '은 칠십 개'로 방탕하고 경박한 사람들을 사서 자신을 따르도록 했다. 그리고 이들을 이끌고 아버지의 집으로 가서 이복형제 칠십 명을 "한 바위 위에서" 죽이고 만다. 있을 수 없는 골육상잔(骨肉相殘)이 벌어진 것이었다.

생각할수록, 기가 막힌 일이다. 더군다나 아비멜렉은 뒤에서 다룰 입다처럼 그의 형제에게 쫓겨나거나 차별대우를 받았다는 기록이 없다.[74] 많

74 "[1]길르앗 사람 입다는 큰 용사였으니 기생이 길르앗에게서 낳은 아들이었고 [2]길르앗의 아내도

은 수의 아내와 자녀 때문에 충분히 정을 주기는 쉽지 않았겠지만, 기드온은 그의 아버지 요아스에게 양육 받았던 대로 처자식(妻子息)을 대했을 것이다. 즉 따뜻하게 대했을 것이다. 편을 들어주었을 것이다. 더군다나 기드온이 아비멜렉에게 지어준 이름은 "나의 아버지는 왕이시다"였다. 쉽게 말해, "우리 왕자님, 우리 왕자님"이라고 했다는 이야기다. 그러나 아비멜렉은 그의 아버지의 은혜를 악(惡)으로 갚고 말았다.

> 세겜의 모든 사람과 밀로 모든 족속이 모여서 **세겜에 있는 상수리나무 기둥 곁에서** 아비멜렉을 왕으로 삼으니라(사사기 9:6)

그렇게 아비멜렉은 방탕하고 경박한 사람들을 사서 자기 형제 칠십 명을 한 바위 위에서 죽이고 말았다. 그리고 나자, 세겜의 모든 사람들이 모여 아비멜렉을 왕으로 삼았다. 이들이 아비멜렉을 '세겜의 왕'으로 삼은 장소는 '세겜에 있는 상수리나무 기둥 곁'이었다. 신학자들에 따르면, 이 기둥은 아마도 '방어용 요새'로 사용된 '이방 신전 정면에 세워진 기둥'이었을 것이라고 한다. 이러한 사실 또한 기가 막힌 일이다. 정말이지, '세겜'은 아비멜렉과 같은 자가 왕으로 추대될 장소가 아니었다.

그의 아들들을 낳았더라 **그 아내의 아들들이 자라매 입다를 쫓아내며** 그에게 이르되 너는 다른 여인의 자식이니 우리 아버지의 집에서 기업을 잇지 못하리라 한지라 [3]**이에 입다가 그의 형제들을 피하여 돕 땅에 거주하매** 잡류가 그에게로 모여 와서 그와 함께 출입하였더라"(사사기 11:1-3).

> [24]요셉이 그의 형제들에게 이르되 **나는 죽을 것이나 하나님이 당신들을 돌보시고 당신들을 이 땅에서 인도하여 내사 아브라함과 이삭과 야곱에게 맹세하신 땅에 이르게 하시리라** 하고 [25]요셉이 또 이스라엘 자손에게 맹세시켜 이르기를 **하나님이 반드시 당신들을 돌보시리니 당신들은 여기서 내 해골을 메고 올라가겠다 하라** 하였더라 [26]요셉이 백십 세에 죽으매 그들이 그의 몸에 향 재료를 넣고 애굽에서 입관하였더라(창세기 50:24-26)

창세기 마지막 부분에 나오는 요셉의 유언이다. "나는 죽을 것이나 하나님이 당신들을 돌보시고 당신들을 이 땅에서 인도하여 내사 아브라함과 이삭과 야곱에게 맹세하신 땅에 이르게 하시리라." 하나님께서 이스라엘을 반드시 약속의 땅으로 인도하실 것이라는 말을 한 뒤, 요셉이 이스라엘 자손에게 맹세시켜 약속한 내용은 이것이었다. "하나님이 반드시 당신들을 돌보시리니 당신들은 여기서 내 해골을 메고 올라가겠다 하라."

> 또 **이스라엘 자손이 애굽에서 가져 온 요셉의 뼈를 세겜에 장사하였으니** 이곳은 야곱이 백 크시타를 주고 세겜의 아버지 하몰의 자손들에게서 산 밭이라 **그것이 요셉 자손의 기업이 되었더라**(여호수아 24:32)

요셉의 예언처럼 하나님께서 이스라엘을 약속의 땅으로 인도하신 역사를 기록한 여호수아서 마지막 부분이다. "이스라엘 자손이 애굽에서 가져온 요셉의 뼈를 세겜에 장사하였으니" 여호수아서는 요셉이 맹세시켜 약속하게 했던 것처럼, 이스라엘 자손이 애굽에서 가져온 요셉의 뼈를 세겜에 장사했다고 기록하고 있다. 그곳은 요셉을 가장 사랑했던 요셉의 아버지 야곱이 백 크시타를 주고 '세겜의 아버지 하몰의 자손들'에게서 산 밭이었다. 그 후 세겜 땅은 "그것이 요셉 자손의 기업이 되었더라"라는 기록처럼 '므낫세 지파'의 땅이 되었다. 그런데 기드온은 '므낫세 지파'였다. 즉 아비멜렉은 그의 조상인 요셉의 무덤 앞에서 이러한 범죄를 저지르고 있는 것이다.

> [5]아브람이 그의 아내 사래와 조카 롯과 하란에서 모은 모든 소유와 얻은 사람들을 이끌고 가나안 땅으로 가려고 떠나서 **마침내 가나안 땅에 들어갔더라** [6]**아브람이 그 땅을 지나 세겜 땅 모레 상수리나무에 이르니** 그 때에 가나안 사람이 그 땅에 거주하였더라(창세기 12:5-6)

또한 세겜은 아브라함이 약속의 땅에 들어간 뒤 처음으로 성경에 기록된 지명(地名)이다. 성경은 이 사실을 "아브람이 그 땅을 지나 **세겜 땅 모레 상수리나무에** 이르니"라고 기록하고 있다.

> [24]백성이 여호수아에게 말하되 **우리 하나님 여호와를 우리가 섬기고 그의 목소리를 우리가 청종하리이다** 하는지라 [25]**그날에 여호수아가 세겜에서 백성과 더불어 언약을 맺고 그들을 위하여 율례와 법도를 제정하였더라** [26]여호수아가 이 모든 말씀을 하나님의 율법책에 기록하고 큰 돌을 가져다가 **거기 여호와의 성소 곁에 있는 상수리나무 아래에 세우고** [27]모든 백성에게 이르되 **보라 이 돌이 우리에게 증거가 되리니 이는 여**

호와께서 우리에게 하신 모든 말씀을 이 돌이 들었음이니라 그런즉 너희가 너희의 하나님을 부인하지 못하도록 이 돌이 증거가 되리라 하고
28백성을 보내어 각기 기업으로 돌아가게 하였더라(여호수아 24:24-28)

위에 인용한 말씀은 여호수아의 유명한 말에 이어진 부분이다. "여호와를 섬기는 것이 너희에게 좋지 않게 보이거든 너희 조상들이 강 저쪽에서 섬기던 신들이든지 또는 너희가 거주하는 땅에 있는 아모리 족속의 신들이든지 너희가 섬길 자를 오늘 택하라. **오직 나와 내 집은 여호와를 섬기겠노라.**"[75] 여호수아의 이러한 경고에 이스라엘 백성이 했던 대답은 이러했다. "우리 하나님 여호와를 우리가 섬기고 그의 목소리를 우리가 청종하리이다." 이렇게 그날에 여호수아가 **세겜에서** 백성과 더불어 언약을 맺고 그들을 위하여 율례와 법도를 제정했다고 성경은 기록하고 있다. 여호수아는 그렇게 하나님의 율법을 책에 기록하고 큰 돌을 가져다가 여호와의 성소 곁에 있는 **상수리나무 아래에** 세웠다. 그렇게 여호수아는 이스라엘 백성들에게 증거를 삼았다. 그리고서 여호수아가 했던 말이다. "보라 이 돌이 우리에게 증거가 되리니 이는 여호와께서 우리에게 하신 모든 말씀을 **이 돌이 들었음이니라** 그런즉 너희가 너희의 하나님을 부인하지 못하도록 이 돌이 증거가 되리라." 이 모든 맹세를 들은 돌 앞에서 세겜 사람들이 아비멜렉을 왕으로 삼았다.

---

75 여호수아 24:15

세겜의 모든 사람과 밀로 모든 족속이 모여서 **세겜에 있는 상수리나무 기둥 곁에서** 아비멜렉을 왕으로 삼으니라(사사기 9:6)

생각할수록 기가 막힌 일이었다. 세겜 땅은 자신의 골육(骨肉)을 몰살시킨 자가 설 수 있는 땅이 아니었다. 세겜 사람들에게 "나는 너희와 골육(骨肉)임을 기억하라"라는 말로 시작된 살인이었다. 세겜 땅은 그들의 조상 요셉의 뼈가 묻힌 곳이었다. 세겜 땅은 아브라함이 처음 도착한 약속한 땅이었다. 세겜 땅은 여호수아가 이스라엘 백성들과 하나님 앞에서 그들의 신앙과 소명을 새롭게 한 장소였다. 그때마다 등장했던 상수리나무였다. 그때마다 등장했던 돌들이었다. 물론 아비멜렉이 왕으로 추대된 장소에 있었던 기둥이 그들의 조상들의 신앙의 손길이 닿았었던 것이라는 증거는 없다. 하지만 굳이 그 돌을 다른 곳으로 옮겼을 리도 만무하다. 더군다나 지금과 같은 중장비가 없었던 시절이 아니던가?

그러한 땅에서 세겜 사람들은 '바알브릿 신전'을 지었고, 아비멜렉에게 용병(傭兵)을 살 자금(資金)을 제공했으며, 그의 아버지의 집을 몰살시킨 아비멜렉을 그들의 왕으로 삼았다. 세겜 사람들이 아비멜렉을 세운 장소는 그들의 조상들이 하나님과의 동행 가운데 가장 의미 있는 일들이 있었던 곳이었다.

이러한 일은 '선악과 사건' 이후 '하나님을 반역한 인류 역사' 가운데 흔하게 나타나는 현상이다. 이러한 일은 정통성(正統性)이 없는 자들이 대표적으로 하는 일이다. 참고로 정통성의 정(正)은 '바를 정'이고 통(統)은 '줄기 통'이다. 즉 사람들은 정통성이 없는 경우, 누구보다도 그 자신이 스스로 자신의 존재와 행위가 '바른 줄기'가 아님을 잘 알게 마련이다. 이런 경우 사람들은 정통성 있는 장소와 명분을 찾게 마련이다. 그렇게 해서 세겜 사람들과 아비멜렉이 찾은 장소는 '세겜에 있는 상수리나무 기둥 곁'이었다. 그런데 아이러니하게도 그 기둥은 '방어용 요새'로 쓰이는 '이방 신전에 세워진 기둥'이었다.

결국 '세겜 사람들'과 '아비멜렉'은 같은 부류의 사람들이었다. 이러한 사실은 기드온의 막내아들 요담의 비유 가운데도 그대로 드러난다.

물론 기드온이 미디안과의 전쟁 이후 '레위 지파'를 세워 '말씀의 부흥'을 일으켰다면, 이 일은 결코 일어나지 않았을 것이다. 그가 하나님께서 미디안과의 전쟁 중에 주신 '300명의 친구들'과 그 일에 충성했다면, 이 일은 일어나지 않았을 것이다. 그가 하나님께서 전쟁의 와중에도 그의 성격적 '코드(code)'까지 맞추어서 주신 '300명의 친구들'로 만족했다면[76], 이 일은 일어나지 않았을 것이다. 그의 삶 가운데 역사하셨던 '하나님의 손'[77]을 믿었다면, 이 일은 일어나지 않았을 것이다. 결국, 이 일은 기드온의 '성격적 틈'을 비집고 나온 '그의 욕망이 뿌린 일'이었다. 결국, 이 일은 자신의 신앙고백대로 살지 않았던 '그가 뿌린 씨앗'이었다.

---

76 '정략결혼'을 하지 않았다면, 즉 '한 아내'로 만족하였다면.

77 하나님의 섭리

> **사람들이 요담에게 그 일을 알리매** 요담이 그리심산 꼭대기로 가서 서서 그의 목소리를 높여 그들에게 외쳐 이르되 세겜 사람들아 내 말을 들으라 그리하여야 하나님이 너희의 말을 들으시리라(사사기 9:7)

아비멜렉이 이복형제 칠십 명을 한 바위 위에서 죽였을 때, 기드온의 막내아들 요담만 스스로 숨어 살아남았다. 그렇다면 사람들이 요담에게 아비멜렉이 왕이 되었다는 사실을 알렸을 때, 그는 어디에 있었을까? 그 시절 이복형제가 많은 집안의 아들들은 주로 외가(外家)에 왕래(往來)하며 자랐다고 한다. 당연한 이야기다. 이복형제(異腹兄弟)가 많다는 것은 아버지의 아내가 많다는 이야기다. 아버지에게 아내가 많다는 것은 그의 아버지가 '권력자(權力者)'라는 의미다. 그렇다면 그런 아버지와 혼인한 여인들은 정략결혼에 내세워진 '지방 토호(地方 土豪)의 딸'이라는 이야기가 된다. 즉 요담은 그의 외가(外家)가 있는 곳으로 피했을 것이다. 그리고 요담의 외가는 당연히 '이스라엘 어느 지파의 명문가'였을 것이다.

아비멜렉이 이복형제들을 죽였을 때는 사실 '넋 놓고 당한 상황'이었을 것이다. 하지만 사람들이 요담에게 아비멜렉이 왕이 되었다는 사실을 알렸을 때는 상황이 달랐을 것이다. 요담의 외가는 혹시 모를 공격에 대한 철저한 준비를 마친 상황이었을 것이다. 그러나 아비멜렉이 세겜에서 왕으로 추대된 후에는 요담의 안전이 다시 위협받게 될 것이라는 사실을 사람들은 알고 있었다. 그래서 요담의 안위(安危)를 걱정한 여러 사람들이 소식을 전했을 것이다.

그러자 이 소식을 들은 요담이 세겜 근처에 있는 '그리심산' 꼭대기에 올라 목청 높여 외쳤다. "세겜 사람들아 내 말을 들으라. 그리하여야 하나님이 너희의 말을 들으시리라." 이것 또한 약간 묘한 상황이다.

세겜은 '그리심산'과 '에발산' 사이에 위치했다. 그리심산은 '복을 선포하는 장소'로, 에발산은 '저주를 선포하는 장소'로 알려진 곳이다.[78] 요담이 세겜 사람들에게 소리 높여 외쳤던 내용은 분명히 "저주"였다. 그런데 요담은 아비멜렉과 세겜을 향한 '저주의 말'을 '축복의 산'인 '그리심산'에서 외쳤다. 이러한 상황은 여호와 하나님과 이스라엘의 조상 사이의 언약의 땅인 세겜에서 벌어진 모순된 상황을 반영한 것으로 보인다. 즉 '축복의 땅'인 세겜에서 시작된 '반역과 비극'에 대해 요담은 '축복의 산'인 그리심산에서 '심판'을 외쳤던 것이다.

물론 요담이 그리심산을 선택한 것은 현실적인 이유도 있었다. 그리심산은 급경사와 우거진 숲이 있는 산이었다. 즉 산 아래에 있는 세겜 사람들이 요담을 잡으러 쉽게 오르기 힘든 산이었다. 동시에 우거진 숲 때문에 요담의 정확한 위치를 특정하기 힘들었을 것이다. 게다가 숲이 우거진 산의 특징으로 요담의 목소리는 잘 울려 퍼져 그의 말이 세겜 사람들에게 잘 전달되었을 것이다.[79]

---

78 "네 하나님 여호와께서 네가 가서 차지할 땅으로 너를 인도하여 들이실 때에 **너는 그리심산에서 축복을 선포하고 에발산에서 저주를 선포하라**"(신명기 11:29).

79 내가 사역자로서 가슴 속에 품고 있는 사자성어가 있다. "일조명산(一鳥鳴山)", 새 한 마리가 울어도 산 전체가 울린다는 말이다. 하물며 하나님의 형상인 한 사역자가 하나님 앞에서 목 놓아 울 때, 어찌 온 우주가 울리지 않을까?

> 8**하루는 나무들이 나가서 기름을 부어 자신들 위에 왕으로 삼으려 하여**
> 감람나무에게 이르되 너는 우리 위에 왕이 되라 하매 9감람나무가 그들
> 에게 이르되 **내게 있는 나의 기름은 하나님과 사람을 영화롭게 하나니**
> **내가 어찌 그것을 버리고 가서 나무들 위에 우쭐대리요** 한지라 10나무들
> 이 또 무화과나무에게 이르되 너는 와서 우리 위에 왕이 되라 하매 11무
> 화과나무가 그들에게 이르되 **나의 단 것과 나의 아름다운 열매를 내가**
> **어찌 버리고 가서 나무들 위에 우쭐대리요** 한지라 12나무들이 또 포도나
> 무에게 이르되 너는 와서 우리 위에 왕이 되라 하매 13포도나무가 그들
> 에게 이르되 **하나님과 사람을 기쁘게 하는 내 포도주를 내가 어찌 버리**
> **고 가서 나무들 위에 우쭐대리요** 한지라 14이에 모든 나무가 가시나무에
> 게 이르되 너는 와서 우리 위에 왕이 되라 하매 15가시나무가 나무들에
> 게 이르되 **만일 너희가 참으로 내게 기름을 부어 너희 위에 왕으로 삼겠**
> **거든 와서 내 그늘에 피하라 그리하지 아니하면 불이 가시나무에서 나**
> **와서 레바논의 백향목을 사를 것이니라** 하였느니라(사사기 9:8-15)

요담의 우화(寓話)는 성경에 나오는 '첫 번째 우화'로 알려져 있다. 누구나 쉽게 알 수 있듯이, 이 우화에 나오는 '나무들은 세겜 사람들'을 '가시나무는 아비멜렉'을 가리킨다. 이야기 속의 동식물 혹은 무생물이 사람들처럼 의지를 가지고 행동하는 우화는 어떤 상황을 전달하는 데 대단히 효율적인 방법이었다. 신학자들 중에는 요담이 외친 우화가 그 시절 그 지역에 잘 알려진 우화일 수도 있다고 주장한다. 이러한 주장은 어느 정도 설득력이 있어 보인다. 이미 알고 있는 노래가 귀에 잘 들리듯이, 세겜 사람들에게 자신의 말

을 전달하고 싶었던 요담 입장에서는 사람들이 잘 알고 있는 우화를 인용하는 것이 효율적이었을 것이다. 또한 세겜 사람들과 아비멜렉 사이의 일이 딱딱 들어맞는다는 점에서 기존에 알려진 우화를 요담이 '패러디(parody)'했을 수도 있다.

어찌 되었든, 요담이 '그리심산' 꼭대기에서 외쳤던 우화의 내용은 이러했다. 하루는 나무들이 기름을 부어 자신들 위에 세울 왕을 찾아다녔다. "너는 우리 위에 왕이 되라." 나무들이 감람나무와 무화과나무 그리고 포도나무와 가시나무에게 했던 말이다. 사실 나무들의 이러한 시도는 처음부터 주소를 잘못 찾은 것이다. 나무들의 왕 또한 여호와 하나님밖에는 없기 때문이다.

이러한 나무들의 요구에 감람나무와 무화과나무 그리고 포도나무의 대답은 이러했다. 먼저 감람나무의 대답이다. "내게 있는 나의 기름은 하나님과 사람을 영화롭게 하나니 내가 어찌 그것을 버리고 가서 나무들 위에 우쭐대리요?" 두 번째로 무화과나무의 대답이다. "나의 단 것과 나의 아름다운 열매를 내가 어찌 버리고 가서 나무들 위에 우쭐대리요?" 그리고 포도나무의 대답이다. "하나님과 사람을 기쁘게 하는 내 포도주를 내가 어찌 버리고 가서 나무들 위에 우쭐대리요?"

이들 세 나무의 대답에는 공통된 말이 있다. "내가 어찌 버리고 가서 나무들 위에 우쭐대리요?" 그렇다면 이들 세 나무가 버리지 못한 것은 무엇이었을까? 각각의 나무가 답한 내용은 서로 달랐지만, 이들 세 나무가 말한 내용은 한 가지다. 이들 세 나무는 "하나님으로부터 받은 소명을 버릴 수 없다"는 것이었다. 즉 이들 세 나무는 같은 말을 했다. 그렇게 놓고 보면, 기드온이 미디안과의 전쟁 후 이들 세 나무와 같았다면 그의 아들 요담이 그리심산에 오를 일은 없었을 것이다. 그에게 주어진 '이스라엘의 말씀의 부흥'이라는 소명에 충실했다면 요담이 이 우화를 외칠 일은 없었을 것이다.

세 나무에게 거절당한 나무들이 마지막으로 찾아간 곳은 '가시나무'였다. 나무들은 앞의 세 나무에게 했던 말을 반복했다. "너는 와서 우리 위에 왕이 되라." 그러자 이번에는 다른 대답이 나왔다. "만일 너희가 참으로 내게 기름을 부어 너희 위에 왕으로 삼겠거든 와서 내 그늘에 피하라. 그리하지 아니하면 불이 가시나무에서 나와서 레바논의 백향목을 사를 것이니라."

"와서 내 그늘에 피하라." 가시나무는 말도 안 되는 소리를 했다. 가시나무에 무슨 그늘이 있다고 그 밑에 피할 사람이 있겠는가? 우리는 이 말을 통해 가시나무가 '스스로를 잘 모르고 있다'는 사실을 알 수 있다.[80] 아비멜렉 또한 마찬가지였다. 그는 스스로를 왕이라 생각했으나 그는 왕이 될 자격이 없는 인물이었다.

"그리하지 아니하면 불이 가시나무에서 나와서 레바논의 백향목을 사를 것이니라." 자신의 그늘에 피하라는 말 뒤에 가시나무가 했던 말이다. 가시나무는 느닷없이 '레바논의 백향목'을 소환했다. 백향목은 소나무과(科)에 속하는 상록수다. 다 자라고 난 뒤에는 높이가 40미터, 둘레가 10미터 이상이 될 만큼 큰 나무가 백향목이다. 지상에서 2–3미터 부근부터 수평으로 가

---

80 '과대망상증이 있다'는 사실을 알 수 있다.

지가 나오는데, 조금 떨어져서 가지가 이루는 모양을 전체적으로 볼 때 '돔(dome)' 모양을 이루는 나무가 백향목이다. 또한 백향목은 방향효과(芳香效果)가 있어 나무 주변에 있을 경우 상쾌한 기분이 든다고 알려져 있다. 이러한 특성 때문에 백향목은 성전과 궁전을 건축할 때 재료로 쓰였다.[81] 그러므로 나무 중의 진정한 왕을 꼽으라고 한다면, 단연 백향목이 그 자리를 차지하는 것이 마땅했다. 그런데 가시나무가 백향목을 거론하며 했던 말은 이것이었다. "와서 내 그늘에 피하라. 그리하지 아니하면 불이 가시나무에서 나와서 레바논의 백향목을 사를 것이니라." 사실 이러한 일은 인생을 살아보면 알겠지만, 일상다반사(日常茶飯事)로 일어나는 일이다.

아래 인용한 성경 본문은 요담이 나무들의 우화에 이어 외친 내용이다.

> [16]이제 너희가 아비멜렉을 세워 왕으로 삼았으니 **너희가 행한 것이 과연 진실하고 의로우냐 이것이 여룹바알과 그의 집을 선대함이냐** 이것이 그의 손이 행한 대로 그에게 보답함이냐 [17]우리 아버지가 전에 죽음을 무릅쓰고 너희를 위하여 싸워 미디안의 손에서 너희를 건져냈거늘 [18]너희가 오늘 일어나 우리 아버지의 집을 쳐서 그의 아들 칠십 명을 한 바위 위에서 죽이고 그의 여종의 아들 아비멜렉이 너희 형제가 된다고 그를

81 "[10]솔로몬이 두 집 곧 **여호와의 성전과 왕궁을 이십 년 만에 건축하기를 마치고** [11]갈릴리 땅의 성읍 스무 곳을 히람에게 주었으니 이는 두로 왕 히람이 솔로몬에게 그 온갖 소원대로 **백향목과 잣나무와 금을 제공하였음이라**"(열왕기상 9:10-11). "다윗이 그의 궁전에 거주할 때에 다윗이 선지자 나단에게 이르되 나는 **백향목 궁에** 거주하거늘 여호와의 언약궤는 휘장 아래에 있도다"(역대상 17:1).

> 세워 세겜 사람들 위에 왕으로 삼았도다 [19]만일 **너희가 오늘 여룹바알 과 그의 집을 대접한 것이 진실하고 의로운 일이면** 너희가 아비멜렉으로 말미암아 기뻐할 것이요 아비멜렉도 너희로 말미암아 기뻐하려니와
> [20]그렇지 아니하면 아비멜렉에게서 불이 나와서 세겜 사람들과 밀로의 집을 사를 것이요 세겜 사람들과 밀로의 집에서도 불이 나와 아비멜렉을 사를 것이니라 하고
> [21]요담이 그의 형제 아비멜렉 앞에서 도망하여 피해서 브엘로 가서 거기에 거주하니라(사사기 9:16-21)

"너희가 행한 것이 과연 진실하고 의로우냐?" 요담은 이 말을 두 번 반복하면서 세겜 사람들에게 심판을 선포했다. "이제 너희가 아비멜렉을 세워 왕으로 삼았으니, **너희가 행한 것이 과연 진실하고 의로우냐?** 이것이 여룹바알과 그의 집을 선대함이냐? 이것이 그의 손이 행한 대로 그에게 보답함이냐?" 사실 입이 열 개라 할지라도, 세겜 사람들은 할 말이 없는 상황이었다. 이스라엘의 토지소산(土地所産)을 멸하여 먹을 것을 하나도 남겨두지 않았던 미디안의 압제였다. 이스라엘 땅에 양이나 소뿐 아니라 나귀 한 마리도 남기지 않았던 미디안의 수탈이었다. 이러한 압제 가운데 '하나님의 구원의 손'으로 세움 받아 이스라엘을 미디안으로부터 구원한 기드온이었다. 즉 세겜 사람들은 기드온의 집에 은혜를 원수로 갚은 것이었다.

이러한 추궁에 이어 요담은 세겜 사람들의 구체적인 행동을 고발했다. "우리 아버지가 전에 죽음을 무릅쓰고 너희를 위하여 싸워 미디안의 손에서 너희를 건져냈거늘 너희가 오늘 일어나 우리 아버지의 집을 쳐서 그의 아들 칠십 명을 한 바위 위에서 죽이고 그의 여종의 아들 아비멜렉이 너희 형제

가 된다고 그를 세워 세겜 사람들 위에 왕으로 삼았도다." 세겜 사람들의 이러한 패역은 진실과 의로움을 저버린 행동이었다.

이에 요담은 마지막으로 '저주의 말'을 세겜 사람들에게 외쳤다. **"만일 너희가 오늘 여룹바알과 그의 집을 대접한 것이 진실하고 의로운 일이면** 너희가 아비멜렉으로 말미암아 기뻐할 것이요, 아비멜렉도 너희로 말미암아 기뻐하려니와 그렇지 아니하면 아비멜렉에게서 불이 나와서 세겜 사람들과 밀로의 집을 사를 것이요, 세겜 사람들과 밀로의 집에서도 불이 나와 아비멜렉을 사를 것이니라." 요담의 이러한 어법(語法)은 배울 필요가 있다. 요담은 분명해 보이는 세겜 사람들과 아비멜렉의 악한 행동에도 최종적인 가치판단을 유보했다. 이 일은 하나님께서 판단하시고 처분하셔야 할 일이었기 때문이다. 즉 요담은 '하나님께서 움직이실 공간을 남겨두는 방식'으로[82] 세겜 사람들에게 심판을 선언했다.

하나님께서 요담의 편이라 할지라도, 세겜 사람들이 기드온과 그의 집을 대접한 것이 진실하고 의로운 일이라면 그들은 걱정할 필요가 없었다. 그러할 경우 세겜 사람들은 아비멜렉으로 말미암아 기뻐하는 삶을 살게 될 것이다. 또한 아비멜렉 또한 세겜 사람들로 말미암아 기뻐하는 삶을 살게 될 것이다. 하지만 세겜 사람들이 기드온과 그의 집을 대접한 것이 진실하고 의로운 일이 아니라면, 세겜 사람들과 아비멜렉은 그들이 행한 그대로 돌려받게 될 것이다. 이것이 하나님께서 세우신 법칙이다.

---

82 '하나님의 주권을 고백하는 방식'으로 혹은 '하나님께서 일하시는 공간을 남겨두는 방식'으로

스스로 속이지 말라 하나님은 업신여김을 받지 아니하시나니 **사람이 무엇으로 심든지 그대로 거두리라**(갈라디아서 6:7)

성경에는 "하나님을 업신여길 수 있는 비법"이 제시되어 있다. 하나님께서 세우신 법칙은 "사람이 무엇으로 심든지 그대로 거두는 것"이다. 그런데 자신은 상대에게 '악한 것'을 심고서 자신에게는 '선한 것'이 열리기를 기대하는 경우, 그는 심은 대로 거두는 법칙을 세우신 하나님을 업신여기는 것이다.

이 법칙은 21세기 대한민국에도 그대로 적용된다. 내가 총신대학교 신학대학원에 다닐 때, 설교학 시간에 배운 내용은 이것이었다. "여기 있는 전도사님들 기억해두세요. 나중에 목사가 된 뒤 이곳에서 배운 대로 설교할 경우, 성도들은 전도사님들의 설교를 싫어할 것입니다. 전도사님들이 나중에 목사가 된 뒤 성경에서 말씀하시는 대로 설교할 경우, 교인(教人)들은 전도사님을 향하여 사랑이 없는 목사라고 할 것입니다. 그래도 계속 성경대로 설교할 경우, 많은 교인들은 전도사님을 저주하고 그 교회를 떠날 것입니다. 결과적으로 지금 이 말을 듣고 있는 전도사님들 중 절대다수는 교인들의 눈높이에 맞추어 설교하게 될 것입니다. 그렇게 복음을 타협하게 될 것입니다. 그럴 경우, 전도사님은 교인들의 사랑은 받게 될지는 모르겠지만 참 선지자는 아닙니다. 그럴 경우, 전도사님이 사역하시는 교회는 수적으로는 부흥할지는 모르겠지만 전도사님이 사역하시는 교회는 교인이 떠나는 대신 하나님께서 떠나실 것입니다. 하나님은 그 교회 교인의 수준에 맞추어

주시는 방식으로 그 교회 교인들을 심판하십니다. 즉 그 교회의 교인들이 듣고 싶어 하는 설교를 하는 목사를 그 교회에 보내주시는 방식으로 그 교회의 교인들을 저주하십니다. 이것이 바로 하나님께 버림받은 줄도 모르고 뛰는 목사와 교인들을 향한 하나님의 심판 방식입니다. 그런데 지금 이 말을 들었다고 여기 있는 전도사님들이 성경 말씀에 바로 서서 말씀을 선포할까요? 아니요. 대부분의 전도사님들은 이 말을 듣고도 교인들이 듣고 싶어 하는 말을 하는 설교자로 바뀌어 갈 것입니다. 하지만, 우리는 전도사님들에게 분명히 말했습니다. 그러니 그 결과에 대한 책임은 전도사님들에게 있습니다."

즉 언약의 성지(聖地)인 세겜 땅에 '바알브릿 신전'을 세운 세겜 사람들에게 하나님께서는 '아비멜렉'을 보내셨다. 그 결과 그들은 서로 작당(作黨)해 미디안으로부터 이스라엘을 구원한 기드온의 아들 칠십 명을 한 바위 위에서 참혹하게 살해했다. 이때 그들이 서로에게 했던 말은 "우리는 같은 골육(骨肉)이다"이었다. 그렇게 같은 골육임을 내세워 그들은 '아비멜렉의 골육'을 도륙했다. 그리고는 아비멜렉을 세겜에 있는 상수리나무 기둥 곁에서 왕으로 삼았다. 그 순간 세겜 사람들과 아비멜렉의 눈에는 자신들이 이스라엘의 권력을 잡기 시작한 것으로 보였을 것이다. 하지만 이것은 그들을 향한 '하나님의 심판'의 시작이었다.

그렇게 그리심산에 올라 "너희가 행한 것이 과연 진실하고 의로우냐?"라고 외친 요담은 아비멜렉과 세겜 사람들을 피해 브엘로 가서 거주했다. 브엘은 사해(死海) 반대편 모압 땅에 위치한 성읍으로 알려져 있다. 그렇다면 요담은 왜 약속의 땅을 떠나 모압으로 갔을까? 아마도 요담은 언약의 성지(聖地)인 세겜마저 하나님과 그의 아버지 기드온을 배신하고 아비멜렉을 왕으로 세웠다면, 더 이상 이스라엘 땅에 그가 머물 곳은 없다는 생각을 했던 것 같다. 더불어 이제는 자신이 머무르는 성읍의 사람들마저 자신 때문에 위험해질 수 있다는 생각을 했을 것이다.

이후 성경에는 요담에 대한 기록이 없다. 그렇다면 이후 요담은 어떻게 되었을까? 성경에는 기록이 없어 자세히는 알 수 없으나 '별일 없었을 것'이다. 그리고 하나님의 섭리로 아비멜렉과 세겜 사람 사이에 일어난 분쟁으로 세겜 성이 흔적도 없이 사라진 뒤, 약속의 땅으로 복귀했을 것이다. 당연히 그 과정 과정마다 하나님의 선하신 손이 개입하셨을 것임은 말할 필요도 없다. 내가 아는 하나님이시라면 반드시 그렇게 하셨을 것이다.

> 내가 어려서부터 늙기까지 의인이 버림을 당하거나 **그의 자손이 걸식함을 보지 못하였도다**(시편 37:25)

> 내가 무슨 말을 더 하리요 **기드온**, 바락, 삼손, 입다, 다윗 및 사무엘과 선지자들의 일을 말하려면 내게 시간이 부족하리로다(히브리서 11:32)

아비멜렉 2

아비멜렉과 하나님의 보복

기드온의 막내아들 요담이 아비멜렉을 피해 모압 땅인 브엘로 도망간 후 삼 년의 세월이 흘렀다. 아비멜렉은 세겜에서 왕이 되었으나, 완전한 중앙 집권은 이루지 못한 상태였다.[83] 세겜[84]은 여러 갈래의 길이 교차하는 '교통의 중심지'로 알려진 곳이었다. 그러나 아비멜렉의 영향력은 므낫세 지파의 지경(地境)을 넘지 못했다는 것이 중론(重論)이다. 이것은 당연한 일이다. 우선 '에브라임 지파'가 '므낫세 지파'인 아비멜렉을 왕으로 인정했을 리가 없다. 또한 기드온과 함께했던 300 용사들이 나이 먹어 세상을 떠났을지라도 그 후손들이 아비멜렉에게 협조했을 리는 없다. 즉 아비멜렉은 므낫세 지파 내에 위치한 세겜을 중심으로 세력을 형성했다. 이때가 되자 비로소 '하나

---

83 그런 점에서, 불완전하기는 하지만 아비멜렉이 이스라엘의 첫 번째 왕이라는 주장이 있다. 내가 보기에 이 주장은 이스라엘의 '패역성(悖逆性)'을 강조하기 위한 목적으로 보인다. 아비멜렉은 왕이라기보다는 이스라엘의 한 지역에 있었던 괴뢰정권의 수장(首長) 정도로 보는 것이 맞을 것 같다.

84 세겜은 므낫세 지파 남쪽 경계 산지에 있다.

님의 손'이 움직이기 시작했다.

그렇다면, 왜 하나님은 아비멜렉과 세겜 사람들을 바로 처단하지 않으셨을까? 성경에 나오는 다양한 인생과 사건들을 살펴볼 경우, 하나님께서는 대부분 우리가 생각하는 때보다는 천천히 움직이시는 것을 알 수 있다.[85] 도대체 하나님은 왜 그러실까? 이유는 간단하다. 하나님은 우리를 '시공간적 존재(時空間的 存在)'로 지으셨다. 즉 우리는 시간과 공간을 통과하면서 무엇을 배우고 느끼고 알 수 있는 존재다. 그러므로 하나님은 우리가 잘못된 선택을 할 경우, 우리의 선택이 어떤 결과를 가져오는지 충분히 느끼고 알 수 있는 시간을 주시는 경향이 있다. 세겜 사람들에게도 마찬가지셨다.

> [22]아비멜렉이 이스라엘을 다스린 지 삼 년에 [23]하나님이 아비멜렉과 세겜 사람들 사이에 악한 영을 보내시매 **세겜 사람들이 아비멜렉을 배반하였으니** [24]이는 여룹바알의 아들 칠십 명에게 저지른 포학한 일을 갚되 그들을 죽여 피 흘린 죄를 그들의 형제 아비멜렉과 아비멜렉의 손을 도와 그의 형제들을 죽이게 한 세겜 사람들에게로 돌아가게 하심이라(사사기 9:22-24)

아비멜렉이 세겜에서 왕이 된 지 삼 년이 흐른 후였다. 하나님께서는 아비멜렉과 세겜 사람들 사이에 악한 영을 보내셨다. 그 결과 서로를 향해 골

---

85 하나님께서는 때로는 우리의 예상보다 훨씬 빠르게 움직이신다. 그러나 경험해보면 알겠지만, 우리의 예상보다 훨씬 늦게 움직이시는 경우가 많다. 물론 이 경우 또한 우리 눈에 그렇다는 것이지, 우리의 눈에 보이지 않는 곳에서는 이미 움직이셨음을 나중에 알게 된다.

육(骨肉)이라며 '강한 연대감'을 표시하던 아비멜렉과 세겜 사람들 사이에 '반목(反目)과 대립(對立)'이 생기게 되었다. 어제의 골육이 오늘의 원수가 된 셈이다. 성경은 이렇게 된 이유에 대해 이렇게 증언하고 있다. "이는 여룹바알의 아들 칠십 명에게 저지른 포학한 일을 갚되 그들을 죽여 피 흘린 죄를 그들의 형제 아비멜렉과 아비멜렉의 손을 도와 그의 형제들을 죽이게 한 세겜 사람들에게로 돌아가게 하심이라."

당연히 이것은 하나님께서 하신 일이었다. 하지만 우리가 기억해야 할 부분이 하나 더 있다. "이것은 하나님께서 하신 일이었다"라고 할 때, 나오곤 하는 질문이다. "그렇다면, 이 반목과 대립에 아비멜렉과 세겜 사람들의 요소[86]는 없었나요? 그러니까요. 하나님께서 그들을 반목하게 하지 않으셨다면(하나님께서 개입하지 않으셨다면) 그들은 서로 사이좋게 지냈을까요?" 전부는 아니지만, 이러한 질문은 어떠한 불화(不和)에 대한 '하나님의 책임'을 묻고 싶을 때 나오는 질문이다. 질문에 대한 답부터 하자면, 그들은 화목하게 잘 지냈을 리가 없다.[87]

인생을 살아보면 알겠지만, 그러한 일은 결단코 일어나지 않는다. 이유는 간단하다. 누군가를 해하고 죽이는 사람들은 그의 인생이 끝날 때까지 끊임없이 그 대상을 찾아 헤매는 것이 세상이다. 그런 점에서, 이러한 사람들과 얽히지 않는 것이 인생의 지혜다.[88] 이들은 서로를 향해 골육(骨肉)이라

86 인격적 특성

87 "**악이 악인을 죽일 것이라** 의인을 미워하는 자는 벌을 받으리로다"(시편 34:21).

88 "여호와께서 자기를 알게 하사 심판을 행하셨음이여 **악인은 자기가 손으로 행한 일에 스스로 얽혔도다** (힉가욘, 셀라)"(시편 9:16).

는 명분으로 아비멜렉의 골육(骨肉)인 기드온의 아들 69명을 죽였다. 이것이 바로 그들이다. 이것이 바로 그들의 존재(存在)다. 즉 '아비멜렉의 골육(骨肉)'을 죽이는 일에 힘을 합쳤던 그들이 시간이 흐른 뒤 '자신들의 골육(骨肉)'인 서로를 죽이는 것은 당연한 수순(手順)이었다.

> 세겜 사람들이 산들의 꼭대기에 사람을 매복시켜 아비멜렉을 엿보게 하고 **그 길로 지나는 모든 자를 다 강탈하게 하니** 어떤 사람이 그것을 아비멜렉에게 알리니라(사사기 9:25)

세겜은 여러 갈래 길이 교차하는 '가나안 땅의 교통의 중심지'였다. 이러한 사실을 통해 우리가 예상할 수 있는 일이 있다. 세겜은 자연스럽게 그 지역 상거래의 중심지였을 것이다. 그러니 "그 길로 지나는 모든 자를 다 강탈하게 하니"에서, 피해자 중 상당수는 상인(商人)이었을 것이다. 이 일은 아비멜렉과 반목하고 대립하게 된 세겜 사람들이 꾸민 일이었다. 그들은 산꼭대기에 사람을 매복시켜 그 길을 지나는 모든 자의 소유물을 강탈했다.

이러한 증언들로 보아, 아비멜렉은 세겜 땅의 지리적 잇점을 이용하여 그의 통치 권력 유지에 필요한 자금을 조달했던 것으로 보인다. 즉 세겜 사람들은 아비멜렉의 자금줄을 끊을 목적으로 이 일을 계획했을 것이다. 이것 또한 악인들이 연합한 뒤, 갈라질 때 일어나는 흔한 현상이다. 세겜 사람들은 아비멜렉의 '아킬레스건(Achilles tendon)'이 무엇인지 잘 알고 있었다.

상거래를 위해 그 길을 지나는 사람들이 강도당할 경우, 자연스럽게 그 길을 통한 교역량은 급감(急減)하게 마련이다. 당연히 거리가 더 멀어 추가 비용이 들더라도 우회로를 찾게 마련이다. 이러한 상황은 아비멜렉에게 치명적인 결과를 가져올 것이 분명해 보였을 것이다. 이러한 사실을 인지한 누군가가 아비멜렉에게 상황 보고를 했다. "어떤 사람이 그것을 아비멜렉에게 알리니라." 성경은 이에 대한 아비멜렉의 반응이나 대응을 언급하지 않고, 바로 '에벳의 아들 가알' 이야기로 넘어간다. 가알은 언약 백성이 아닌 '가나안 사람'으로 알려진 인물이었다.[89] 이렇듯, 하나님의 명령대로 가나안 족속을 진멸하지 못한 후유증은 이스라엘의 위기 때마다 불거져 나왔다.

> 에벳의 아들 가알[90]이 그의 형제와 더불어 세겜에 이르니 **세겜 사람들이 그를 신뢰하니라**(사사기 9:26)

'개 꼬리는 삼 년을 묻어놔도 여우 꼬리가 되지 않는다'는 속담이 있다. 이는 모피용으로 사용되는 여우 꼬리를 얻기 위해 개 꼬리를 땅에 삼 년간 묻어놔 봤자 소용이 없다는 말로, 쉽게 변하지 않는 사람의 속성을 지적한 속담이다. 세겜 사람들도 그랬다. 삼 년 전, 아비멜렉이 그들의 골육(骨肉)이라며 절대적인 신뢰와 지지를 보냈던 세겜 사람들이었다. 그러나 아비멜렉과 반목하게 되자, 이번에는 가나안 족속인 가알에게 마음을 빼앗기는 모습을 보인다. 이것이 바로 이러한 사람들의 특징이다. 이러한 성향의 사람들

---

89 "[27]**므낫세가** 벧스안과 그에 딸린 마을들의 주민과 다아낙과 그에 딸린 마을들의 주민과 돌과 그에 딸린 마을들의 주민과 이블르암과 그에 딸린 마을들의 주민과 므깃도와 그에 딸린 **마을들의 주민들을 쫓아내지 못하매 가나안 족속이 결심하고 그 땅에 거주하였더니** [28]이스라엘이 강성한 후에야 가나안 족속에게 노역을 시켰고 다 쫓아내지 아니하였더라"(사사기 1:27-28).

90 '갚음, 혐오'를 뜻하는 이름이다. 왜 이름을 이렇게 지었는지는 알 수 없다.

은 눈앞에 보이는 그 무엇에 쉽게 정신줄을 놓는다. 이러한 사람들은 지조(志操)가 없고 엉덩이가 가볍다.

이것이 신앙이 없는 사람들의 중요한 특성이다. 신앙이 없는 사람에게 '신의(信義)와 의리(義理)'를 기대하는 것은 거대한 해변의 모래에서 잃어버린 '안경 나사'를 찾기보다 어려운 일이다.[91] 이유는 간단하다. 신앙은 하나님과 나 사이의 '신의(信義)와 의리(義理)'이기 때문이다. 앞 단원 마지막에 인용했던 성경 말씀이다. "내가 어려서부터 늙기까지 의인이 버림을 당하거나 그의 자손이 걸식함을 보지 못하였도다"[92] 이 말씀은 우리를 향한 '하나님 쪽에서의 신의와 의리'를 표현한 것이다.

> 나는 너희 중에 행하여 너희의 하나님이 되고 너희는 내 백성이 될 것이니라(레위기 26:12)

인용한 레위기 26장의 말씀은 하나님과 이스라엘의 관계에 대해 밝히고 있다. 이스라엘의 하나님이 되신 '삼위일체 하나님'은 하나님 쪽에서 지키셔야 하는 '신의와 의리'가 있었다. 마찬가지로 하나님의 백성이 된 '이스라엘 백성'들 쪽에서도 지켜야 할 '신의와 의리'가 있었다. 이때 양쪽 당사자가 서로에게 '신의와 의리'를 지켜 언약에 충실한 상황을 '샬롬'[93]이라고 한다. 그

---

91 이 설교문을 쓸 당시, 나는 안경 나사가 풀려 안경점을 방문했었다. 정말이지, 안경 나사의 크기는 ….

92 시편 37:25

93 평화(平和), 평강(平康), 평안(平安), 특별히 '관계적 평안'을 의미한다. 하나님과 우리 사이에

러나 어느 한쪽이 '신의와 의리'를 깨뜨린 경우를 '엔샬롬'[94]이라고 한다. 즉 '샬롬'은 양쪽 당사자의 '신의와 의리'가 만날 때 성립된다.[95]

> [26]**에벳의 아들 가알이 그의 형제와 더불어 세겜에 이르니 세겜 사람들이 그를 신뢰하니라** [27]그들이 밭에 가서 포도를 거두어다가 밟아 짜서 연회를 베풀고 그들의 신당에 들어가서 먹고 마시며 아비멜렉을 저주하니 [28]에벳의 아들 가알이 이르되 **아비멜렉은 누구며 세겜은 누구기에 우리가 아비멜렉을 섬기리요 그가 여룹바알의 아들이 아니냐 그의 신복은 스불이 아니냐 차라리 세겜의 아버지 하몰의 후손을 섬길 것이라 우리가 어찌 아비멜렉을 섬기리요** [29]이 백성이 내 수하에 있었더라면 내가 아비멜렉을 제거하였으리라 하고 아비멜렉에게 이르되 네 군대를 증원해서 나오라 하니라(사사기 9:26-29)

그렇게 신뢰를 받게 된 가알에게 세겜 사람들이 연회를 베풀었다. 이때 "그들의 신당에 들어가서 먹고 마시며 아비멜렉을 저주하니"라는 기록에서

이러한 '관계적 평안'이 이루어진 상태를 '구원'이라고 한다.

94 평안이 없다. 이 또한 '관계적 평안'이 없음을 의미한다.

95 하나님과 우리의 관계는 우리 쪽의 '신의와 의리 없음'으로 말미암아 '엔샬롬'이 왔다. 이러한 '엔샬롬'의 상태를 '샬롬'으로 바꾼 것이 바로 '우리 주 예수 그리스도의 십자가'다.: "[8]우리가 아직 죄인 되었을 때에 그리스도께서 우리를 위하여 죽으심으로 하나님께서 우리에 대한 자기의 사랑을 확증하셨느니라 [9]그러면 **이제 우리가 그의 피로 말미암아 의롭다 하심을 받았으니** 더욱 그로 말미암아 진노하심에서 구원을 받을 것이니 [10]곧 **우리가 원수 되었을 때에 그의 아들의 죽으심으로 말미암아 하나님과 화목하게 되었은즉** 화목하게 된 자로서는 더욱 그의 살아나심으로 말미암아 구원을 받을 것이니라 [11]그뿐 아니라 이제 **우리로 화목하게 하신 우리 주 예수 그리스도로 말미암아** 하나님 안에서 또한 즐거워하느니라"(로마서 5:8-11).

의 신당은 어디를 가리키는 것일까? 당연히 이곳은 세겜 사람들이 아비멜렉을 왕으로 세웠던 신전이었을 것이다. 즉 세겜 사람들은 자신들이 아비멜렉을 왕으로 세웠던 장소에 가알을 맞아들였다. 그리고 가알이 아비멜렉을 저주하는 말을 들으며 연회를 즐겼다. 이러한 상황은 "한 번 배신한 사람은 계속 배신한다"는 속설을 떠올리게 한다.

세겜 사람들의 환대에 가알은 흥이 올랐던 것으로 보인다. 분위기에 취한 가알이 그의 본심(本心)을 내비쳤다. "아비멜렉은 누구며 세겜은 누구기에 우리가 아비멜렉을 섬기리요? 그가 여룹바알의 아들이 아니냐? 그의 신복은 스불이 아니냐? **차라리 세겜의 아버지 하몰의 후손을 섬길 것이라.** 우리가 어찌 아비멜렉을 섬기리요?" 겉으로 볼 때, 가알의 말은 아비멜렉을 정조준 한 것으로 보인다. 그러나 가알의 본심은 이 말에 있었다. **"차라리 세겜의 아버지 하몰의 후손을 섬길 것이라."**

가알은 가나안 족속 출신이었다. 그런 그가 사사 시대에도 활동할 수 있었던 까닭은 이스라엘 백성들이 가나안 족속을 진멸하라는 하나님의 명령에 순종하지 않았기 때문이다. 그 결과, 이스라엘 공동체 내에 '자중지란(自中之亂)'이 일어나자 그 틈으로 가나안 족속이 비집고 들어온다. 미디안과의 전쟁에서 하나님께서는 미디안 진영에 '자중지란'을 일으켜 이스라엘을 구원하셨다. 하지만 미디안의 위협이 사라지자, 이번에는 이스라엘 백성 스스로 '자중지란'을 일으키고 있음을 알 수 있다. 이러한 일은 항상 일어나는 일이다. 악은 이러한 틈을 통해 역사한다.

가알이 말한 '하몰'은 야곱이 그의 외삼촌 라반의 집에서 돌아왔을 당시 '세겜의 유력자'였다. 그리고 야곱은 하몰의 아들들에게서 밭을 산 적이 있다.[96] 야곱이 그의 형 에서를 만난 뒤에 있었던 일이다. 야곱은 에서와 헤어진 뒤, 요단강 건너에 위치한 숙곳에 임시 거처를 마련했다.[97] 아마도 이때는 상당한 시간 동안 이동에 지친 가축들을 쉬게 할 목적도 있었을 것이다.[98]

그러나 원래 하나님께서 야곱에게 돌아가라고 명령하신 장소는 벧엘[99]이었다.[100] 그러한 이유로 숙곳에서 어느 정도 정비를 마친 야곱은 나중에 벧엘로 향하게 된다. 그런데 무슨 이유인지 야곱은 숙곳에서 바로 벧엘까지 가지 않고, 세겜에 정착하는 모습을 보인다. "그가 장막을 친 밭을 세겜의 아버지 하몰의 아들들의 손에서 백 크시타에 샀으며"[101] 땅을 샀다는 것은 '정착의 의도'가 아닌 이상 설명하기 쉽지 않다. 직선거리는 아니지만, 세겜은 숙곳과 벧엘의 중간 정도에 위치했다. 즉 야곱은 처음에는 벧엘까지 갈 생각으로 숙곳에서 출발했지만, 세겜에 도착한 뒤 그 땅의 풍요로움에 마음

---

96 "[18]야곱이 밧단아람에서부터 평안히 가나안 땅 세겜 성읍에 이르러 그 성읍 앞에 장막을 치고 [19]**그가 장막을 친 밭을 세겜의 아버지 하몰의 아들들의 손에서 백 크시타에 샀으며** [20]거기에 제단을 쌓고 그 이름을 엘엘로헤이스라엘이라 불렀더라"(창세기 33:18–20).

97 "[16]이 날에 에서는 세일로 돌아가고 [17]**야곱은 숙곳에 이르러 자기를 위하여 집을 짓고 그의 가축을 위하여 우릿간을 지었으므로** 그 땅 이름을 숙곳이라 부르더라"(창세기 33:16–17).

98 "야곱이 그에게 이르되 내 주도 아시거니와 자식들은 연약하고 내게 있는 양 떼와 소가 새끼를 데리고 있은즉 **하루만 지나치게 몰면 모든 떼가 죽으리니**"(창세기 33:13).

99 '하나님의 집'이라는 뜻이다.

100 "**나는 벧엘의 하나님이라** 네가 거기서 기둥에 기름을 붓고 거기서 내게 서원하였으니 지금 일어나 이곳을 떠나서 **네 출생지로 돌아가라** 하셨느니라"(창세기 31:13).

101 창세기 33:19

을 빼앗겼던 것 같다. 그도 그럴 것이, 야곱의 기억에 '벧엘'은 말 그대로 아무것도 없는 '황무지'였다.[102]

그러나 벧엘은 야곱이 그의 형 에서를 피해 도망가던 때, 돌베개를 베고 잤던 장소다. 그가 하나님을 만나 처음으로 서원했던 장소다. 사실 이러한 일은 야곱에게만 일어나는 일이 아니다. 우리들 또한 하나님께 서원했던 장소를 향해 발걸음을 떼다가 중간에 주저앉는 경우가 흔하다. 그동안 내가 신앙생활을 하면서 볼 때, 이럴 때 문제가 일어나는 곳은 대부분 '가족(家族)'인 것 같다. 총신대학교 신학대학원을 다니는 동안 육십이 넘어 신학대학원에 들어오신 어른들에게 내가 가장 많이 들었던 말은 이것이었다. "나도 최관호 간사처럼 젊은 시절에 하나님께 서원한 대로 헌신했어야 하는데 …, 결국 우리 가족이 그렇게 되고서야 이렇게 늦게 오게 되었네."[103]

그렇게 야곱이 벧엘을 향하여 가는 여정 가운데 세겜에 주저앉자 그의 딸에게 문제가 일어나고 만다.[104] 이 일로 벌어진 세겜에서의 집단 학살극은 각자 확인해 보기 바란다. 이 일 후에 하나님께서는 야곱에게 다시 나타나

---

102 "[18]**야곱이 아침에 일찍이 일어나 베개로 삼았던 돌을 가져다가 기둥으로 세우고 그 위에 기름을 붓고** [19]**그곳 이름을 벧엘이라 하였더라** 이 성의 옛 이름은 루스더라 [20]야곱이 서원하여 이르되 하나님이 나와 함께 계셔서 내가 가는 이 길에서 나를 지키시고 먹을 떡과 입을 옷을 주시어 [21]**내가 평안히 아버지 집으로 돌아가게 하시오면 여호와께서 나의 하나님이 되실 것이요** [22]**내가 기둥으로 세운 이 돌이 하나님의 집이 될 것이요** 하나님께서 내게 주신 모든 것에서 십분의 일을 내가 반드시 하나님께 드리겠나이다 하였더라"(창세기 28:18–22).

103 혹시 오해가 있을까 봐 언급해둔다. 육십이 넘어 신학대학원에 들어오신 어른들의 "결국 우리 가족이 그렇게 되고서야"의 경우는 '야곱의 딸 디나'가 성폭행당한 사건과는 다르다.

104 "[1]레아가 야곱에게 낳은 딸 디나가 그 땅의 딸들을 보러 나갔더니 [2]**히위 족속 중 하몰의 아들 그 땅의 추장 세겜이** 그를 보고 끌어들여 강간하여 욕되게 하고 [3]그 마음이 깊이 야곱의 딸 디나에게 연연하며 그 소녀를 사랑하여 그의 마음을 말로 위로하고 [4]그의 아버지 하몰에게 청하여 이르되 이 소녀를 내 아내로 얻게 하여 주소서 하였더라"(창세기 34:1–4).

셔서 같은 명령을 반복하셨다.

> 하나님이 야곱에게 이르시되 **일어나 벧엘로 올라가서 거기 거주하며** 네가 네 형 에서의 낯을 피하여 도망하던 때에 네게 나타났던 하나님께 거기서 제단을 쌓으라 하신지라(창세기 35:1)

아비멜렉과 세겜 사람들 사이에 반목과 대립이 일어난 뒤에, 가나안 사람 가알이 세겜에 와서 했던 말이다. **"차라리 세겜의 아버지 하몰의 후손을 섬길 것이라."** 이때 세겜은 야곱의 딸 디나를 강간했던 인물이다. 여호수아가 가나안 땅을 정복하고 나서도 그 땅의 지명(地名)을 세겜으로 놔둔 이유는 쉽게 예상할 수 있다. "우리는 야곱과 같이 소명을 향하여 가는 도중에 주저앉는 실수를 하지 말자. 야곱의 딸 디나가 세겜에서 겪었던 아픔을 기억하자." 당시 여호수아 또한 소명을 향하여 가는 길이었다.

하지만 언약 백성이 그들의 소명을 잃어버리자, 가나안 족속의 후손인 가알이 이스라엘 사람들을 설득하기 시작했다. **"차라리 세겜의 아버지 하몰의 후손을 섬길 것이라."** 무슨 말인가? 출애굽과 가나안 정복을 무효로 돌리고 가나안 족속의 왕국으로 돌아가자는 선동이었다. 그러면서 가알이 한마디를 덧붙였다. "이 백성이 내 수하에 있었더라면 내가 아비멜렉을 제거하였으리라. 아비멜렉에게 이르되 네 군대를 증원해서 나오라."

> [30]**그 성읍의 방백 스불이 에벳의 아들 가알의 말을 듣고 노하여** [31]사자들을 아비멜렉에게 가만히 보내어 이르되 보소서 에벳의 아들 가알과 그

> 의 형제들이 세겜에 이르러 그 성읍이 당신을 대적하게 하니 [32]당신은 당신과 함께 있는 백성과 더불어 밤에 일어나 밭에 매복하였다가 [33]아침 해 뜰 때에 당신이 일찍 일어나 이 성읍을 엄습하면 가알 및 그와 함께 있는 백성이 나와서 당신을 대적하리니 당신은 기회를 보아 그에게 행하소서 하니(사사기 9:30-33)

성경은 가알의 말에 세겜의 방백 스불이 노했다고 기록하고 있다. 이 스불은 아비멜렉의 부사령관으로 알려진 인물이다. 즉 아비멜렉은 세겜의 관리를 스불에게 맡겼던 것으로 보인다. 가알의 말을 들은 스불이 아비멜렉에게 사자들을 보내 말했다. "보소서. 에벳의 아들 가알과 그의 형제들이 세겜에 이르러 그 성읍이 당신을 대적하게 하니, 당신은 당신과 함께 있는 백성과 더불어 밤에 일어나 밭에 매복하였다가 아침 해 뜰 때에 당신이 일찍 일어나 이 성읍을 엄습하면 가알 및 그와 함께 있는 백성이 나와서 당신을 대적하리니 당신은 기회를 보아 그에게 행하소서." 새벽에 매복하였다가 아침 해 뜰 때 공격하는 것은 이 당시의 가장 전형적인 기습 공격법이었다.

현실 세계에서 상황이 이쯤 되면, 어느 쪽이 선(善)인지 어느 쪽이 악(惡)인지 헷갈리는 상황이 펼쳐지게 마련이다. 아비멜렉은 자신의 권력을 위해 이 전투에 나선 것이 분명했다. 그러나 아비멜렉 쪽에서는 출애굽과 가나안 정복을 무효로 돌리고 가나안 족속의 왕국으로 돌아가려는 세력과의 전쟁이라고 선동할 수 있는 상황이 펼쳐진 것이다. 이러한 상황은 인류 역사 가운데 항상 일어나는 일이다. 우리나라도 마찬가지다. 구체적인 예는 들지 않겠다.

34**아비멜렉과 그와 함께 있는 모든 백성이 밤에 일어나 네 떼로 나누어**
세겜에 맞서 매복하였더니 35에벳의 아들 가알이 나와서 성읍 문 입구
에 설 때에 아비멜렉과 그와 함께 있는 백성이 매복하였던 곳에서 일어
난지라 36가알이 그 백성을 보고 스불에게 이르되 보라 백성이 산 꼭대
기에서부터 내려오는도다 하니 스불이 그에게 이르되 네가 산 그림자를
사람으로 보았느니라 하는지라 37가알이 다시 말하여 이르되 보라 백성
이 밭 가운데를 따라 내려오고 또 한 떼는 므오느님 상수리나무 길을 따
라 오는도다 하니 38스불이 그에게 이르되 네가 전에 말하기를 아비멜렉
이 누구이기에 우리가 그를 섬기리요 하던 그 입이 이제 어디 있느냐 이
들이 네가 업신여기던 그 백성이 아니냐 청하노니 이제 나가서 그들과
싸우라 하니 39가알이 세겜 사람들보다 앞에 서서 나가 아비멜렉과 싸우
다가 40아비멜렉이 그를 추격하니 그 앞에서 도망하였고 부상하여 엎드
러진 자가 많아 성문 입구까지 이르렀더라 41**아비멜렉은 아루마에 거주**
하고 스불은 가알과 그의 형제들을 쫓아내어 세겜에 거주하지 못하게
하더니(사사기 9:34–41)

스불의 연락을 받은 아비멜렉이 그의 수하에 있는 백성들을 이끌고 세겜에 맞서 매복했다. 앞에서도 언급했듯이, 새벽에 매복했다가 아침 해 뜰 때 공격하는 것은 이 당시의 상식(常識)이었다. 아침이 되어 가알이 세겜 성문 입구에 서자, 아비멜렉과 그를 따르는 백성이 매복했던 곳에서 일어나 세겜 쪽을 향하여 내려오기 시작했다. 이때 가알의 곁에는 아비멜렉에게 연락을 취한 스불이 서 있었다. 가알이 스불에게 말했다. “보라. 백성이 산 꼭대기

에서부터 내려오는도다." 이에 스불이 가알을 속여 이렇게 말했다. "네가 산 그림자를 사람으로 보았느니라." 당연히 스불은 아비멜렉 군대가 세겜 성에 조금이라도 더 가까이 접근할 때까지 가알을 속여 가알이 충분히 대비하지 못하게 하기 위함이었다.

비록 신전에서는 환대(歡待)의 분위기에 취해 큰소리를 쳤지만, 가알은 대장부(大丈夫)는 아니었던 것 같다. 불안한 마음에 성 밖에서 시선을 떼지 못하던 가알이 다시 스불에게 말했다. "보라. 백성이 밭 가운데를 따라 내려오고 또 한 떼는 므오느님 상수리나무 길을 따라 오는도다." 가알에게 실질적인 힘과 담력이 있었다면 굳이 스불에게 두 번씩이나 이러한 말을 할 이유가 없었을 것이다. 그런 점에서, 가알은 준비되지 않은 '반역자'였다. 함량미달의 '모사꾼'이었다. 이에 스불이 가알을 비웃듯 충동질했다. "네가 전에 말하기를 아비멜렉이 누구이기에 우리가 그를 섬기리요 하던 그 입이 이제 어디 있느냐? 이들이 네가 업신여기던 그 백성이 아니냐? 청하노니 이제 나가서 그들과 싸우라."

그렇게 가알은 등 떠밀려서 세겜 사람들의 앞에 서서 아비멜렉과 싸우게 되었다. 그러나 허풍쟁이의 허망한 패전(敗戰)은 정해진 일이었다. 성을 나서 제대로 싸워보기도 전에 그는 아비멜렉의 추격을 받게 되었다. 이 과정에서 부상당한 자가 많아 성문 입구까지 이르렀다. 아비멜렉과 세겜 사람들 사이에 있었던 첫 번째 전투는 이렇게 싱겁게 결판이 났다. 이 전투의 결과를 성경은 이렇게 기록하고 있다. "아비멜렉은 아루마에 거주하고 스불은 가알과 그의 형제들을 쫓아내어 세겜에 거주하지 못하게 하더니"

이 기록으로 볼 때, 가알이 아비멜렉과 싸우기 위해 성문을 나선 순간 스

붙은 뒤에서 가알을 협공(挾攻)했던 것으로 보인다. 그렇게 가알은 세겜에서 쫓겨나고 말았다. 이때 아비멜렉은 아루마에 거주하고 있었는데, 아루마는 세겜에서 남동쪽으로 6km 정도 떨어진 곳에 있는 성읍이었다. 즉 아비멜렉은 언제든지 세겜을 공격할 수 있는 지점에 살고 있었다.

> 42**이튿날 백성이 밭으로 나오매** 사람들이 그것을 아비멜렉에게 알리니
> 라 43아비멜렉이 자기 백성을 세 무리로 나누어 밭에 매복시켰더니 백
> 성이 성에서 나오는 것을 보고 일어나 그들을 치되 44아비멜렉과 그 떼
> 는 돌격하여 성문 입구에 서고 두 무리는 **밭에 있는 자들에게 돌격하여**
> **그들을 죽이니** 45아비멜렉이 그날 종일토록 그 성을 쳐서 마침내는 점
> 령하고 거기 있는 백성을 죽이며 그 성을 헐고 소금을 뿌리니라(사사기
> 9:42-45)

가알이 세겜에서 쫓겨난 바로 다음 날의 일이다. "이튿날 백성이 밭으로 나오매"라는 기록으로 보아, 세겜 사람들은 아비멜렉과의 전투가 일단락되었다고 생각했던 것 같다. "밭에 있는 자들에게 돌격하여 그들을 죽이니"라는 기록에서도 확인할 수 있듯이, 세겜 사람들은 전투가 아니라 밭일을 하러 나온 것으로 보인다. 세겜 사람들이 아비멜렉의 공격을 예상했다면 성문을 열고 밖으로 나왔을 리는 없다.

즉 세겜 사람들은 어제의 전투를 통해 이번 일이 일단락되었다고 생각했던 것 같다. 이것이 배신을 일상적으로 하는 사람들의 특징이다. 사람에게 있어서 배신감보다 아픈 감정은 별로 없다. 그러나 배신이 일상이었던 세겜

사람들은 아비멜렉이 그들에게 느꼈을 배신감을 너무 쉽게 간과했던 것 같다. 사람이라는 존재는 원래 자신이 느끼는 대로 상대방도 느낀다고 착각하는 존재다. 세겜을 향한 아비멜렉의 복수는 이제 시작이었다.

그렇다면 이 일을 스불은 알았을까? 내가 보기에는 몰랐을 가능성이 높다. 혹여 알았다 하더라도, 세겜 내에서 가알에게 적극적으로 협조한 사람들을 제거하는 작전 정도로 알았을 것이다. 아무리 아비멜렉의 수하이기는 하나 세겜은 스불의 근거지였다.

하지만 세겜 성을 향한 아비멜렉의 복수는 잔인했다. "아비멜렉이 그날 종일토록 그 성을 쳐서 마침내는 점령하고 거기 있는 백성을 죽이며 그 성을 헐고 소금을 뿌리니라." 무엇 하나 남기지 않는 초토화 작전이었다. 가알을 쫓아낸 이튿날 세겜 백성들이 성문을 열고 나오자 사람들이 이 사실을 아비멜렉에게 알렸다. 그러자 아비멜렉은 자신을 따르는 무리를 셋으로 나누어 밭에 매복했다가 그들을 쳤다. 그리고는 무방비로 열린 성문을 통해 종일토록 세겜 성을 파멸시키고 만다. "그 성을 헐고 소금을 뿌리니라"라는 말은 그 땅의 미래마저 없애버렸다는 의미다. 소금이 뿌려진 땅은 염분으로 인해 농사가 불가능하기 때문이다.

이 일은 아비멜렉이 얼마나 근본을 모르는 인간이었는지를 알려준다. 세겜 성 앞에는 '요셉의 무덤'이 있었다. 즉 아비멜렉과 세겜 사람들은 그들의 조상 요셉 앞에서 골육상잔을 벌인 것이었다. 그리고 아비멜렉은 그의 조상의 무덤이 있는 성을 파멸시킨 뒤, 그 모든 것을 헐고 소금을 뿌렸다. 이 모든 것은 그의 선산(先山)이 있는 곳에서 행해진 것이었다.

> [46]**세겜 망대의 모든 사람들이 이를 듣고 엘브릿 신전의 보루로 들어갔더니** [47]세겜 망대의 모든 사람들이 모인 것이 아비멜렉에게 알려지매 [48]**아비멜렉 및 그와 함께 있는 모든 백성이 살몬산에 오르고** 아비멜렉이 손에 도끼를 들고 나뭇가지를 찍어 그것을 들어올려 자기 어깨에 메고 그와 함께 있는 백성에게 이르되 너희는 내가 행하는 것을 보나니 빨리 나와 같이 행하라 하니 [49]모든 백성들도 각각 나뭇가지를 찍어서 아비멜렉을 따라 보루 위에 놓고 그것들이 얹혀 있는 보루에 불을 놓으매 세겜 망대에 있는 사람들이 다 죽었으니 남녀가 약 천 명이었더라(사사기 9:46-49)

이 소식을 들은 세겜 사람들이 '엘브릿 신전'[105]의 보루로 피신했다. 이 소식은 그대로 아비멜렉에게 전해졌다. 소식을 전해 들은 아비멜렉은 그의 수하들을 이끌고 '살몬산'으로 향했다. 그리고 도끼로 나뭇가지를 찍어 어깨에 메고 그의 수하들에게도 자신과 같이 할 것을 명령했다. 이렇게 살몬산에서 나무를 가져온 아비멜렉과 그의 수하들은 엘브릿 신전에 불을 질렀다. 그 결과 세겜 망대에 있던 약 천 명에 달하는 사람들이 몰살당했다고 성경은 기록하고 있다. 이때 아비멜렉이 '엘브릿 신전'을 태울 때 사용된 나무를

---

105 '엘브릿'은 '언약의 하나님'을 뜻하나 여기서는 '바알브릿 신전'을 의미한다. 이러한 사실을 통해서도 이 시대가 얼마나 하나님과 이방신을 구분하지 않고 섬겼는지를 알 수 있다. 아니, 어쩌면 세겜 사람들이 위기에 몰리자 갑자기 '바알브릿 신전'을 '엘브릿'이라고 불렀을지도 모를 일이다. 성경의 이러한 단어 선택을 통해서도 우리는 이 시기 '혼합 신앙'의 시대상(時代相)을 엿볼 수 있다.

구한 '살몬산'은 '에발산'의 다른 이름이다.[106] 어린 시절부터 교회를 다닌 지체들은 '그리심산'과 '에발산'에 대하여 들어본 기억들이 있을 것이다.

'여리고 성'을 정복한 후, '아이 성' 전투까지 승리로 이끈 뒤에 있었던 일이다.[107] 여호수아는 하나님께서 모세를 통하여 하셨던 명령대로 쇠 연장으로 다듬지 아니한 돌을 '에발산'에 세웠다. 그리고는 그 돌 위에 모세가 기록한 율법을 모두 기록했다. 그리고 난 뒤 했던 일이다. 이스라엘 백성의 절반은 '그리심산' 앞에, 절반은 '에발산' 앞에 섰다. 그런 뒤 여호수아가 율법 책에 기록된 모든 말씀을 낭독할 때, 축복의 말씀에는 '그리심산' 앞에 있는 이스라엘 백성들이 아멘으로 화답(和答)했고, 저주의 말씀에는 '에발산' 앞에 있는 이스라엘 백성들이 아멘으로 답(答)했다.

즉 **세겜에 마지막 남은 사람들은 모세를 통한 하나님의 명(命)대로 '저주가 선포된 에발산의 나무들'로 불타 죽었다.** 이는 기드온의 막내아들 요담

---

106 "[11]모세가 그날 백성에게 명령하여 이르되 [12]너희가 요단을 건넌 후에 시므온과 레위와 유다와 잇사갈과 요셉과 베냐민은 백성을 **축복하기 위하여 그리심산에 서고** [13]르우벤과 갓과 아셀과 스불론과 단과 납달리는 **저주하기 위하여 에발산에 서고** [14]레위 사람은 큰 소리로 이스라엘 모든 사람에게 말하여 이르기를 [15]장색의 손으로 조각하였거나 부어 만든 우상은 여호와께 가증하니 그것을 만들어 은밀히 세우는 자는 저주를 받을 것이라 할 것이요 모든 백성은 응답하여 말하되 아멘 할지니라"(신명기 27:11-15).

107 "[30]그때에 여호수아가 이스라엘의 하나님 여호와를 위하여 **에발산에 한 제단을 쌓았으니** [31]이는 여호와의 종 모세가 이스라엘 자손에게 명령한 것과 모세의 율법책에 기록된 대로 쇠 연장으로 다듬지 아니한 새 돌로 만든 제단이라 무리가 여호와께 번제물과 화목제물을 그 위에 드렸으며 [32]**여호수아가 거기서 모세가 기록한 율법을 이스라엘 자손의 목전에서 그 돌에 기록하매** [33]온 이스라엘과 그 장로들과 관리들과 재판장들과 본토인뿐 아니라 이방인까지 여호와의 언약궤를 멘 레위 사람 제사장들 앞에서 궤의 좌우에 서되 **절반은 그리심산 앞에, 절반은 에발산 앞에 섰으니** 이는 전에 여호와의 종 모세가 이스라엘 백성에게 축복하라고 명령한 대로 함이라 [34]**그 후에 여호수아가 율법책에 기록된 모든 것 대로 축복과 저주하는 율법의 모든 말씀을 낭독하였으니**"(여호수아 8:30-34).

이 나무 우화를 통해 말했던 것처럼 가시나무[108]인 아비멜렉에게서 나온 불이었다. 이제 남은 것은 아비멜렉이었다. 요담은 일의 결국을 이렇게 저주했었다. "만일 너희가 오늘 여룹바알과 그의 집을 대접한 것이 진실하고 의로운 일이면 너희가 아비멜렉으로 말미암아 기뻐할 것이요 아비멜렉도 너희로 말미암아 기뻐하려니와 그렇지 아니하면 아비멜렉에게서 불이 나와서 세겜 사람들과 밀로의 집을 사를 것이요 세겜 사람들과 밀로의 집에서도 불이 나와 아비멜렉을 사를 것이니라."

생각해 보면, 이 일은 의미심장한 면이 있다. 세겜 사람들이 아비멜렉을 피해 들어간 '엘브릿 신전'은 기드온의 아들을 죽이는 데 사용된 은 칠십 개의 출처(出處)였다.[109] 즉 세겜의 마지막 남은 천 명은 그들이 기드온의 아들을 죽이기 위해 은 칠십 개를 내어준 곳에서 불에 타 죽었다. 앞에서도 언급했지만, 아비멜렉 이야기는 살아계신 '하나님의 보복'에 대한 이야기다. 어느 신학자의 말처럼, 하나님의 보복은 '수학적 정밀성'을 가진다.

> 50**아비멜렉이 데베스에 가서 데베스에 맞서 진 치고 그것을 점령하였더니** 51성읍 중에 견고한 망대가 있으므로 그 성읍 백성의 남녀가 모두 그리로 도망하여 들어가서 문을 잠그고 망대 꼭대기로 올라간지라 52아비멜렉이 망대 앞에 이르러 공격하며 망대의 문에 가까이 나아가서 그것

---

108 광야에서 자라는 가시나무는 덤불 모양으로, 광야의 열기로 자주 불이 붙는 것으로 유명하다. 가시나무는 그렇게 불이 붙은 채 바람에 날려 광야를 굴러다니다가 다른 나무를 불태우곤 한다.

109 "**바알브릿 신전에서 은 칠십 개를 내어 그에게 주매** 아비멜렉이 그것으로 방탕하고 경박한 사람들을 사서 자기를 따르게 하고"(사사기 9:4).

을 불사르려 하더니 [53]**한 여인이 맷돌 위짝을 아비멜렉의 머리 위에 내려 던져 그의 두개골을 깨뜨리니** [54]아비멜렉이 자기의 무기를 든 청년을 급히 불러 그에게 이르되 **너는 칼을 빼어 나를 죽이라 사람들이 나를 가리켜 이르기를 여자가 그를 죽였다 할까 하노라** 하니 그 청년이 그를 찌르매 그가 죽은지라(사사기 9:50-54)

세겜 성의 비극에 이어 '데베스'라는 지명이 등장한다. 세겜 성의 반란을 진압한 뒤, 아비멜렉은 분위기를 몰아**[110]** 자신의 왕국의 기반을 든든히 할 생각이었던 것으로 보인다. 데베스(Tebez)는 '디르사 혹은 그 주변 어디'였던 것으로 보인다. 디르사는 요단강 동쪽 지역과 요단강의 나루턱을 지나는 길 그리고 벧산으로 가는 길의 교차지(交叉地)로 알려져 있다. 물론 지도를 보지 않는 이상 이 말은 크게 와닿지 않을 것이다.

쉽게 말해 아비멜렉은 '교통의 요충지'인 세겜을 멸망시킨 뒤 '교통의 요충지'인 데베스를 점령하러 나선 것이다. 앞에서도 이야기했듯이, 아비멜렉은 여러 지역을 다니는 상인들로부터 그의 '통치자금'을 확보했던 것 같다. 그러니 교통의 요충지인 세겜을 완전히 초토화시킨 아비멜렉의 입장에서는 새로운 대체지로 데베스를 확보할 필요가 있다고 생각했던 것 같다.

다른 것은 몰라도, 아비멜렉의 전투 능력 하나는 대단했던 것 같다. 아비멜렉은 세겜을 멸망시킨 뒤 그대로 데베스를 쳐서 점령했다. 이때 세겜 성

---

110 여세(餘勢)를 몰아

에서 있었던 일과 비슷한 상황이 벌어졌다. 이 사실을 성경은 이렇게 기록하고 있다. "성읍 중에 견고한 망대가 있으므로 그 성읍 백성의 남녀가 모두 그리로 도망하여 들어가서 문을 잠그고 망대 꼭대기로 올라간지라." 데베스 사람들은 어쩌면 아비멜렉이 세겜 성에 저지른 잔인한 행위에 대해 전해 들었을지도 모른다. 다만 세겜 망대에서 있었던 일은 정확하게 전해 듣지 못했던 것 같다. 아니면 경황이 없어, 일단 눈에 띄는 곳으로 도망쳐 들어간 것일 수도 있다.

아비멜렉은 세겜 망대에서 썼던 방식을 데베스에도 그대로 사용하려 했다. "아비멜렉이 망대 앞에 이르러 공격하며 망대의 문에 가까이 나아가서 그것을 불사르려 하더니" 성경의 기록으로 볼 때, 아비멜렉의 실수는 망대 문에 가까이 다가간 것이었다. 아비멜렉이 망대를 불태우려 망대 문에 가까이 다가가자 한 여인이 맷돌 위짝을 그의 머리 위로 던져 두개골을 깨뜨려 버린다.

이 당시 맷돌은 각 가정의 필수품이었다. 이 당시 보통의 여인들은 매일 몇 시간씩 맷돌을 갈아 가족들의 빵을 구워냈다고 전해진다.[111] 그러니 피난의 와중에 이 여인은 자신이 가장 소중히 여기는 맷돌을 챙겨 도망친 것으로 보인다. 그런데 자신이 도망쳐 들어간 망대를 아비멜렉이 불태우려 하자

---

111 방앗간이 없었던 이 시대에 곡식 가루를 얻을수 있는 방법은 맷돌을 이용하는 것이었다. 그런 점에서 맷돌은 생활필수품이었다. 그러한 이유로 맷돌 전부나 위짝 하나만을 저당 잡는 것도 최소한의 생계 수단을 빼앗는 비인도적 행위로 간주 되었다.: "사람이 맷돌이나 그 위짝을 전당 잡지 말지니 **이는 그 생명을 전당 잡음이니라**"(신명기 24:6).: 이 당시 맷돌 돌리는 일은 여인의 몫이었다. 그리고 맷돌을 돌려 얻을 수 있는 곡식 가루는 한 시간에 800g 정도였다고 한다. 이 당시 1인당 하루 식량은 평균 500g이었다. 그러므로 식구가 6명인 경우, 하루치 먹을거리를 위해 여인들은 매일 4시간 정도 맷돌을 돌려야 했다.

엉겁결에 손에 든 맷돌의 위짝을 던진 것이었을 것이다. 이후 이스라엘 사람들에게 있어서 성이나 망루를 공격할 때 성벽에 가까이 다가가는 것은 매우 위험한 공격법으로 인식되었다.[112]

죽음을 직감한 아비멜렉은 자기의 '무기를 든 청년'을 급히 불러 이렇게 말했다. "너는 칼을 빼어 나를 죽이라. 사람들이 나를 가리켜 이르기를 여자가 그를 죽였다 할까 하노라." 이 당시 문화에서 전사(戰士)가 여인의 손에 죽는 것은 가장 큰 치욕이었다.[113] 그렇게 아비멜렉의 명령을 받은 청년이 그를 칼로 찔렀다. "그 청년이 그를 찌르매 그가 죽은지라." 이 일은 무기를 든 청년이 아비멜렉에게 베풀 수 있는 마지막 자비였다.

하지만, 아비멜렉은 그의 무기를 든 청년에게 죽은 것일까? 아니다. 아비멜렉의 직접 사인(死因)은 누가 뭐래도 어느 여인이 던진 '맷돌 위짝'에 의한 '두개골 골절(skull fracture)'이었다. 이복형제 69명을 '한 바위(돌)' 위에서 죽인 아비멜렉이었다. 그런 그가 어느 여인이 던진 '맷돌 위짝(돌)'에 죽임을 당하게 된 것이다. 이 부분을 설명하면서도, 신학자들은 앞에서 언급한 말을 한

---

112 "[18]요압이 사람을 보내 그 전쟁의 모든 일을 다윗에게 보고할새 [19]그 전령에게 명령하여 이르되 전쟁의 모든 일을 네가 왕께 보고하기를 마친 후에 [20]혹시 왕이 노하여 네게 말씀하기를 너희가 어찌하여 성에 그처럼 가까이 가서 싸웠느냐 그들이 성 위에서 쏠 줄을 알지 못하였느냐 [21]여룹베셋의 아들 **아비멜렉을 쳐죽인 자가 누구냐 여인 하나가 성에서 맷돌 위짝을 그 위에 던지매 그가 데벳스에서 죽지 아니하였느냐 어찌하여 성에 가까이 갔더냐** 하시거든 네가 말하기를 왕의 종 헷 사람 우리아도 죽었나이다 하라"(사무엘하 11:18-21).

113 다음 단원에서 다룰 '바락 이야기' 중 가나안 왕 야빈의 군대 장관 시스라 또한 여인의 손에 죽었다.: "그가 깊이 잠드니 헤벨의 아내 야엘이 장막 말뚝을 가지고 손에 방망이를 들고 그에게로 가만히 가서 말뚝을 그의 관자놀이에 박으매 말뚝이 꿰뚫고 땅에 박히니 그가 기절하여 죽으니라"(사사기 4:21).

다. **"하나님의 보복은 수학적 정밀성을 가진다."** 이러한 사실은 아비멜렉이 '살몬산'이라고 불리는 '에발산'의 나무를 잘라 '세겜 망대'를 불태울 때 예견된 일이었다.

"그의 이웃을 암살하는 자는 저주를 받을 것이라! 무죄한 자를 죽이려고 뇌물을 받는 자는 저주를 받을 것이라!" 모세의 때, 이스라엘 백성들은 '에발산'에 서서 이 말씀에 '아멘'으로 답(答)했다.[114] 그리고 온 우주를 주관하시는 하나님께서는 백성들의 '아멘'대로 아비멜렉에게 갚아주셨다. 이 모든 것을 주관하시는 하나님에 대해 사사기는 이렇게 증언하고 있다.

> [56]아비멜렉이 그의 형제 칠십 명을 죽여 자기 아버지에게 행한 악행을 **하나님이 이같이 갚으셨고** [57]또 세겜 사람들의 모든 악행을 **하나님이 그들의 머리에 갚으셨으니** 여룹바알의 아들 요담의 저주가 그들에게 응하니라(사사기 9:56-57)

이것이 바로 하나님께서 당신이 만드신 온 우주를 통치하시는 방식이다.[115] 하나님께서는 아비멜렉이 그의 "이복형제"들을 한 바위 위에서 죽일 수 있도록 자금을 댄 세겜 사람들을 세겜 망대에서 불에 태워 죽이셨다. 이전에 이들이 아비멜렉에게 했던 말은 이것이었다. "그는 우리 형제라." 그리고

---

114 "[24]**그의 이웃을 암살하는 자는 저주를 받을 것이라 할 것이요** 모든 백성은 아멘 할지니라 [25]**무죄한 자를 죽이려고 뇌물을 받는 자는 저주를 받을 것이라** 할 것이요 모든 백성은 아멘 할지니라"(신명기 27:24-25).

115 "스스로 속이지 말라 하나님은 업신여김을 받지 아니하시나니 **사람이 무엇으로 심든지 그대로 거두리라**"(갈라디아서 6:7).

는 하나님께서는 아비멜렉을 한 여인이 던진 "돌(맷돌 위짝)"로 죽이셨다. 이전에 아비멜렉은 그의 형제들을 "돌(한 바위)" 위에서 죽였다. 이러한 사실을 성경은 이렇게 기록하고 있다. "아비멜렉이 그의 형제 칠십 명을 죽여 자기 아버지에게 행한 악행을 하나님이 이같이 갚으셨고, 또 세겜 사람들의 모든 악행을 하나님이 그들의 머리에 갚으셨으니 여룹바알의 아들 요담의 저주가 그들에게 응하니라." 우리가 아비멜렉의 이야기에서 기억해야 할 지점이 바로 이것이다. 다시 말하지만 **"하나님의 보복은 수학적 정밀성을 가진다."**

이후 세겜 땅은 변질된 신앙의 상징이 되고 말았다.[116] 그렇게 아비멜렉이 죽자, 이스라엘 사람들은 각각 자기 처소로 떠나갔다. 무슨 말인가? 아비멜렉이 죽자 그를 따르던 사람들은 각자 자기 살길 찾아서 갔다는 이야기다. 성경의 기록 어디에도 누군가 나서 아비멜렉의 장사(葬事)를 지냈다는 이야기가 없다. 심지어 그와 함께했던 자들이 슬퍼했다는 기록조차 없다. 이것이 악인(惡人)의 마지막이다. 이것이 성경이 경고하시는 악인(惡人)의 결국이다.

---

116 "[25]**여로보암이 에브라임 산지에 세겜을 건축하고 거기서 살며** 또 거기서 나가서 부느엘을 건축하고 [26]그의 마음에 스스로 이르기를 나라가 이제 다윗의 집으로 돌아가리로다 [27]만일 이 백성이 예루살렘에 있는 여호와의 성전에 제사를 드리고자 하여 올라가면 이 백성의 마음이 유다 왕 된 그들의 주 르호보암에게로 돌아가서 나를 죽이고 유다의 왕 르호보암에게로 돌아가리로다 하고 [28]**이에 계획하고 두 금송아지를 만들고 무리에게 말하기를 너희가 다시는 예루살렘에 올라갈 것이 없도다 이스라엘아 이는 너희를 애굽 땅에서 인도하여 올린 너희의 신들이라 하고** [29]하나는 벧엘에 두고 하나는 단에 둔지라 [30]이 일이 죄가 되었으니 이는 백성들이 단까지 가서 그 하나에게 경배함이더라"(열왕기상 12:25-30).

이스라엘 사람들이 **아비멜렉이 죽은 것을 보고 각각 자기 처소로 떠나갔더라**(사사기 9:55)

스스로 속이지 말라 하나님은 업신여김을 받지 아니하시나니 **사람이 무엇으로 심든지 그대로 거두리라**(갈라디아서 6:7)

3부

바락

바락 1

'젖과 꿀'이 사라진 약속의 땅에 '젖과 꿀'이 흐르게 하라

에훗이 죽으니 이스라엘 자손이 또 여호와의 목전에 악을 행하매(사사기 4:1)

사람의 중요한 특징은 지난 일을 쉽게 잊고 똑같은 실수를 반복한다는 것이다. 사사 시대도 마찬가지였다. '왼손잡이 사사' 에훗이 살아있는 동안에는 괜찮았다. 그 시대의 바른 지도자인 에훗이 살아있는 동안, 이스라엘은 여호와의 목전에 악을 행하지 않았다. 그렇게 지속된 '팔십 년의 평안'이었다.[1]

---

1 "[27]그가 이르러 에브라임 산지에서 나팔을 불매 이스라엘 자손이 산지에서 그를 따라 내려오니 **에훗이 앞서 가며** [28]그들에게 이르되 나를 따르라 여호와께서 너희의 원수들인 모압을 너희의 손에 넘겨 주셨느니라 하매 무리가 에훗을 따라 내려가 모압 맞은편 요단강 나루를 장악하여 한 사람도 건너지 못하게 하였고 [29]**그때에 모압 사람 약 만 명을 죽였으니** 모두 장사요 모두 용사라 한 사람도 도망하지 못하였더라 [30]그날에 모압이 이스라엘 수하에 굴복하매 **그 땅이 팔십 년 동안 평온하였더라**"(사사기 3:27–30).

인생을 살아보면, 사람이라는 존재가 얼마나 눈에 보이는 것에 약한지 알 수 있다. 정말이지, 사람은 그가 보는 것을 닮아가는 존재다. 그런 점에서, 내가 요즈음 무엇을 보며 살아가고 있는가를 성찰하는 일은 정말 중요하다. 눈에 보이는 지도자 에훗이 살아있는 동안, 이스라엘은 여호와의 목전에 악을 행하지 않았다. 그러나 눈에 보이는 지도자가 사라지자, 이스라엘은 곧바로 여호와의 목전에 악을 행했다. 물론 새로울 것은 없었다. 이스라엘 역사 가운데 항상 반복되던 현상이었다. 그 결과 이제는 예상할 수 있듯이, 이방인의 손이 강해져 이스라엘은 그들의 압제를 받게 되었다. 구약성경 내내 반복되는 역사였다. 그렇게 놓고 보면, 사람이라는 존재는 참 어리석은 존재다. 그렇다면 우리라고 이 시절의 이스라엘 백성들과 다를까? 그럴 리는 없다.

> [2]여호와께서 **하솔에서 통치하는 가나안 왕 야빈의 손에 그들을 파셨으니** 그의 군대 장관은 하로셋 학고임에 거주하는 시스라요 [3]야빈 왕은 철병거 구백 대가 있어 이십 년 동안 이스라엘 자손을 심히 학대했으므로 이스라엘 자손이 여호와께 부르짖었더라(사사기 4:2-3)

그런데 이번에 이스라엘을 학대한 이방인은 '하솔 왕 야빈'이었다. 아비멜렉을 다루는 가운데 여러 번 반복했던 말이지만, 이것 또한 '기가막힌 일'이었다. 바락과 드보라 이전 시대, 이스라엘을 학대했던 족속은 그래도 가나안 정복 전쟁 시 이스라엘에게 정복당했던 민족들은 아니었다.

> 7이스라엘 자손이 여호와의 목전에 악을 행하여 자기들의 하나님 여호
> 와를 잊어버리고 바알들과 아세라들을 섬긴지라 8여호와께서 이스라엘
> 에게 진노하사 **그들을 메소보다미아 왕 구산 리사다임의 손에 파셨으므**
> **로** 이스라엘 자손이 구산 리사다임을 팔 년 동안 섬겼더니 9이스라엘 자
> 손이 여호와께 부르짖으매 여호와께서 이스라엘 자손을 위하여 한 구원
> 자를 세워 그들을 구원하게 하시니 그는 곧 갈렙의 아우 그나스의 아들
> 옷니엘이라(사사기 3:7–9)

드보라와 바락 이전에 이스라엘을 압제했던 이방 민족은 '메소보다미아와 모압'이었다. 이들은 여호수아의 정복 전쟁 당시 이스라엘의 정복 대상이 아니었다. 그러나 '하솔 왕 야빈'은 이야기가 달랐다. 정복 전쟁 당시, 하솔은 가나안 지역의 우두머리였다. 그 당시 '하솔 왕 야빈'은 이스라엘을 대적하기 위해 연합군을 구성한 주동자였다.

> 1**하솔 왕 야빈이 이 소식을 듣고** 마돈 왕 요밥과 시므론 왕과 악삽 왕과
> 2및 북쪽 산지와 긴네롯 남쪽 아라바와 평지와 서쪽 돌의 높은 곳에 있
> 는 왕들과 3동쪽과 서쪽의 가나안 족속과 아모리 족속과 헷 족속과 브리
> 스 족속과 산지의 여부스 족속과 미스바 땅 헤르몬산 아래 히위 족속에
> 게 **사람을 보내매** 4그들이 그 모든 군대를 거느리고 나왔으니 백성이 많
> 아 해변의 수많은 모래 같고 말과 병거도 심히 많았으며 5**이 왕들이 모**
> **두 모여 나아와서 이스라엘과 싸우려고 메롬 물 가에 함께 진 쳤더라**
> 6여호와께서 여호수아에게 이르시되 그들로 말미암아 두려워하지 말라

> 내일 이맘때에 내가 그들을 이스라엘 앞에 넘겨 주어 몰살시키리니 **너
> 는 그들의 말 뒷발의 힘줄을 끊고 그들의 병거를 불사르라 하시니라** …
> 10**하솔은 본래 그 모든 나라의 머리였더니** 그때에 여호수아가 돌아와서
> 하솔을 취하고 그 왕을 칼날로 쳐죽이고 11그 가운데 모든 사람을 칼날
> 로 쳐서 진멸하여 호흡이 있는 자는 하나도 남기지 아니하였고 또 하솔
> 을 불로 살랐고 12여호수아가 그 왕들의 모든 성읍과 그 모든 왕을 붙잡
> 아 칼날로 쳐서 진멸하여 바쳤으니 여호와의 종 모세가 명령한 것과 같
> 이 하였으되 13**여호수아가 하솔만 불살랐고 산 위에 세운 성읍들은 이스
> 라엘이 불사르지 아니하였으며**(여호수아 11:1-6, 10-13)

그렇게 이스라엘에 대항하여 메롬 물가에 진 쳤던 가나안 연합군은 여호수아에게 진멸(殄滅) 당했다. 그러나 이때 이스라엘 백성들이 남겨둔 곳이 있었다. "여호수아가 하솔만 불살랐고 산 위에 세운 성읍들은 이스라엘이 불사르지 아니하였으며" 아마도 이때는 '저 정도는 무시해도 되겠지?'라는 생각이었을 것이다. 반복되는 전투 가운데 산 위에 있는 성읍까지 올라가 싸우는 것이 썩 마음에 내키지 않았을 수도 있다. 지치기도 했을 것이다. '아이고야, 저기 저 높이까지 또 올라가서? 에이, 저 정도는 뭐 괜찮겠지.'라는 생각이었을 것이다.

하지만 이때 남겨둔 세력이 150년 정도의 시간이 흐른 뒤 드보라 때 문제를 일으키고 만다. "너는 그들의 말 뒷발의 힘줄을 끊고 그들의 병거를 불사르라." 이때 전부 불살라버린 병거였다. 그러나 150년의 시간이 흐른 뒤, 산 위에 남겨둔 가나안 족속들은 철 병거 900대로 이스라엘을 학대하게 되

었다. "야빈 왕은 철 병거 구백 대가 있어 이십 년 동안 이스라엘 자손을 심히 학대했으므로 이스라엘 자손이 여호와께 부르짖었더라." 물론 여호수아가 그들을 남겨두었다 할지라도, 이스라엘이 하나님 앞에 순종하였더라면 그것들은 전혀 문제가 되지 않았을 것이다.[2]

> [19]그 사사가 죽은 후에는 그들이 돌이켜 그들의 조상들보다 더욱 타락하여 다른 신들을 따라 섬기며 그들에게 절하고 그들의 행위와 패역한 길을 그치지 아니하였으므로 [20]여호와께서 이스라엘에게 진노하여 이르시되 **이 백성이 내가 그들의 조상들에게 명령한 언약을 어기고 나의 목소리를 순종하지 아니하였은즉** [21]**나도 여호수아가 죽을 때에 남겨 둔 이방 민족들을 다시는 그들 앞에서 하나도 쫓아내지 아니하리니** [22]이는 이스라엘이 그들의 조상들이 지킨 것 같이 나 여호와의 도를 지켜 행하나 아니하나 그들을 시험하려 함이라 하시니라(사사기 2:19–22)

어찌 되었든 이전 시대 이스라엘을 학대했던 족속은 그래도 가나안 정복 전쟁 당시 이스라엘에게 정복당했던 민족들은 아니었다. 그러나 그때 산 위에 남겨둔 가나안 족속이 150년이 지나 거꾸로 언약 백성의 숨통을 조이기 시작했다. 이 사실이 이스라엘 백성에게는 엄청난 충격이었을 것이다. 약속의 땅에서 일어난 일이었다. 여호수아를 통한 정복 전쟁 당시, "진멸의 대

---

2 어쩌면, 가나안 족속은 피곤할 때마다 입술을 부르트게 하는 'herpes simplex virus'와 같은 존재일지도 모른다. 아니, 훨씬 더 위험한 존재다. 다만 우리 몸의 면역력이 떨어질 때마다 문제를 일으킨다는 점에서 비슷한 점이 있다.

상"이었던 가나안 족속이었다. 그런데 이제는 다른 곳도 아닌 약속의 땅에서 가나안 족속에 의해 이스라엘이 "진멸의 대상"이 된 것만 같았다. 이러한 상황은 이스라엘에게 있어서 단순한 학대를 넘어 '우리가 정말 하나님으로부터 버림받은 것은 아닐까?'라는 두려움을 불러일으켰을 것이다.

> [2]여호와께서 **하솔에서 통치하는 가나안 왕 야빈의 손에 그들을 파셨으니** 그의 군대 장관은 하로셋 학고임에 거주하는 시스라요 [3]야빈 왕은 철 병거 구백 대가 있어 이십 년 동안 이스라엘 자손을 심히 학대했으므로 이스라엘 자손이 여호와께 부르짖었더라(사사기 4:2-3)

"그때에 여호수아가 돌아와서 하솔을 취하고 그 왕을 칼날로 쳐죽이고"[3] 그렇게 '하솔 왕 야빈'을 죽인 지 150년의 세월이 지난 시점이었다. 그런데 이제는 같은 이름을 가진 '하솔 왕 야빈'의 학대에 이스라엘은 하나님께 부르짖게 되었다. 아마도 '야빈'이라는 이름은 하솔 왕에게 붙여지는 일반적인 명칭이거나, 아이의 이름을 그 집안 어른 중에서 선택하는 근동 지역(近東地域)의 풍습과 연관되었을 것이다. 즉 바락과 드보라 시절, 하솔 왕 야빈은 여호수아가 죽인 야빈의 후손일 가능성이 높다.

"야빈 왕은 철 병거 구백 대가 있어 이십 년 동안 이스라엘 자손을 심히 학대했으므로" 그렇다면 당시 하솔 왕 야빈이 가진 철 병거 900대는 어느

---

3 여호수아 11:10 하반절

정도의 군사력이었을까?

> 6바로가 곧 그의 병거를 갖추고 그의 백성을 데리고 갈새 7선발된 병거 육백 대와 애굽의 모든 병거를 동원하니 지휘관들이 다 거느렸더라(출애굽기 14:6-7)

출애굽 당시의 기록이다. 이 당시 바로가 동원한 병거(兵車)의 수가 600대였다. 당대 최강의 군사력을 자랑했던 애굽이 보유한 철 병거의 수는 약 1,200대로 알려진다. 즉 바로는 애굽에 있는 병거 중 절반을 선발해서 이스라엘을 뒤쫓다가 홍해에서 몰살당했다. 그런 점에서 볼 때, 하솔 왕 야빈의 군사력은 상상을 초월하는 압박으로 다가왔을 것이다.

철 병거는 평야 지대의 무기였다. 평야 지대에서 강력한 힘을 발휘하는 무기였다. 그러한 이유로 이스라엘의 곡창지역인 이스르엘 골짜기는 완전히 하솔 왕 야빈의 수중에 들어가게 되었다. 그 결과 이스라엘은 본의 아니게 '분단 상황(分斷 狀況)'이 되고 말았다.

이스라엘의 북부 지역인 '갈릴리 산지'와 남부 지역인 '에브라임 산지' 사이에 있는 곳이 '이스르엘 골짜기'다. 이스르엘 골짜기가 점령당하자, 이스라엘은 갈릴리에 있는 '스불론, 납달리, 잇사갈, 아셀, 단' 5개 지파와 남쪽 중앙 산지의 '므낫세, 에브라임, 베냐민, 유다, 시므온' 5개 지파 사이에 생각지도 못한 분단선(分斷線)이 그어지고 말았다.[4]

---

4 요단 동쪽에는 '므낫세 반 지파, 갓 지파, 르우벤 지파'가 위치했다.

이러한 상황이 무엇을 의미하는지 다른 민족은 몰라도 우리 대한민국 사람들은 잘 이해할 것이다. 물론 우리처럼 철조망이 쳐져 있는 상황은 아니었다. 그러기에 불편하기는 했지만, 알음알음 왕래는 가능했을 것이다. 하지만 분단비용이 발생하는 것은 어쩔 수 없는 일이었다.

결과적으로, 이스라엘 백성들은 철 병거가 움직일 수 없는 산악지대에 숨어 살 수밖에 없었다. 이스라엘 백성들은 큰 도로를 사용하지 못하고 산길로만 다녀야 했다. 이러한 상황은 하솔 왕 야빈과의 전투에서 승리한 후 드보라와 바락이 불렀던 노래 가운데 고스란히 드러난다.

> [6]아낫의 아들 삼갈의 날에 또는 야엘의 날에는 **대로가 비었고 길의 행인들은 오솔길로 다녔도다** [7]이스라엘에는 마을 사람들이 그쳤으니 나 드보라가 일어나 이스라엘의 어머니가 되기까지 그쳤도다(사사기 5:6-7)

이 이야기는 이스라엘 내부의 교역로(交易路)가 끊어졌다는 것을 의미한다. 우리 대한민국으로 바꿔 표현하면, 휴전선으로 인해 대륙으로 나가는 통로가 막힌 상황에서 석유 등 에너지와 상품을 수입하고 수출하는 해양로(海洋路)마저 20년간 끊긴 상황이었다. 이러한 상황이 이스라엘에게 얼마나 큰 고통을 주었는지는 성경의 증언에서도 확인할 수 있다. "이십 년 동안 이스라엘 자손을 심히 학대했으므로" 그 결과 이스라엘은 하나님께 부르짖었다. 항상 느끼는 것이지만, 죄짓는 일에 선수(選手)인 이스라엘은 '문제가 발생했을 때 하나님께 부르짖는 것' 또한 잘했다. 이런 점은 정말 배워야 할 점이다.

한두 번도 아니고 우리 같으면 외면했을 것이 분명하다. 하지만 하나님은 역시 하나님이셨다. 하나님께서는 이미 에브라임 산지에 '여선지자 드보라'를 준비시키고 계셨다.

> [4]그때에 랍비돗의 아내 여선지자 드보라가 이스라엘의 사사가 되었는데 [5]**그는 에브라임 산지 라마와 벧엘 사이 드보라의 종려나무 아래에 거주하였고** 이스라엘 자손은 그에게 나아가 재판을 받더라(사사기 4:4-5)

하나님께서 준비하신 드보라는 '랍비돗의 아내'였다. 신학자들은 드보라를 향해 '누구의 아내'라고 표현한 것은 그녀가 도덕적으로 흠결이 없었다는 점을 강조하는 것이라고 말한다. 나는 이 의견에 공감한다. 그녀는 일반 백성들과 동떨어진 생활을 했던 사람이 아니었다. 그녀는 누구나 겪어야 하는 인생 단계마다의 과업(課業)에 충실한 사람이었다. 드보라는 에브라임 산지 라마와 벧엘 사이 '드보라의 종려나무' 아래에 거주했다. 이때 '드보라의 종려나무'에서 '드보라'는 "야곱의 어머니 리브가의 유모"를 가리킨다.

> [58]리브가를 불러 그에게 이르되 네가 이 사람과 함께 가려느냐 그가 대답하되 가겠나이다 [59]그들이 그 누이 **리브가와 그의 유모와** 아브라함의 종과 그 동행자들을 보내며(창세기 24:58-59)

인용한 성경 본문은 아브라함이 자기 집 모든 소유를 맡은 종에게 자신의 고향으로 가서 이삭의 아내를 구해오라고 했을 때 있었던 일이다.[5] 이때 리브가는 그녀의 유모와 동행했다. 이후 리브가의 유모는 리브가가 낳은 야곱과 에서도 양육한 것으로 알려진다. 이 시절 어느 집안과 깊은 신뢰 관계를 맺은 유모는 집안 식구와 같은 대접을 받았다고 전해진다. 또한 여러 대에 걸쳐 그 집안의 아이들을 양육하는 것이 관례였다고 한다.

> 리브가의 유모 드보라가 죽으매 그를 벧엘 아래에 있는 상수리나무 밑에 장사하고 그 나무 이름을 알론바굿이라 불렀더라(창세기 35:8)

야곱이 그 형 에서를 피해 외삼촌 라반에게 다녀온 후, 리브가의 유모 드보라는 야곱과 동행한 것으로 보인다. 이것은 쉽게 예상할 수 있는 일이다. 야곱이 돌아올 때까지 드보라는 이삭의 거주지에 살았을 것이다. 그런데 야곱이 하란에 다녀오는 사이[6], 야곱의 어머니 리브가는 이미 세상을 떠난 상황이었다. 이후 리브가의 유모 드보라에게는 세 가지 선택지가 있었을 것이

---

5 "[1]아브라함이 나이가 많아 늙었고 여호와께서 그에게 범사에 복을 주셨더라 [2]**아브라함이 자기 집 모든 소유를 맡은 늙은 종에게 이르되** 청하건대 내 허벅지 밑에 네 손을 넣으라 [3]내가 너에게 하늘의 하나님, 땅의 하나님이신 여호와를 가리켜 맹세하게 하노니 너는 내가 거주하는 이 지방 가나안 족속의 딸 중에서 내 아들을 위하여 아내를 택하지 말고 [4]**내 고향 내 족속에게로 가서 내 아들 이삭을 위하여 아내를 택하라**"(창세기 24:1–4).

6 "[42]맏아들 에서의 이 말이 리브가에게 들리매 이에 사람을 보내어 작은 아들 야곱을 불러 그에게 이르되 네 형 에서가 너를 죽여 그 한을 풀려 하니 [43]**내 아들아 내 말을 따라 일어나 하란으로 가서 내 오라버니 라반에게로 피신하여** [44]네 형의 노가 풀리기까지 몇 날 동안 그와 함께 거주하라"(창세기 27:42–44).

다. 첫 번째는 그대로 '이삭'과 거주하는 방법이었을 것이고 다음 선택지는 '에서 혹은 야곱'과 거주하는 방법이었을 것이다. 그런데 드보라는 이 셋 중 야곱과 가장 애착 관계가 잘 맺어져 있었을 것이다.[7] 유대인의 전승에 따르면 드보라는 야곱의 아이들 또한 양육하다가 생을 마감했다고 전해진다.

이렇게 삼 대에 걸쳐 아이들을 양육해준 드보라가 죽자, 야곱은 그녀를 벧엘 아래에 있는 상수리나무 밑에 장사했다. 그리고 그 나무 이름을 '알론바굿'이라고 했다. '알론바굿'은 '눈물의 상수리나무'라는 뜻이다. 이를 통해서도 '리브가의 유모 드보라'에 대한 야곱의 정이 얼마나 깊었는지를 가늠할 수 있다. 하란을 다녀온 후, 드보라는 야곱에게 어머니 리브가를 대신한 사람이었을 것이다.

"그는 에브라임 산지 라마와 벧엘 사이 드보라의 종려나무 아래에 거주하였고" '드보라의 종려나무'는 '미스바'에 있었다. 즉 드보라는 미스바에 거주했던 것으로 보인다. 그런데 원래 미스바는 '베냐민 지파' 땅이다. 엄밀히 말하자면, '에브라임 지파'와 '베냐민 지파' 경계에 위치한 '베냐민 지파' 땅이다. 미스바의 정확한 위치는 고고학자들에 따라 약간의 차이는 있지만, 아마도 예루살렘에서 북쪽으로 13km 정도 떨어진 곳에 있었다고 한다.

어찌 되었든, 성경은 드보라가 에브라임 산지 라마와 벧엘 사이 '드보라의 종려나무' 아래 거주했다고 증언하고 있다. 성경의 이러한 증언은 그녀

---

7 "[27]그 아이들이 장성하매 에서는 익숙한 사냥꾼이었으므로 들사람이 되고 **야곱은 조용한 사람이었으므로 장막에 거주하니** [28]이삭은 에서가 사냥한 고기를 좋아하므로 그를 사랑하고 **리브가는 야곱을 사랑하였더라**"(창세기 25:27-28).

가 '에브라임 지파'였음을 나타내기 위함이라는 것이 신학자들의 중론이다. 특히 드보라 직전(直前) 사사인 '에훗'은 '베냐민 지파 출신'이었다.[8] 그러므로 사사기의 흐름상 연이어 두 번 베냐민 출신의 사사를 언급하지 않았을 것이라는 점에서 신학자들은 '드보라'를 '에브라임 지파 출신'으로 본다.

"그때에 랍비돗의 아내 여선지자 드보라가 이스라엘의 사사가 되었는데, 그는 에브라임 산지 라마와 벧엘 사이 드보라의 종려나무 아래에 거주하였고, 이스라엘 자손은 그에게 나아가 재판을 받더라."[9] 군사 지도자인 사사(士師)에게는 '재판관의 임무'가 있었다. 그런데 드보라의 거주지에 있었던 '종려나무'는 '대추야자나무'를 가리킨다. 대추야자나무는 보통 50cm 정도 되는 열매가 6개에서 12개까지 열리며, 각각의 열매에는 천여 개의 작은 송이가 달린다. 바로 이 열매에서 얻어지는 시럽이 구약성경에 언급되는 '꿀'이다. 그런 점에서 '종려나무'는 '꿀 나무'라고 할 수 있다.

[7]네 하나님 여호와께서 너를 아름다운 땅에 이르게 하시나니 그곳은 골

---

8 베냐민의 이름 뜻은 '오른손의 아들'이다. 원래 라헬은 아들을 낳은 후 베냐민의 이름을 '슬픔의 아들'이라는 뜻의 '베노니'라 불렀다. 그러나 야곱이 그의 이름을 바꾸어 '베냐민'이라 했다.: "그가 죽게 되어 그의 혼이 떠나려 할 때에 아들의 이름을 베노니라 불렀으나 그의 아버지는 그를 베냐민이라 불렀더라"(창세기 35:18).: '에훗'이 '베냐민 지파 출신'이라는 것은 '오른손의 아들 지파'에서 '왼손잡이 사사'가 나왔다는 것을 의미한다. 유대인들에게 있어서 오른손은 '힘'을 상징했다. 왼손은 무언가 부족하거나 심한 경우 장애를 의미했다. 그렇게 놓고 보면, '오른손의 아들 지파'에서 '왼손잡이 사사'가 나왔다는 것이 의미하는 바는 무엇일까? 하나님은 세상의 낮은 것들과 약한 것들을 들어 쓰신다는 이야기다.

9 사사기 4:4-5

짜기든지 산지든지 시내와 분천과 샘이 흐르고 [8]밀과 보리의 소산지요 포도와 무화과와 석류와 감람나무와 **꿀의 소산지라**(신명기 8:7–8)

그리고 드보라는 '꿀벌'이라는 뜻이다. 구약성경에 꿀벌을 의미하는 히브리어 '데보라'는 단수로 1번[10] 복수로 3번[11] 쓰인 반면, '리브가의 유모 드보라'와 '사사 드보라'를 가리키는 이름으로는 10번 사용되었다. 그런데 '리브가의 유모 드보라'는 '종려나무(꿀 나무)' 밑에 장사 되었다. 그리고 '사사 드보라'는 '종려나무(꿀 나무)' 아래에 거주했다. 이렇듯 구약성경에 쓰인 '드보라'의 경우를 생각할 때, 위에 인용한 신명기 8장 8절에 언급된 '꿀'은 우리가 상상하는 '벌꿀'보다는 '종려나무 꿀(시럽)'을 의미하는 것으로 보아야 한다.

그런 점에서, 드보라가 종려나무 아래 거주하면서 그녀에게 나아오는 이스라엘 백성에게 재판을 베풀었다는 이야기는 '꿀벌(드보라)'이 '꿀 나무(종려나무)' 아래에서 재판을 통해 '꿀처럼 달콤한 정의'을 이스라엘 백성에게 베풀었다는 이야기가 된다.[12] 즉 성경은 '꿀 나무(종려나무)' 아래 앉은 '꿀벌 드보라'를 묘사하는 가운데 '젖과 꿀이 사라진 약속의 땅'에 '다시 흐르기 시작

---

10 "그날에는 여호와께서 애굽 하수에서 먼 곳의 파리와 앗수르 땅의 **벌**을 부르시리니"(이사야 7:18).

11 "얼마 후에 삼손이 그 여자를 맞이하려고 다시 가다가 돌이켜 그 사자의 주검을 본즉 사자의 몸에 **벌 떼**와 꿀이 있는지라"(사사기 14:8). "그 산지에 거주하는 아모리 족속이 너희에게 마주 나와 **벌 떼** 같이 너희를 쫓아 세일산에서 쳐서 호르마까지 이른지라"(신명기 1:44). "그들이 **벌들**처럼 나를 에워쌌으나 가시덤불의 불 같이 타 없어졌나니 내가 여호와의 이름으로 그들을 끊으리로다"(시편 118:12).

12 『여호와의 날개 아래 약속의 땅을 향하여, 구약 역사서 이해 – 문예적 신학적 서론, 김지찬 저, 생명의말씀사』

할 꿀'을 암시하고 있다.

그러면 이제 드보라를 통해 다시 흐르기 시작한 꿀이 "젖을 만나게 되는 과정"을 따라가 보자.

> 6드보라가 사람을 보내어 **아비노암의 아들 바락을 납달리 게데스에서**
> **불러다가** 그에게 이르되 이스라엘의 하나님 여호와께서 이같이 명령하
> 지 아니하셨느냐 너는 납달리 자손과 스불론 자손 만 명을 거느리고 다
> 볼산으로 가라 7내가 야빈의 군대 장관 시스라와 그의 병거들과 그의 무
> 리를 기손강으로 이끌어 네게 이르게 하고 그를 네 손에 넘겨 주리라 하
> 셨느니라(사사기 4:6–7)

구원의 때가 이르자, 드보라에게 하나님의 말씀이 임했다. 하나님의 말씀을 받은 드보라가 '아비노암의 아들 바락'을 '납달리 게데스'에서 '미스바'로 불러 명령했다. "이스라엘의 하나님 여호와께서 이같이 명령하지 아니하셨느냐? 너는 납달리 자손과 스불론 자손 만 명을 거느리고 **다볼산으로 가라.** 내가 야빈의 군대 장관 시스라와 그의 병거들과 그의 무리를 **기손강으로 이끌어** 네게 이르게 하고 그를 네 손에 넘겨 주리라 하셨느니라."

다볼산은 가파른 경사 때문에 가나안의 철 병거가 도저히 올라갈 수 없는 곳이었다고 알려진다. 그리고 기손강은 '와디(wadi)' 즉 '계절천(季節川)'이었다. 즉 건기(乾期)인 여름에는 말라 있고, 우기(雨期)인 겨울에는 물이 흐르는 강이었다. 이러한 사실을 근거로 생각해보면, 드보라가 바락을 부른 때

는 최소한 겨울은 아니었을 것이다. 철 병거는 평지에서 기동하는 무기였다. 그리고 우기마다 기손강이 넘쳐흐르는 이스르엘 평원에서 철 병거가 기동할 수 있는 때는 건기였다. 즉 우기인 겨울에 이스라엘이 하솔 왕 야빈을 상대로 집결했다 한들, 가나안 군대가 이스르엘 골짜기로 나올 리는 없었다. 오히려 본거지의 경계를 강화하고 다음 보복 기회를 노렸을 것이다.

그렇게 드보라가 바락을 불러 하나님의 명령을 전했다. 그렇다면, 드보라는 바락을 어떻게 알았을까? 당연히 하나님께서 알려주셨다고 하면 할 말은 없다. 그런 의미로 하는 질문이 아니다.

> [11]여호와께서 여룹바알과 **베단과** 입다와 나 사무엘을 보내사 너희를 너희 사방 원수의 손에서 건져내사 너희에게 안전하게 살게 하셨거늘 [12]너희가 암몬 자손의 왕 나하스가 너희를 치러 옴을 보고 너희의 하나님 여호와께서는 너희의 왕이 되심에도 불구하고 너희가 내게 이르기를 아니라 우리를 다스릴 왕이 있어야 하겠다 하였도다 [13]이제 너희가 구한 왕, 너희가 택한 왕을 보라 여호와께서 너희 위에 왕을 세우셨느니라(사무엘상 12:11-13)

"여호와께서 여룹바알과 **베단과** 입다와 나 사무엘을 보내사, 너희를 너희 사방 원수의 손에서 건져내사 너희에게 안전하게 살게 하셨거늘" 사무엘이 하나님께 왕을 요구한 이스라엘 백성들을 책망하며 했던 말이다. 사울을 왕으로 세운 의미를 설명하는 과정에서 언급된 내용이다. 여기에 언급된

'베단'은 '바락의 별명(別名)'이다. 사사기에는 바락이 어떠한 사람이었는지에 대해 자세히 기록되어 있지 않다. 하지만 사사기 외에 기록된 이러한 증언들로 보아 바락은 당시 '뛰어난 사사'였던 것으로 보인다. 즉 같은 시기에 바락은 '이스라엘 북부 지역'에서 드보라는 '이스라엘의 남부 지역'에서 활동했던 사사였다. 그리고 이들 사이에는 이스르엘 골짜기가 있었고 그 지역을 '하솔 왕 야빈'이 장악하고 있었다.

> [8]바락이 그에게 이르되 **만일 당신이 나와 함께 가면 내가 가려니와 만일 당신이 나와 함께 가지 아니하면 나도 가지 아니하겠노라** 하니 [9]이르되 내가 반드시 너와 함께 가리라 그러나 네가 이번에 가는 길에서는 영광을 얻지 못하리니 이는 여호와께서 시스라를 여인의 손에 파실 것임이니라 하고 드보라가 일어나 바락과 함께 게데스로 가니라 [10]바락이 스불론과 납달리를 게데스로 부르니 만 명이 그를 따라 올라가고 드보라도 그와 함께 올라가니라(사사기 4:8-10)

드보라가 전한 명령에 대한 '바락의 반응'이다. 오고 가는 모든 신앙인들로부터 욕을 먹었던 바락의 반응은 이러했다. "만일 당신이 나와 함께 가면 내가 가려니와 만일 당신이 나와 함께 가지 아니하면 나도 가지 아니하겠노라." 이 말 때문에 바락은 오고 가는 모든 신앙의 후배들에게 욕을 먹고 있다. "사내자식이 비겁하게 …, 그러니까 승리의 영광을 여인에게 빼앗겼지! 못난 놈!" 그런데 과연 바락은 비겁한 사람이었을까? 정말 많은 신학자들의 말처럼 남자 망신 다 시킨 대표적 인사(人士)였을까?

바락의 이 말에 대한 드보라의 대답이다. "내가 반드시 너와 함께 가리라. 그러나 네가 **이번에 가는 길에서는** 영광을 얻지 못하리니, 이는 여호와께서 시스라를 여인의 손에 파실 것임이니라." 시스라는 '하솔 왕 야빈의 군대 장관'이다. 야빈은 '하솔'에 거주한 반면 시스라는 '하로셋 학고임'에 거주했다. 바락과 시스라 사이에 전투가 일어난 곳을 기준으로 볼 때, '하로셋 학고임'은 북서쪽에 '하솔'은 북동쪽에 있었다. 이 위치를 언급하는 이유는 전투가 일어난 뒤 '시스라의 도주로(逃走路)'를 설명하기 위함이다.

어찌 되었든, 드보라는 바락에게 반드시 그와 동행하겠다고 화답(和答)했다. 그러나 '이번에 가는 길'에서는 바락이 영광을 얻지 못할 것이라고 예언했다. 그 이유는 여호와께서 시스라를 '헤벨의 아내 야엘'의 손에 파실 것이기 때문이었다. 그리고 드보라의 말처럼 바락은 사사기 내에서는 특별한 영광을 얻지 못했다. 즉 "이번에 가는 길"에서는 영광을 얻지 못했다. 그러나 이후 바락은 사무엘의 말을 통해서 '영광의 이름'으로 기록되었다. 히브리서 11장 '명예의 전당'에도 그의 이름이 올라갔다. 신구약 양쪽에 바락의 이름은 '영광의 이름'으로 기록되어 있다. 생각해 보라. 신구약성경 양쪽에 '영광의 이름'으로 기록된 하나님의 사람이 몇이나 되는가?

그렇다면, 하나님께서 시스라를 여인의 손에 파신 이유는 무엇이었을까? 정말 신학자들의 주장처럼 '바락의 비겁함' 때문이었을까? 하나님께서 시스라를 여인의 손에 파신 이유가 '바락의 비겁함' 때문이었다면, 왜 하나님은 바락의 이름을 신구약 양쪽에 걸쳐 영광스럽게 남기셨을까? 그런 점에서, 내가 보기에 하나님께서 시스라를 여인의 손에 파신 이유는 바락 때문이 아니었다. 내가 보기에 이 일은 바락의 반응과는 상관없이 이미 하나님께서 주권적으로 결정하신 것으로 보인다.

또한 내가 보기에 바락의 말은 '비겁한 말'이기보다는 오히려 **"사려 깊은 말"**로 보인다."만일 당신이 나와 함께 가면 내가 가려니와 만일 당신이 나와 함께 가지 아니하면 나도 가지 아니하겠노라." 사실 바락의 이 말은 일반적인 사람들은 상상조차 할 수 없는 **'겸손과 헌신의 말'**이었다.

내가 이렇게 보는 이유는 바락과 드보라의 "출신 지파" 때문이다.

> 바락이 스불론과 납달리를 게데스로 부르니 만 명이 그를 따라 올라가고 드보라도 그와 함께 올라가니라(사사기 4:10)

우선 성경은 바락이 '스불론과 납달리 지파'를 그가 살던 게데스로 부르자 만 명이 그를 따랐다고 증언하고 있다. 그리고 드보라도 바락과 함께했다. 그런데 가만히 생각해 보면, 이 일은 그렇게 간단한 일이 아니다. 상대는 철 병거 900대를 보유한 막강한 군대였다. 출애굽 당시 근동지역(近東地域)의 최강자 애굽이 보유한 병거가 약 1,200대 정도였다. 그런데 지난 20년간 하솔 왕 야빈의 학대를 받던 이스라엘 자손이 바락이 부른다고 두 개 지파에서 만 명이 나와 그를 따랐다? 평소 "그의 인품과 인생"이 아니고서는 설명하기 힘든 부분이다. 바락은 분명히 이스르엘 골짜기 북쪽에 위치한 지파들 사이에 신망(信望)이 높은 인물이었을 것이다. 그런 그와 드보라가 함께 했다. 드보라는 이스르엘 골짜기 남쪽에 위치한 지파들 사이에 신망(信望)이 높은 인물이었다. 눈치가 빠른 독자들은 이 정도에서 바락의 속마음이 조금 보이기 시작할 것이다. 이 전쟁은 북쪽에 있는 지파들만으로는 안 되는 전쟁이었다. 바락이 볼 때 이 전쟁은 이스라엘 전체의 전쟁이어야 했던 것이다.

더군다나 바락은 '납달리 지파 출신'이었다. 드보라는 '에브라임 지파 출신'이었다. 이 말을 듣고서 "아" 소리가 입에서 나오는 독자가 있다면 그 독자는 인생과 성경을 잘 안다고 할 수 있다. 바락은 '라헬의 몸종 빌하의 아들 납달리'의 후손이었다. 반면 드보라는 '라헬의 아들 요셉'의 후손이었다. 바락은 알고 있었을 것이다. 당연히 싸움과 같이 험한 일은 바락 그가 앞장서서 해야 하는 일이었다. 하지만 '남쪽 지파들에게 전쟁을 독려하는 자리에는 나서지 않는 것이 좋겠다'라는 생각을 했을 것이다. **바락의 이러한 '현명한 처신과 겸손 덕'에 '하솔 왕 야빈과의 전쟁'에 이스라엘 백성들은 북쪽과 남쪽 모두 '주력(主力) 지파'가 참여할 수 있었다.**

> **에브라임에게서 나온 자들은** 아말렉에 뿌리 박힌 자들이요 **베냐민은 백성들 중에서 너를 따르는 자들이요** 마길에게서는 명령하는 자들이 내려왔고 스불론에게서는 대장군의 지팡이를 잡은 자들이 내려왔도다(사사기 5:14)

위에 인용한 사사기 5장 14절은 전쟁 후 여호와를 찬양하며 승리를 노래한 드보라와 바락의 노래 중에 나오는 내용이다. 드보라를 통해 그녀가 소속된 '에브라임 지파'가 전쟁에 참여했다. 그리고 바로 이어 '베냐민 지파'도

참전했음을 알 수 있다. 이는 드보라가 사는 미스바가 베냐민 땅인 것과 연관될 것이다. 그리고 베냐민 지파 또한 에브라임과 같이 '라헬의 후손'이다.

"여호와께서 여룹바알과 **베단과** 입다와 나 사무엘을 보내사, 너희를 너희 사방 원수의 손에서 건져내사 너희에게 안전하게 살게 하셨거늘" 바락의 별명인 베단은 "심판의 아들"을 뜻했고 바락은 "번개"를 뜻했다. 내가 보기에 그의 별명답게 '하솔 왕 야빈을 심판한 바락'이 드보라와 같이 가자고 한 이유는 하나가 더 있었던 것 같다. 바락의 별명인 '심판의 아들'이라는 이름 때문에 생각난 것이다.

> 이런 자를 죽이기 위하여는 **증인이 먼저 그에게 손을 댄 후에** 뭇 백성이 손을 댈지니라 너는 이와 같이 하여 너희 중에서 악을 제할지니라(신명기 17:7)

드보라와 바락의 경우, 다른 사사들과 다른 점이 있다. 하나님께서는 대부분 이방 민족의 압제로부터 이스라엘을 구원하는 '도구로 쓰임 받은 인물'에게 직접 말씀하셨다. 그러나 이번에는 달랐다. 하나님께서는 드보라에게 명령하셨지, 바락에게 직접 명령하지 않으셨다. 즉 다른 사사들의 경우 그 자신이 '하나님의 명령에 대한 증인'이었다. 그러나 바락은 아니었다. 시스라와의 전투에 나서는 데 있어, 바락은 하나님의 명령에 대한 '직접적인 증인'이 아니었다. '증인'은 드보라였다.

철 병거 900대를 보유한 상대와 전쟁에 나서는 일이었다. 자신이 속한 납달리 지파와 스불론 지파 '만 명의 목숨을 담보로 한 일'이었다. 당연히 바락은 신명기 17장 7절 말씀을 알고 있었을 것이다. 이 일은 증인인 "드보라가 먼저 손을 대야 하는 일"이었다. 그런 점에서 본다면, 바락은 '비겁한 사내'가 아니라 오히려 '깨어있는 사내'였다. 당시는 여성을 증인으로 인정하지 않던 시대였다. 여성은 경제적인 계약의 주체마저 될 수 없던 시절이었다. **그러나 바락은 여성인 드보라를 이 중대한 일에 증인으로 내세운 것이었다.**

실질적으로 전투에 직접 임한 인물은 바락이었다. 하나님께서 비 벼락을 통해 시스라와 싸우시기 이전에, 바락은 만 명을 거느리고 철 병거 군단을 향해 돌격했다. 문득 그런 생각이 들었다. 바락을 향해 '비겁한 사내'라고 혀를 차는 사람 중에 바락과 같은 상황에서 철 병거 군단을 향해 돌격할 수 있는 사내가 몇이나 될까?

> [14]드보라가 바락에게 이르되 일어나라 이는 여호와께서 시스라를 네 손에 넘겨 주신 날이라 여호와께서 너에 앞서 나가지 아니하시느냐 하는지라 **이에 바락이 만 명을 거느리고 다볼산에서 내려가니** [15]여호와께서 바락 앞에서 시스라와 그의 모든 병거와 그의 온 군대를 칼날로 혼란에 빠지게 하시매 시스라가 병거에서 내려 걸어서 도망한지라(사사기 4:14-15)

> [20]**별들이 하늘에서부터 싸우되** 그들이 다니는 길에서 시스라와 싸웠도다 [21]**기손강은 그 무리를 표류시켰으니** 이 기손강은 옛 강이라 내 영혼아 네가 힘 있는 자를 밟았도다(사사기 5:20-21)

'아비멜렉과 세겜 사람들' 단원 각주에 적어놨던 내용이다. "성경을 읽을 때 이런 부분을 기억해야 한다. 이것은 전형적인 성경의 기록 방식이다. 무심한 듯 한마디 툭 던지고 가는 말씀 가운데 정말 많은 의미가 담겨있는 경우가 많다." 드보라와 바락 이야기에도 이런 역할을 하는 문장이 나온다. 그 부분을 언급하는 것으로 이번 단원을 마치고, 다음 단원에서는 '시스라와의 전투 과정'을 다루도록 하겠다.

> [11]**모세의 장인 호밥의 자손 중 겐 사람 헤벨이 떠나 게데스에 가까운 사아난님 상수리나무 곁에 이르러 장막을 쳤더라** [12]아비노암의 아들 바락이 다볼산에 오른 것을 사람들이 시스라에게 알리매(사사기 4:11-12)

"모세의 장인 호밥의 자손 중 겐 사람 헤벨이 떠나 게데스에 가까운 사아난님 상수리나무 곁에 이르러 장막을 쳤더라." 시스라와의 전투가 시작되기 전, 성경이 툭 던지고 가는 문장이다. 이러한 문장에는 보통 당신이 지으신 온 우주 만물을 통치하시는 '하나님의 보이지 않는 손'이 숨겨져 있다. '하나님의 섭리'가 깔려있다.

그런데 모세의 장인 호밥의 후손들은 어떻게 이스라엘 가운데 거주하게 되었을까?

> [29]모세가 모세의 장인 미디안 사람 르우엘의 아들 호밥에게 이르되 **여호와께서 주마 하신 곳으로 우리가 행진하나니 우리와 동행하자 그리하면**

> **선대하리라** 여호와께서 이스라엘에게 복을 내리리라 하셨느니라 [30]호
> 밥이 그에게 이르되 나는 가지 아니하고 내 고향 내 친족에게로 가리라
> [31]모세가 이르되 **청하건대 우리를 떠나지 마소서 당신은 우리가 광야에
> 서 어떻게 진 칠지를 아나니 우리의 눈이 되리이다** [32]우리와 동행하면
> 여호와께서 우리에게 복을 내리시는 대로 우리도 당신에게 행하리이다
> (민수기 10:29-32)

모세가 어떻게 그의 아내와 장인을 만나게 되었는지는 굳이 언급하지 않겠다. 어찌 되었든, 해외 망명객이 되어 40년 동안 미디안 광야에서 양을 쳤던 모세였다. 하지만 출애굽 당시 그에게는 장인의 '경험'이 필요했다. 모세에게는 어린 시절부터 오랜 세월 동안 쌓여온 장인의 '광야를 꿰뚫는 눈'이 필요했다. 그래서 했던 제안이었다. "여호와께서 주마 하신 곳으로 우리가 행진하나니 우리와 동행하자. 그리하면 선대하리라. 여호와께서 이스라엘에게 복을 내리리라 하셨느니라." 그러나 모세의 장인 호밥은 고향으로 돌아가고 싶어 했다. 당연한 이야기다. "나는 가지 아니하고 내 고향 내 친족에게로 가리라." 호밥의 이 말에 모세가 재차(再次) 간청했다. "청하건대 우리를 떠나지 마소서. 당신은 우리가 광야에서 어떻게 진 칠지를 아나니 우리의 눈이 되리이다. 우리와 동행하면 여호와께서 우리에게 복을 내리시는 대로 우리도 당신에게 행하리이다." 그렇게 시작된 동행(同行)이었다. 신약 시대까지 이어진 '이스라엘'과 '모세의 장인(후손)'의 동행은 "그리하면 선대하리라"라는 모세의 약속으로 시작되었다. 하지만 결론적으로 볼 때, 우리는 호밥의 후손이 이스라엘을 선대(善待)한 것을 알게 될 것이다.

모세의 장인은 겐 사람이라 그의 자손이 유다 자손과 함께 종려나무 성읍에서 올라가서 **아랏 남방의 유다 황무지에 이르러 그 백성 중에 거주하니라**(사사기 1:16)

그렇게 이스라엘 백성과 동행한 호밥의 후손들은 가나안 정복 전쟁이 끝난 후 아랏 남방 유다 황무지에 거주했다. 즉 이스라엘의 가장 남쪽 지방에 거주했다. 왜 그랬을까? 왜 호밥의 후손들은 그 지역을 선택했을까? 다른 민족은 몰라도 우리는 그 이유는 쉽게 예상할 수 있다. 6·25 당시 월남한 주민들이 북한 땅이 보이는 휴전선 부근에 정착한 이유는 무엇일까? 그런데 무슨 이유인지는 알 수 없으나 바락이 시스라와 전투하기 얼마 전, 그들 중 헤벨이라는 사람이 북쪽으로 이주했다. 물론 이는 '하나님의 섭리'가 분명하다. "겐 사람 헤벨이 떠나 게데스에 가까운 사아난님 상수리나무 곁에 이르러 장막을 쳤더라."

그렇게 전쟁이 시작되기 전, 하나님께서는 야엘을 '바락의 거주지인 게데스' 가까운 사아난님 상수리나무 곁으로 이동시키셨다. 당연히 이 일은 "하나님 쪽에서의 전쟁 준비"였다. 그러니 바락이 드보라의 명령에 불순종했기 때문에[13] 영광이 여인에게 넘어갔다는 주장은 설득력이 별로 없다. 하나님께서는 전쟁 전부터 '여인인 야엘의 손에 시스라를 파실 계획'이셨다!

[19]시스라가 그에게 말하되 청하노니 **내게 물을 조금 마시게 하라 내가**

---

13 드보라가 동행하지 않으면 가지 않겠다고 했기 때문에

> **목이 마르다** 하매 우유 부대를 열어 그에게 마시게 하고 그를 덮으니 [20]그가 또 이르되 장막 문에 섰다가 만일 사람이 와서 네게 묻기를 여기 어떤 사람이 있느냐 하거든 너는 없다 하라 하고 [21]그가 깊이 잠드니 **헤벨의 아내 야엘이** 장막 말뚝을 가지고 손에 방망이를 들고 그에게로 가만히 가서 말뚝을 그의 관자놀이에 박으매 말뚝이 꿰뚫고 땅에 박히니 그가 기절하여 죽으니라(사사기 4:19-21)

야엘의 이름 뜻은 '산 염소(mountain goat)'다. 야엘은 하루종일 전투에 시달린 시스라가 목이 마르다며 물을 요구하자 우유를 주었다. 당연히 이때 야엘이 준 우유는 '염소 젖'이었을 것이다. 정신과에서 불면증 환자에게 권하는 것 중 하나가 '따뜻한 우유'다. 그렇게 우유를 마신 시스라는 깊이 잠들고 말았다. 그 결과 시스라는 야엘의 손에 죽임을 당하게 되었다. 쉽게 말해, 시스라는 '산 염소(야엘)'가 준 '젖'으로 말미암아 목숨을 잃게 되었다. 지난 20년간 철 병거 900대로 이스라엘을 학대했던 시스라는 그렇게 '젖'을 마시고 죽임을 당했다.

> [23]이와 같이 이 날에 하나님이 가나안 왕 야빈을 이스라엘 자손 앞에 굴복하게 하신지라 [24]이스라엘 자손의 손이 가나안 왕 야빈을 점점 더 눌러서 마침내 가나안 왕 야빈을 진멸하였더라(사사기 4:23-24)

그 결과, 지난 20년간 시스라로 인해 사라졌던 '젖과 꿀'이 다시 '약속의 땅'에 흐르게 되었다. 이 과정에서 하나님의 손으로 사용된 여인들은 "드보라와 야엘"이었다. 드보라의 이름 뜻은 "꿀벌"이다. 그렇게 "꿀 나무(종려나무)" 아래서 이스라엘에게 재판을 베풀던 "꿀벌(드보라)"과 "산 염소(야엘)"가 준 '젖'을 통해 '젖과 꿀이 사라진 약속의 땅'에 '젖과 꿀'이 다시 흐르게 되었다.

그리고 이 두 여인을 통해 하나님께서 이루신 일은, 그 땅에서 하나님의 "번개(바락)"로 사용된 "심판의 아들(베단, 바락의 별명)"을 통해 이루어졌다. 바락 "그의 겸손과 사려 깊음"이 이 모든 것을 가능하게 했다. 그 결과, 비록 사사기에서는 '젖과 꿀'이 다시 흐르게 되는 과정에서 쓰임 받은 두 여인 '드보라와 야엘'을 높이기 위해 바락에게 영광을 돌리지 않았지만[14], 하나님께서는 이후 구약성경과 신약성경 양쪽에 걸쳐 바락의 이름을 기록하여 그를 높여주셨다.

이 모든 것은 바락이 성자 하나님이신 우리 주 예수 그리스도의 은혜를 입음으로 가능한 일이었다.[15] 다음 단원에서는 바락의 시대, 약속의 땅에 '젖과 꿀이 회복되는 과정'을 자세히 살펴보겠다.

---

14 "이르되 내가 반드시 너와 함께 가리라 그러나 네가 이번에 가는 길에서는 영광을 얻지 못하리니 이는 여호와께서 시스라를 여인의 손에 파실 것임이니라 하고 드보라가 일어나 바락과 함께 게데스로 가니라"(사사기 4:9).

15 이제는 이 문장을 이해했으리라 믿는다.

바락 2

'젖과 꿀'이 사라진 약속의 땅에 '젖과 꿀'이 흐르게 하라

> [12]아비노암의 아들 바락이 다볼산에 오른 것을 **사람들이 시스라에게 알리매** [13]시스라가 모든 병거 곧 철 병거 구백 대와 자기와 함께 있는 모든 백성을 하로셋학고임에서부터 기손강으로 모은지라(사사기 4:12-13)

드보라와 함께 한 길이었다. 그러나 남쪽 지파들을 모으는 데는 시간이 걸렸던 것 같다. 지난 단원에서도 언급했듯이, 사사기 5장의 증언으로 볼 때 이 전쟁에는 '에브라임 지파와 베냐민 지파'도 함께 했다.[16] 그러나 처음 전투는 바락이 이끈 '스불론과 납달리 지파' 1만 명이 시작했음을 알 수 있다. 즉 드보라가 함께했음에도 불구하고 남쪽 지파는 북쪽 지파만큼 빨리 움직인 것 같지 않다.

---

16 "**에브라임에게서** 나온 자들은 아말렉에 뿌리 박힌 자들이요 **베냐민은** 백성들 중에서 너를 따르는 자들이요 마길에게서는 명령하는 자들이 내려왔고 스불론에게서는 대장군의 지팡이를 잡은 자들이 내려왔도다"(사사기 5:14).

드보라가 바락에게 이르되 일어나라 이는 여호와께서 시스라를 네 손에 넘겨 주신 날이라 여호와께서 너에 앞서 나가지 아니하시느냐 하는지라 **이에 바락이 만 명을 거느리고 다볼산에서 내려가니**(사사기 4:14)

사사기 4장 14절의 증언으로 볼 때, 이스르엘 골짜기 남쪽에 위치했던 지파들은 나중에 전투에 참여했던 것으로 보인다. 이러한 사실을 통해서도 우리는 바락이 비겁하다는 신학자들의 힐난이 근거 없음을 알 수 있다. 시스라의 철 병거 군단을 향해 처음 돌격했던 민병대(民兵隊)는 바락이 이끈 북쪽 지파 1만 명이었다.

어찌 되었든, 시스라는 이전부터 바락을 잘 알고 있었던 것 같다. 내가 이렇게 보는 이유는 간단하다. 바락이 소위(所謂) '듣보잡'[17]이었다면 훈련도 제대로 받지 못한 '민병대(民兵隊)' 1만 명이 모였다고 시스라가 '전군 동원령(全軍 動員令)'을 내렸을 리는 없기 때문이다. 시스라는 그에게 있는 모든 철 병거와 그와 함께 있는 모든 백성을 '기손강'으로 집결시켰다.

기손강은 '와디(wadi)' 즉 '계절천(季節川)'이었다. 건기(乾期)인 여름에는 말라 있고, 우기(雨期)인 겨울에만 물이 흐르는 강이었다. 이러한 사실들을 근거로 생각해 보면, 이 시기는 건기였을 것이다. 이때가 우기였다면 시스라는 기손강으로 병력을 집중하지 않았을 것이다. 그것은 자살 행위이기 때문이다. 철 병거는 평지에서 기동하는 무기였기 때문이다. 그런 이유로 우기마다 기손강이 넘쳐흐르는 이스르엘 평원에서 철 병거가 기동할 수 있는 때

17 '듣지도 보지도 못한 잡놈'이라는 뜻의 신조어.

는 건기였다. 다만 야엘의 장막에서 시스라가 이불을 덮고 깊이 잠들었던 점으로 보아, 이때는 한여름이기보다는 가을로 접어드는 시기였던 것으로 보인다.[18]

양쪽 병력이 집결한 상황이었다. 다볼산에는 바락이 불러 모은 민병대(民兵隊) 1만 명이 있었고, 기손강에는 시스라에게 속한 병거와 정예병력(精銳兵力)이 총집결해 있었다.

> 드보라가 바락에게 이르되 **일어나라 이는 여호와께서 시스라를 네 손에 넘겨 주신 날이라 여호와께서 너에 앞서 나가지 아니하시느냐** 하는지라 이에 바락이 만 명을 거느리고 다볼산에서 내려가니(사사기 4:14)

이 상황에서 드보라가 바락에게 명령을 내렸다. "일어나라! 이는 여호와께서 시스라를 네 손에 넘겨 주신 날이라! 여호와께서 너에 앞서 나가지 아니하시느냐?" 드보라의 명령에 바락이 1만 명의 민병대(民兵隊)를 이끌고 다볼산을 내려가 기손강으로 돌격했다. 이제 하나님께서 개입해주시지 않는다면 이들 1만 명은 몰살당할 것이 뻔했다. 인간적인 눈으로 볼 때 이 일은

---

18 이스라엘에는 건기(乾期)와 우기(雨期) 두 개의 계절이 존재한다. 보통 건기는 4월부터 10월 정도이고, 우기는 10월부터 4월까지다. 이렇게 건기와 우기가 나타나는 이유는 바람의 방향 때문이다.: "[54]또 무리에게 이르시되 **너희가 구름이 서쪽에서 이는 것을 보면 곧 말하기를 소나기가 오리라 하나니** 과연 그러하고 [55]**남풍이 부는 것을 보면 말하기를 심히 더우리라 하나니** 과연 그러하니라 [56]외식하는 자여 너희가 천지의 기상은 분간할 줄 알면서 어찌 이 시대는 분간하지 못하느냐"(누가복음 12:54-56).: 예수님의 말씀이다. 서쪽에서 부는 바람은 지중해에서 증발된 수증기가 포함되어 있기 마련이다. 마찬가지로 남쪽에서 부는 바람은 광야의 건조한 공기를 품고 오게 마련이다.

자살 행위였다. **바락의 이러한 행동은 보이지 않는 하나님을 믿지 않는 한 불가능한 일이었다.** 시스라의 부대를 향해 돌격하면서 바락이 믿은 말씀은 이것이었을 것이다. "여호와께서 너에 앞서 나가지 아니하시느냐?"

그렇게 지금 당장 눈에 보이지 않는 하나님의 말씀을 믿고 다볼산을 내려가자 '보이지 않던 하나님의 손'이 온 이스라엘의 눈앞에 나타나기 시작했다.[19]

> **여호와께서 바락 앞에서 시스라와 그의 모든 병거와 그의 온 군대를 칼날로 혼란에 빠지게 하시매** 시스라가 병거에서 내려 걸어서 도망한지라 (사사기 4:15)

그렇게 말씀을 믿고 나아가자, 하나님께서는 바락 앞에서 시스라의 모든 병거와 온 군대를 혼란에 빠지게 하셨다. 이것이 우리 인생 가운데 일어나는 전형적인 '일의 순서'다. 우리는 보통 하나님께서 확신을 주시면 움직이겠노라고 기도하곤 한다. 그러나 하나님의 방법과 일의 순서는 그와는 정반대다. 당연한 일이다. 믿음은 보이지 않는 것들의 증거다. 그러니 믿음의 방법으로 우리네 인생을 이끄시는 하나님은 당연히 "눈에 아무것도 보이지 않는 상황"에서 일을 시작하신다.[20] 그런 점에서 "눈에 보이는 확실한 그 무엇

---

19 "[1]**믿음은** 바라는 것들의 실상이요 **보이지 않는 것들의 증거니** [2]선진들이 이로써 증거를 얻었느니라 [3]믿음으로 모든 세계가 하나님의 말씀으로 지어진 줄을 우리가 아나니 **보이는 것은 나타난 것으로 말미암아 된 것이 아니니**"(히브리서 11:1-3).: 이것이 바로 바락이 히브리서 11장 '믿음의 전당'에 오른 이유다. 바락 그는 분명히 보이지 않는 하나님을 믿고 있었다.

20 물론 항상 그런 것은 아니다. 하나님은 우리의 성장 과정에 맞추어 주시는 우리의 '아빠 아버

이 있는 일"에는 한번 시간을 두고 생각해 보는 것도 인생의 지혜다. 사사기 5장의 증언으로 볼 때, 이때 하나님께서 사용하신 방법은 '비바람과 벼락'이었던 것으로 보인다.

> [20]**별들이 하늘에서부터 싸우되** 그들이 다니는 길에서 시스라와 싸웠도다 [21]**기손강은 그 무리를 표류시켰으니** 이 기손강은 옛 강이라 내 영혼아 네가 힘 있는 자를 밟았도다(사사기 5:20-21)

기손강에서 흘러넘친 퇴적토로 이루어진 이스르엘 골짜기였다. 이 지역은 지표면에서 100m를 파내도 돌 하나 발견하기 힘든 '비옥한 땅'으로 알려진 곳이다. 물론 건기의 기손강은 마른강으로(계절천으로) 철 병거의 기동에 용이했다. 그러나 하나님께서 비바람과 벼락을 보내시자, 기손강에서 범람한 물은 그 일대를 온통 '진흙탕'으로 만들었다. 좀 더 정확히 표현하자면, 마른 땅이 '뻘'이 되고 말았다. 순식간에 일어난 일이었다. 이제 전쟁은 '철 병거에 중무장(重武裝)한 하솔 왕 야빈의 정예병들'과 '경무장(輕武裝) 덕에 몸이 가벼운 이스라엘 민병(民兵)들'의 싸움으로 바뀌게 되었다.

> 내가 야빈의 군대 장관 시스라와 그의 병거들과 **그의 무리를 기손강으로 이끌어 네게 이르게 하고** 그를 네 손에 넘겨 주리라 하셨느니라(사사

지'시다. 그런 점에서 볼 때, 신앙의 연조(年條)가 길다면 '하나님과 나의 소통방식'은 '하나님과 바락' 사이와 같을 확률이 높다.

기 4:7)

이것이 하나님께서 드보라를 통해 처음 해주신 약속이다. 이것이 바로 하나님께서 야빈의 군대를 기손강으로 이끌어 내신 이유였다. 기손강은 계절천이었다. 건기에는 말라 있으나 우기에는 강이 범람하는 특징을 가졌다. 즉 평소에는 물이 별로 없어 말라 있는 강이라는 의미다. 그렇게 수심이 깊지 않은 계절천의 특성상 적은 양의 비만 와도 기손강은 쉽게 흘러넘쳐 주변 땅을 '뻘'로 만들었다.

또한 하늘에서 '비바람과 번개'를 보내신 하나님께서는 이미 땅에 '사람 번개(바락)'를 준비해두셨다. 이것은 하나님께서 당신의 대적을 심판하실 때 쓰시는 '전형적인 방법'이다.[21] 이때도 하나님께서는 이미 땅에 '심판의 아들(베단, 바락의 별명)'을 준비해두셨다.

"시스라가 병거에서 내려 걸어서 도망한지라" 기손강이 범람해 땅이 뻘로 변하자, 시스라는 병거에서 내려 도망치기 시작했다. 근동지역(近東地域) 최강의 철 병거 부대 사령관이 도보(徒步)로 도망치기 시작했다. 그러나 이미 하나님께서는 시스라의 도주로에 한 여인을 준비시켜 두셨다. 이 모든 일은 온 우주의 주인이신 하나님의 섭리 안에 일어난 일이었다. 즉 하나님

---

21 "**내가 내 번쩍이는 칼을 갈며** 내 손이 정의를 붙들고 내 대적들에게 복수하며 나를 미워하는 자들에게 보응할 것이라"(신명기 32:41). "[14]**여호와께서 하늘에서 우렛소리를 내시며** 지존하신 자가 음성을 내심이여 [15]화살을 날려 그들을 흩으시며 **번개로 무찌르셨도다**"(사무엘하 22:14-15). "여호와께서 그들 위에 나타나서 **그들의 화살을 번개 같이 쏘아내실 것이며** 주 여호와께서 나팔을 불게 하시며 남방 회오리바람을 타고 가실 것이라"(스가랴 9:14).

께서는 처음부터 시스라의 목숨을 '산 염소(야엘, mountain goat)'에게 넘기기로 결정하셨음을 알 수 있다.

> [16]**바락이 그의 병거들과 군대를 추격하여 하로셋학고임에 이르니 시스라의 온 군대가 다 칼에 엎드러졌고 한 사람도 남은 자가 없었더라** [17]시스라가 걸어서 도망하여 겐 사람 헤벨의 아내 야엘의 장막에 이르렀으니 이는 하솔 왕 야빈과 겐 사람 헤벨의 집 사이에는 화평이 있음이라 (사사기 4:16-17)

그렇다면, 그 시각 이번 단원의 주인공인 바락은 무엇을 하고 있었을까? 우리는 성경의 기록에서 시스라가 도보로 도망치는 사이 바락의 행적(行蹟)을 알 수 있다. 그 시각 바락은 시스라의 본거지를 치고 있었다.

하나님께서 보내주신 '비바람과 벼락' 덕분에 역전된 전세(戰勢)였다. 이때의 상황을 이해하려면, '100년 전쟁'[22] 중 1346년에 있었던 '크레시 전투'와 1356년에 있었던 '푸아티에 전투'를 찾아보기를 권한다. 유럽의 '기사 제도가 붕괴되는 계기'가 되었다고 평가받는 전투다. 이 두 전투는 진흙으로 변한 땅에서 중무장한 병력이 얼마나 무력한지를 알 수 있게 해준다. 진흙탕 위의 '중무장(重武裝) 병력'이 얼마나 쉽게 '경무장(輕武裝)한 농민군'의 먹이감이 되는지를 알게 해준다. 쉽게 말해, 진흙탕에서의 중무장은 "적을 위한 무장"이었다. 실제 크레시 전투와 푸아티에 전투에서 '중무장한 기사단'

22 영국과 프랑스 사이에 있었던 100년간의 전쟁.

은 '농민군'에게 집단으로 학살당했다.

결국 시스라의 온 군대가 다 칼에 엎드러졌다. 단 한 사람도 남은 자가 없게 되었다. 바락은 승기(勝機)를 잡자 그 여세(餘勢)를 몰아 시스라의 본거지까지 쳐들어가 후환을 없앴다. 그리고 그 시각, 시스라는 자신의 본거지와는 정반대 지점인 하솔을 향해 도보로 도망치고 있었다. 앞 단원에서 언급했던 내용이다. "시스라는 하솔 왕 야빈의 군대 장관이다. 야빈은 '하솔'에 거주한 반면, 시스라는 '하로셋 학고임'에 거주했다. 바락과 시스라 사이에 전투가 일어난 곳을 기준으로 볼 때, '하로셋 학고임'은 북서쪽에 '하솔'은 북동쪽에 있었다. 이 위치를 언급하는 이유는 전투가 일어난 뒤 '시스라의 도주로(逃走路)'를 설명하기 위함이다."

이쯤 해서 바락이 살았다는 '게데스의 위치'를 정확히 할 필요가 있다. 많은 책에서 바락이 살았던 '납달리 지파의 게데스'가 '하솔에서 북서쪽으로 11km 지점'에 있었다고 말한다. 즉 바락이 살았던 "게데스가 갈릴리 호수 북서쪽에 위치했다"라고 설명하는 책들이 많다. 그러나 그렇지 않다. 바락은 "갈릴리 호수 남쪽 부근에 위치한 게데스" 출신이다. 갈릴리 호수 부근에는 게데스라는 지명(地名)이 두 곳 있었다. 그중 한 곳은 하솔 왕 야빈이 있는 곳에서 북서쪽으로 11km 정도 떨어진 곳으로 두 곳 중 북쪽에 위치했다. 그리고 다른 한 곳은 갈릴리 호수 남쪽 부근에 위치했다. 바락은 그 중 남쪽에 위치한 게데스에 거주했다. 내가 이렇게 보는 근거는 두 가지다.

우선 시스라의 도주로(逃走路)를 살펴볼 때, 바락이 거주한 게데스는 남쪽에 위치한 게데스일 수밖에 없다. 시스라는 그의 본거지인 하로셋 학고임과는 반대 방향으로 도주했다. 아마도 시스라의 이러한 행동은 그의 주군(主君)인 '하솔 왕 야빈'에게 전투 결과를 보고하기 위함이었을 것이다. 그렇게 하솔을 향해 도망치던 시스라는 야엘의 장막에 이르렀다.[23] 그런데 야엘의 장막은 바락이 거주하는 게데스에서 가까운 곳에 있었다.[24]

반면 '갈릴리 지역의 도피성'으로 알려진 '북쪽의 게데스'는 시스라가 향하고 있던 하솔보다 북쪽에 있었다. 즉 시스라가 전투 결과를 보고하기 위해 도망가면서 일부러 하솔을 지나쳐 북쪽 게데스까지 갔을 리는 없다. 이것이 바로 내가 바락이 살았다는 게데스의 위치가 '남쪽의 게데스'였다고 보는 첫 번째 이유다.

또한 '북쪽의 게데스'는 도피성으로 알려져 있다.[25] 당연히 도피성은 '레위 지파'의 성읍이었다.[26] 그런데 바락은 '납달리 지파' 출신이었다. 즉 납달리

---

23 "시스라가 걸어서 도망하여 겐 사람 헤벨의 아내 야엘의 장막에 이르렀으니 이는 하솔 왕 야빈과 겐 사람 헤벨의 집 사이에는 화평이 있음이라"(사사기 4:17).

24 "모세의 장인 호밥의 자손 중 겐 사람 헤벨이 떠나 게데스에 가까운 사아난님 상수리나무 곁에 이르러 장막을 쳤더라"(사사기 4:11).

25 "[7]이에 그들이 납달리의 산지 갈릴리 게데스와 에브라임 산지의 세겜과 유다 산지의 기럇 아르바 곧 헤브론과 [8]여리고 동쪽 요단 저쪽 르우벤 지파 중에서 평지 광야의 베셀과 갓 지파 중에서 길르앗 라못과 므낫세 지파 중에서 바산 골란을 구별하였으니 [9]이는 곧 이스라엘 모든 자손과 그들 중에 거류하는 거류민을 위하여 선정된 성읍들로서 누구든지 부지중에 살인한 자가 그리로 도망하여 그가 회중 앞에 설 때까지 피의 보복자의 손에 죽지 아니하게 하기 위함이라"(여호수아 20:7-9).

26 "[54]그들의 거주한 곳은 사방 지계 안에 있으니 그들의 마을은 아래와 같으니라 아론 자손 곧 그핫 종족이 먼저 제비 뽑았으므로 [55]그들에게 유다 땅의 헤브론과 그 사방 초원을 주었고 … [76]납달리 지파 중에서 갈릴리의 게데스와 그 초원과 함몬과 그 초원과 기랴다임과 그 초원을 주니라"(역대상 6:54-55, 76).

지파인 바락이 '북쪽 게데스'에 거주할 이유는 없었다. 이것이 내가 바락이 살았다는 게데스의 위치가 '남쪽의 게데스'였다고 보는 두 번째 이유다.

참고로 바락이 '스불론과 납달리 지파' 만 명을 불러 모은 다볼산은 '스불론, 납달리, 잇사갈'[27] 세 지파의 땅이 만나는 지점에 있었다. 이후 바락의 부름에 반응했던 '스불론과 납달리 지파의 땅'은 "우리 주 예수 그리스도의 빛"을 보게 된다.

> [1]전에 고통 받던 자들에게는 흑암이 없으리로다 **옛적에는 여호와께서 스불론 땅과 납달리 땅이 멸시를 당하게 하셨더니** 후에는 해변 길과 요단 저쪽 이방의 갈릴리를 영화롭게 하셨느니라 [2]흑암에 행하던 백성이 큰 빛을 보고 사망의 그늘진 땅에 거주하던 자에게 빛이 비치도다(이사야 9:1-2)

'에브라임 지파' 출신이었던 드보라와는 달리, 바락은 멸시당하던 '납달리 지파' 출신이었다. 바락은 '라헬의 몸종 빌하의 아들 납달리'의 후손이었다. 반면 드보라는 '라헬의 아들 요셉'의 후손이었다. 즉 조선 시대를 예로 들어 쉽게 설명하면, 드보라와 바락은 "주인집 애기씨"와 "몸종의 아들" 이야기다. 그러한 이유로 바락이 드보라에게 했던 말이다. "만일 당신이 나와 함께 가면 내가 가려니와 만일 당신이 나와 함께 가지 아니하면 나도 가지 아니

---

27 **"잇사갈의 방백들이 드보라와 함께 하니** 잇사갈과 같이 바락도 그의 뒤를 따라 골짜기로 달려 내려가니 르우벤 시냇가에서 큰 결심이 있었도다"(사사기 5:15).: '스불론과 납달리 지파'뿐 아니라 '잇사갈 지파'도 이 전쟁에 적극적으로 참여했다.

하겠노라." 바락의 이 말은 정말이지 **"신중한 동시에 헌신(獻身) 된 그의 중심을 반영한 말"**이었다. 바락 그에게 있어서 이스라엘에 구원이 임하는 일이라면 여인에게 자신의 영광이 돌아간다 할지라도 상관이 없다는 이야기였다. 그 결과 그가 거주했던 납달리에 있는 가버나움은 예수님의 공생애 시절 '예수님의 본거지'가 되었다.[28] 이 모든 일은 우리 주 예수 그리스도의 은혜로 말미암은 일이었다.[29]

그러면 이제 '산 염소(mountain goat)'라는 이름을 가진 '야엘'의 활약을 살펴보자.

> [17]시스라가 걸어서 도망하여 겐 사람 헤벨의 아내 야엘의 장막에 이르렀으니 이는 하솔 왕 야빈과 겐 사람 헤벨의 집 사이에는 화평이 있음이라 [18]야엘이 나가 시스라를 영접하며 그에게 말하되 **나의 주여 들어오소서 내게로 들어오시고 두려워하지 마소서** 하매 그가 그 장막에 들어가니 야엘이 이불로 그를 덮으니라 [19]시스라가 그에게 말하되 **청하노니 내게 물을 조금 마시게 하라 내가 목이 마르다** 하매 **우유 부대를 열어 그에**

---

28 "[12]예수께서 요한이 잡혔음을 들으시고 갈릴리로 물러가셨다가 [13]나사렛을 떠나 **스불론과 납달리 지경 해변에 있는 가버나움에 가서 사시니** [14]이는 선지자 이사야를 통하여 하신 말씀을 이루려 하심이라 일렀으되 [15]**스불론 땅과 납달리 땅과 요단강 저편 해변 길과 이방의 갈릴리여** [16]**흑암에 앉은 백성이 큰 빛을 보았고 사망의 땅과 그늘에 앉은 자들에게 빛이 비치었도다 하였느니라** [17]이때부터 예수께서 비로소 전파하여 이르시되 회개하라 천국이 가까이 왔느니라 하시더라"(마태복음 4:12-17).

29 이제는 이 말(구약시대 백성들도 성자 하나님이신 우리 주 예수 그리스도의 은혜로 구원받는다.)을 이해했으리라 믿는다.

> **게 마시게 하고** 그를 덮으니 [20]그가 또 이르되 장막 문에 섰다가 만일 사람이 와서 네게 묻기를 여기 어떤 사람이 있느냐 하거든 너는 없다 하라 하고 [21]그가 깊이 잠드니 헤벨의 아내 야엘이 장막 말뚝을 가지고 손에 방망이를 들고 그에게로 가만히 가서 말뚝을 그의 관자놀이에 박으매 말뚝이 꿰뚫고 땅에 박히니 그가 기절하여 죽으니라(사사기 4:17-21)

시스라는 진흙탕에 빠진 철 병거를 버리고 걸어서 도망쳤다. 그렇게 그의 주군(主君)이 있는 하솔로 향했다. 그러던 도중 '하솔 왕 야빈'과 평화조약을 맺은 겐 사람 헤벨의 집 앞에 이르게 되었다. 당연히 동맹 사실을 알고 있었을 시스라는 '야엘의 장막'을 향해 갔다. 쉽게 말해, 전쟁에 패해 도주하던 중 동맹국의 진지를 발견하자 그리로 몸을 피한 셈이다. 시스라가 '야엘의 장막'에 이르렀다는 성경의 기록으로 보아, 이때 헤벨은 그의 장막에 없었던 것으로 보인다. 일부다처(一夫多妻)인 경우가 많았던 유목민들은 '남편의 장막'과 '아내의 장막'이 구분되어 있었다. 야곱의 경우도 '야곱의 장막'과 '레아의 장막' 그리고 '라헬의 장막'이 구분되어 있었다. 그런 점에서, 시스라의 이러한 행동은 옳은 행동이 아니었다.

남편이 출타(出他) 중인 여인의 장막으로 향한다는 것은 당시 문화로는 '성적 폭력'을 의미했다. 그러한 이유로 신학자 중에는 시스라와 야엘 사이에 '성적인 접촉'이 있었을 것이라는 의견이 있다. 특별히 야엘이 했던 말 중에 "내게로 들어오시고"는 히브리어 어법상 '성적인 단어'가 맞다.

그러나 나는 이러한 신학자들의 의견에 동의하지 않는다. 그 이유는 시스라가 야엘에게 했던 말 때문이다. "청하노니 내게 물을 조금 마시게 하라. 내가 목이 마르다." 내가 보기에 시스라는 이때 '넋이 나가 있는 상황'이었던 것으로 보인다. 하루종일 있었던 전투에 더해 '뻘'로 변한 땅을 헤집고 도보로 도망치던 중이었다. 갯벌에서 걸어본 경험이 있는 독자들은 지금 무슨 말을 하는지 이해할 것이다.

더군다나 시스라는 자신의 주군(主君)에게 전투 결과를 보고하러 가는 중이었다. 그것도 승전의 소식이 아니라 '민병대(民兵隊)'에게 '철 병거 군단'이 전멸했다는 소식을 가지고 말이다. 당연히 시스라는 얼이 다 빠진 상태였을 것이다. 그렇게 탈수된 상태에서 시스라가 야엘에게 건넨 말은 물을 달라는 것이었다. 즉 시스라는 의도적으로 '야엘의 장막'으로 향했던 것으로 보이지 않는다. 그저 도망가던 중, 자신의 주군(主君)과 평화조약을 맺은 사람의 장막들이 보이자 그리로 향했을 뿐일 것이다. 그리고 처음 눈에 띈 장막을 향해 걸어간 뒤, 야엘의 말대로 야엘의 장막 안에 들어갔을 것이다.

물론 "습관은 무섭다"라는 말처럼, 시스라에게 평소 외간 여인의 장막을 수시로 드나들던 악습(惡習)이 있었을 수도 있다. 어찌 되었든 그렇게 장막에 들어간 뒤, 시스라가 처음 내뱉은 말은 이것이었다. "청하노니 내게 물을 조금 마시게 하라. 내가 목이 마르다."

시스라의 이러한 상태를 본 야엘은 사태 파악이 되었을 것이다. 야엘 또한 이미 전투 소식을 들었을 것이다. 지난 20년간 이스라엘을 압제하던 '하솔 왕 야빈'의 군대가 집결한 전투였다. 어쩌면 야엘의 남편 헤벨은 전투의 경과를 알아보기 위해 출타했을지도 모를 일이다. 그렇게 목이 마르다는 시스라에게 야엘은 물 대신 우유 부대를 열어 마시게 했다. 야엘의 이름 뜻을 통해서도 예상할 수 있지만, 이때 야엘(산 염소, mountain goat)'이 준 우유는 '염소 젖'이었을 것이다. 그렇게 우유를 마신 시스라는 피곤한데다 긴장이 풀려 깊이 잠들고 말았다.

시스라가 깊이 잠들자, 야엘은 그에게 다가가 장막 말뚝을 관자놀이에 박아 넣었다. 한순간에 말뚝이 시스라의 관자놀이를 통해 그의 머리를 땅에 고정시켰다. 그렇게 고대 근동 최강의 철 병거 군단 사령관이 여인의 손에 죽었다. 시스라는 그렇게 '산 염소(야엘)'가 준 '젖'을 먹고 목숨을 잃었다. 지난 20년간 철 병거 900대로 이스라엘을 학대했던 시스라는 그렇게 '산 염소(야엘)'에게 죽임을 당했다. 이 모든 것은 하나님께서 미리 준비해두신 일이었다.

> 모세의 장인 호밥의 자손 중 겐 사람 헤벨이 떠나 **게데스에 가까운 사아난님 상수리나무 곁에 이르러 장막을 쳤더라**(사사기 4:11)

물론 유목민의 '환대법'과 하솔 왕 야빈과 야엘의 남편 사이에 있었던 '평화조약'을 근거로 "야엘이 조약을 파기한 것이 아니냐?"라는 문제 제기가 있어 왔다.[30] 그러나 성경 말씀을 살펴볼 때, 성경은 이 문제에 대해 전혀 관심이 없다는 것을 알 수 있다. 성경은 오직 '그가 하나님의 편에 섰는지, 아

---

30 "시스라가 걸어서 도망하여 겐 사람 헤벨의 아내 야엘의 장막에 이르렀으니 **이는 하솔 왕 야빈과 겐 사람 헤벨의 집 사이에는 화평이 있음이라**"(사사기 4:17).

니면 하나님의 반대편에 섰는지'만을 보고 있다.

> **겐 사람 헤벨의 아내 야엘은 다른 여인들보다 복을 받을 것이니** 장막에 있는 여인들보다 더욱 복을 받을 것이로다(사사기 5:24)

이것은 윤리학의 '중요한 원칙'이기도 하다. 윤리학에서는 서로 충돌하는 두 개의 원칙이 있는 경우, 중요한 원칙이 그보다 덜 중요한 원칙을 "무효화(無效化)"시킨다. 즉 성경에서는 그 사람의 '마음의 중심'이 어디 있는지가 중요하다. 그리고 앞에서는 시스라가 넋이 나간 상태였을 것이라고는 했으나, 어찌 되었든 야엘의 장막에 먼저 다가간 것은 시스라였다.

> 라반이 **야곱의 장막에 들어가고 레아의 장막에 들어가고** 두 여종의 장막에 들어갔으나 찾지 못하고 레아의 장막에서 나와 **라헬의 장막에 들어가매**(창세기 31:33)

인용한 성경 말씀을 통해서도 확인할 수 있듯이, 유목민들에게 있어서 '남자의 장막'과 '여인의 장막'은 구별되어 있었다. 즉 성적인 접촉이 없었다 하더라도, 남편이 출타(出他)한 여인의 장막에 다가가는 것은 "현실적인 위협"이 되는 일이었다. 비록 그가 기진맥진한 상황이라고는 하나 시스라는 군대 장관으로 무장을 하고 있었을 것이다. 즉 남편이 없는 상황에서 '험악한 모습의 장수'가 자신의 장막에 다가올 때 야엘은 빠른 결정을 해야 했다. 자칫 잘못할 경우, 자신뿐 아니라 가족들의 안위(安危)까지 위험해질 수 있는 상황이었다. 더군다나 여인의 장막에 외간 남자가 들어가는 행위 자체가 성폭력으로 여겨지던 시절이었다. 그러므로 야엘의 행동은 그녀와 그녀 가족들의 명예를 지키기 위한 행위이기도 했다.

유목민에게 있어서 장막을 세우고 걷는 일은 여인의 몫이었다. 즉 야엘은 '자신이 가진 능력과 지혜'로 그녀 자신과 가족을 지킨 것이었다. 물론 이 모든 일은 하나님의 보이지 않는 손인 '하나님의 섭리' 가운데 이루어진 일이었다. 그렇게 위기의 순간 '자신이 가진 능력과 지혜'로 최선을 다했던 야엘은 '드보라와 바락의 노래' 가운데 축복(祝福)을 받게 된다.

> [24]**겐 사람 헤벨의 아내 야엘은 다른 여인들보다 복을 받을 것이니 장막에 있는 여인들보다 더욱 복을 받을 것이로다** [25]시스라가 물을 구하매 우유를 주되 **곧 엉긴 우유를 귀한 그릇에 담아 주었고** [26]손으로 장막 말뚝을 잡으며 오른손에 일꾼들의 방망이를 들고 시스라를 쳐서 그의 머리를 뚫되 곧 그의 관자놀이를 꿰뚫었도다 [27]그가 그의 발 앞에 꾸부러지며 엎드러지고 쓰러졌고 그의 발 앞에 꾸부러져 엎드러져서 그 꾸부러진 곳에 엎드러져 죽었도다(사사기 5:24-27)

"시스라가 물을 구하매 우유를 주되 곧 엉긴 우유를 귀한 그릇에 담아 주었고" 특별히 야엘이 시스라에게 준 '엉긴 우유'는 성경에서 '이스라엘에 하나님의 구원이 임할 때'에 등장하는 음료다.[31]

---

31 "[14]그러므로 주께서 친히 징조를 너희에게 주실 것이라 **보라 처녀가 잉태하여 아들을 낳을 것**

“**겐 사람 헤벨의 아내 야엘은** 다른 여인들보다 복을 받을 것이니 장막에 있는 여인들보다 더욱 복을 받을 것이로다” 그렇다면 야엘에게는 어떤 복이 임했을까? 구약 시절 여인이 받는 복 중 가장 큰 복은 그녀의 자손이 잘되는 것이었다.[32] 그리고 성경에서 말씀하시는 “자손이 가장 잘되는 것”은 **“그 자손이 하나님 앞에 서는 것”**이다. 그런 점에서, 성경에 기록된 ‘야엘 자손’의 흔적을 찾는 것은 유익한 일이다.

> 야베스에 살던 서기관 종족 곧 디랏 종족과 시므앗 종족과 수갓 종족이니 **이는 다 레갑 가문의 조상 함맛에게서 나온 겐 종족이더라**(역대상 2:55)

성경에는 모세의 장인 호밥의 자손들을 ‘겐 사람’ 혹은 ‘레갑 사람, 레갑의 아들’로 부른다. 먼저 열왕기에 나오는 ‘모세의 장인 호밥의 자손’이다.[33]

> [15]예후가 거기에서 떠나가다가 **자기를 맞이하러 오는 레갑의 아들 여호나답을 만난지라** 그의 안부를 묻고 그에게 이르되 **내 마음이 네 마음을**

이요 그의 이름을 임마누엘이라 하리라 [15]그가 악을 버리며 선을 택할 줄 알 때가 되면 **엉긴 젖과 꿀을 먹을 것이라** [16]대저 이 아이가 악을 버리며 선을 택할 줄 알기 전에 네가 미워하는 두 왕의 땅이 황폐하게 되리라 … [21]그날에는 사람이 한 어린 암소와 두 양을 기르리니 [22]그것들이 내는 젖이 많으므로 **엉긴 젖을 먹을 것이라** 그 땅 가운데에 **남아 있는 자는 엉긴 젖과 꿀을 먹으리라**”(이사야 7:14–16, 21–22).

32 물론 지금도 마찬가지다.

33 물론 “모세의 장인 호밥의 자손 모두가 야엘의 자손은 아니지 않느냐?”라고 따진다면, 할 말은 없다.

> **향하여 진실함과 같이 네 마음도 진실하냐** 하니 여호나답이 대답하되 그러하니이다 이르되 **그러면 나와 손을 잡자** 손을 잡으니 예후가 끌어 병거에 올리며 [16]이르되 **나와 함께 가서 여호와를 위한 나의 열심을 보라** 하고 이에 자기 병거에 태우고 [17]사마리아에 이르러 거기에 남아 있는 바 아합에게 속한 자들을 죽여 진멸하였으니 여호와께서 엘리야에게 이르신 말씀과 같이 되었더라 … [23]**예후가 레갑의 아들 여호나답과 더불어** 바알의 신당에 들어가서 바알을 섬기는 자들에게 이르되 너희는 살펴보아 바알을 섬기는 자들만 여기 있게 하고 여호와의 종은 하나도 여기 너희 중에 있지 못하게 하라 하고 [24]무리가 번제와 다른 제사를 드리려고 들어간 때에 예후가 팔십 명을 밖에 두며 이르되 내가 너희 손에 넘겨 주는 사람을 한 사람이라도 도망하게 하는 자는 자기의 생명으로 그 사람의 생명을 대신하리라 하니라 [25]번제 드리기를 다하매 예후가 호위병과 지휘관들에게 이르되 들어가서 한 사람도 나가지 못하게 하고 죽이라 하매 호위병과 지휘관들이 칼로 그들을 죽여 밖에 던지고 [26]**바알의 신당 있는 성으로 가서 바알의 신당에서 목상들을 가져다가 불사르고** [27]**바알의 목상을 헐며 바알의 신당을 헐어서 변소를 만들었더니 오늘까지 이르니라**(열왕기하 10:15-17, 23-27)

열왕기하에 기록된 '예후의 종교개혁' 기사다. 이때만 해도 예후는 '하나님의 도구'로 사용되어 바알을 섬기던 아합과 그를 따르던 세력을 척결했다. 이때 예후를 도와 종교개혁에 앞장섰던 인물이 바로 '모세의 장인 호밥의 자손'이다. 그러나 정권을 잡은 후 예후 또한 타락하여 우상숭배에 빠지게 되자 예후를 떠나 낙향(落鄕)한 것으로 알려진다.

그리고 그는 후손에게 이와 같은 유언을 남겼다. "너희와 너희 자손은 영원히 포도주를 마시지 말며, 너희가 집도 짓지 말며 파종도 하지 말며 포도원을 소유하지도 말고 너희는 평생 동안 장막에 살아라. 그리하면 너희가 머물러 사는 땅에서 너희 생명이 길리라." 즉 '레갑의 아들 여호나답'은 예후를 왕으로 세운 일등 공신이었으나, 예후가 하나님의 길에서 떠나자 예후 곁을 떠나 광야에서 양을 치며 살았다고 전해진다.

예레미야 35장에는 이와 관련된 내용이 담겨있다.[34] 예레미야 35장에서

---

34 "[1]유다의 요시야 왕의 아들 여호야김 때에 **여호와께로부터 말씀이 예레미야에게 임하여 이르시되** [2]**너는 레갑 사람들의 집에 가서 그들에게 말하고 그들을 여호와의 집 한 방으로 데려다가 포도주를 마시게 하라 하시니라** [3]이에 내가 하바시냐의 손자요 예레미야의 아들인 야아사냐와 그의 형제와 그의 모든 아들과 모든 레갑 사람들을 데리고 [4]여호와의 집에 이르러 익다랴의 아들 하나님의 사람 하난의 아들들의 방에 들였는데 그 방은 고관들의 방 곁이요 문을 지키는 살룸의 아들 마아세야의 방 위더라 [5]내가 레갑 사람들의 후손들 앞에 포도주가 가득한 종지와 술잔을 놓고 마시라 권하매 [6]**그들이 이르되 우리는 포도주를 마시지 아니하겠노라** 레갑의 아들 우리 선조 요나답이 우리에게 명령하여 이르기를 너희와 너희 자손은 영원히 포도주를 마시지 말며 [7]너희가 집도 짓지 말며 파종도 하지 말며 포도원을 소유하지도 말고 너희는 평생 동안 장막에 살아라 그리하면 너희가 머물러 사는 땅에서 너희 생명이 길리라 하였으므로 [8]**우리가 레갑의 아들 우리 선조 요나답이 우리에게 명령한 모든 말을 순종하여 우리와 우리 아내와 자녀가 평생 동안 포도주를 마시지 아니하며** [9]**살 집도 짓지 아니하며 포도원이나 밭이나 종자도 가지지 아니하고** [10]**장막에 살면서 우리 선조 요나답이 우리에게 명령한 대로 다 지켜 행하였노라** [11]그러나 바벨론의 느부갓네살 왕이 이 땅에 올라왔을 때에 우리가 말하기를 갈대아인의 군대와 수리아인의 군대를 피하여 예루살렘으로 가자 하고 우리가 예루살렘에 살았노라 [12]그때에 여호와의 말씀이 예레미야에게 임하여 이르시되 [13]**만군의 여호와 이스라엘의 하나님께서 이와 같이 말씀하시니라** 너는 가서 유다 사람들과 예루살렘 주민에게 이르기를 너희가 내 말을 들으며 교훈을 받지 아니하겠느냐 여호와의 말씀이니라 [14]**레갑의 아들 요나답이 그의 자손에게 포도주를 마시지 말라 한 그 명령은 실행되도다 그들은 그 선조의 명령을 순종하여 오늘까지 마시지 아니하거늘 내가 너희에게 말하고 끊임없이 말하여도 너희는 내게 순종하지 아니하도다** [15]내가 내 종 모든 선지자를 너희에게 보내고 끊임없이 보내며 이르기를 너희는 이제 각기 악한 길에서 돌이켜 행위를 고치고 다른 신을 따라 그를 섬기지 말라 그리하면 너희는 내가 너희와 너희 선조에게 준 이 땅에 살리라 하여도 너희가 귀를 기울이지 아니하며 내게 순종하지 아니하였느니라 [16]레갑의 아들 요나답의 자손은 그의 선조가 그들에게 명령한 그 명

하나님은 이스라엘 백성들을 책망하시는 가운데 '레갑의 아들 여호나답의 자손들의 모범'을 예로 드신다. 간단히 말하면, '모세의 장인 호밥의 자손들'은 그들의 조상의 유언을 그토록 충실히 지키는데 "이스라엘 너희들은 도대체 뭐 하는 놈들이냐?"라는 질책이다.

예레미야를 통하여 이러한 사실을 일깨운 하나님께서는 모세의 장인 호밥의 후손들에게 이와 같은 복을 약속하셨다. "그러므로 만군의 여호와 이스라엘의 하나님께서 이와 같이 말씀하시니라. 레갑의 아들 요나답에게서 내 앞에 설 사람이 영원히 끊어지지 아니하리라 하시니라." 그 결과 야엘의 자손들은 우리 주 예수 그리스도께서 이 땅에 오신 것을 목격한 '첫 번째 증인'이 되었다.[35] 그렇게 하나님의 약속은 예수님께서 탄생하시던 순간에도 그대로 지켜졌다. 예수님의 탄생시, 우리 주 예수 그리스도를 가장 먼저 찾

령을 지켜 행하나 이 백성은 내게 순종하지 아니하도다 [17]그러므로 만군의 여호와 이스라엘의 하나님께서 이와 같이 말씀하시니라 보라 내가 유다와 예루살렘의 모든 주민에게 내가 그들에게 대하여 선포한 모든 재앙을 내리리니 이는 내가 그들에게 말하여도 듣지 아니하며 불러도 대답하지 아니함이니라 하셨다 하라 [18]예레미야가 레갑 사람의 가문에게 이르되 만군의 여호와 이스라엘의 하나님께서 이와 같이 말씀하시기를 너희가 너희 선조 요나답의 명령을 순종하여 그의 모든 규율을 지키며 그가 너희에게 명령한 것을 행하였도다 [19]**그러므로 만군의 여호와 이스라엘의 하나님께서 이와 같이 말씀하시니라 레갑의 아들 요나답에게서 내 앞에 설 사람이 영원히 끊어지지 아니하리라 하시니라**"(예레미야 35장).

35 "[8]**그 지역에 목자들이 밤에 밖에서 자기 양 떼를 지키더니** [9]주의 사자가 곁에 서고 주의 영광이 그들을 두루 비추매 크게 무서워하는지라 [10]천사가 이르되 **무서워하지 말라 보라 내가 온 백성에게 미칠 큰 기쁨의 좋은 소식을 너희에게 전하노라** [11]**오늘 다윗의 동네에 너희를 위하여 구주가 나셨으니 곧 그리스도 주시니라** [12]**너희가 가서 강보에 싸여 구유에 뉘어 있는 아기를 보리니 이것이 너희에게 표적이니라** 하더니 … [15]천사들이 떠나 하늘로 올라가니 목자가 서로 말하되 이제 베들레헴으로 가서 주께서 우리에게 알리신 바 이 이루어진 일을 보자 하고 [16]빨리 가서 마리아와 요셉과 구유에 누인 아기를 찾아서 [17]보고 천사가 자기들에게 이 아기에 대하여 말한 것을 전하니"(누가복음 2:8-12, 15-17).

은 목자들은 '레갑 사람들'로 알려져 있다.

> [22]바락이 시스라를 추격할 때에 야엘이 나가서 그를 맞아 그에게 이르되 **오라 네가 찾는 그 사람을 내가 네게 보이리라** 하매 바락이 그에게 들어가 보니 시스라가 엎드러져 죽었고 말뚝이 그의 관자놀이에 박혔더라 [23]이와 같이 이 날에 하나님이 가나안 왕 야빈을 이스라엘 자손 앞에 굴복하게 하신지라 [24]이스라엘 자손의 손이 가나안 왕 야빈을 점점 더 눌러서 마침내 가나안 왕 야빈을 진멸하였더라(사사기 4:22-24)

시스라의 본거지까지 쫓아가 단 한 명의 군대도 남기지 않은 뒤, 바락은 시스라를 추격하기 시작했다. 바락과 시스라 사이에 전투가 있었던 곳을 기준으로 볼 때, '하로셋 학고임'은 북서쪽에 '하솔'은 북동쪽에 위치해 있었다. 즉 바락은 그날 동분서주(東奔西走)했다. 그렇게 정신없이 시스라를 추격하는 바락을 야엘이 맞이했다. "오라 네가 찾는 그 사람을 내가 네게 보이리라."

야엘의 말을 듣는 순간 바락은 알았을 것이다. 드보라를 통해 이미 들었던 하나님의 말씀이었다. "그러나 네가 이번에 가는 길에서는 영광을 얻지 못하리니 이는 여호와께서 시스라를 여인의 손에 파실 것임이니라." 그리고 야엘의 장막에 들어간 바락은 하나님의 말씀을 확인할 수 있었다. "바락이 그에게 들어가 보니[36] 시스라가 엎드러져 죽었고 말뚝이 그의 관자놀이에

---

36 "그에게 들어가" 이 말 또한 히브리어 어법상 '성적인 단어'다. 이러한 기록 또한 내가 앞에서

박혔더라." 이 모습을 본 바락의 마음 한가운데 **"하나님을 향한 찬양과 기도"**가 샘솟았을 것이다. 어떻게 바락의 마음을 알 수 있냐고 묻는다면 해줄 수 있는 대답은 이것뿐이다. 이러한 마음은 하나님의 은혜를 입은 사람들의 "공통된 특징"이다.

그렇게 지난 20년간 '하솔 왕 야빈의 군대 장관 시스라'로 인해 '사라진 젖과 꿀'이 다시 '약속의 땅'에 흐르게 되었다. 이 모든 일은 하나님께서 사용하신 두 여인 '드보라와 야엘' 그리고 '바락'을 통하여 이루어졌다. 그렇게 '꿀 나무(종려나무)' 아래서 공의로운 재판을 베풀던 '꿀벌(드보라)'과 '산 염소(야엘)'가 시스라에게 준 '엉긴 젖'을 통해 '젖과 꿀이 사라진 약속의 땅'에 다시 '젖과 꿀'이 흐르게 되었다.

그렇게 하늘에서 '비바람과 벼락'을 통해 철 병거 군단을 부수신 하나님께서 땅에서는 당신의 '번개(바락)'로 사용된 '심판의 아들(베단, 바락의 별명)'을 통해 이 일을 이루셨다. 그 결과 '젖과 꿀이 사라진 약속의 땅'에 다시 '젖과 꿀'이 흐르게 되었다. 그리고 이 모든 일의 최전방에는 **"바락"**이 있었다.

물론 사사기에서는 바락의 이름이 영광을 받지 못했다.[37] 아마도 사사기

시스라와 야엘 사이에 '성적인 접촉'이 있었을 것이라는 신학자들의 의견에 동의할 수 없는 이유다. "들어가"라는 단어 때문에, 바락과 야엘 사이에 '성적인 접촉'이 있었을 것이라 주장하는 신학자는 없을 것이다. 굳이 이 부분을 물고 늘어지는 이유는 간단하다. 언약 백성에게 젖과 꿀을 회복시켜준 '야엘의 명예'를 지켜주고 싶어서다. 특별히 하나님께서 세우신 사역자들을 향한 근거 없는 악소문이 흔한 것이 세상이다. 야엘 뿐이 아니다. 21세기 대한민국에 있는 사역자들을 향해서도 같은 마음이다.

37 "이르되 내가 반드시 너와 함께 가리라 **그러나 네가 이번에 가는 길에서는 영광을 얻지 못하리니** 이는 여호와께서 시스라를 여인의 손에 파실 것임이니라 하고 드보라가 일어나 바락과 함

의 이러한 기록은 '젖과 꿀이 사라진 약속의 땅'에 '젖과 꿀이 다시 흐르게 된 과정'을 설명하기 위함이었을 것이다. 그 과정에서 사용된 '꿀벌(드보라)'과 '산 염소(야엘)'를 드러내기 위함이었을 것이다. 그러나 하나님께서는 바락을 잊지 않으셨다. 누가 뭐래도 이 일의 최전방에서 동분서주하며 쓰임 받은 자는 바락 아니던가? 그 결과 하나님께서는 구약과 신약 양쪽 모두에 그의 이름을 높여주셨다. 이것이 바락이 히브리서 11장 '명예의 전당'에 올라간 '의인(義人)'인 이유다. 바락은 "하나님의 은혜를 입은 자"였다.

> 여호와께서 여룹바알과 **베단과** 입다와 나 사무엘을 보내사 너희를 너희 사방 원수의 손에서 건져내사 너희에게 안전하게 살게 하셨거늘(사무엘상 12:11)

> 내가 무슨 말을 더 하리요 기드온, **바락**, 삼손, 입다, 다윗 및 사무엘과 선지자들의 일을 말하려면 내게 시간이 부족하리로다(히브리서 11:32).

께 게데스로 가니라"(사사기 4:9).

4부

삼손

삼손 1

당신은 다릅니까?

사실 '기드온, 바락, 삼손, 입다' 인물설교를 하게 된 또 하나의 계기는 '삼손' 때문이었다. 나는 초등학교 시절 TV를 통해 처음 '삼손 이야기'를 접했다. 당시 어린 마음에도 '뭐 저런 한심한 인간이 다 있나?' 싶었다. 초등학교 시절이었다. TV에서 해외 영화를 주말에 '시리즈(series)'로 방영(放映)해준 적이 있었다. 그 시절 그 시리즈에는 '솔로몬'에 대한 영화도 있었다. 솔로몬이 이방 여인들에 빠진 장면에서 옆에 있던 엄마와 아빠가 함께 혀를 차시며 했던 말씀이 지금도 선명하다. "지 애비는 엄청 고생했는데, 저게 고생을 모르고 자라서 저렇지." 그 시리즈에서 삼손에 대해 기억나는 장면은 삼손이 블레셋의 성문을 뜯어 산꼭대기에 올랐던 장면이다.[1]

---

1 "[1]**삼손이 가사에 가서** 거기서 한 기생을 보고 그에게로 들어갔더니 [2]가사 사람들에게 삼손이 왔다고 알려지매 그들이 곧 그를 에워싸고 밤새도록 성문에 매복하고 밤새도록 조용히 하며 이르기를 새벽이 되거든 그를 죽이리라 하였더라 [3]삼손이 밤중까지 누워 있다가 그 밤중에 일어나 **성 문짝들과 두 문설주와 문빗장을 빼어 가지고 그것을 모두 어깨에 메고 헤브론 앞산 꼭대기로 가니라**"(사사기 16:1–3).

그렇게 삼손은 내게 '평생 여자 꽁무니나 쫓아다니다가 인생을 망친 한심한 인간'으로 남았다. '초인적인 힘을 가졌으나 영웅이라고 부르기에는 부끄러운 어떤 인물'에 대한 이야기로 남았다. '아마 성경에 기록된 인물 중에 가장 힘이 세었기에 영화로도 만들어졌나 보다' 정도의 인물이었다.

그렇게 잊혀 가던 삼손이 어느 날 내 마음에 다시 들어왔다. 한국누가회(CMF) 간사가 된 지 어느 정도 시간이 흐른 때였다. "간사님, 우리 CMF에는 '경건한 라인(line)'과 '경건을 해치는 라인(line)'이 존재해요." "아니에요. 간사님, 저놈들은 앞뒤가 막힌 갑갑한 놈들이에요. 저놈들은 21세기 바리새인들이에요." 어느 수련회인가 내가 담당하는 캠퍼스에서 '진행팀과 찬양팀'을 한꺼번에 감당하던 때였다. 이때 '경건한 라인'은 '찬양팀'을 가리키는 말이었고, 소위(所謂) '경건을 해치는 라인'은 '진행팀'을 가리키는 말이었다. 내 앞에서 티격태격하는 아이들을 보며 '정말 그런가?'라는 생각이 들었다. 그리고 이후, 두 팀(team)의 분위기를 자세히 살펴보게 되었다.

몇 년을 살펴본 결과, 처음 내게 이야기했던 두 아이의 말은 각기 나름의 일리가 있었다. 찬양팀의 경우, 수련회 전 2주간의 합숙 기간 내내 정해진 시간에 일어나 '말씀 묵상'으로 하루를 시작했다. '찬양 연습'뿐 아니라 매일 한나절을 '성경 통독과 기도회'로 채웠다. 반면 진행팀의 경우, 합숙 기간을 통틀어 일어나는 시간이 정해져 있지 않았다. 내가 말씀을 보자고 하면 갑자기 밖에 나가 구해와야 할 물품들이 쏟아졌다. 해가 바뀌어 팀원들이 바뀌었음에도 양 팀의 분위기는 크게 달라지지 않았다. 지금은 그 원인에 대해 나름의 이유를 알게 되었다고 생각한다. 물론, 코로나 이전에 그랬다는 이야기다. 지금은 다를 것이다. 아니, 다르기를 바란다.

어찌 되었든 수련회 때마다 진행팀을 하는 소위(所謂) '고인 물'들이 생겼다. 그중 한 아이를 보며 문득 '삼손'을 떠올렸다. 정말이지, 그 아이는 내게 '경건을 해치는 라인(line)'이 존재한다는 증언에 대한 '살아 숨 쉬는 증거'였다. 처음에는 이곳저곳에서 "왜 그 아이 편을 들어주냐?"라는 항의를 많이 받았다. 사실 나는 당시에도 지금도 내가 왜 그 아이의 편을 들어주는지 잘 모르겠다. 나는 그냥 그 아이가 귀여웠다. 아니, 내가 아니면 그 아이는 한국 교회 어디에도 적응하지 못할 것이 분명해 보였다. 어느 사역자가 그 아이의 꼴(?)을 두고 볼까? 입장 바꿔 생각해 보면, 너무나 명백해 보이는 일이었다. 나는 그냥 그 아이가 치는 '사고(?)'를 감당해 주기로 마음먹었었다. 참 묘한 아이였다. 우선 아이는 착했다. 악의가 없었다. 정이 많았다. 의리가 있었다. 그리고 무엇보다도 생각이 자유롭고 '창조적'이었다. 정말이지, '제멋대로의 영혼'이었다. 특히 마지막 요소가 믿음의 공동체에 있는 많은 지체들의 심기(心氣)를 거슬렀다.

"형이 아니었으면 그 아이는 절대 CMF에 남아 있지 못했을 거야. 나 같으면 절대 그 꼴 못 봐. 나도 형이 데리고 있으니까 그놈 얼굴을 보는 것이지. 누가 그 꼴을 봐." 누군가의 말처럼, 여러 곳에서 거절당하고 배척당한 상처를 남몰래 가진 아이였다. 그런데 시간이 흘러 10년 정도의 세월이 흐른 뒤, 그 아이를 따르는 후배들이 생기기 시작했다. 아니, 그 아이의 활동으로 '하나님을 믿는 새로운 생명들'이 잉태되기 시작했다.

물론 10년이라는 세월은 그 아이마저 성숙시켰다. 당연히 그 "성향"은 죽지 않았지만 말이다. 그래서인지 그 아이를 따르는 후배들이 하는 이야기는 이것이었다. "간사님, 저 형은 정말이지, 처음 보는 사람이에요. 저는 교회에서 저런 사람 처음 봤어요. 정말 완전히 이해가 되지 않는 사람이에요. 그런데요. 한 가지 사실은 분명해 보여요. 하나님이 저 형을 엄청 사랑하시고 예뻐하시는 게 눈에 보여요. 그리고 하나님께서 저 형을 통해 일하시는 것도 보여요. 물론 저 형이 경건한 이유로 그 일을 하는 것은 아니거든요. 저 형은 그냥 자기가 좋아서 그 일을 하는 것뿐인데요. 하나님께서는 저 형을 통해 당신의 계획을 이루시는 것 같아요. 정말 이상해요." "응, 그렇지. 그렇다면 이제 나한테 남은 일은 저 녀석이 삼손처럼 눈이 뽑히지 않게 잘 이끄는 것인가?" "예? 간사님, 그게 무슨 말씀이에요?" "그러게, 무슨 말일까?"

나는 그 아이를 보면서 삼손을 떠올렸다. 나의 이 말에 "나도 형이 데리고 있으니까 그놈 얼굴을 그냥 보는 것이지. 누가 그 꼴을 봐."라고 했던 누가[2]가 이런 말을 내게 건넸다. "형, 어쩌면 우리가 알고 있는 신앙인의 모습이 성경에서 말씀하시는 것보다 훨씬 좁을지도 모른다는 생각이 방금 들었어. 우리 눈에는 비신앙인으로 보이는 사람들마저 하나님은 신앙인으로 이끄시는데, 이 사실을 우리가 모르고 있는 것은 아닐까? 그러니까, 하나님께서 당신의 사람으로 인정하고 사용하시는 범위가 우리 상식을 뛰어넘는 것은 아닐까? 하나님은 우리 생각보다 훨씬 더 다양한 사람들을 믿음의 사람

---

2 한국누가회(CMF)에서는 졸업한 학사들을 '누가', 졸업하지 않은 학생들을 '작은 누가'라고 부른다.

으로 쓰시는 것이 아닐까?"

충분히 동의가 되는 말이었다. 당연한 일이다. 피조물인 우리가 어떻게 하나님의 깊고도 넓은 마음을 온전히 따라갈 수 있을까? 그러니 우리가 보는 신앙인보다 하나님께서 인정하시는 신앙인의 스펙트럼(spectrum)이 훨씬 더 넓을 것이라는 의견을 받아들이는 데에는 어려움이 없었다. 하지만 내 마음 한구석에 지금까지 풀리지 않는 의문이 있다. 사실 '단순한 의문'이기보다는 약간은 '불만이 섞인 의문' 말이다. 하나님께서 삼손을 신앙인으로 인정해주신다면? 그래, 그럴 수 있다고 생각한다. 한편 생각해 보면, 하나님의 그러한 너그러운 마음에 안심이 되는 측면도 있다. '하나님께서 삼손 정도의 인간도 신앙인으로 인정해주신다면, 우리는 뭐 당연히 신앙인으로 인정해주시지 않겠는가?' 그런 안심 말이다. 하지만, 삼손의 이름이 히브리서 11장 '믿음의 전당'에 올라 있는 것은? 이건 좀 아니지 않은가? 싶었다. 삼손이 신앙인? Okay(좋아)! 그 정도야, 감사한 일이지. 하지만 삼손이 '위대한 믿음의 용사'라고? 왜? 무엇을 봐서? 그렇다면 삼손처럼 막살아도 하나님께서 예뻐하시기만 하면 된다는 말인가? 어떻게 그럴 수 있지? 그건 좀 아닌 것 같은데 …. 하지만, 성경에는 삼손이 '믿음의 전당'에 분명히 올라 있지 않은가?

> 31**믿음으로** 기생 라합은 정탐꾼을 평안히 영접하였으므로 순종하지 아니한 자와 함께 멸망하지 아니하였도다 32**내가 무슨 말을 더 하리요** 기드온, 바락, **삼손**, 입다, 다윗 및 사무엘과 선지자들의 **일을 말하려면 내게 시간이 부족하리로다**(히브리서 11:31-32)

"믿음으로 누구는 …". 그렇다. 다윗과 사무엘이야, 훌륭한 믿음의 사람이지. 하지만, 삼손이? 게다가 성경의 표현은 "내가 무슨 말을 더 하리요. 믿음으로 이 자리에 오른 삼손의 일을 말하려면 내게 시간이 부족하리로다."라고 되어 있다. 도대체 왜? 그렇게 시작된 '삼손 인물설교'였다.

삼손은 수태고지부터 정말이지 '역대급'이다. 우선 삼손이 태어나던 시절의 배경이다.

> 이스라엘 자손이 **다시** 여호와의 목전에 악을 행하였으므로 여호와께서 그들을 사십 년 동안 블레셋 사람의 손에 넘겨 주시니라(사사기 13:1)

입다에 이은 소(小)사사[3] '입산, 엘론, 압돈'[4]이 이스라엘의 사사로 지내다

---

3 '사사(士師)' 중, 성경에 그 행적이 길고 상세하게 나오는 사사를 '대(大)사사'라고 하며 그렇지 않은 경우를 '소(小)사사'라고 한다.

4 "[7]입다가 이스라엘의 사사가 된 지 육 년이라 길르앗 사람 **입다가 죽으매** 길르앗에 있는 그의 성읍에 장사되었더라 [8]**그 뒤를 이어** 베들레헴의 **입산이** 이스라엘의 사사가 되었더라 [9]그가 아들 삼십 명과 딸 삼십 명을 두었더니 그가 딸들을 밖으로 시집 보냈고 아들들을 위하여는 밖에서 여자 삼십 명을 데려왔더라 그가 이스라엘의 사사가 된 지 칠 년이라 [10]**입산이 죽으매** 베들레헴에 장사되었더라 [11]**그 뒤를 이어** 스불론 사람 **엘론이** 이스라엘의 사사가 되어 십 년 동안 이스라엘을 다스렸더라 [12]스불론 사람 **엘론이 죽으매** 스불론 땅 아얄론에 장사되었더라 [13]**그 뒤를 이어** 비라돈 사람 힐렐의 아들 **압돈이** 이스라엘의 사사가 되었더라 [14]그에게 아들 사십 명과 손자 삼십 명이 있어 어린 나귀 칠십 마리를 탔더라 압돈이 이스라엘의 사사가 된 지 팔 년이라 [15]비라돈 사람 힐렐의 아들 **압돈이 죽으매** 에브라임 땅 아말렉 사람의 산지 비라돈에 장사되었더라"(사사기 12:7–15).: 이 본문에서도 확인할 수 있지만, 사사기는 후반부의 '에필로그(epilogue)'를 제외하고는 시대순으로 기록되어 있음을 알 수 있다. 물론 연도를 계산할 때, 사사들 사이에 기간이 겹치는 경우는 있는 것으로 보인다. 앞에서도 언급했지만, 사사기의 에필로그는 '모세와 아론의 손자'가 등장하는 것으로 보아 300년이 넘게 지속된 사사 시대 중 초반부에 있었던 사건이다. 신학자들은 삼손의 경우, 단 지파가 북쪽으로 이주한 지 100년쯤

죽은 뒤에 일어난 일이었다. 눈에 보이는 사사가 사라지자, 이스라엘은 다시 여호와의 목전(目前)에 악을 행했다. 이제는 새로울 것도 없는 역사다. 그리고 이것이 우리 인생에서 반복되는 일이다. 누군가의 말처럼, 역사를 통해서 가장 확실하게 배울 수 있는 사실은 이것이다. "인류는 역사를 통해 배우지 않는다." 이러한 이스라엘의 반복되는 배신에 대한 하나님의 처방이 눈에 띌 것이다. "여호와께서 그들을 사십 년 동안 블레셋 사람의 손에 넘겨 주시니라." 그리고 바로 이어 삼손에 대한 수태고지(受胎告知) 기사가 성경에 언급되어 있다.

> 2소라 땅에 단 지파의 가족 중에 마노아라 이름하는 자가 있더라 그의 아내가 임신하지 못하므로 출산하지 못하더니 3여호와의 사자가 그 여인에게 나타나서 그에게 이르시되 **보라** 네가 본래 임신하지 못하므로 출산하지 못하였으나 이제 임신하여 **아들을 낳으리니** 4그러므로 너는 삼가 포도주와 독주를 마시지 말며 어떤 부정한 것도 먹지 말지니라 5**보라 네가 임신하여 아들을 낳으리니** 그의 머리 위에 삭도를 대지 말라 이 아이는 태에서 나옴으로부터 하나님께 바쳐진 나실인이 됨이라 **그가 블레셋 사람의 손에서 이스라엘을 구원하기 시작하리라** 하시니(사사기 13:2-5)

여호와의 사자가 삼손의 어머니에게 했던 수태고지를 보며 나는 예수님

뒤에 태어난 것으로 본다.

의 수태고지(受胎告知)를 떠올렸다. 여호와의 사자가 삼손의 어머니에게 "했던" 수태고지는 천사 가브리엘이 마리아에게 "전했던" 수태고지를 닮아있다.[5] "아들을 낳으리니 이름을 예수라 하라 이는 그가 자기 백성을 그들의 죄에서 구원할 자이심이라."[6] "보라. 네가 잉태하여 아들을 낳으리니 그 이름을 예수라 하라."[7] 성경에 나오는 인물 중, 삼손처럼 수태고지를 받은 인물이 얼마나 더 있을까? 정말이지, 삼손은 출생과정부터 심상치 않은 인물이었다. 이 말을 달리 표현한다면, 삼손만큼 하나님의 각별한 사랑과 기대를 받은 인물이 없다는 것이다.

삼손이 평생 하나님께 바쳐진 나실인으로 살게 될 것이라는 이야기는 먼저 그의 어머니에게 적용됐다. "보라. 네가 본래 임신하지 못하므로 출산하지 못하였으나 이제 임신하여 아들을 낳으리니 그러므로 너는 삼가 포도주와 독주를 마시지 말며 어떤 부정한 것도 먹지 말지니라." 여호와의 사자가 삼손의 어머니에게 건넨 이 말은 '나실인으로의 부르심'이다.[8] 성경의 분위

---

5 여호와의 사자가 삼손의 어머니에게 "했던" 수태고지는 천사 가브리엘이 마리아에게 "전했던" 수태고지를 닮아있다.: '했던'과 '전했던'이라고 동사를 구분한 이유는 이와 같다. 삼손의 어머니에게 삼손의 탄생을 알린 '여호와의 사자'는 '성자 하나님'이시다. 즉 성육신하시기 이전 당신의 피조물에게 '현현(顯現)'하신 '우리 주 예수 그리스도'시다. "삼위일체 하나님은 뜻하신즉 이루시고, 이루신즉 그 모든 행사(行事)가 선하신 분이시다." 즉 삼손의 어머니에게 전하신 수태고지는 하나님 당신이 직접 이루실 일이었다. 반면 예수님의 수태고지를 전한 가브리엘은 그가 그 일을 이루는 것이 아니라 전달할 뿐이라는 점에서 '전했던'이라고 했다.

6 마태복음 1:21

7 누가복음 1:31

8 "[1]여호와께서 모세에게 말씀하여 이르시되 [2]이스라엘 자손에게 전하여 그들에게 이르라 남자나 여자가 특별한 서원 곧 나실인의 서원을 하고 자기 몸을 구별하여 여호와께 드리려고 하면 **[3]포도주와 독주를 멀리하며 포도주로 된 초나 독주로 된 초를 마시지 말며 포도즙도 마시지 말며 생포도나 건포도도 먹지 말지니 [4]자기 몸을 구별하는 모든 날 동안에는 포도나무 소산은 씨나 껍질이라도 먹지 말지며**"(민수기 6:1-4).

기로 볼 때, 삼손의 어머니는 그녀에게 부여된 '나실인의 사명'에 충실했던 것으로 보인다.

여호와의 사자로부터 수태고지를 받은 후, 삼손의 어머니는 그 사실을 그녀의 남편에게 전했다.

> [6]이에 그 여인이 가서 그의 남편에게 말하여 이르되 하나님의 사람이 내게 오셨는데 그의 모습이 하나님의 사자의 용모 같아서 심히 두려우므로 어디서부터 왔는지를 내가 묻지 못하였고 그도 자기 이름을 내게 이르지 아니하였으며 [7]그가 내게 이르기를 보라 네가 임신하여 아들을 낳으리니 이제 포도주와 독주를 마시지 말며 어떤 부정한 것도 먹지 말라 **이 아이는 태에서부터 그가 죽는 날까지 하나님께 바쳐진 나실인이 됨이라 하더이다** 하니라(사사기 13:6-7)

원래 여호와의 사자가 삼손의 어머니에게 했던 말은 이러했다. "보라. 네가 본래 임신하지 못하므로 출산하지 못하였으나 이제 임신하여 아들을 낳으리니 그러므로 너는 삼가 포도주와 독주를 마시지 말며 어떤 부정한 것도 먹지 말지니라. 보라. 네가 임신하여 아들을 낳으리니 그의 머리 위에 삭도를 대지 말라. **이 아이는 태에서 나옴으로부터 하나님께 바쳐진 나실인이 됨이라.** 그가 블레셋 사람의 손에서 이스라엘을 구원하기 시작하리라."

그런데 삼손의 어머니가 그녀의 남편 마노아에게 전한 말은 이러했다. "보라. 네가 임신하여 아들을 낳으리니 이제 포도주와 독주를 마시지 말며 어떤 부정한 것도 먹지 말라. 이 아이는 태에서부터 **그가 죽는 날까지** 하나님께 바쳐진 나실인이 됨이라." 삼손의 어머니는 그녀의 남편에게 '여호와의 사자의 말'을 요약해서 전하고 있다. 그리고 그 과정에서 무언가 한마디를 덧붙이고 있다. 여호와의 사자는 분명히 삼손 그가 태에서 나옴으로부터 하나님께 바쳐진 나실인이 될 것이며 그를 통해 이스라엘의 구원이 시작될 것이라고 말씀하셨다. 그러나 삼손의 어머니는 그 말을 그녀의 남편에게 전하는 과정에서 한마디를 덧붙이고 있다. **"그가 죽는 날까지** 하나님께 바쳐진 나실인이 됨이라." 어쩌면 어머니로서 가지게 된 그녀의 소망이 그녀의 기억을 약간 변형시켰을 수도 있다.[9] 그러나 하나님께서는 그녀가 덧붙인 말에 응답해주셨다.

> 그의 형제와 아버지의 온 집이 다 내려가서 그의 시체를 가지고 올라가서 소라와 에스다올 사이 그의 아버지 마노아의 장지에 장사하니라 **삼손이 이스라엘의 사사로 이십 년 동안 지냈더라**(사사기 16:31)

물론, 하나님의 말씀에 무언가를 덧붙이는 것은 금기사항이다.[10] 그러나 하나님은 친권자(親權者)인 어머니의 무의식적인 소원에 응답하시는 분이심

---

9 즉 나는 삼손의 어머니가 그녀의 남편에게 삼손의 수태고지를 전하는 과정에서 의도적으로 저 말을 덧붙였다고 생각하지 않는다. 이러한 일은 우리들의 일상에서 흔하게 일어나는 현상이다.

10 "[18]내가 이 두루마리의 예언의 말씀을 듣는 모든 사람에게 증언하노니 **만일 누구든지 이것들 외에 더하면 하나님이 이 두루마리에 기록된 재앙들을 그에게 더하실 것이요** [19]만일 누구든지 이 두루마리의 예언의 말씀에서 제하여 버리면 하나님이 이 두루마리에 기록된 생명나무와 및 거룩한 성에 참여함을 제하여 버리시리라"(요한계시록 22:18-19).

을 알 수 있다. 더군다나 삼손의 어머니가 덧붙인 내용은 하나님의 뜻을 거스르거나 하나님의 의도와 전혀 다른 그 무엇을 더한 것이 아니었다.

> 마노아가 여호와께 기도하여 이르되 주여 구하옵나니 주께서 보내셨던 하나님의 사람을 우리에게 다시 오게 하사 우리가 그 낳을 아이에게 어떻게 행할지를 우리에게 가르치게 하소서 하니(사사기 13:8)

아내의 말을 들은 마노아는 하나님의 사람을 다시 보내달라고 기도했다. 이 부분에서 마노아가 그의 아내를 의심했다고 주장하는 신학자들이 있다. 이러한 주장을 하는 신학자들의 의견은 이러하다. 오랫동안 아이를 가지지 못했던 '불임부부'가 있었다. 그런데 어느 날 갑자기 아내가 남편에게 아무도 없는 들에서 한 남자를 만났다고 하는 것이다. 그리고 그 남자의 용모가 하나님의 사자와 같았는데, 그 남자의 말이 네가 임신하여 아들을 낳게 될 것이라고 말했다고 한다. 그러한 상황에서 아내를 의심하지 않을 남편이 있겠냐는 것이다. 생각하기에 따라서는 충분히 개연성이 있는 말이다.

그러나 마노아의 기도는 그렇게만 보기에는 무리가 있어 보인다. "우리가 그 낳을 아이에게 어떻게 행할지를 우리에게 가르치게 하소서." 마노아의 이 기도는 '나실인의 서원'과 관련된 '신중한 기도'로도 해석할 수 있다. 이후 하나님의 사자를 만난 마노아의 반응으로 볼 때 그는 무언가를 쉽게 처리하는 활달한 사람은 아니었던 것으로 보인다.

[1]모세가 이스라엘 자손 지파의 수령들에게 말하여 이르되 여호와의 명

령이 이러하니라 [2]**사람이 여호와께 서원하였거나 결심하고 서약하였으**
면 깨뜨리지 말고 그가 입으로 말한 대로 다 이행할 것이니라 [3]또 여자
가 만일 어려서 그 아버지 집에 있을 때에 여호와께 서원한 일이나 스스
로 결심하려고 한 일이 있다고 하자 [4]그의 아버지가 그의 서원이나 그
가 결심한 서약을 듣고도 그에게 아무 말이 없으면 그의 모든 서원을 행
할 것이요 그가 결심한 서약을 지킬 것이니라 [5]그러나 그의 아버지가 그
것을 듣는 날에 허락하지 아니하면 그의 서원과 결심한 서약을 이루지
못할 것이니 **그의 아버지가 허락하지 아니하였은즉 여호와께서 사하시**
리라 [6]또 혹시 남편을 맞을 때에 서원이나 결심한 서약을 경솔하게 그의
입술로 말하였으면 [7]그의 남편이 그것을 듣고 그 듣는 날에 그에게 아무
말이 없으면 그 서원을 이행할 것이요 그가 결심한 서약을 지킬 것이니
라 [8]**그러나 그의 남편이 그것을 듣는 날에 허락하지 아니하면 그 서원과**
결심하려고 경솔하게 입술로 말한 서약은 무효가 될 것이니 여호와께서
그 여자를 사하시리라(민수기 30:1-8)

여호와 하나님께 한 서원과 서약에 대한 규례다. "사람이 여호와께 서원하였거나 결심하고 서약하였으면 깨뜨리지 말고 그가 입으로 말한 대로 다 이행할 것이니라." 한국 교회 교인들이 알고 있는 서원과 서약에 대한 규례는 대부분 여기까지다. 왜냐하면, 강단에서 선포되는 설교에서는 대부분 이 부분만 강조하기 때문이다. 어쩌면 성도들이 하나님께 드린 서원의 내용 대부분이 교회와 연관되어 있어서 그럴지도 모른다.

그러나 우리는 이 말씀 뒤에 더 많은 분량으로 길게 언급된 '예외 규정'

이 있음을 알 필요가 있다. 이것을 통해서도 우리는 하나님의 관심이 '서원'보다는 '서원을 한 당신의 자녀'에게 있음을 알 수 있다. 하나님은 우리 아빠 아버지시다. 그러니 우리의 아빠가 되신 하나님의 관심이 '자녀의 서원'보다는 '자녀'에게 있는 것은 당연하다. 하나님께서 서원을 지키라고 하신 이유는 '그 서원을 통하여 성숙하게 될 자녀'에 대한 관심 때문이다.

위에 인용한 민수기 30장의 말씀은 이 말씀을 주실 당시 여성의 사회적 위치와 연관된다. 당시 여성은 경제활동을 할 수 없었다. 경제적 계약의 주체가 될 수 없었다. 그런데 당시에도 하나님께 드리는 서원의 대부분은 성전에 무언가를 바치겠다는 경우가 많았다. 즉 어느 여성이 성전에 무언가를 바치겠다고 서원하는 경우, 이 일이 시행되기 위해서는 그녀의 보호자 역할을 하는 남성의 동의가 필요했다. 만에 하나 서원을 한 여성의 아버지나 남편이 그녀의 서원에 동의하지 않는 경우, 경제권이 없는 여성이 서원을 지키기 위해 무리하는 과정에서 위험에 처할 수도 있었다.[11] 그러한 이유로 하나님께서는 이미 한 서원이라 할지라도 지키지 않아도 되는 경우를 자세히 설명해두신 것이다.

그런 점에서, 마노아의 기도는 정당했다. "주여, 구하옵나니 주께서 보내셨던 하나님의 사람을 우리에게 다시 오게 하사, 우리가 그 낳을 아이에게 어떻게 행할지를 우리에게 가르치게 하소서." 하나님께 바쳐진 나실인이 된

---

11 신학자들은 이 위험을 '성적인 위험'이라고 본다.

다는 것은 '나실인 서원'에 대한 일이었다. 그러므로 삼손의 어머니가 나실인이 되는 것은 '마노아의 허락'이 필요한 사항이었다. 그리고 앞으로 태어나게 될 삼손 또한 마찬가지였다. 즉 마노아의 기도는 하나님의 사자가 명한 '나실인의 서원'에 대해 '그가 동의한다는 말'인 동시에, 무엇을 어떻게 할지 자세히 알려달라는 기도였다.

서원이 무효가 되는 경우마저 자세히 설명해주신 하나님이셨다. 그러므로 자신의 아내와 앞으로 태어날 아이에게 명령하신 '나실인 서원'을 지킬 것이니 그 방법을 자세히 알려달라는 마노아의 기도에 응답하시는 것은 당연한 일이었다.

> **하나님이 마노아의 목소리를 들으시니라** 여인이 밭에 앉았을 때에 하나님의 사자가 다시 그에게 임하였으나 그의 남편 마노아는 함께 있지 아니한지라(사사기 13:9)

마노아의 기도대로 하나님의 사자가 다시 임하셨다. 그러나 이번에도 하나님의 사자는 마노아가 아닌 삼손의 어머니에게 나타나셨다. 그리고 그 순간 마노아는 아내와 함께 있지 않았다. 문득 그런 생각이 들었다. '왜 하나님의 사자는 마노아가 아닌 그의 아내에게 나타나셨을까? 세례 요한의 수태고지를 볼 때, 천사 가브리엘은 세례 요한의 어머니가 아니라 아버지에게 나타났는데 …'[12]

---

12 어머니의 태로부터 나실인으로 부름받은 대표적인 인물로 구약에 삼손이 있다면 신약에는 세

성경 본문을 살펴볼 때, 하나님은 삼손의 아버지인 마노아보다는 삼손의 어머니를 더 신뢰하셨던 것 같다. 정확히는 신뢰보다는 삼손을 통해 이루실 일에 좀 더 맞는 동역자로 여기신 것 같다. 삼손의 아버지인 마노아가 '신중한 성격'이었다면 삼손의 어머니는 '활발한 성격'이었던 것 같다. 여호와의 사자가 두 번째 그녀에게 나타났을 때, 앉아 있던 밭에서 일어나 남편에게 급하게 달려가 알렸던 그녀의 모습을 생각해 볼 때 그렇다. 나는 성경의 그 본문에서 그녀의 활달함을 느낄 수 있었다.

삼손의 어머니가 '밭에 앉았을 때에' 하나님의 사자가 다시 그녀에게 나타나셨다. 이 구절 때문에 성경 지리를 전공한 학자들은 '벧세메스 근처'에서 삼손의 수태고지가 있었을 것이라고 말한다. 이유는 간단하다. 삼손의 고향은 소라다. 그런데 소라 근처에 경작할 만한 밭이 있는 곳이 벧세메스[13] 근처밖에 없기 때문이다. 삼손의 이름 뜻은 '작은 태양'이다. 그리고 벧세메스의 뜻은 '태양의 집'이다. 그런 점에서 삼손의 부모는 '태양의 집'에서 '작은 태양'의 수태고지를 들은 것이다. 어쩌면 삼손의 부모가 아들의 이름을 '작은 태양'이라고 한 이유가 수태고지를 받은 장소 때문일 수도 있다.[14]

례 요한이 있다. 이 둘은 모두 베들레헴에 태어날 분들을 예비했다. 삼손은 베들레헴에 태어난 다윗의 길을 예비했고, 세례 요한은 베들레헴에서 태어나신 예수님의 길을 예비했다. 물론 삼손은 불순종 가운데 하나님의 역사하심으로 그의 임무를 완성한 반면, 세례 요한은 순종 가운데 그에게 주어진 소명을 완성했다.

13 벧세메스는 소라의 남쪽에 있었다.

14 성경 본문을 자세히 살펴볼 때, '작은 태양'이라는 삼손의 이름은 하나님께서 주신 이름이 아니라 그의 부모가 지은 이름이다.

> 10여인이 급히 달려가서 그의 남편에게 알리어 이르되 보소서 전일에 내
> 게 오셨던 그 사람이 내게 나타났나이다 하매 11마노아가 일어나 아내를
> 따라가서 그 사람에게 이르러 그에게 묻되 당신이 이 여인에게 말씀하
> 신 그 사람이니이까 하니 이르되 내가 그로다 하니라 12마노아가 이르되
> 이제 당신의 말씀대로 되기를 원하나이다 이 아이를 어떻게 기르며 우
> 리가 그에게 어떻게 행하리이까 13여호와의 사자가 마노아에게 이르되
> 내가 여인에게 말한 것들을 그가 다 삼가서 14포도나무의 소산을 먹지
> 말며 포도주와 독주를 마시지 말며 어떤 부정한 것도 먹지 말고 내가 그
> 에게 명령한 것은 다 지킬 것이니라 하니라 15마노아가 여호와의 사자에
> 게 말하되 구하옵나니 당신은 우리에게 머물러서 우리가 당신을 위하여
> 염소 새끼 하나를 준비하게 하소서 하니 16여호와의 사자가 마노아에게
> 이르되 네가 비록 나를 머물게 하나 내가 네 음식을 먹지 아니하리라 번
> 제를 준비하려거든 마땅히 여호와께 드릴지니라 하니 이는 그가 여호와
> 의 사자인 줄을 마노아가 알지 못함이었더라(사사기 13:10-16)

하나님의 사자가 다시 나타나자 삼손의 어머니는 급히 달려가서 이 사실을 그녀의 남편에게 알렸다. "보소서. 전일(前日)에 내게 오셨던 그 사람이 내게 나타났나이다." 소라 근처이기는 하나, 벧세메스와 소라 사이에는 소렉 골짜기가 있었다. 그리고 벧세메스는 소렉 골짜기로부터 남쪽으로 3km 정도 떨어져 있었다. 그러니 삼손의 어머니가 왕복한 거리는 가까운 거리가 아니었다. 이러한 사실을 짚고 넘어가는 이유는 이것이다. 하나님께서는 삼손의 어머니가 그녀의 남편을 불러올 때까지 몇 시간을 기다려주셨다. 이러

한 사실은 우리네 인생에서도 마찬가지다. 그저 하나님을 높은 분으로만 여기고, 인간 세계에서처럼 기다리게 해서는 안 되는 분으로 보는 성도들을 위해 해두는 이야기다. 하나님 앞에서 평안을 누리지 못하고 항상 안절부절 못하는 성도들을 위해 확인해두는 '하나님의 성품'이다. 하나님은 우리 아빠 아버지시다. 아빠가 아무리 사회적으로 높은 지위에 있을지라도 아빠가 딸을 기다리지, 딸이 아빠를 기다리는 경우는 흔하지 않다.

소식을 듣고 아내를 따라나선 마노아가 여호와의 사자에게 물었다. "당신이 이 여인에게 말씀하신 그 사람이니이까?" 앞에 있는 각주에서도 설명했지만, 이때 '하나님의 사자'는 성육신 이전 현현(顯現)하신 '성자 하나님'이셨다. 즉 아직 사람이 되시기 이전의 예수님이셨다.[15] 하지만 "당신이 그 사람이니이까?"라는 마노아의 질문에 하나님은 "내가 그로다"라고 답하신다. 이것을 통해서도 우리는 우리 수준에 맞추어 주시는 하나님의 성품을 알 수 있다.

"내가 그로다"라는 여호와의 사자의 대답에 마노아가 처음 보인 반응은 이러했다. "이제 당신의 말씀대로 되기를 원하나이다." 마노아의 이 말을 통해서도 그가 삼손의 수태고지를 들은 뒤 의처증 때문에 기도했다는 주장은 신뢰성이 떨어진다.

"이 아이를 어떻게 기르며 우리가 그에게 어떻게 행하리이까?" 이러한

---

15 성육신(成肉身)하신 이후 성자 하나님이신 우리 주 예수 그리스도에 대한 바른 신앙고백은 이러하다. "그분은 100% 참 하나님이신 동시에, 우리와 동일본질(同一本質)이신 100% 참 사람이시다."

마노아의 질문에 하나님의 사자가 답했다. "내가 여인에게 말한 것들을 그가 다 삼가서 포도나무의 소산을 먹지 말며 포도주와 독주를 마시지 말며 어떤 부정한 것도 먹지 말고 내가 그에게 명령한 것은 다 지킬 것이니라." 삼손이 태어난 소라는 '소렉 골짜기'에 있었다. 그런데 소렉 골짜기라는 이름의 뜻은 '포도원 골짜기'라는 뜻이다. 그러니 이 말은 '포도원 골짜기'에 태어난 아이에게 포도나무의 소산(所産) 전체를 먹지 말라는 뜻이 된다. 이 또한 하나님의 부르심을 받은 우리가 마음속에 새겨볼 일이다. 이 말을 듣는 적지 않은 독자들이 깨닫는 바가 있을 것이다. '어, 그런 점에서 보면 나도 삼손과 같이 나실인으로 부름받은 셈인가?' 이 말이 '차라리 눈에 보이지 않게 하시지, 왜 내 주변에 그것을 잔뜩 깔아놓으시고서 손도 대지 못하게 하시지?'라는 불만에 대한 답이 되었기를 바란다.

여호와의 사자의 말을 통해 아내가 전한 말을 다시 한번 확인한 마노아가 말했다. "구하옵나니 당신은 우리에게 머물러서 우리가 당신을 위하여 염소 새끼 하나를 준비하게 하소서." 마노아의 이 요청에 여호와의 사자가 이렇게 대답했다. "네가 비록 나를 머물게 하나 내가 네 음식을 먹지 아니하리라. 번제를 준비하려거든 마땅히 여호와께 드릴지니라." 성경은 여호와의 사자가 이렇게 대답한 이유에 대해 설명을 덧붙이고 있다. "이는 그가 여호와의 사자인 줄을 마노아가 알지 못함이었더라." 이 말뜻은 "마노아 그가 자신의 앞에 있는 분이 하나님이신 줄을 알지 못했다"는 것이다. 즉 마노아는 그의 앞에 있는 존재가 하나님이신 줄 모르고도 번제를 드리겠다고 한 것이다. 이것은 바른 신앙의 자세가 아니었다. 마노아 앞에 오신 성자 하나님은 그 부분을 지적하신 것이다. 그리고 하나님은 마노아가 드리는 번제 과정에서 당신의 정체(正體)를 그에게 드러내신다.

물론, 하나님께서 마노아가 대접하겠다는 음식을 거절하신 이유는 한가지가 더 있다.[16] 이것은 하나님께서 '이삭의 수태고지'를 위해 아브라함을 방문하셨을 때를 생각해 보면 더욱 그러하다.[17] 하나님께서 피조물인 우리와 음식교제를 하시는 경우는 하나님과 우리의 관계가 온전할 때다. 즉 마노아 부부에게 '삼손의 수태고지'를 하실 당시 하나님과 이스라엘 사이는 음식교제를 할 정도가 아니었다. 더군다나 마노아는 그의 인식에서 '하나님이 아닌 상대'에게 번제를 드리겠다고 한 상황이었다. 그러한 이유로 하나님께서는 마노아에게 번제를 명령하신 것이다. 번제는 '하나님과의 바른 관계를 회복하는 제사'로 '예배자의 전 인격이 하나님께 바쳐짐'을 상징했다. 그러니 삼손에게 부여된 사명과 이 당시 이스라엘의 영적 상태를 고려해볼 때,

---

16 성경 본문의 흐름으로 보아, 마노아는 음식과 번제를 같이 준비했던 것으로 보인다.

17 "[1]**여호와께서** 마므레의 상수리나무들이 있는 곳에서 **아브라함에게 나타나시니라** 날이 뜨거울 때에 그가 장막 문에 앉아 있다가 [2]눈을 들어 본즉 사람 셋이 맞은편에 서 있는지라 그가 그들을 보자 곧 장막 문에서 달려나가 영접하며 몸을 땅에 굽혀 [3]이르되 내 주여 내가 주께 은혜를 입었사오면 원하건대 종을 떠나 지나가지 마시옵고 [4]물을 조금 가져오게 하사 당신들의 발을 씻으시고 나무 아래에서 쉬소서 [5]**내가 떡을 조금 가져오리니 당신들의 마음을 상쾌하게 하신 후에 지나가소서 당신들이 종에게 오셨음이니이다** 그들이 이르되 **네 말대로 그리하라** [6]아브라함이 급히 장막으로 가서 사라에게 이르되 속히 고운 가루 세 스아를 가져다가 반죽하여 떡을 만들라 하고 [7]아브라함이 또 가축 떼 있는 곳으로 달려가서 기름지고 좋은 송아지를 잡아 하인에게 주니 그가 급히 요리한지라 [8]**아브라함이 엉긴 젖과 우유와 하인이 요리한 송아지를 가져다가 그들 앞에 차려 놓고 나무 아래에 모셔 서매 그들이 먹으니라** [9]그들이 아브라함에게 이르되 네 아내 사라가 어디 있느냐 대답하되 장막에 있나이다 [10]그가 이르시되 **내년 이맘때 내가 반드시 네게로 돌아오리니 네 아내 사라에게 아들이 있으리라** 하시니 사라가 그 뒤 장막 문에서 들었더라"(창세기 18:1–10).

이때는 식탁교제가 아니라 번제가 필요한 시기였다.

> [17]마노아가 또 여호와의 사자에게 말하되 당신의 이름이 무엇이니이까 당신의 말씀이 이루어질 때에 우리가 당신을 존귀히 여기리이다 하니 [18]여호와의 사자가 그에게 이르되 어찌하여 내 이름을 묻느냐 내 이름은 기묘자라 하니라(사사기 13:17-18)

마노아와 성자 하나님 사이에 이어지는 대화를 볼 때, 마노아는 그의 앞에 있는 존재가 도무지 이해되지 않았던 것 같다. 사실 당연한 일이다. 어찌 피조물이 하나님을 이해할 수 있을까? "당신의 이름이 무엇이니이까? 당신의 말씀이 이루어질 때에 우리가 당신을 존귀히 여기리이다." 이 말을 할 때의 마노아의 표정을 상상해 보았다. 우선 약간 정신이 나간 듯한 얼굴에 두 눈이 동그랗게 커져 있었을 마노아의 표정이 눈에 선하다. 당연히 그의 허리는 약간 앞으로 굽은 동시에 얼굴 또한 앞으로 튀어나왔을 것이다. 앞으로 향한 양팔은 갈 바를 모르고 허공에 정처(定處) 없이 떠 있었을 것이다.

그런 표정을 한 마노아가 생각해낸 질문이었다. "당신의 이름이 무엇이니이까?" 이에 대한 성자 하나님의 대답이다. "어찌하여 내 이름을 묻느냐? 내 이름은 기묘자라." 무슨 뜻인가? 마노아의 질문에 대한 성자 하나님의 대답을 'NIV 성경'으로 바꾸어 보겠다. "Why do you ask my name? It is beyond understanding." 이제 보이는가? "어찌하여 내 이름을 묻느냐? 내 이름은 '네가 이해할 수 없는 것(beyond understanding)'이다." 그렇다면, 이름을 알려달라는 마노아의 질문에 하나님께서는 답은 하신 것일까? 답을 하지 않으신 것일까? 마노아를 향한 하나님의 이 대답은 무슨 뜻인가? "마노아야, 나는 네가 이해할 수 있는 존재가 아니란다. 앞으로 태어날 아이를 통해 내가 행할 일 또한 네가 이해할 수 있는 일이 아니란다." 그렇다면, 우리 또한 삼손이라는 존재와 그 행태(行態)를 온전히 이해하는 것이 가능할까?

생각해 보면, 당연한 일이다. 유한(有限)은 무한(無限)을 이해할 수 없다. 유한한 피조물(被造物)인 우리는 무한하신(스스로 계신)[18] 하나님을 이해할 수 없다. 유한을 아무리 잇는다 해도 무한에 닿을 수는 없다. 그런 점에서, 신학적으로는 하나님을 '유한한 우리'와는 다른 '절대적 타자(絕對的 他者)'라고 한다.

> **보혜사 곧 아버지께서 내 이름으로 보내실 성령 그가** 너희에게 모든 것을 가르치고 내가 너희에게 말한 모든 것을 생각나게 하리라(요한복음 14:26)

그런데 '절대적 타자'인 하나님을 우리가 '이해할수 있는 방법'이 우리 주 예수 그리스도의 '구원 사역'을 통해 열렸다. 하나님의 속성과 사역을 이해할 수 있는 길이 열렸다. 그것은 '무한(無限)'이 '유한(有限)한 우리 가운데' 임하시면 되는 것이다. 우리 주 예수 그리스도께서 율법 아래 태어나사 팔 일 만에 할례받으시고 십자가에 죽기까지 순종하여 이루신 의(義)를 전가(轉嫁)

---

18 신학적으로 '무한'은 '완전함'을 뜻하는 동시에 '자존(自存)하시는 하나님의 속성'을 표현할 때 쓰는 단어다.

받은 하나님의 자녀에게만 허락된 길이다. 우리 주 예수 그리스도께서 십자가에 죽으신 뒤, 사흘 만에 부활하시고, 승천하신 뒤 보내주시는 '영', 그때부터 '예수의 영'이라 불리는 '성령 하나님'의 내주(內住)하심을 받은 하나님의 자녀에게만 허락된 길이다. 우리 주 예수 그리스도의 구원 사역으로 '무한(無限)하신 성령 하나님'께서 '유한(有限)한 우리' 가운데 내주(內住)하게 되셨다. 그렇게 우리 안에 오신 '무한(無限)하신 성령 하나님'을 통해 '유한(有限)한 우리'는 무한(無限)을 만나게 되었다. 그 결과 '무한(無限)하신 하나님의 속성(屬性)과 사역(事役)'을 이해하게 되었다.[19]

> [19]이에 마노아가 염소 새끼와 소제물을 가져다가 바위 위에서 여호와께 드리매 이적이 일어난지라 마노아와 그의 아내가 본즉 [20]불꽃이 제단에서부터 하늘로 올라가는 동시에 여호와의 사자가 제단 불꽃에 휩싸여 올라간지라 마노아와 그의 아내가 그것을 보고 그들의 얼굴을 땅에 대고 엎드리니라(사사기 13:19–20)

---

19 이 내용은 구원받은 성도가 '하나님의 말씀'인 성경을 읽을 때 적용된다. 성경은 '말씀의 영'이신 '성령 하나님'의 작품이다. 즉 성경은 성령 하나님의 '영감'을 받아 성경 기자에 의해 기록되었다. 그러므로 성경에 대한 바른 신앙고백은 이와 같다. "성경은 100% 하나님의 작품인 동시에, 100% 사람(성경 기자)의 작품이다. 그러므로 성경은 우리를 위한 참 하나님의 말씀이다." 이때 인간 성경 저자를 성경 기자라고 한 이유는 그가 증인이기 때문이다. 성경(지금은 발견할 수 없는 '성경 원문')이 오류가 없는 이유는 성경의 저자인 성령 하나님이 오류가 없으신 삼위일체 하나님이시기 때문이다. 즉 성경은 성령 하나님의 '영감'으로 기록되었으며, 우리 안에 내주(內住)하신 성령 하나님의 '조명'을 받아 성경을 읽는 성도에게 '수납(受納)'된다. 그러므로 성령 하나님의 내주(內住)하심을 받아 구원받은 성도가 성령 하나님의 '조명'을 받아 성경을 읽을 때, 그는 그 순간 하나님의 말씀을 듣는다고 할 수 있다.

"당신이 이 여인에게 말씀하신 그 사람이니이까?"에 이어 했던 마노아의 말은 이러했다. "구하옵나니 당신은 우리에게 머물러서 우리가 당신을 위하여 염소 새끼 하나를 준비하게 하소서." 앞에서도 설명했듯이, 마노아는 이때 '성자 하나님'이신 '여호와의 사자'[20]의 정확한 신분은 알 수 없으나 '사람'으로 여기고 있음을 알 수 있다.

마노아의 오해를 교정하기 위한 '성자 하나님의 말씀과 행동'은 이러했다. 먼저 염소 새끼 하나를 준비하겠다는 마노아의 말에 대한 답이다. "네가 비록 나를 머물게 하나 내가 네 음식을 먹지 아니하리라. 번제를 준비하려거든 마땅히 여호와께 드릴지니라." 이 대화를 이해하려면, 평복 차림으로 민가에 나온 왕과 그를 알아보지 못한 어느 평범한 백성과의 사이에 오갔을 법한 대화를 상상하면 쉬울 것이다.

그렇게 마노아가 염소 새끼와 소제물(素祭物)을 가져다가 바위 위에 드리자 이적이 일어났다. "마노아와 그의 아내가 본즉, 불꽃이 제단에서부터 하늘로 올라가는 동시에 여호와의 사자가 제단 불꽃에 휩싸여 올라간지라." 바위 위에 염소 새끼와 소제물을 놓을 때, 마노아는 여호와의 사자의 명령대로 이 제물을 여호와 하나님께 드린다는 생각이었을 것이다. 그런데 이적이 일어났다. 바위로부터 불꽃이 나와 마노아가 올려놓은 염소 새끼와 소제

---

20 여기에 쓰인 '여호와 하나님의 사자, 여호와의 사자, 하나님의 사자, 하나님'은 모두 성육신하시기 이전 '성자 하나님'이신 '우리 주 예수 그리스도'에 대한 명칭으로 사용되었다. 이전에도 여러 번 언급했지만, 삼위일체 하나님은 항상 "아들을 통하여 성령 안에서" 당신의 피조물을 만나주신다.: "본래 하나님을 본 사람이 없으되 아버지 품 속에 있는 독생하신 하나님이 나타내셨느니라"(요한복음 1:18).: 즉 삼위일체 하나님은 '성자 하나님'을 통하여 당신의 피조물을 만나주신다. 그런 점에서, 구약에서 당신의 백성을 만나주시는 하나님은 성육신하시기 이전에 현현(顯現)하신 '성자 하나님'이시다.

물을 태우기 시작했다. 그렇게 하나님께 바친 제물의 불꽃이 제단으로부터 하늘로 올라가는 동시에, 사람으로 여겼던 여호와의 사자 또한 제단 불꽃에 휩싸여 올라가는 장면을 목격하게 되었다. 그 장면을 본 마노아와 그의 아내는 얼굴을 땅에 대고 엎드렸다. 이스라엘 백성으로서 당연히 이들 부부는 제단 불꽃이 향하는 곳을 알고 있었을 것이다. 하나님께서 기뻐하시는 경우, 제단 불꽃이 향하는 곳은 당연히 하나님이다. 그런데 사람으로 여겼던 여호와의 사자가 제단 불꽃과 함께 하나님께로 올라간 것이었다.

처음에는 이적으로 여겨 반사적으로 얼굴을 땅에 대고 엎드렸을 것이다. 하지만 여호와의 사자가 다시 나타나지 않자, 비로소 이들 부부는 사람으로 여겼던 그분이 하나님이시라는 사실을 알게 되었다.

> [21]여호와의 사자가 마노아와 그의 아내에게 다시 나타나지 아니하니 **마노아가 그제야 그가 여호와의 사자인 줄 알고** [22]그의 아내에게 이르되 **우리가 하나님을 보았으니 반드시 죽으리로다** 하니 [23]그의 아내가 그에게 이르되 **여호와께서 우리를 죽이려 하셨더라면 우리 손에서 번제와 소제를 받지 아니하셨을 것이요 이 모든 일을 보이지 아니하셨을 것이며 이제 이런 말씀도 우리에게 이르지 아니하셨으리이다** 하였더라(사사기 13:21-23)

이 사실을 깨달은 순간, 마노아는 덜컥 겁이 났던 것 같다. 이러한 사실은 그가 그의 아내에게 건넨 말을 통해서도 알 수 있다. "우리가 하나님을 보았으니 반드시 죽으리로다." 하지만 마노아의 아내는 달랐다. "여호와께서 우리를 죽이려 하셨더라면 우리 손에서 번제와 소제를 받지 아니하셨을 것이요, 이 모든 일을 보이지 아니하셨을 것이며 이제 이런 말씀도 우리에게 이르지 아니하셨으리이다." 어쩌면 그녀의 이러한 면 때문에 하나님께서 삼손의 수태고지를 마노아가 아닌 그녀에게 했는지도 모른다. 마노아는 신중한 성격이기는 하나 영적으로 둔감한 반면, 그의 아내는 영민(英敏)한 동시에 영적 분별력이 있는 사람이었다.

"여호와께서 우리를 죽이려 하셨더라면...", 우리는 삼손의 어머니의 이 화법(話法)을 배워둘 필요가 있다. 특별히 이 화법은 우리네 인생 가운데 고난이 닥칠 때 유익하다. 정말이다. 앞이 보이지 않는 순간, 이대로 모든 것이 끝날 것만 같은 순간, "하나님께서 나를 여기서 끝내시려고 했다면, 그때 그 어려움에서 나를 건져내지 않으셨을 것이다. 하나님께서 나를 여기서 죽이실 생각이셨다면, 그때 죽이셨지. 무엇 때문에 그때 건져주셨겠는가?" "하나님께서 나를 죽이려 하셨더라면 …" 인생의 위기 때마다 내가 곱씹고 되뇌는 말이다.[21]

> [24]그 여인이 아들을 낳으매 그의 이름을 삼손이라 하니라 그 아이가 자라매 여호와께서 그에게 복을 주시더니 [25]소라와 에스다올 사이 마하네단에서 여호와의 영이 그를 움직이기 시작하셨더라(사사기 13:24-25)

---

21 "또 다윗이 이르되 **여호와께서 나를 사자의 발톱과 곰의 발톱에서 건져내셨은즉 나를 이 블레셋 사람의 손에서도 건져내시리이다** 사울이 다윗에게 이르되 가라 여호와께서 너와 함께 계시기를 원하노라"(사무엘상 17:37).

그렇게 삼손이 태어나자 이들 부부는 아들의 이름을 '삼손'이라고 했다. 삼손이라는 이름을 히브리어로 발음하면 '삼손'보다는 '심손'에 가깝다. 삼손은 '태양'이라는 뜻의 '셰메스'에 '작음'을 뜻하는 어미 '온'을 이어 붙여 만든 이름이다. 이 이름을 지을 때 삼손의 부모는 '태양의 집(벧세메스)에서 만난 하나님'을 기억했을 것이다. 그리고 그들 부부를 만나주신 '하나님의 약속' 또한 기억했을 것이다. "이 아이는 태에서 나옴으로부터 하나님께 바쳐진 나실인이 됨이라. 그가 블레셋 사람의 손에서 이스라엘을 구원하기 시작하리라."

삼손이 태어난 순간, 이들 부부는 장밋빛 꿈에 부풀어 있었을 것이다. 지난 사십 년간 이스라엘을 압제하던 블레셋 사람의 손에서 그들을 구원할 아이가 태어난 것이다. 온통 어둠만 가득한 것 같던 시절이었다. 그런데 '하나님의 구원의 빛'이 비로소 그들 부부를 통하여 그 땅에 비취기 시작한 것이다. 그런 점에서 '작은 태양'이라는 뜻의 삼손이라는 이름은 이들 부부의 '온 희망'을 담은 것이었다.

삼손을 통한 이스라엘의 구원을 약속한 하나님께서는 아이가 자라자 그에게 복을 주셨다. 또한 '여호와의 영'이 삼손을 움직이기 시작하셨다. 이것은 정말 놀라운 일이다. 사사기에 나오는 사사 중 '여호와의 영'이 임한 사사는 '옷니엘, 기드온, 입다, 삼손' 네 명뿐이다.[22] 더군다나 '옷니엘, 기드온,

---

22 "**여호와의 영이 그에게 임하셨으므로** 그가 이스라엘의 사사가 되어 나가서 싸울 때에 여호와께서 메소보다미아 왕 구산 리사다임을 그의 손에 넘겨 주시매 **옷니엘의 손이** 구산 리사다임을 이기니라"(사사기 3:10). "**여호와의 영이 기드온에게 임하시니** 기드온이 나팔을 불매 아비

입다'의 경우는 여호와의 영이 그들에게 임했다는 기록이 한 번뿐이다. 그러나 삼손의 경우는 여호와의 영이 임했다는 기록이 네 번이나 나온다.[23]

생각해 보면, 당연한 일이다. 삼손 그는 베들레헴에 태어날 다윗을 예비한 인물이었다.[24] 장차 온 인류를 구원할 메시아가 '다윗의 자손'으로 올 것이라고 예언하신 하나님이셨다. 그러니 그러한 다윗을 예비하는 인물로 선택받은 삼손을 향한 하나님의 관심과 사랑이 어떠했을지는 두 번 생각할 필요조차 없을 것이다.

'블레셋으로부터 이스라엘을 구원할 나실인'으로 태어난 그였다. 그러나, 우리 모두가 알고 있듯이 삼손은 이러한 하나님의 관심과 사랑에 별 관심이 없었다. 하나님께서 태에서부터 주신 소명에도 관심이 없었다. 그러나 하나님은 삼손과 다르셨다. "하나님은 뜻하신즉 이루시고, 이루신즉 그 모든 행사가 선하신 분이시다." 즉 그를 통하여 '블레셋으로부터 이스라엘을 구원'하기로 결정하신 하나님의 뜻은 '삼손의 불순종'에도 불구하고 '삼손을 통하여' 이루어졌다. 삼손을 통하여 '다윗의 길을 예비'하기로 결정하신 하나님

에셀이 그의 뒤를 따라 부름을 받으니라"(사사기 6:34). "이에 **여호와의 영이 입다에게 임하시니** 입다가 길르앗과 므낫세를 지나서 길르앗의 미스베에 이르고 길르앗의 미스베에서부터 암몬 자손에게로 나아갈 때에"(사사기 11:29).

23 "소라와 에스다올 사이 마하네단에서 **여호와의 영이 그를 움직이기 시작하셨더라**"(사사기 13:25). "**여호와의 영이 삼손에게 강하게 임하니** 그가 손에 아무것도 없이 그 사자를 염소 새끼를 찢는 것 같이 찢었으나 그는 자기가 행한 일을 부모에게 알리지 아니하였더라"(사사기 14:6). "**여호와의 영이 삼손에게 갑자기 임하시매** 삼손이 아스글론에 내려가서 그곳 사람 삼십 명을 쳐죽이고 노략하여 수수께끼 푼 자들에게 옷을 주고 심히 노하여 그의 아버지의 집으로 올라갔고"(사사기 14:19). "삼손이 레히에 이르매 블레셋 사람들이 그에게로 마주 나가며 소리 지를 때 **여호와의 영이 삼손에게 갑자기 임하시매** 그의 팔 위의 밧줄이 불탄 삼과 같이 그의 결박되었던 손에서 떨어진지라"(사사기 15:14).

24 삼손은 대략 주전 1100년경에 태어났다. 다윗은 대략 주전 1030년경에 태어났다.

의 뜻 또한 '삼손의 불순종'에도 불구하고 '삼손을 통하여' 이루어졌다. 다음 단원부터는 하나님과 엇갈린 '삼손의 불순종'과 '당신의 뜻을 이루어가시는 하나님의 일하심'을 살펴보겠다.

삼손 2

당신은 다릅니까?

“소라와 에스다올[25] 사이 마하네단에서 여호와의 영이 그를 움직이기 시작하셨더라.”[26] 지난 단원에 마지막으로 인용한 말씀이다. 여호와의 영이 어떤 인물을 움직이기 시작하셨다는 말씀을 볼 때, 우리가 당연히 기대하는 모습이 있다. 그러나 삼손은 우리의 기대를 보기 좋게 저버린다.

> [1]삼손이 딤나에 내려가서 거기서 블레셋 사람의 딸들 중에서 한 여자를 보고 [2]올라와서 자기 부모에게 말하여 이르되 **내가 딤나에서 블레셋 사람의 딸들 중에서 한 여자를 보았사오니 이제 그를 맞이하여 내 아내로 삼게 하소서** 하매(사사기 14:1–2)

---

25 ‘에스다올’은 삼손이 태어난 소라에서 북쪽으로 10km 정도 떨어진 곳에 있었던 것으로 추정된다.

26 사사기 13:25

딤나는 소라에서 서쪽으로 6km 정도 떨어진 곳에 있는 '블레셋의 성읍'이었다. 즉 소라는 이스라엘과 블레셋의 경계에 있는 성읍이었다. 신학자들은 대략 두 성읍의 중간쯤부터 남북으로 블레셋과 이스라엘의 경계가 뻗어 있었을 것이라고 한다. 즉 삼손이 태어난 '소라'와 수태고지를 받은 '벧세메스'는 블레셋을 향한 이스라엘의 방어진지였다. 소렉 골짜기는 소라와 벧세메스가 있는 지점부터 급격히 좁아졌다. 그 결과, 블레셋의 병거는 이곳부터 기동(機動)에 제한을 받았다고 한다. 삼손은 블레셋을 향한 이스라엘의 최전방 방어진지가 있는 곳에서 태어나 자랐다.

"이 아이는 태에서 나옴으로부터 하나님께 바쳐진 나실인이 됨이라. 그가 블레셋 사람의 손에서 이스라엘을 구원하기 시작하리라."[27] 소라와 벧세메스가 가지는 지리적 특성에 대한 짧은 설명만으로도 이 말씀의 의미가 새롭게 다가올 것이다. 하나님께서는 블레셋을 향한 이스라엘의 최전방 진지에서 삼손을 태어나게 하신 것이다. 더군다나 삼손은 단 지파 대부분이 북쪽으로 이주한 지 100년쯤 뒤에 태어났다. 삼손은 '단 지파' 출신이었다. 단 지파의 주류(主流)가 약속의 땅을 떠난 뒤, 약속의 땅을 지키던 "단 지파의 남은 자들이 살던 곳"이 소라 땅이었다. 지파의 주류가 모두 떠난 후, 블레셋을 향한 최전방 방어진지를 지키던 자들 중에 삼손이 태어난 것이다. 그러니 태어난 아이의 이름을 '작은 태양'이라고 지은 부모의 마음과 기대가 어떠했을지는 따로 설명할 필요가 없을 것이다.

그러나 이러한 하나님과 부모의 기대는 삼손의 안중(眼中)에 없었다. 삼

27 사사기 13:5

손은 성장한 뒤 블레셋과 이스라엘의 경계를 자유롭게 넘나들었던 것으로 보인다. 태에서 나옴으로부터 나실인으로 부름받은 소명과는 반대로 행동하기로 작정한 것 같다. 삼손은 왜 그렇게 행동했을까? 혹시 어린 시절부터 그렇게 행동했을까? 내가 보기에 처음부터 그렇게 행동했을 것 같지는 않다. 어린 시절에는 특별히 먼저 나실인으로 부름받은 어머니의 가르침에 충실했던 것 같다. 내가 그렇게 보는 이유는 삼손이 블레셋 사람들에게 내었던 수수께끼 때문이다. 신학자들은 삼손이 낸 수수께끼를 보며 그의 지적 능력이 최상위급이었다고 입을 모은다.

이 사실을 놓고 보면, 삼손은 어린 시절 부모님의 훈육과 교육에 순응하는 착한 아이였을 것이다. 하지만 어느 순간부터인가 반항이 시작되었을 것이다. 소아정신과에서는 사람이 성장하는 과정에 두 개의 힘이 작용한다고 설명한다. '모방(imitation)과 분리(separation)', 이 두 개의 힘이 '주양육자(主養育者)'와의 상호관계를 통하여 인격을 만든다고 설명한다. "아이 보는 데는 찬물도 못 마신다"라는 속담은 아이가 가지는 '모방의 속성' 때문에 생긴 것이다. 생애 초반 아이는 주변에 있는 모든 것을 모방한다.

이제는 잘 알려진 지식이어서, 뇌세포의 기본 단위가 '뉴런(neuron)'이라는 사실은 잘 알 것이다. 그리고 이 뉴런과 뉴런 사이에 '신경전달물질(neurotransmitter)'을 통하여 전기자극을 전달하는 부분을 '시냅스(synapse)'라고 한다는 사실 또한 아는 사람이 많을 것이다. 좀 더 깊이 이야기를 한다면, 이 시냅스는 만 8세에서 만 10세 사이에 가장 많아지는 것으로 알려져 있다.

그러한 이유로 아이 앞에서 무슨 행동을 할 경우, 아이는 어른과 달리 무엇이든지 그대로 모방할 수 있다. 어른이 아이처럼 못하는 이유는 시냅스의 숫자가 만 10세부터 줄어들기 때문이다. 사람은 만 10세까지 일단 시냅스를 최대로 만든 뒤, 그때부터 잘 쓰지 않는 시냅스는 '가지치기(pruning)'[28]한다고 알려져 있다. 그리고 이 '가지치기'의 과정에서 남겨야 할 시냅스를 '가지치기'하거나, 남길 필요가 없는 시냅스를 남기는 오류가 발생하는 경우가 있는데, 이때 '조현병(schizophrenia)'이 발생할 수도 있다고 말하고 있다.

그런 점에서, 정신과 일부에서는 '강압적인 조기교육'을 '조현병(schizophrenia)'의 원인 중 하나로 본다.[29] 쉽게 예를 들면 이와 같다. 어린아이의 뉴런과 시냅스를 전기선으로 비유할 경우 아직 완성되지 않은 '아주 얇은 전기선'이라고 할 수 있다. 그리고 '강압적인 조기교육'은 이 '아주 얇은 전기선'에 '강한 전류'를 흘려보내는 꼴이 되고 만다. 그 결과 "누전"으로 인해 타들어 간 뉴런과 시냅스는 '흉터(scar)'로 남게 된다. 사람의 피부나 나무껍질에 있는 흉터를 상상하면 쉬울 것이다. 이 상태에서 만 10세부터 시냅스에 대한 '가지치기(pruning)'가 시작될 경우, 당연히 오류가 발생한다는 것이다. 물론 아이가 놀이로서 공부를 좋아하는 경우에는 상관이 없다. 이유는 간단하다. 아무리 어려운 공부라 하더라도 재미로 하는 경우 비정상적인 '강한 전류'가 발생하지 않기 때문이다. 그 결과, 그 '아주 얇은 전기선'에 누전을 일으키지 않기 때문이다. 요즈음 상위권 대학에 들어오는 아이 중 '정신

---

28 'pruning': 의학서적에서 사용하는 용어를 그대로 인용했다.

29 노파심에서 이야기하자면, 이 말은 '조현병(schizophrenia)' 환자의 부모를 비난하기 위해 드는 예가 아니다. 여러 학설이 있지만, '조현병(schizophrenia)'의 정확한 원인은 아직도 잘 모른다.

과적 진단명'에는 정확히 들어맞지 않으나 약간 묘하게 이상한 느낌을 주는 경우가 적지 않다. 정신과 의사들은 이러한 현상이 '강압적인 조기교육'과 무관하지 않다고 본다.

아이들은 생애 초반 주변의 어른들을 '모방(imitation)'하는 힘이 강하다. 그러나 시간이 갈수록 양육자로부터 '분리(separation)'하여 자신만의 세계를 가지려는 힘이 강해진다. 아이가 "싫어"를 외치기 시작한다면, 모방과 분리 중 '분리의 힘'이 작동하기 시작했음을 알 수 있다. '미운 7살'이라는 이야기는 이제 정말 잘 뛰어다닐 수 있게 되었기 때문에 생긴 말이다. 이제는 자신의 발로 양육자를 떠나 세상을 향해 나아갈 수 있다는 자신감(自信感) 때문에 생긴 것이 '미운 7살'이다. '분리의 힘'이 드디어 제대로 작동하기 시작한 것이다. 그러나 뛰다가 넘어져 무릎이 깨지는 경험과 엄마가 울고 있는 자신을 안아주고 달래 주는 경험을 하며 다시 '모방의 힘'이 세진다. 그러다가 '분리의 힘'이 '모방의 힘'을 완전히 압도하는 때가 오게 되는데, 그 시기가 바로 '사춘기(思春期)'다. 그런 점에서, 강압적이지 않은 양육 환경은 사춘기를 가볍게 지나게 해준다. 강요받는 것이 없다면 분리할 이유도 없기 때문이다.

중간에 약간 길을 벗어나 조기교육이 왜 나쁜지에 대한 협박(?)으로 빠진 것 같다. 하지만 중요한 이야기이기에 각주로 내용을 빼지 않고 이야기를 이어 나갔다. 어찌 되었든 삼손이 낸 수수께끼의 수준으로 볼 때, 삼손은 어린 시절 부모님께 순종적인 삶을 살았을 것이다. 그 과정에서 삼손은 사사로서의 '지적인 소양'을 충분히 익힐 수 있었을 것이다. 즉 삼손은 사춘기가 되기 전까지는 순종적인 삶을 살았을 것이다.[30]

그러나 어느 순간부터인가 자신이 속한 '단 지파'의 현실에 의문을 품게 되었을 것이다. 삼손은 '단 지파'가 북쪽으로 이주한 지 100년쯤 뒤에 태어났다.[31] 지파의 주류(主流)가 전부 떠난 땅에 태어난 것이다. 말이야, 하나님께서 '단 지파'에게 주신 약속의 땅을 지키고 있는 '남은 자'들이라고 했지만, 바벨론 포로 시절을 생각해 볼 경우 '남아있는 자'는 항상 그 공동체에서 '가장 못난 자'들이다. 오죽하면 '못난 나무가 산을 지킨다'라는 속담이 있을까? 듬직하게 잘생긴 나무들은 베어져 나가 가구가 되고 건물의 기둥이 된다. 그래서 못난 나무만 남아 산을 지키는 것이 세상이다. 그러니 삼손이 태어난 소라에 남아 있는 사람들은 같은 지파로부터도 버림(?)받은 비주류(非主流)에 속했을 것이다.

그런데 부모님의 말씀이 "너는 이스라엘을 블레셋으로부터 구원하기 위해 하나님께 선택받았단다"라고 하시는 것이다. 생각해 보라. 소라는 비옥한 소렉 골짜기의 곡창지역을 내려다보는 곳에 있었다. 삼손은 수시로 블레셋의 병거가 먼지를 날리며 위용을 자랑하는 모습을 내려다보며 자랐을 것이다. 그리고 '단 지파'는 '에브라임 지파'나 '유다 지파'처럼 이스라엘에서 주류 지파에 속하지도 않았다. 존재감이 별로 없는 '미미한 지파'였다. 게다가 이스라엘의 열두지파 중에 약속의 땅을 버리고 도주한 '유일한 지파'였다.

---

30 "그 여인이 아들을 낳으매 그의 이름을 삼손이라 하니라 그 아이가 자라매 여호와께서 그에게 복을 주시더니"(사사기 13:24).

31 사사기의 '에필로그(epilogue)'에 해당하는 이 이야기는 앞에서 자세히 다루었다.

삼손은 당연히 속으로 이렇게 생각했을 것이다. 아니, 나를 통해 이스라엘을 구원하시려면 바로 옆에 있는 '유다 지파'에 태어나게 하시든지 … 존재감 없는 지파, 그것도 지파 대부분이 약속의 땅을 버리고 북쪽으로 이주한 뒤에 남은 한 줌도 안 되어 보이는 이 사람들을 데리고 이스라엘을 구원하라고? 그동안 어른들은 다 무엇하고? 내가 왜?

뒤에서 다루겠지만, 블레셋과 삼손 사이에 전투가 벌어진 후 삼손이 에담 바위틈에 내려가 있을 때 삼손을 잡으러 온 것은 블레셋 사람들이 아니었다. 삼손을 잡으러 온 것은 '유다 지파'였다. 삼손이 블레셋과 싸울 때는 한 명도 나서지 않았던 그들이었다. 하지만, 삼손을 잡아 블레셋 사람들에게 넘길 때는 삼천 명이 모여 왔다.[32] 이러한 일은 우발적으로 일어나지 않는다. 삼손이 태어나 자라던 시절, 모든 이스라엘 사람들은 다 그렇게 살았고 그런 정신상태였다는 이야기다. 그런데 하나님께서 자신을 블레셋으로부터 이스라엘을 구원할 나실인으로 부르셨다고 한다. 뭣 모르던 어린 시절에는 부모님의 이 말이 삼손에게 뭔지 모를 자부심이었을 것이다. 하지만 성장한 뒤, 세상 물정(世上 物情)을 어느 정도 구분할 수 있는 나이가 된 뒤에는 '이건 아니지 않나?'라는 생각이 들었을 것이다.

---

32 "[11]유다 사람 삼천 명이 에담 바위 틈에 내려가서 삼손에게 이르되 너는 블레셋 사람이 우리를 다스리는 줄을 알지 못하느냐 네가 어찌하여 우리에게 이같이 행하였느냐 하니 삼손이 그들에게 이르되 그들이 내게 행한 대로 나도 그들에게 행하였노라 하니라 [12]그들이 삼손에게 이르되 우리가 너를 결박하여 블레셋 사람의 손에 넘겨 주려고 내려왔노라 하니 삼손이 그들에게 이르되 너희가 나를 치지 아니하겠다고 내게 맹세하라 하매 [13]그들이 삼손에게 말하여 이르되 아니라 우리가 다만 너를 단단히 결박하여 그들의 손에 넘겨 줄 뿐이요 우리가 결단코 너를 죽이지 아니하리라 하고 새 밧줄 둘로 결박하고 바위 틈에서 그를 끌어내니라"(사사기 15:11-13).

생각이 여기까지 이르면 보이는 것이 있을 것이다. 처음으로 여호와의 영이 삼손에게 임한 장소는 "소라와 에스다올 사이 마하네단"이었다.[33] 이 말씀을 통해서도 추정할 수 있는 부분이 있다. 삼손은 어느 정도 성장한 뒤에는 집에 있기보다는 집 밖을 자주 배회(徘徊)했던 것으로 보인다. 당연한 이야기다. 집에만 들어가면 항상 들려오는 소리가 있었을 것이다. "삼손아, 너 그러면 안 된다. 하나님께서는 너를 블레셋으로부터 우리 민족을 구원할 나실인으로 삼았단다." 특히 먼저 나실인으로 부름받은 그의 어머니의 태도는 완강했을 것이다. 소위 '경건을 해치는 라인(line)'으로 불리는 지체들에게 물었다. "너 같으면 이런 경우 어떻게 하겠니?" "집을 나가야죠."

그렇게 삼손은 딤나에 내려가 블레셋의 딸들에게 관심을 보였다. 그러던 중 한 여자가 삼손의 눈에 들어왔다. 그렇게 마음에 드는 여자를 발견한 삼손은 집에 돌아와 블레셋 여자에게 장가들겠다고 부모에게 고(告)했다. "내가 딤나에서 블레셋 사람의 딸들 중에서 한 여자를 보았사오니 이제 그를 맞이하여 내 아내로 삼게 하소서."

처음 이 말을 들었을 때, 삼손의 부모는 무슨 생각을 했을까? 어떤 감정이었을까? 특별히 삼손의 어머니는 무슨 심정이었을까? 성경이 이 부분에 대해서 직접 언급하고 있지 않지만 어렵지 않게 추측할 수 있다. "배신감과 절망감." 그렇다. 무거운 배신감과 절망감이 삼손의 어머니를 엄습했을 것

33 "소라와 에스다올 사이 마하네단에서 여호와의 영이 그를 움직이기 시작하셨더라"(사사기 13:25).

이다. 어린 시절부터 블레셋을 향한 방어진지에서 자란 그녀였다. 블레셋의 위세 등등한 병거가 소렉 골짜기에 먼지를 날리며 기동(機動)하는 모습을 보며 자란 그녀였다. 포도원 골짜기라는 이름의 소렉 골짜기는 말 그대로 비옥한 곡창지역이었다. 평생 비옥한 그곳을 내려다보며 살아온 인생이었다. 해마다 수확 때면 튼실하게 익어 바람에 흔들리던 블레셋의 농경지를 눈으로만 바라보며 살아온 인생이었다. 그곳에서 농사지을 수 없어 수 km 떨어진 벧세메스까지 건너가 농사짓던 밭에서 들은 수태고지였다. 척박한 산지에서 비옥한 곡창지역을 바라보며 들은 구원의 메시지였다.

당연히 그녀는 그녀를 먼저 나실인으로 부르신 하나님의 부르심에 충성했을 것이다. 지극정성으로 삼손을 기르고 하나님의 말씀과 그에게 부여된 소명을 가르쳤을 것이다. "그 아이가 자라매 여호와께서 그에게 복을 주시더니" 아이가 자라며 강해지고 총명해지는 모습을 보며 품었을 그녀의 꿈과 희망은 굳이 설명할 필요가 없을 것이다.[34] 그런데 어느 날부터인가 아이가 블레셋 쪽으로 출입하기 시작하더니 그처럼 날벼락 같은 말을 한 것이다.

> **그의 부모가 그에게 이르되** 네 형제들의 딸들 중에나 내 백성 중에 어찌 여자가 없어서 네가 할례 받지 아니한 블레셋 사람에게 가서 아내를 맞으려 하느냐 하니 **삼손이 그의 아버지에게 이르되** 내가 그 여자를 좋아하오니 나를 위하여 그 여자를 데려오소서 하니라(사사기 14:3)

---

34 우리는 삼손에 대해 그저 힘이 아주 센 사람 정도로만 생각한다. 그러나 삼손이 그의 결혼식에서 블레셋 청년들에게 낸 수수께끼의 운율을 볼 때 삼손은 '지적이 면'에 있어서도 '천재'였다.

“네 형제들의 딸들 중에나 내 백성 중에 어찌 여자가 없어서 네가 할례받지 아니한 블레셋 사람에게 가서 아내를 맞으려 하느냐?” 삼손 부모의 첫 번째 반응이었다. 그런데 성경 본문을 자세히 살펴보면, 대화가 진행되는 과정에서 점차 삼손의 어머니가 배제되고 있음을 알 수 있다. 부모의 반대를 접한 삼손은 그의 아버지에게 이렇게 말했다. “내가 그 여자를 좋아하오니 나를 위하여 그 여자를 데려오소서.” 성경의 이러한 기록을 통해, 우리는 삼손의 부모 중 어머니의 반대가 훨씬 격렬했음을 알 수 있다. 그리고 어머니의 격렬한 반대에 직면한 삼손은 아버지와만 대화하기 시작했던 것 같다.

우리는 삼손이 그의 아버지에게 건넨 말에 주목할 필요가 있다. “내가 그 여자를 좋아하오니” 이 부분을 직역하면 “그 여자가 내 눈(아인)에 옳으니(야샤르)”다. 보통 어떤 사내가 ‘어느 여자를 좋아한다’라는 것은 그의 눈에 ‘그 여자가 예뻐 보인다’라는 의미다. 그리고 ‘그 여자가 예쁘다(아름답다)’라고 할 때 쓰이는 히브리어는 ‘토브’[35]다. 그런데 삼손이 말한 “내가 그 여자를 좋아하오니”에서 “좋아하오니”에 쓰인 히브리어는 ‘토브’가 아니라 ‘야샤르’다. 이 단어는 사사기를 대표하는 말씀 “그때에는 이스라엘에 왕이 없었으므로 사람마다 자기 소견(아인)에 옳은 대로(야샤르) 행하였더라.”[36]에 쓰인 히브리어와 같다.

성경은 이러한 표현을 통하여 삼손이 사사 시절 일반적인 ‘이스라엘 백

---

35 총신대학교 신학대학원 시절 나는 2반이었다.(총신대학교 신학대학원은 3년 내내 반이 같다.) 그 당시 우리 반 전도사님들은 우리 반을 ‘토브 2반’이라고 불렀다.

36 사사기 17:6, 눈(目)을 뜻하는 히브리어 ‘아인’은 ‘근원’을 뜻하기도 한다.

성의 표준'이었다는 점을 분명히 드러내고 있다. 즉 '삼손의 문제'는 그 시절 '이스라엘 전체의 문제'였다는 이야기다. 사실, 21세기 대한민국 땅에서 하루하루를 연명하고 있는 우리라고 다르지 않다. 우리도 "내가 보기에(아인) 옳은 대로(야샤르)" 생각하고 행동한다. 내 생각과 다른 이야기를 나에게 강요한다는 느낌이 드는 경우, 그는 무조건 "꼰대"로 취급된다. 그런 점에서 착안하여 삼손 인물설교의 제목이 지어졌다. 생각할수록 한심한 인간이 삼손이다. 하지만 성경은 우리에게 묻는다. "삼손? 당신은 다릅니까?"

> 그때에 블레셋 사람이 이스라엘을 다스린 까닭에 **삼손이 틈을 타서** 블레셋 사람을 치려 함이었으나 **그의 부모는 이 일이 여호와께로부터 나온 것인 줄은 알지 못하였더라**(사사기 14:4)

우선 개역개정 성경의 번역에 교정할 부분이 있다. 히브리어 원어로 성경을 볼 경우, 사사기 14장 4절에는 '삼손'이라는 단어가 나오지 않는다. 그런데 개역개정 성경에는 "삼손이 틈을 타서"라고 번역되어 있다. 이것은 오역(誤譯)이다. "삼손이 틈을 타서"는 "여호와께서 틈을 타서"로 바꾸어야 마땅하다.[37]

바른 번역은 이와 같다. "그때에 블레셋 사람이 이스라엘을 다스린 까닭에 **여호와께서 틈을 타서** 블레셋 사람을 치려 함이었으나 **그의 부모는 이**

37 자세한 내용을 확인하고 싶은 지체들에게는『여호와의 날개 아래 약속의 땅을 향하여, 구약 역사서 이해–문예적 신학적 서론』(김지찬, 생명의말씀사)을 권한다.

일이 여호와께로부터 나온 것인 줄은 알지 못하였더라." 즉 블레셋 사람을 치려고 틈을 찾고 계셨던 분은 "삼손이 아니라 하나님"이셨다. 삼손은 그저 제 소견에 옳은 대로 행동했을 뿐이다. 삼손은 그저 제 눈에 예뻐 보이는 여자를 쫓아다녔을 뿐이다. 그렇게 나실인으로서의 책무를 잊고 제멋대로 행동하는 삼손이었건만, 하나님께서는 삼손을 통하여 블레셋을 칠 빌미를 찾고 계셨다.

그렇다면, 하나님께서는 왜 그러셨을까? 이유는 간단하다. 삼손을 통하여 블레셋으로부터 이스라엘을 구원하기로 '결정(작정)'하셨기 때문이다. 그렇게 삼손을 통해 이스라엘을 구원하기로 결정하셨는데 삼손이 말을 듣지 않은 것이다. 제멋대로 막 나가는 것이다. 사람이 아니신 하나님은 당신의 결정을 번복하는 법이 없으시다. 하나님은 삼손을 통해 이스라엘을 구원하기로 결정(작정)하셨다. 그런데 삼손이 불순종했다. 그렇다면, 하나님께서는 어떤 선택을 하실까? 맞다. 삼손의 천방지축을 이용하여 이스라엘을 블레셋으로부터 구원하시는 것이다. 이러한 상황을 성경에서는 "여호와께서 틈을 타서"라고 표현하고 있다.

이러한 일은 삼손에게만 적용되는 것이 아니다. 우리에게도 마찬가지다. 하나님께서 우리를 통하여 어떤 일을 이루시기로 '결정(작정)'하셨다면 무슨 일이 있어도 그 일은 반드시 나를 통해 이루어진다.

"하나님은 뜻하신즉 이루시고, 이루신즉 모든 행사(行事)가 선(善)하신 분이시다." 그러니 한번 삼손을 선택하셨으면, 삼손의 순종과 불순종은 하나님의 결정(작정)을 바꿀 수 없다.[38] 이 사실을 내 말로 바꾸어서 표현하면 이렇다. "하나님께서 삼손을 통하여 이스라엘을 구원하기로 결정(작정)하신 순간, 삼손은 무조건 이스라엘을 구원하는 도구로 사용된다. 순종하는 가운데 이스라엘을 구원하는 도구로 사용되든지, 불순종하는 가운데 이스라엘을 구원하는 도구로 사용되든지, 블레셋으로부터 이스라엘이 구원받는 도구로 사용된다는 사실에는 변함이 없다.[39] 변하는 것은 이것이다. 불순종하는 가운데 두들겨 맞으면서 강제로 쓰임 받느냐 아니면 순종하는 가운데 칭찬받으며 쓰임 받느냐의 차이만 있을 뿐이다."

하나님의 은사와 부르심에는 후회하심이 없느니라(로마서 11:29)

그런 점에서 로마서 11장 29절 말씀은 무서운 말씀이다. 정말이다. 하나님의 은사와 부르심에는 후회하심이 없다. 후회가 남는 쪽은 불순종하는 경우 강제로 사용될 우리일 뿐이다. "그의 부모는 이 일이 여호와께로부터 나온 것인 줄은 알지 못하였더라." 삼손의 부모는 그 순간 이스라엘이 블레셋으로부터 구원받는 일이 어그러졌다는 걱정을 할 필요가 없었다. 이때 삼손의 어머니는 자신이 자식을 잘못 키워서 하나님께서 주신 '구원의 기회'가 어그러졌다는 '걱정과 죄책감 그리고 절망감'에 시달렸을 가능성이 있다. 그러나 하나님이 결정하신 일의 결론은 확정된 것이다. 즉 그 순간 삼손의 어

38 우리의 '구원' 또한 마찬가지다.

39 신학적으로 이러한 사실을 '결과적 필연성'이라고 한다.

머니가 걱정해야 할 것은 "강제로 하나님의 도구로 사용될 삼손의 존재와 삶"이었다. 이와 비슷한 경우를 당한 성도들이 자신의 회한(悔恨)과 걱정을 토로하는 과정에서 '하나님의 일'을 걱정하는 소리를 들어본 독자들이 있을 것이다. 그러나 그 순간 그 성도가 걱정할 것은 '하나님의 일'이 아니다. 그 성도가 걱정해야 할 것은 불순종하는 '자신 혹은 가족이 당하게 될 일'이다.

> [5]**삼손이 그의 부모와 함께 딤나에 내려가** 딤나의 포도원에 이른즉 젊은 사자가 그를 보고 소리 지르는지라 [6]**여호와의 영이 삼손에게 강하게 임하니** 그가 손에 아무것도 없이 그 사자를 염소 새끼를 찢는 것 같이 찢었으나 그는 자기가 행한 일을 부모에게 알리지 아니하였더라 [7]**그가 내려가서 그 여자와 말하니 그 여자가 삼손의 눈에 들었더라**(사사기 14:5-7)

인용한 성경 본문은 여호와의 영이 삼손에게 두 번째로 강하게 임하게 된 사건이다. 결국 삼손은 결혼 허락을 받아냈다. 그의 부모 중 약한 고리인 아버지를 공략한 것이 효과가 있었던 것 같다. 당시 여성들의 사회적 지위를 생각할 때, 일단 아버지의 허락을 받아내면 어머니는 그 결정을 따를 수밖에 없었을 것이다. 아버지와 어머니 각각의 성품에 더하여 이러한 사회적 상황을 고려한 삼손의 전략이 통했던 것 같다. 그렇게 부모의 허락을 받아낸 삼손은 부모와 함께 딤나로 내려갔다. 여기서도 우리는 삼손이 사는 소라와 딤나의 해발 고도를 가늠할 수 있다. 이 당시 이스라엘 백성들은 척박한 산지에 살았던 반면, 블레셋 사람들은 비옥한 평지에 살았다.

그렇게 비옥한 땅에 위치한 딤나에는 포도원이 많았다. 더군다나 '포도원 골짜기'로 불리는 '소렉 골짜기'에 있는 딤나였다. 삼손을 통해 블레셋을 칠 틈을 보시던 하나님께서는 젊은 사자를 미리 준비시켜두셨다. 어떻게 그 사자가 하나님께서 준비하신 사자인 줄 알 수 있냐는 질문이 있을 수 있다. 답은 간단하다. 그 젊은 사자의 시체에서 나오게 된 꿀이 삼손의 결혼식에서 수수께끼의 주제로 사용되었다. 그리고 그 수수께끼는 삼손이 블레셋을 살육하는 출발점이 되었다. 게다가 하나님께서는 삼손을 통하여 블레셋을 파멸시킬 때마다 당신의 영을 삼손에게 강하게 임하게 하셨음을 알 수 있다.

이쯤에서 "성령의 은사"와 "성령의 열매"의 차이를 언급하고 지나가야겠다. 우리는 '여호와의 영'이 삼손에게 강하게 임하였음에도 불구하고 삼손의 인격이 나아지지 않았다는 사실에 주목해야 한다. 이것은 이상한 일이 아니다. 구약성경에서 '여호와의 영'이 임하는 경우는 하나님께서 그를 통하여 언약 백성을 구원하시는 경우다. 이때 그가 '여호와의 영'으로부터 받는 것은 "능력"이지 "인격의 성숙"이 아니다. 삼손도 마찬가지였다. '삼손의 인격'이 나아진 것은 그가 힘을 잃은 뒤, 두 눈이 모두 뽑힌 채 블레셋 사람들에 의해 놋 줄에 매여 맷돌을 돌릴 때였다. 즉 삼손의 인격이 그래도 어느 정도 나아진 것은 그가 고난을 당했을 때다. 이러한 사실은 '성령의 은사'를 '성령의 열매'보다 사모하는 우리 한국 교회 성도들이 깊이 새겨들을 이야기다.

> 8어떤 사람에게는 성령으로 말미암아 지혜의 말씀을, 어떤 사람에게는 같은 성령을 따라 지식의 말씀을, 9다른 사람에게는 같은 성령으로 믿음

을, 어떤 사람에게는 한 성령으로 병 고치는 은사를, [10]어떤 사람에게는 능력 행함을, 어떤 사람에게는 예언함을, 어떤 사람에게는 영들 분별함을, 다른 사람에게는 각종 방언 말함을, 어떤 사람에게는 방언들 통역함을 주시나니 [11]이 모든 일은 같은 **한 성령이 행하사 그의 뜻대로 각 사람에게 나누어 주시는 것이니라**(고린도전서 12:8-11)

[22]오직 성령의 열매는 **사랑과 희락과 화평과 오래 참음과 자비와 양선과 충성과** [23]**온유와 절제니** 이같은 것을 금지할 법이 없느니라(갈라디아서 5:22-23)

고린도전서 12장에 나오는 것처럼, '성령의 은사'는 "한 성령이 행하사 그의 뜻대로 각 사람에게 나누어 주시는 것"이다. 즉 오랜 시공간의 통과 없이 성령 하나님께서 공동체의 필요에 따라 당신의 뜻대로 나누어 주시는 것이다. 반면 갈라디아서 5장에 나오는 '성령의 열매'는 오랜 시공간을 통과하는 가운데 맺히는 것들이다. 성령의 열매에는 "사랑과 희락과 화평과 오래 참음과 자비와 양선과 충성과 온유와 절제"가 있다. 그리고 이 같은 것을 금지할 법이 없다고 성경은 증언하고 있다. 그런 점에서 '성령의 은사'를 받은 사람이 있다면, 하나님 앞에서 '성령의 열매'를 맺기 위해 정진(精進)해야 한다.

순종하지 않는 삼손의 삶 가운데 하나님께서는 당신의 일을 그렇게 열심히 하셨다. 하나님께서는 삼손이 블레셋 여인과 혼인하기 위해 가는 길에 젊은 사자를 미리 준비해두셨다. 그 사자가 삼손을 보고 으르렁거리도록 하셨다. 그리고 그 순간 삼손에게 강하게 임하셨다. 그 결과 젊은 사자는 마치 염소 새끼와 같이 맨손의 삼손에게 찢겨 죽었다.

또 한편, 삼손은 하나님과 상관없이 그의 눈에 옳은 일을 열심히 했다. 그는 딤나의 포도원에서 자신을 향해 으르렁거리는 젊은 사자를 염소 새끼를 찢듯이 찢어 죽였다. 하지만 그는 블레셋 여인과의 결혼식에 참석하러 동행하던 부모에게는 이 사실을 알리지 않았다.

그렇다면 삼손은 왜 이 사실을 그의 부모에게 알리지 않았을까? 이유는 간단하다. 그의 부모가 금하는 일이기 때문이다. 다른 사람은 몰라도 나에게는 삼손의 이러한 행동이 깊이 와닿는다. CMF 간사를 하면서 알게 된 사실이 하나 있다. 그것은 삼손과 비슷한 성향을 가진 아이들의 경우, 간사인 내게 할 말과 해서는 안 되는 말을 본능적으로 구분하는 데 뛰어나다는 것이다. 이 아이들은 정말 필요한 경우가 아니라면, 나에게 혼날 것 같은 일은 절대 말하지 않는다. 혼나는 정도를 넘어 내가 좋아하지 않을 것 같은 행동이나 행선지(行先地)는 절대 나에게 알리지 않는다. 내가 싫어할 것 같은 일을 안 하는 것이 아니라, 숨어서 한다. 지난 단원 초입부에 언급한 소위(所謂) '경건을 해치는 라인(line)'의 대표적인 아이 또한 마찬가지였다. 이 친구가 사고 치는 일의 대부분은 항상 다른 아이의 입을 통해서 나중에 내 귀에 들렸다.

삼손은 태에서 나온 순간부터 나실인으로 부름받았다. 그런데 나실인은 절대 시체를 만지면 안 되었다.[40] 심지어 나실인으로 서원한 기간에는 그의 부모 형제자매가 죽은 경우에도 그 시체를 만지면 안 되었다. 정말 야박하다는 생각이 들 정도로 철저했던 것이 '나실인의 규례'다. 예기치 않게 옆에 있는 사람이 갑자기 죽은 경우도 마찬가지다. 나실인이 시체와 접촉한 경우, 다시 나실인의 서원을 갱신하는 절차를 각주에 인용해 두었다. 게다가 시체와 접촉하기 전의 기간은 나실인으로서 무효임을 알 수 있다. 이것이 나실인으로서 시체와 연관된 규례다. 그러므로, 삼손이 사자를 염소 새끼 찢듯이 찢어 죽인 순간 그는 '나실인의 규례'를 어기게 되는 것이다. 이러한 사실을 삼손은 잘 알고 있었을 것이다. 그의 부모님, 특별히 그의 어머니를 통해 어린 시절부터 귀에 박히도록 들었던 내용이었을 것이다.

정말이지, 삼손은 자신의 소견에 옳은 대로 행동하는 인물이었다. 삼손이 사자를 찢어 죽인 일을 그의 부모에게 알리지 않았다는 말씀에 바로 이어 나오는 내용이다. "그가 내려가서 그 여자와 말하니 그 여자가 삼손의 눈(아인)에 들었더라(야샤르)." 이 또한 사사기의 대표적인 말씀 "그때에는 이스

---

40 "[6]자기의 몸을 구별하여 여호와께 드리는 모든 날 동안은 **시체를 가까이 하지 말 것이요** [7]**그의 부모 형제 자매가 죽은 때에라도 그로 말미암아 몸을 더럽히지 말 것이니** 이는 자기의 몸을 구별하여 하나님께 드리는 표가 그의 머리에 있음이라 [8]자기의 몸을 구별하는 모든 날 동안 그는 여호와께 거룩한 자니라 [9]**누가 갑자기 그 곁에서 죽어서 스스로 구별한 자의 머리를 더럽히면** 그의 몸을 정결하게 하는 날에 머리를 밀 것이니 곧 일곱째 날에 밀 것이며 [10]여덟째 날에 산비둘기 두 마리나 집비둘기 새끼 두 마리를 가지고 회막 문에 와서 제사장에게 줄 것이요 [11]제사장은 그 하나를 속죄제물로, 하나를 번제물로 드려서 그의 시체로 말미암아 얻은 죄를 속하고 또 그는 그날에 그의 머리를 성결하게 할 것이며 [12]자기 몸을 구별하여 여호와께 드릴 날을 새로 정하고 일 년 된 숫양을 가져다가 속건제물로 드릴지니라 자기의 몸을 구별한 때에 그의 몸을 더럽혔은즉 **지나간 기간은 무효니라**"(민수기 6:6-12).

라엘에 왕이 없었으므로 사람마다 자기 소견(아인)에 옳은 대로(야샤르) 행하였더라."[41]와 같은 표현이다.

블레셋의 혼인(婚姻) 풍습도 이스라엘의 혼인 풍습[42]과 비슷했다고 전해진다. 삼손이 딤나에 내려가던 중 사자를 만난 때는 '약혼식' 때로 보인다.[43] 그렇게 7절까지 약혼식 때의 사건을 전한 성경은 바로 혼인 잔치가 열리는 '본 결혼식' 장면으로 넘어간다.

> [8]얼마 후에 삼손이 그 여자를 맞이하려고 다시 가다가 돌이켜 그 사자의 주검을 본즉 사자의 몸에 벌 떼와 꿀이 있는지라 [9]손으로 그 꿀을 떠서 걸어가며 먹고 그의 부모에게 이르러 그들에게 그것을 드려서 먹게 하였으나 **그 꿀을 사자의 몸에서 떠왔다고는 알리지 아니하였더라**(사사기 14:8-9)

시간이 흘러 '본 결혼식' 직전에 있었던 일로 보인다. 삼손이 그의 눈에 옳은 그녀를 맞이하기 위해 딤나를 다시 방문한 때의 일이었다. "가다가 돌이켜", '돌이켜'라는 말로 볼 때 사자의 시체는 소라와 딤나를 오갈 때 누구

41 사사기 17:6

42 이와 관련된 내용은 내 두 번째 책『나사렛 여인, 마리아』(최관호, 예영커뮤니케이션) '유대인의 혼인 풍습' 단원에 자세히 설명해두었다.

43 이스라엘의 '결혼식'은 '약혼식'과 혼인 잔치를 하는 '본 결혼식'으로 구성된다. 즉 '한 번의 결혼'에 '두 번의 결혼식'이 있는 셈이다.

나 이용하는 길에서 떨어진 곳에 있었던 것으로 보인다. 그렇다면 삼손은 약혼식 때 죽였던 사자의 상황이 궁금해서 일부러 그곳에 갔다는 이야기가 된다. 하지만 사자 시체는 소라와 딤나를 오갈 때 이용하는 길에서 멀지 않은 곳에 있었던 것 같다. 이러한 사실은 삼손이 손으로 꿀을 떠서 자신도 먹고 부모님에게도 드렸다는 말씀에서 확인할 수 있다. 꿀을 먼 거리까지 옮기려면 손만으로는 불가능했을 것이다.

앞에서 이야기했듯이, 나실인에게 있어서 시체는 가까이해서는 안 되는 것이었다. 그러나 삼손이 자신을 향해 소리 지르는 사자를 찢어 죽인 일은 불가항력적이었다고 변명할 여지가 있다. "자신을 죽이려 달려드는 사자를 제압할 힘이 있는데 그냥 둘 것이냐?" 이 질문에 그냥 두겠다는 사람은 정신이 없는 사람이다. 하지만 이미 죽어 시체가 된 사자를 일부러 가서 볼 필요는 없었다. 삼손은 시체를 가까이해서는 안 되는 나실인이었기 때문이다. '나실인의 규례'에 따르면 나실인은 부모 형제자매가 죽은 경우에도 그 시체를 만지면 안 되었다. 그러니 궁금하다는 이유로 일부러 시체가 있는 곳에 가볼 일은 아니었다. 더군다나 삼손은 사자 시체에 있는 꿀을 떠서 먹었을 뿐 아니라, 그 꿀을 떠서 그의 부모에게 드려 드시게 했다. 이는 그의 어머니 또한 나실인의 규례를 어기게 하는 일이었다. 삼손의 어머니는 그녀도 모르는 사이에 나실인의 규례를 어긴 셈이 되었다.

성경은 삼손이 처음 사자를 죽인 일과 사자 시체에서 꿀을 떠다가 부모에게 드리면서 그 꿀의 출처를 밝히지 않았다고 반복해서 증언하고 있다. 혼인할 여자가 있는 딤나와 소라 사이를 부모와 함께 오가는 중에 일어난 일이었다. 그러나 삼손의 부모는 이 일을 전혀 몰랐으며 삼손도 이 사실을 그의 부모에게 알리지 않았다. 성경에서 굳이 이 사실을 반복해서 증언하는 이유는 무엇일까? 무엇을 우리에게 알려주고 싶은 것일까? 그것은 삼손이 부모와 함께 딤나를 오가는 사이 부모를 따로 두고 단독행동을 했으며 일부러 '딤나의 포도원'에 들렀다는 것이다. 나실인은 포도나무에서 나오는 산물은 그 무엇이라도 먹어서는 안 되었다. 이러한 상황들은 삼손이 '나실인으로서의 사명'에 아무 관심이 없었다는 사실을 넘어 적극적으로 '나실인의 규례'를 어겼다는 점을 보여 주고 있다.

그러나 이러한 삼손의 행태(行態)에도 불구하고, 하나님께서는 '삼손을 통하여' 이스라엘을 구원하기로 작정하셨다. 그러한 이유로 전지전능하신 하나님께서는 삼손의 여러 돌발행동 앞에 다양한 상황을 펼쳐놓으시는 방식으로 일을 진행 시키셨다.

> [10]삼손의 아버지가 여자에게로 내려가매 삼손이 거기서 잔치를 베풀었으니 청년들은 이렇게 행하는 풍속이 있음이더라 [11]**무리가 삼손을 보고 삼십 명을 데려와서 친구를 삼아 그와 함께 하게 한지라** [12]삼손이 그들에게 이르되 이제 내가 너희에게 수수께끼를 내리니 잔치하는 이레 동안에 너희가 그것을 풀어 내게 말하면 내가 베옷 삼십 벌과 겉옷 삼십 벌을 너희에게 주리라 [13]그러나 그것을 능히 내게 말하지 못하면 너희가 내게 베옷 삼십 벌과 겉옷 삼십 벌을 줄지니라 하니 그들이 이르되 네가 수수께끼를 내면 우리가 그것을 들으리라 하매 [14]삼손이 그들에게 이르되 **먹는 자에게서 먹는 것이 나오고 강한 자에게서 단 것이 나왔느니라** 하니라 그들이 사흘이 되도록 수수께끼를 풀지 못하였더라(사사기

14:10-14)

이제 혼인 잔치가 열리는 '본 결혼식' 때 있었던 일이다. 삼손이 딤나에서 잔치를 베풀었는데 청년들은 이렇게 행하는 풍속이 있었다고 성경은 말하고 있다. 이 당시 혼인 잔치에는 '양가(兩家)의 친척과 친구 그리고 신부가 사는 성읍의 주민들'이 참여했다고 한다.

그런 점에서 바로 이어지는 말씀은 당시 풍습을 생각할 때 뭔가 이상한 점이 있다. "**무리가 삼손을 보고** 삼십 명을 데려와서 친구를 삼아 그와 함께 하게 한지라." 딤나에 있는 블레셋 사람들이 삼손을 보고 삼십 명의 젊은 청년을 데려왔다. 그리고는 그들을 삼손의 친구라고 하면서 삼손과 함께하게 했다는 말씀이다. 이러한 상황은 누가 보아도 삼손을 향한 '무력 시위'라 할 수 있다.

우선 블레셋 사람들의 눈에 삼손의 외모가 위압적으로 보였던 것 같다. 삼손으로부터 뭔가 압도당하는 기운이 느껴졌던 것으로 보인다. 당시는 블레셋이 이스라엘을 지배하던 시절이었다. 그런데 자신들이 지배하는 이스라엘의 이름 없는 청년으로부터 뭔가 위압감을 느낀 것이 마음에 걸렸는지, 무리가 삼십 명의 젊은 청년을 혼인 잔치에 데려온 것이다. 혼인 잔치에는 신랑과 신부 양측의 친구들이 참여하는 것이 정상적이었다. 그런데 젊은 청년 삼십 명을 데려와 친구라고 하면서 삼손과 함께하게 하는 것을 보며 삼손은 내심(內心) 마음이 상했던 것 같다. 생각할수록 무례한 일이었다. 지금처럼 '여사친(여자 사람 친구) 남사친(남자 사람 친구)' 문화가 일상적인 시대가 아니지 않은가? 신부 측의 친구들이라면 당연히 청년이 아닌 처녀들이어야 마땅하지 않은가? 그런 점에서, 삼손은 딤나에 사는 무리의 이러한 행동을 자신을 향한 위협으로 느꼈던 것 같다.

어찌 되었든, 기쁜 날이지 않은가? 어찌 되었든, 삼손 자신의 혼인 잔치이지 않은가? 어찌 되었든, 그들에게는 '이방인'인 자신이 딤나에서 자란 처녀를 아내로 데려가는 날이 아니던가? 혹독한 신고식? 혹은 텃세로 여기며 자신을 안정시킨 뒤, 삼손이 대응책으로 내놓은 것은 수수께끼였다.

"이제 내가 너희에게 수수께끼를 내리니 잔치하는 이레 동안에 너희가 그것을 풀어 내게 말하면 내가 베옷 삼십 벌과 겉옷 삼십 벌을 너희에게 주리라. 그러나 그것을 능히 내게 말하지 못하면 너희가 내게 베옷 삼십 벌과 겉옷 삼십 벌을 줄지니라." 삼손의 입장에서는 물리적인 위협을 가해오는 블레셋 사람들에게 내놓은 나름 '평화적인 대응'이었다. 삼손의 제안(提案)에 삼십 명의 젊은 청년들이 답했다. "네가 수수께끼를 내면 우리가 그것을 들으리라." 이러한 배경에서 바로 그 유명한 삼손의 수수께끼가 나온 것이다. "먹는 자에게서 먹는 것이 나오고, 강한 자에게서 단 것이 나왔느니라."

신학자들은 바로 이 수수께끼를 근거로 삼손의 지적 능력이 매우 출중했다고 주장한다. 신학자들의 설명은 이러하다. 첫 번째, 수수께끼의 구성이 우리말 'ㅁ(M)' 발음에 해당하는 히브리어 '멤(מ)'으로 시작하는데 그 운율(韻律)과 대구(對句)가 적절하다는 것이다. 그뿐만 아니라, 답인 '사자와 꿀'이 히브리어로 동음이의어(同音異義語)인 '아리'란 점을 들어 이러한 수수께끼는 보통의 지적 능력으로는 내기 쉽지 않다고 말한다. 블레셋의 무리가 데려온 삼십 명의 청년들은 사흘이 되도록 삼손의 수수께끼를 풀지 못했다.

> [15]일곱째 날에 이르러 그들이 삼손의 아내에게 이르되 너는 네 남편을
> 꾀어 그 수수께끼를 우리에게 알려 달라 하라 그렇지 아니하면 너와 네
> 아버지의 집을 불사르리라 너희가 우리의 소유를 빼앗고자 하여 우리를
> 청한 것이 아니냐 그렇지 아니하냐 하니 [16]삼손의 아내가 그의 앞에서
> 울며 이르되 **당신이 나를 미워할 뿐이요 사랑하지 아니하는도다 우리**
> **민족에게 수수께끼를 말하고 그 뜻을 내게 알려 주지 아니하도다** 하는
> 지라 삼손이 그에게 이르되 보라 내가 그것을 나의 부모에게도 알려 주
> 지 아니하였거든 어찌 그대에게 알게 하리요 하였으나 [17]칠 일 동안 그
> 들이 잔치할 때 그의 아내가 그 앞에서 울며 그에게 강요함으로 일곱째
> 날에는 그가 그의 아내에게 수수께끼를 알려 주매 그의 아내가 그것을
> 자기 백성들에게 알려 주었더라(사사기 14:15-17)

베옷 삼십 벌과 겉옷 삼십 벌을 삼손에게 내놓아야 할 위기에 몰린 삼십 명의 청년들이 선택한 방법은 삼손의 아내를 협박하는 것이었다. "너는 네 남편을 꾀어 그 수수께끼를 우리에게 알려 달라 하라. 그렇지 아니하면 너와 네 아버지의 집을 불사르리라. 너희가 우리의 소유를 빼앗고자 하여 우리를 청한 것이 아니냐? 그렇지 아니하냐?" 이들의 협박은 사실 정당하지 않았다. 이들은 삼손과 삼손의 아내가 청한 손님이 아니었다. 이들은 무리가 삼손을 보고 데려온 청년들이었다. 어찌 되었든, 동족(同族)의 협박을 받은 삼손의 아내가 울며 삼손을 조르기 시작했다. "당신이 나를 미워할 뿐이요 사랑하지 아니하는도다. 우리 민족에게 수수께끼를 말하고 그 뜻을 내게 알려 주지 아니하도다." 이러한 '사랑 타령'은 후에 들릴라가 삼손을 넘어뜨

릴 때도 썼던 '화법(rhetoric, 수사학)'이다.[44]

처음에는 아내의 요구를 거절했다. "보라. 내가 그것을 나의 부모에게도 알려 주지 아니하였거든 어찌 그대에게 알게 하리요." 당연히 삼손은 들릴라 때에도 처음에는 답을 알려주지 않았다. 그러나 삼손의 아내가 혼인 잔치 기간 그의 앞에서 울며 강요하자 일곱째 날 삼손은 그의 아내에게 답을 알려주고 만다. 이것 또한 들릴라 때에도 반복되는 '패턴(pattern)'이다. 이 지점에서 우리가 기억해야 하는 것은 이것이다. 사람이라는 존재는 각자 넘어지는 '약한 지점'을 가지고 있다. 그러므로 자신이 어느 지점에서 넘어지는지 아는 동시에 그러한 지점을 미리 피하는 것이 '인생의 지혜'다.

> 18일곱째 날 해 지기 전에 성읍 사람들이 삼손에게 이르되 **무엇이 꿀보다 달겠으며 무엇이 사자보다 강하겠느냐** 한지라 삼손이 그들에게 이르되 **너희가 내 암송아지로 밭 갈지 아니하였더라면 내 수수께끼를 능히 풀지 못하였으리라** 하니라 19**여호와의 영이 삼손에게 갑자기 임하시매** 삼손이 아스글론에 내려가서 그곳 사람 삼십 명을 쳐죽이고 노략하여 수수께끼 푼 자들에게 옷을 주고 심히 노하여 그의 아버지의 집으로 올라갔고 20삼손의 아내는 삼손의 친구였던 그의 친구에게 준 바 되었더라 (사사기 14:18-20)

44 "들릴라가 삼손에게 이르되 **당신의 마음이 내게 있지 아니하면서 당신이 어찌 나를 사랑한다 하느냐** 당신이 이로써 세 번이나 나를 희롱하고 당신의 큰 힘이 무엇으로 말미암아 생기는지를 내게 말하지 아니하였도다 하며"(사사기 16:15).

그렇게 삼손의 아내를 통하여 수수께끼의 답을 알아낸 딤나 사람들이 삼손에게 답을 했다. 혼인 잔치의 마지막 날 해지기 전이었다. "무엇이 꿀보다 달겠으며 무엇이 사자보다 강하겠느냐?" 사실 딤나 사람들이 한 답은 답인 동시에 "조롱"이었다. 질문에 대한 답은 '의문문'으로 하는 것이 아니다. 질문이 '의문문'이어야 마땅하다. 그런 점에서 삼손의 수수께끼와 그 답은 '의문문'과 '평서문'이 서로 바뀌어 있다. 왜 이러한 현상이 벌어졌을까? 삼손과 딤나 사람들 사이에 오간 수수께끼가 서로를 향한 '기(氣) 싸움'이었기 때문이다. 즉 물리적 충돌을 피할 목적으로 '각자의 적대감' 위에 '거짓 웃음'을 포장해서 겨룬 합(合)[45]이었기 때문이다.

서로를 향한 '적대감' 위에 '거짓 웃음'을 포장해서 겨룬 합(合)이었지만, 딤나 사람들이 한 행동은 이미 선을 넘은 것이었다. 당연히 이 사실을 모를 리 없는 삼손이었다. 비열한 방법으로 답을 알아낸 블레셋 사람들에게 삼손이 분노에 찬 한마디를 던졌다. "너희가 **내 암송아지로 밭 갈지 아니하였더라면** 내 수수께끼를 능히 풀지 못하였으리라." '암송아지'와 '밭 갈다'라는 표현은 이 당시 '성적 상징'으로 사용된 어법이었다고 한다. 물론 블레셋 청년들이 삼손의 아내를 성적으로 학대한 것은 아니었을 것이다. 하지만 삼손의 이러한 표현은 블레셋 사람들의 행동이 얼마나 비열한지를 비난하는 동시에, 자신을 배신한 아내에 대한 배신감을 표현한 것이었다.

---

45 칼이나 창으로 싸울 때, 칼이나 창이 마주친 횟수를 세는 단위: 여기서는 '싸움'이라는 뜻으로 썼다.

삼손의 이러한 분노의 순간에 '여호와의 영'이 세 번째로 그에게 '갑자기' 임하셨다. 이것은 블레셋을 치기 위해 틈을 보시던 하나님의 신속한 개입이었다.[46] 그렇게 여호와의 영이 갑자기 임한 삼손은 아스글론에 내려가 그곳의 블레셋 사람 삼십 명을 쳐 죽여 '베옷 삼십 벌과 겉옷 삼십 벌'을 확보했다. 그리고 아스글론에서 노략한 '베옷 삼십 벌과 겉옷 삼십 벌을' 수수께끼를 푼 청년들에게 주고 아버지의 집으로 올라갔다. 성경은 여기서도 "삼손이 노하여 그의 아버지의 집으로 돌아갔다"라고 하지 않고 "올라갔다"라는 표현을 쓰고 있다. 성경은 이러한 표현을 통하여 약속의 땅에서 비옥한 평지를 잃어버린 이스라엘의 현실을 은연중에 밝히고 있다.

아스글론은 딤나로부터 37km 정도 떨어진 거리에 있었다. 그러니 혼인 잔치의 일곱째 날 해지기 전에 수수께끼의 답을 들은 삼손은 한밤중에 아스글론에 도달했을 것이다. 정말이지, 아스글론 사람들은 한밤중에 무방비 상태로 삼손에게 일격을 받게 된 셈이었다. 아스글론은 '블레셋의 5대 성읍' 중 하나로 지중해 연안에 있었으며 블레셋 문화의 중심지였다. 아스글론은 주변 토양이 비옥했고 상업이 활발했던 성읍이었다. 즉 한밤중에 자다가 삼손으로부터 노략질을 당한 블레셋 사람들은 부유한 사람들이었을 것이다. 그리고 그들이 입고 있었던 옷은 당시 기준으로 고급 의복에 해당했을 것이다.

나실인으로 태어났지만, 자신의 소명에 그 어떤 관심도 없었던 삼손의

46 "그때에 블레셋 사람이 이스라엘을 다스린 까닭에 여호와께서 틈을 타서 블레셋 사람을 치려 함이었으나 그의 부모는 이 일이 여호와께로부터 나온 것인 줄은 알지 못하였더라"(사사기 14:4, '삼손이 틈을 타서'를 '여호와께서 틈을 타서'로 오역을 수정한 것임.).

첫 번째 일탈은 그렇게 '블레셋과의 싸움'으로 이끌려 들어갔다. 이 모든 것은 틈을 타서 블레셋 사람들을 치려고 한 '하나님의 보이지 않는 손'[47]이 개입한 결과였다. 삼손의 일탈에도 불구하고, 하나님은 "삼손을 통하여 블레셋 사람의 손에서 이스라엘을 구원하기 시작할 것"[48]이라는 당신의 언약에 충실하셨다. 즉 삼손이 하나님과 상관없이 그의 눈에 옳은 대로 행할 때도, 하나님은 하나님의 일을 충실하게 하셨다.

"삼손의 아내는 삼손의 친구였던 그의 친구에게 준 바 되었더라." 삼손이 그렇게 분노하여 그의 아버지의 집으로 올라간 뒤, 삼손의 장인은 삼손의 아내를 혼인 잔치에 온 삼십 청년 중 하나에게 주고 만다. 삼손의 장인의 이러한 행동은 당시에 통용되던 법으로 볼 때 '불법(不法)'이었다. 이것이 삼손과 블레셋 사람들 사이에 일어날 다음 전투의 씨앗이 되었다.

일의 시작은 삼손이 딤나에 있는 한 블레셋 여인을 사랑하면서부터였다. 혼인을 하자는 것은 블레셋과 한 가족이 되자는 이야기다. 태에서 나옴으로부터 하나님의 나실인으로 부름받은 삼손이 갈 길은 아니었다. 하지만 삼손은 그를 통하여 블레셋 사람의 손에서 이스라엘을 구원하겠노라는 하나님의 계획에 전혀 관심이 없었다. 삼손이 가지고 있는 관점은 21세기를 기준

---

47 하나님의 섭리

48 "보라 네가 임신하여 아들을 낳으리니 그의 머리 위에 삭도를 대지 말라 이 아이는 태에서 나옴으로부터 하나님께 바쳐진 나실인이 됨이라 **그가 블레셋 사람의 손에서 이스라엘을 구원하기 시작하리라** 하시니"(사사기 13:5).

으로 볼 때 '인본주의적 사고'에 해당한다. '아니 왜 싸워? 서로 사랑하고 한 가족이 되면 되지.' 그런 점에서 우리는 **'진리를 팔아 사는 평화'는 '거짓 평화'**라는 사실을 기억해야 한다.

그렇게 시작된 삼손과 블레셋 여인과의 사랑 이야기는 어긋나기 시작했다. 물론 삼손이 먼저 블레셋 사람들을 공격한 것이 아니었다. 블레셋 사람들이 초대받지 않은 젊은 청년 삼십 명을 혼인 잔치에 불러들여 시작된 갈등이었다. 블레셋 사람들의 이러한 '무례한 도발'에도 삼손은 '평화적 방법'을 선택했다. 그래서 나온 수수께끼였다. 하지만 삼손이 낸 수수께끼 또한 소라에서 딤나를 오가는 사이 하나님께서 준비해두신 젊은 사자로 시작되었다. 아무리 삼손이 날고 기어봤자 하나님의 손안에 있다는 이야기다.

블레셋 사람들의 '물리적 위협'에도 '평화적인 해결책'으로 내놓은 수수께끼였다. 그러나 일의 진행 방향은 삼손의 의도대로 흘러가지 않았다. 이것 또한 진리를 팔아 '거짓 평화'를 사려는 사람들 모두에게 일어나는 일이다. 수수께끼를 풀지 못한 블레셋 사람들은 넘어서는 안 되는 선을 넘었고, 삼손의 아내는 남편을 배반하고 동족(同族)들의 편에 섰다. 이렇듯 삼손이 그의 눈(아인)에 옳은(야샤르)대로 행동할 때마다, 삼손은 블레셋 사람들과 그의 인생이 얽혀 들어가기 시작했다. 이 모든 것은 틈을 봐서 블레셋 사람의 손에서 이스라엘을 구원하기 위한 '하나님의 섭리와 주권'에 의한 일이었다. 결과적으로 삼손은 '그의 눈(아인)에 옳은(야샤르) 아내'를 블레셋의 삼십 청년 중 하나에게 빼앗기고 말았다.

이제 삼손이 그의 아내를 빼앗긴 일로 더욱 심각하게 얽혀 들어가게 되는 '삼손과 블레셋 사이의 갈등'을 살펴보도록 하자.

삼손 3

당신은 다릅니까?

[1]얼마 후 **밀 거둘 때에** 삼손이 염소 새끼를 가지고 그의 아내에게로 찾아 가서 이르되 내가 방에 들어가 내 아내를 보고자 하노라 하니 장인이 들어오지 못하게 하고 [2]이르되 **네가 그를 심히 미워하는 줄 알고 그를 네 친구에게 주었노라** 그의 동생이 그보다 더 아름답지 아니하냐 청하노니 너는 그를 대신하여 동생을 아내로 맞이하라 하니(사사기 15:1-2)

'그 아버지에 그 딸'이라는 말에 적합한 상황이 벌어졌다. 아니, 정확히는 '그 딸에 그 아버지'라는 말이 맞을 것이다. 삼손이 블레셋 사람 삼십 명을 쳐 죽이고 '베옷 삼십 벌과 겉옷 삼십 벌'을 수수께끼를 푼 자들에게 준 지 얼마 지나지 않은 때였다. 그렇게 난리가 났던 날, 삼손은 심히 노하여 그의 아버지의 집으로 올라갔다.

그런지 얼마 후, 밀 거둘 때에 삼손이 염소 새끼를 가지고 그의 아내를 찾았다. "내가 방에 들어가 내 아내를 보고자 하노라." 그런데 장인이 삼손의 앞길을 막아서며 하는 말이 이러했다. **"네가 그를 심히 미워하는 줄 알고 그를 네 친구에게 주었노라."** 삼손의 장인이 한 말은 삼손의 아내가 울면서 했던 말을 연상시킨다. **"당신이 나를 미워할 뿐이요** 사랑하지 아니하는도다. 우리 민족에게 수수께끼를 말하고 그 뜻을 내게 알려 주지 아니하도다." 정말이지, '그 딸에 그 아버지다운 말'이었다. 그리고 삼손의 장인이 덧붙인 말이다. "그의 동생이 그보다 더 아름답지 아니하냐? 청하노니 너는 그를 대신하여 동생을 아내로 맞이하라." 정말이지, 말도 안 되는 소리다. 이 말은 삼손에게 처제와 결혼하라는 소리다. 아마도 삼손의 장인은 삼손이 눈앞에 나타나자 겁이 덜컥 났던 것 같다. 그도 그럴 것이 삼손의 장인 또한 삼손이 아스글론에서 벌인 일을 들었을 것이다. 그리고 다시는 보지 않게 되리라 생각했던 삼손이 눈앞에 나타나자 겁이 난 장인이 임기응변으로 했던 말이었을 것이다.

그런데 이 대화가 오간 공간이 약간 특이하다. 원래 유대인들의 경우 혼인 잔치 후에는 신부가 신랑 측에 와서 동거했다. 당연히 혼인 잔치 또한 신랑집에서 베풀어졌다. 그런데 삼손의 결혼은 혼인 잔치도 신부집에서 베풀어졌고 잔치 후에도 신부는 친정에 그대로 머물렀다. 삼손이 결혼식 후 화를 내며 혼자 돌아갔기 때문에 그의 아내가 친정에 머무른 것은 이해할 수 있는 일이었다. 하지만 삼손의 아내를 그의 장인이 다른 남자에게 시집보낸 후에도 삼손의 아내는 친정에 그대로 머물고 있었다. 당연히 삼손의 아내의 새로운 남편 또한 그녀를 만나려면 처가에 왔을 것이다. 이것이 삼손의 장인이 아내의 방에 들어가려는 삼손을 막아선 이유일 것이다.

[3]삼손이 그들에게 이르되 **이번은 내가 블레셋 사람들을 해할지라도 그들에게 대하여 내게 허물이 없을 것이니라** 하고 [4]삼손이 가서 여우 삼백 마리를 붙들어서 그 꼬리와 꼬리를 매고 홰를 가지고 그 두 꼬리 사이에 한 홰를 달고 [5]홰에 불을 붙이고 그것을 블레셋 사람들의 곡식 밭으로 몰아 들여서 곡식 단과 아직 베지 아니한 곡식과 포도원과 감람나무들을 사른지라 [6]블레셋 사람들이 이르되 누가 이 일을 행하였느냐 하니 사람들이 대답하되 **딤나 사람의 사위 삼손이니 장인이 삼손의 아내를 빼앗아 그의 친구에게 준 까닭이라** 하였더라 블레셋 사람들이 올라가서 그 여인과 그의 아버지를 불사르니라(사사기 15:3-6)

말도 안 되는 장인의 말에 삼손이 이렇게 말했다. "이번은 내가 블레셋 사람들을 해할지라도 그들에게 대하여 내게 허물이 없을 것이니라." 이 말을 통해 볼 때, 삼손은 아스글론에서의 살육에 대해서는 그 정당성에 '다툼의 여지'가 있다고 생각한 것 같다. 그러나 이번에는 그가 블레셋을 해할지라도 정당하다고 선언한다. 삼손의 이러한 선언이 21세기 대한민국의 관점에서 '옳으냐? 그르냐?'를 따질 필요는 없어 보인다.

이유는 블레셋 사람들의 말에 있다. 삼손이 딤나 주변의 밭을 모두 태워 버린 뒤, 블레셋 사람들은 누가 이 일의 범인인지를 찾았다. "누가 이 일을 행하였느냐?" 이 물음에 대한 그 지역 사람들의 대답은 이러했다. "딤나 사람의 사위 삼손이니 장인이 삼손의 아내를 빼앗아 그의 친구에게 준 까닭이라." 이 대답을 통해 볼 때, 블레셋 사람들도 '삼손의 눈에 옳아 보였던 그 여인'을 '삼손의 아내'로 인정하고 있음을 알 수 있다. 유대인의 경우, 약혼식 때부터 법적으로 부부가 되었다. 또한 블레셋의 혼인 풍습이 유대인의 그것과 다르다 하더라도, 결혼은 결혼 잔치 첫날 성사되었다. 그러므로 장인이 친구에게 아내로 준 그 여인은 법적(法的)으로 '삼손의 아내'였다. 그러니 삼손의 아내를 빼앗아 그 친구에게 준 장인의 행위는 '간음 교사죄(敎唆罪)'를 저지른 것이었다. 여성의 권리가 약했던 시절이었다 해도 '삼손의 아내' 또한 '간음죄'를 저지른 것이었다. 이러한 이유로 블레셋 사람들은 딤나 주변의 밭을 태운 일에 대해 삼손에게 보복하지 않았다. 그 대신 삼손의 장인과 아내를 불태워 죽였다. 즉 블레셋 사람들이 삼손의 장인과 아내를 불사른 것은 일면(一面) '간음죄에 대한 처벌'이라고 할 수 있다.

그런데 삼손이 딤나 주변의 곡창지역을 불바다로 만든 방법이 특이하다. 삼손은 먼저 여우 삼백 마리를 잡았다. 삼손이 사용한 여우는 지금도 소렉 골짜기 주변에서 자주 발견되는 동물이라고 한다. 그러나 아무리 힘이 센 삼손이라고는 하지만 혼자 여우 삼백 마리를 잡았다는 것은 '하나님의 특별한 섭리'가 아니고서는 불가능한 일이었다. 여우를 잡는 것은 힘도 힘이지만 '민첩함'이 필요한 일이기 때문이다. 즉 이 일 또한 블레셋 사람들을 치시려 틈을 보시고 계셨던 '하나님의 보이지 않는 손'이 개입했기에 가능했다. 여기서도 우리는 삼손의 돌발행동을 통하여 블레셋의 전력을 하나하나 약화시켜 가시는 하나님을 느낄 수 있다. 소렉 골짜기의 곡창지역에서 나오는 농산물은 블레셋의 소중한 군량미이기도 했다. 러시아-우크라이나 전쟁을 통해서 이제는 알게 된 사람들이 많으리라 생각한다. 전쟁은 결국 보급에서 시작해서 보급으로 끝난다. 보급이 제대로 안 되는 군대는 없는 것이나 마찬가지다.

어찌 되었든 삼손은 여전히 '그의 관심과 분노 그리고 복수심'으로 행동했을 뿐이다. 즉 삼손은 자기 소견에 옳은 대로 자신의 일을 했을 뿐이다. 그러나 하나님께서는 삼손의 그러한 행동이 결과적으로 이스라엘을 블레셋 사람의 손에서 구원하는 일이 되도록 하셨다.

여우 삼백 마리를 잡은 삼손은 여우 꼬리와 꼬리를 하나로 묶고 그곳에 홰를 달았다. '홰'는 '갈대나 솜' 등을 끝에 묶어 밤에 길을 밝힐 때 쓰는 물건이었다. 홰에 불을 붙여 사용하는 조명기구를 '횃불'이라고 한다. 그렇게 여우를 두 마리씩 묶어 그 꼬리에 홰를 단 삼손은 그곳에 불을 붙여 딤나 주변의 곡식밭으로 몰았다. 삼손이 그 아내를 다시 찾은 때는 '밀 거둘 때'였다. 수확기인 소렉 골짜기의 곡식은 바짝 말라 있었다. 딤나 주변은 농사짓기에 아주 적합한 땅이었다. 퇴적물이 쌓여 만들어진 토양은 기름졌고, 따로 물을 대지 않아도 될 만큼 강우량(降雨量)이 충분했다. 게다가 평지 끝에 펼쳐진 구릉지대는 포도 재배에 적합했고 감람나무 또한 무성했다. 딤나 주변의 토지는 말 그대로 블레셋의 젖줄이었다. 그런데 삼손이 그의 아내를 찾은 시기는 자연적으로 들불이 번지기도 하는 때였다. 그렇게 온 지면(地面)이 바짝 말라 있는 상황에서 여우 꼬리에 횃불을 달아 곡식밭으로 몰아넣을 경우 무슨 일이 벌어질지는 뻔했다. 말 그대로 한밤중의 하늘 전체가 벌겋게 달아오르는 장관이었을 것이다. 그 결과, 그해 블레셋은 심각한 '재정적 타격'에 직면했을 것이다.

일의 경과를 파악한 블레셋 사람들은 삼손의 장인과 아내를 불태워 죽이고 말았다. 그러자 삼손이 다시 분노했다. 삼손의 이번 분노는 자신의 아내와 장인을 죽인 것에 대한 것이었다. 이렇듯 삼손이 자기 눈에 옳은 대로 행동하면 할수록, 삼손과 블레셋의 관계는 계속 '악순환'을 그리며 서로 얽혀 들어가게 되었다. 이 모든 것은 삼손을 통하여 이스라엘을 구원하기로 작정하신 하나님의 개입 덕이었다.[49] 즉 하나님께서는 당신이 한번 결정하신 일은 하나님께서 선택하신 사람이 순종하든지 순종하지 않든지 상관없이 반드시 그 사람을 통하여 이루신다.

다시 한번 강조한다. "하나님은 뜻하신즉 이루시고, 이루신즉 그 모든 행사(行事)가 선하신 분이시다." 내가 성경 인물설교를 하게 되면서 결심하게 된 것은 이것이다. '나는 하나님께서 시키신 일에 대해서는 그냥 평소부터 알아서 기어야겠다. 어차피 내가 불순종한다 해도 전지전능하신 하나님께서는 반드시 나를 통해 그 일을 이루시고야 말 것이다. 불순종할 경우, 어그러지는 것은 나뿐이다.'

> [7]삼손이 그들에게 이르되 **너희가 이같이 행하였은즉 내가 너희에게 원수를 갚고야 말리라** 하고 [8]블레셋 사람들의 정강이와 넓적다리를 크게 쳐서 죽이고 내려가서 에담 바위 틈에 머물렀더라(사사기 15:7-8)

"너희가 이같이 행하였은즉 내가 너희에게 **원수를 갚고야 말리라.**" 삼손

---

49 "보라 네가 임신하여 아들을 낳으리니 그의 머리 위에 삭도를 대지 말라 이 아이는 태에서 나옴으로부터 하나님께 바쳐진 나실인이 됨이라 **그가 블레셋 사람의 손에서 이스라엘을 구원하기 시작하리라 하시니**"(사사기 13:5).

의 이 말은 삼손이 죽기 전에 했던 기도를 떠올린다. "주 여호와여 구하옵나니 나를 생각하옵소서. 하나님이여 구하옵나니 이번만 나를 강하게 하사 나의 두 눈을 뺀 블레셋 사람에게 **원수를 단번에 갚게 하옵소서.**"[50] 그렇게 놓고 보면, 삼손의 삶은 '블레셋에게 원수를 갚는 삶'이었다. 한 가지 중요한 사실을 짚고 넘어가자. '원수를 갚았다는 것'은 삼손이 블레셋을 먼저 공격하지 않았다는 것이다. 삼손이 먼저 블레셋에게 '적개심'을 드러내지 않았다는 이야기다. 즉 블레셋이 삼손에게 당한 일은 블레셋이 삼손에게 '선의(善意)'를 가지고 있다가 당한 일이 아니었다. 블레셋이 삼손에게 당한 일은 '그들이 뿌린 씨앗'이었다. 당연히 블레셋이 사십 년간 이스라엘을 압제한 것 또한 '선의(善意)'로 한 것이 아니었다. 그러나 삼손이 갚은 원수는 '삼손 개인의 것'이었다. 반면 하나님은 이러한 삼손의 행동을 통하여 이스라엘 민족의 원수를 블레셋에게 갚아주심으로 '구원의 약속'을 지키셨다.

"블레셋 사람들의 정강이와 넓적다리를 크게 쳐서 죽이고" 삼손이 어떤 도구로 블레셋 사람들을 죽였는지는 알 수 없다. 다만 적지 않은 수의 블레셋 사람들이 삼손에게 죽임을 당했던 것으로 보인다. 그렇게 많은 수의 블레셋 사람들을 죽인 후, 삼손은 '에담 바위틈'으로 가 숨는다. '에담'의 뜻은 '맹금(猛禽)의 처소'다. '사나운 날짐승의 처소'다. '독수리의 둥지가 주로 어디에 있지?'라고 생각하면 삼손이 숨은 곳이 어떤 곳인지 쉽게 이해가 될 것이다. 참고로 독수리는 풀 한 포기 없는 아득한 절벽 위에 둥지를 트는 것으로 알려져 있다. 즉 삼손은 블레셋 사람들이 쉽게 추격하기 힘든 곳으로 몸

---

50 사사기 16:28

을 피했다. 문제의 심각성을 인지한 블레셋 사람들이 유다 지파의 땅에 '전투 진영(戰鬪 陣營)'을 펼쳤다.

> [9]**이에 블레셋 사람들이 올라와 유다에 진을 치고 레히에 가득한지라** [10]유다 사람들이 이르되 너희가 어찌하여 올라와서 우리를 치느냐 그들이 대답하되 우리가 올라온 것은 삼손을 결박하여 그가 우리에게 행한 대로 그에게 행하려 함이로라 하는지라(사사기 15:9-10)

"이에 블레셋 사람들이 올라와 유다에 진을 치고 레히에 가득한지라." '턱뼈'라는 뜻의 '레히'는 소라와 딤나 인근에 있는 유다 성읍이었다. 반면 삼손이 도망가 몸을 숨긴 '에담'의 위치는 불분명하다. 신학자들은 에담의 위치가 아마도 '소라 동쪽'이었을 것이라고 본다. 그 외에 성경에 나오는 에담이라는 지명(地名)은 두 곳이 있다. 그중 하나는 베들레헴과 드고아 사이 산지(山地)에 있는 '유다의 요새'[51]이며, 다른 하나는 '시므온 지파'[52]의 땅에 있다. 이렇게 삼손이 몸을 숨긴 '에담의 위치'와 블레셋 사람들이 진을 친 '레히의 위치'를 확인하는 이유는 이것이다.

---

51 "[5]르호보암이 예루살렘에 살면서 유다 땅에 방비하는 성읍들을 건축하였으니 [6]곧 베들레헴과 **에담과** 드고아와 [7]벧술과 소고와 아둘람과 [8]가드와 마레사와 십과 [9]아도라임과 라기스와 아세가와 [10]소라와 아얄론과 헤브론이니 **다 유다와 베냐민 땅에 있어 견고한 성읍들이라**"(역대하 11:5-10).

52 "[28]**시므온 자손이 거주한 곳은** 브엘세바와 몰라다와 하살수알과 [29]빌하와 에셈과 돌랏과 [30]브두엘과 호르마와 시글락과 [31]벧말가봇과 하살수심과 벧비리와 사아라임이니 다윗 왕 때까지 이 모든 성읍이 그들에게 속하였으며 [32]그들이 사는 곳은 **에담과** 아인과 림몬과 도겐과 아산 다섯 성읍이요"(역대상 4:28-32).

우선 딤나 주변의 농경지를 불태워 블레셋에게 심각한 타격을 입힌 것은 '삼손'이었다. 이 일은 삼손의 '단독행동'이었다. 그런데 블레셋 사람들이 진을 친 '레히'는 '에담'이 위에 언급된 세 곳 중 어디이든지 상관없이 '삼손이 숨어있는 곳'과 동떨어진 곳이었다. 더군다나 유다 지파 사람들은 딤나에 무슨 일이 있었는지 잘 몰랐을 가능성이 높다. 소문을 들었다 해도, 그저 소라에 사는 힘이 엄청 센 삼손이라는 인물이 블레셋의 성읍 딤나와 '여자 문제로 갈등이 있다'라는 정도였을 것이다.

그런데도 왜 블레셋 사람들은 '삼손이 있는 곳'이 아니라 '유다 지파의 땅'에 진을 쳤을까? 더군다나 삼손은 '유다 지파'가 아니라 '단 지파' 출신이었다. 이런 일은 식민 지배를 하는 제국의 사람들이 잘 사용하는 방법이다. 타민족을 지배하는 국가의 사람들이 흔히 사용하는 방법이다. 예를 들어, 영국이 인도를 지배할 때 썼던 방법은 이러했다. 인도에 진출한 '영국인 농장주'의 경우, 그 자신이 직접 나서 인부들을 부리지 않았다고 한다. 항상 이들은 '인도 현지인'을 내세워 인부들을 부렸다. 그 결과 인도 현지인의 학대를 받은 인부들은 영국인 농장주에게 와서 자신들의 어려움을 하소연했다. 그러면 영국인 농장주는 중간관리인 노릇을 하는 인도사람을 잘 타이르겠다고 하면서 인부들을 돌려보냈다. 그러고 나서, 영국의 앞잡이 역할을 하는 인도사람을 불러 이렇게 말했다. "야, 너 똑바로 못해? 왜 저런 소리가 나한테 들리지? 다시 한번만 인부들이 나한테 찾아오는 날에는 너는 자리를 내놓아야 할 거야."

나중에 삼손이 '가사의 성 문짝들'을 '헤브론 앞산'에 가져다 놓은 것은 블레셋의 앞잡이 노릇을 한 '유다 지파'에 대한 '경고와 조롱의 의미'였다.[53] 헤브론 앞산은 유다 지파의 땅이었다. 즉 '유다 지파 땅 레히'에 진을 친 블레셋 사람들의 방법은 전형적인 '이이제이(以夷制夷)' 전법이었다. 사실 이런 '이이제이(以夷制夷)'가 통한다는 것 자체가 그 사회에 희망이 없다는 중요한 근거다.

유다 땅 레히에 진을 친 블레셋 사람들을 보고 유다 지파 사람들이 물었다. "너희가 어찌하여 올라와서 우리를 치느냐?" 유다 지파의 물음에 블레셋 사람들이 답했다. "우리가 올라온 것은 삼손을 결박하여 그가 우리에게 행한 대로 그에게 행하려 함이로라." 사실 블레셋의 이 대답은 말이 안 된다. 삼손이 딤나에 행한 그대로 갚기 위해 왔다는 자들이 온 장소에는 삼손이 없었다. 그러니 유다 사람들이 정신이 똑바로 박혀 있었다면 이렇게 대답해야 했다. "이곳에는 너희들이 찾는 삼손이 없는데, 너희가 어찌하여 이곳에 와서 이같이 행하느냐?" 하지만 유다 지파 사람들은 그렇게 답하지 않았다. 그리고 블레셋 사람들의 앞잡이 역할을 자처(自處)했다.

> 11**유다 사람 삼천 명이 에담 바위 틈에 내려가서** 삼손에게 이르되 너는 블레셋 사람이 우리를 다스리는 줄을 알지 못하느냐 네가 어찌하여 우리에게 이같이 행하였느냐 하니 삼손이 그들에게 이르되 그들이 내게

---

53 "삼손이 밤중까지 누워 있다가 그 밤중에 일어나 성 문짝들과 두 문설주와 문빗장을 빼어 가지고 그것을 모두 어깨에 메고 **헤브론 앞산 꼭대기로 가니라**"(사사기 16:3).

행한 대로 나도 그들에게 행하였노라 하니라 [12]그들이 삼손에게 이르되 우리가 너를 결박하여 블레셋 사람의 손에 넘겨 주려고 내려왔노라 하니 **삼손이 그들에게 이르되 너희가 나를 치지 아니하겠다고 내게 맹세하라 하매** [13]그들이 삼손에게 말하여 이르되 아니라 우리가 다만 너를 단단히 결박하여 그들의 손에 넘겨 줄 뿐이요 우리가 결단코 너를 죽이지 아니하리라 하고 **새 밧줄 둘로 결박하고 바위 틈에서 그를 끌어내니라**(사사기 15:11-13)

"유다 사람 삼천 명이 에담 바위 틈에 내려가서" 블레셋 사람들의 말도 안 되는 협박에 유다 지파 사람들은 즉각 반응했다. 하나님의 말씀에는 절대 움직이지 않는 인간들일수록 눈앞에 있는 힘에는 과도하게 충성하는 경향이 있다. 삼손이 블레셋과 싸울 때는 단 한 명도 나서지 않았던 '유다 지파'였다. 그러나 에담 바위틈에 숨어있는 삼손을 잡기 위해서는 삼천 명이 나섰다. 이스라엘의 양대 지파라고 하면 '유다 지파'와 '에브라임 지파'를 들 수 있다. 솔로몬의 사후(死後) '남방 유다'와 '북방 이스라엘'로 나라가 나뉠 때, '남방 유다'의 중심 지파는 '유다 지파'였고 '북방 이스라엘'의 중심 지파는 '에브라임 지파'였다. 이스라엘의 주류(主流)가 자신들의 역할을 하지 않는 이러한 현상은 사사 시대 내내 지속되었다. 즉 삼손이 블레셋과 싸울 때 단 한 명도 나서지 않았던 것은 이 시기 특별한 일도 아니었다. 하지만 삼손을 잡으러 삼천 명이나 나선 것은 해도 너무한 일이었다.

"너는 블레셋 사람이 우리를 다스리는 줄을 알지 못하느냐?" 기가 막힌 일이었다. 아무리 이것이 현실이라 할지라도, 이스라엘의 주류 지파인 '유다 지파'의 입에서 나올 소리는 아니지 않은가? 하지만 인생을 살아보면, 이처럼 가슴 아픈 일은 일상적으로 반복되는 경향이 있다.

"네가 어찌하여 우리에게 이같이 행하였느냐?" 삼손에게 건넨 유다 지파의 이 말 또한 말이 안 되는 소리였다. 삼손이 죽인 것은 '블레셋 사람들'이었지 '유다 지파'가 아니었다. 게다가 삼손과 블레셋 사이에 일어난 싸움은 삼손이 먼저 시작한 것이 아니었다. 삼손이 이방 여인을 사랑한 것은 언약백성의 입장에서는 신앙적으로 그리고 도의적으로 비난할 만한 일이었다. 하지만 삼손의 사랑을 블레셋이 비난할 이유는 없었다. 그런데도 유다 지파의 말은 마치 삼손이 먼저 블레셋에게 악을 행한 것처럼 비난하는 셈이었다. 아니, 사실 유다 지파는 옳고 그름에 대해 애시당초 관심이 없었다. 그저 "삼손 네가 어떤 일을 당했는지는 우리가 알 바 아니고, 중요한 것은 왜 우리에게 불똥이 튀게 하느냐?"라는 힐난이었다. 이 또한 인생을 살아보면 겪게 되겠지만, 일상적으로 반복되는 일이다.

이러한 유다 지파의 힐난에 삼손은 자신의 행동을 변명했다. 삼손 입장에서의 억울함을 피력했다. **"내게 행한 대로 나도 그들에게 행하였노라."** 무슨 말인가? 이 싸움은 내가 먼저 시작한 것이 아니다. 나는 그들이 나에게 행한 그대로 돌려줬을 뿐이다. 삼손의 이 말에 유다 지파가 정상적인 상식을 가진 사람들이었다면 이렇게 물었어야 한다. "그들이 삼손 너에게 무슨 악한 일을 행하였느냐?"

그러나 옳고 그름에 대한 관심이라고는 털끝만큼도 없었던 유다 지파였다. 그러니 그들은 그들의 수준에 맞는 말을 삼손에게 했다. "우리가 너를 결박하여 블레셋 사람의 손에 넘겨주려고 내려왔노라." 무슨 말인가? "됐고, 네가 죽어야 우리가 살 수 있으니까 삼손 네가 죽어줘야겠다." 처음 블레셋 사람들이 유다 지파에게 했던 말은 이러했다. "우리가 올라온 것은 삼손을 결박하여 **그가 우리에게 행한 대로 그에게 행하려 함이로라**." 결국 삼손과 블레셋 모두 같은 말을 유다 지파에게 건넸지만, 유다 지파는 오직 블레셋의 말에만 반응한 셈이다.

힘만 센 것이 아니라 지적으로도 뛰어났던 삼손이었다. 유다 지파가 하는 말에 바로 상황 파악을 한 삼손이 이렇게 대답했다. "너희가 나를 치지 아니하겠다고 내게 맹세하라." 삼손의 이 말은 동족상잔(同族相殘)을 피하기 위함이었다. 삼손 첫 단원에 소위(所謂) '경건을 해치는 라인(line)'에 해당하는 아이의 특성을 언급한 적이 있다. 다시 한번 반복한다. "우선 아이는 착했다. 악의가 없었다. 정이 많았다. 의리가 있었다. 그리고 무엇보다도 생각이 자유롭고 '창조적'이었다. 정말이지, '제멋대로의 영혼'이었다. 특히 마지막 요소가 믿음의 공동체에 있는 많은 지체들의 심기(心氣)를 거슬렀다." 삼손 또한 악의가 없고 정이 많은 사람이었다. 삼손은 당연히 유다 지파의 행태(行態)가 서운했을 것이다. 하지만 삼손은 동족(同族)인 유다 지파와 싸울 생각이 전혀 없었다. 그래서 했던 말이다. "너희가 나를 치지 아니하겠다고 내게 맹세하라." 이 말은 유다 지파가 그를 블레셋에게 넘기는 과정에서 생길지 모르는 '우발적인 충돌'을 방지하기 위해 한 말이었다. 이 모습을 통해서도 우리는 삼손의 성품과 지적 수준을 가늠할 수 있다.

삼손의 이러한 제안에 유다 지파가 답했다. "아니라. 우리가 다만 너를 단단히 결박하여 그들의 손에 넘겨 줄 뿐이요, 우리가 결단코 너를 죽이지 아니하리라." 그렇게 그들의 요구에 순순히 응한 삼손을 유다 지파가 결박하여 바위틈에서 끌어냈다. 사실 이 모습은 유다 지파 스스로 그들의 조상들을 욕보이는 행동이었다.

> [17]**유다가 그의 형제 시므온과 함께 가서** 스밧에 거주하는 가나안 족속을 쳐서 그곳을 진멸하였으므로 그 성읍의 이름을 호르마라 하니라 [18]**유다가 또 가사 및 그 지역과 아스글론 및 그 지역과 에그론 및 그 지역을 점령하였고**(사사기 1:17-18)

삼손이 속한 '단 지파'에게 분배된 땅은 블레셋 땅과 많이 겹쳤다. 그런데 그 땅을 점령한 것은 '유다 지파'였다. 사사기 1장 18절에 언급된 '가사와 아스글론 그리고 에그론'은 모두 다 '블레셋의 5대 성읍' 중 하나였다.[54] 즉 유다 지파는 가나안 정복 당시 '블레셋을 정복한 지파'였다.[55] 그런데 세월이

---

54 블레셋의 5대 성읍은 '가사, 아스돗, 아스글론, 가드, 에그론'이다.

55 '블레셋'이라는 이름이 성경에 처음 나오는 곳은 창세기다. "[22]그때에 아비멜렉과 그 군대 장관 비골이 아브라함에게 말하여 이르되 네가 무슨 일을 하든지 하나님이 너와 함께 계시도다 [23]**그런즉 너는 나와 내 아들과 내 손자에게 거짓되이 행하지 아니하기를 이제 여기서 하나님을 가리켜 내게 맹세하라 내가 네게 후대한 대로 너도 나와 네가 머무는 이 땅에 행할 것이니라** [24]아브라함이 이르되 내가 맹세하리라 하고"(창세기 21:22-24).: 창세기 21장의 기사는 아비멜렉이 그의 군대 장관 비골과 함께 아브라함을 찾아와서 "상호 불가침 조약"을 맺자고 할 때의 장면이다. 그 이유는 하나님께서 아브라함과 함께하심을 아비멜렉이 확인했기 때문이었다.: "[31]**두 사람이 거기서 서로 맹세하였으므로** 그곳을 브엘세바라 이름하였더라 [32]그들이 브엘세바에서 언약을 세우매 **아비멜렉과 그 군대 장관 비골은 떠나 블레셋 사람의 땅으로 돌아갔고** [33]아브라함은 브엘세바에 에셀 나무를 심고 거기서 영원하신 여호와의 이름을 불렀으며 [34]**그가 블레셋 사람의 땅에서 여러 날을 지냈더라**"(창세기 21:31-34).: 그렇게 아브라함과 대를 이

은 "상호 불가침 조약"을 맺은 '그랄 왕' 아비멜렉은 '블레셋 족속'이었던 것으로 보인다. '그랄'은 블레셋의 5대 성읍인 '가사의 남쪽'에 위치했다. 이때 아브라함도 '블레셋 사람의 땅'에 머물렀다고 성경은 증언하고 있다. 또한 출애굽 당시, 하나님께서는 모세에게 블레셋 지역을 지나지 말고 광야로 우회하라고 하셨다.: "[17]바로가 백성을 보낸 후에 **블레셋 사람의 땅의 길은 가까울지라도 하나님이 그들을 그 길로 인도하지 아니하셨으니** 이는 하나님이 말씀하시기를 이 백성이 전쟁을 하게 되면 마음을 돌이켜 애굽으로 돌아갈까 하셨음이라 [18]**그러므로 하나님이 홍해의 광야 길로 돌려 백성을 인도하시매** 이스라엘 자손이 애굽 땅에서 대열을 지어 나올 때에 [19]모세가 요셉의 유골을 가졌으니 이는 요셉이 이스라엘 자손으로 단단히 맹세하게 하여 이르기를 하나님이 반드시 너희를 찾아오시리니 너희는 내 유골을 여기서 가지고 나가라 하였음이더라"(출애굽기 13:17–19).: 애굽에서 약속의 땅에 이르는 길은 지중해 연안에 접한 '해안 길(해변 길)'이 가장 가까웠다. 하지만 하나님께서는 그 길로 이스라엘 백성을 인도하지 않으시고 광야 길로 인도하셨다. 성경은 그 이유를 '이 백성이 전쟁을 하게 되면 마음을 돌이켜 애굽으로 돌아갈까 하는 하나님의 염려'였다고 증언하고 있다. 이 '해안 길'은 '애굽 문명'과 '메소포타미아 문명'이 부딪치는 통로였다. 그러한 이유로 평소 '애굽의 최정예 부대'가 배치되어있는 곳이 '블레셋 지역'이었다. 신학자들은 하나님께서 이스라엘 백성들을 광야 길로 우회하게 하신 이유가 이 때문이라고 지적한다. 하지만 내가 보기에 한 가지 이유가 더 있어 보인다. 그것은 아브라함과 아비멜렉 사이에 맺어진 '상호 불가침 조약'이다. 내가 아는 하나님은 어떤 경우에도 약속을 지키시는 분이시다. 또한 사람과 사람 사이에 맺어진 약속이라 할지라도 결코 가볍게 넘기시는 분이 아니시다. 그렇다면 출애굽은 몇 년에 있었을까?: "**이스라엘 자손이 애굽 땅에서 나온 지 사백팔십 년이요** 솔로몬이 이스라엘 **왕이 된 지 사 년** 시브월 곧 둘째 달에 솔로몬이 여호와를 위하여 성전 건축하기를 시작하였더라"(열왕기상 6:1).: 열왕기의 기록으로 볼 때, 출애굽은 솔로몬 성전 건축이 시작된 때로부터 480년 전에 있었다. 또한 솔로몬의 통치 기간은 기원전 970년부터 기원전 930년까지다. 그런데 솔로몬 성전 건축은 솔로몬이 왕이 된 지 4년이 되었을 시점에 시작되었다. 즉 솔로몬 성전 건축은 기원전 966년에 시작되었다. **그렇다면 출애굽은 기원전 1446년에 있었다는 이야기가 된다.** 그리고 출애굽으로부터 40년이 지난 시점부터 여호수아를 통한 가나안 정복 전쟁이 시작되었다. 즉 가나안 정복 전쟁은 기원전 1406년부터 시작되었다. 어찌 되었든, 가나안 정복 전쟁의 초반 이스라엘 백성과 블레셋 사이에는 직접적인 전투가 없었다. 즉 이때까지는 아브라함과 아비멜렉 사이에 맺어진 대를 이은 "상호 불가침 조약"이 유효했다는 이야기다. 그러나 어느 시점에 아브라함과 아비멜렉 사이에 맺었던 '상호 불가침 조약'이 무효화 되는 사건이 있었던 것 같다. 성경에는 기록이 없으나, 분명히 블레셋 쪽에서 조약을 깨는 행동이 있었을 것이다.: "[1]**여호수아가 나이가 많아 늙으매** 여호와께서 그에게 이르시되 너는 나이가 많아 늙었고 **얻을 땅이 매우 많이 남아 있도다** [2]**이 남은 땅은 이러하니 블레셋 사람의 모든 지역과** 그술 족속의 모든 지역"(여호수아 13:1–2).: 그 결과, 여호수아의 사후(死後) '유다 지파'와 '시므온 지파'가 연합하여 블레셋 족속의 땅을 정복했다.: "[17]**유다가 그의 형제 시므온과 함께 가서** 스밧에 거주하는 가나안 족속을 쳐서 그곳을 진멸하였으므로 그 성읍의 이름을 호르마라 하니라 [18]**유다가 또 가사 및 그 지역과 아스글론 및 그 지역과 에그론 및 그 지역을 점령하였고**"(사사기 1:17–18).: 이후 이스라엘과 블레셋 사이에는 끊임없는 전투가 있었다.: "에훗 후에는 아낫의 아들 삼갈이 있어 소 모는 막대

기로 **블레셋 사람 육백 명을 죽였고** 그도 이스라엘을 구원하였더라"(사사기 3:31).: '사사 삼갈' 이후 '삼손과 블레셋 사이의 일'을 넘어, 사사 시대 말 '엘리 대사장' 때는 블레셋에게 '언약궤를 빼앗기는 사건'이 발생했다. 즉 이스라엘과 블레셋 사이는 정말이지 '앙숙지간(怏宿之間)'이 되었다.: "[15]그때에 엘리의 나이가 구십팔 세라 그의 눈이 어두워서 보지 못하더라 [16]그 사람이 엘리에게 말하되 나는 진중에서 나온 자라 내가 오늘 진중에서 도망하여 왔나이다 엘리가 이르되 **내 아들아 일이 어떻게 되었느냐** [17]소식을 전하는 자가 대답하여 이르되 **이스라엘이 블레셋 사람들 앞에서 도망하였고** 백성 중에는 큰 살륙이 있었고 당신의 두 아들 홉니와 비느하스도 죽임을 당하였고 **하나님의 궤는 빼앗겼나이다** [18]하나님의 궤를 말할 때에 엘리가 자기 의자에서 뒤로 넘어져 문 곁에서 목이 부러져 죽었으니 나이가 많고 비대한 까닭이라 그가 이스라엘의 사사가 된 지 사십 년이었더라"(사무엘상 4:15−18).: 이러한 블레셋과의 싸움은 '사울 때'도 그대로 이어졌고, 이때부터 블레셋이 이스라엘 백성에게 조금씩 밀리기 시작한다.: "하루는 사울의 아들 **요나단이** 자기의 무기를 든 소년에게 이르되 **우리가 건너편 블레셋 사람들의 부대로 건너가자** 하고 그의 아버지에게는 아뢰지 아니하였더라"(사무엘상 14:1). "**사울이 사는 날 동안에 블레셋 사람과 큰 싸움이 있었으므로** 사울이 힘 센 사람이나 용감한 사람을 보면 그들을 불러모았더라"(사무엘상 14:52).: 다윗이 이스라엘 백성들 앞에 등장하는 계기가 되었던 '골리앗과의 싸움' 또한 '블레셋과의 전쟁 중'이었다.: "[50]다윗이 이같이 물매와 돌로 블레셋 사람을 이기고 그를 쳐죽였으나 자기 손에는 칼이 없었더라 [51]**다윗이 달려가서 블레셋 사람을 밟고 그의 칼을 그 칼 집에서 빼내어 그 칼로 그를 죽이고** 그의 머리를 베니 블레셋 사람들이 자기 용사의 죽음을 보고 도망하는지라"(사무엘상 17:50−51).: 이후 다윗이 왕이 된 후 블레셋은 이스라엘의 통제하에 있게 되었다.: "[17]**이스라엘이 다윗에게 기름을 부어 이스라엘 왕으로 삼았다 함을 블레셋 사람들이 듣고 블레셋 사람들이 다윗을 찾으러 다 올라오매 다윗이 듣고 요새로 나가니라** [18]블레셋 사람들이 이미 이르러 르바임 골짜기에 가득한지라 [19]다윗이 여호와께 여쭈어 이르되 내가 블레셋 사람에게로 올라가리이까 여호와께서 그들을 내 손에 넘기시겠나이까 하니 여호와께서 다윗에게 말씀하시되 **올라가라 내가 반드시 블레셋 사람을 네 손에 넘기리라** 하신지라 [20]다윗이 바알브라심에 이르러 거기서 그들을 치고 다윗이 말하되 **여호와께서 물을 흩음 같이 내 앞에서 내 대적을 흩으셨다** 하므로 그곳 이름을 바알브라심이라 부르니라 [21]거기서 블레셋 사람들이 그들의 우상을 버렸으므로 다윗과 그의 부하들이 치우니라 [22]블레셋 사람들이 다시 올라와서 르바임 골짜기에 가득한지라 [23]다윗이 여호와께 여쭈니 이르시되 올라가지 말고 그들 뒤로 돌아서 뽕나무 수풀 맞은편에서 그들을 기습하되 [24]뽕나무 꼭대기에서 걸음 걷는 소리가 들리거든 곧 공격하라 **그때에 여호와가 너보다 앞서 나아가서 블레셋 군대를 치리라** 하신지라 [25]이에 다윗이 여호와의 명령대로 행하여 블레셋 사람을 쳐서 게바에서 게셀까지 이르니라"(사무엘하 5:17−25).: "**여호와께서 물을 흩음 같이 내 앞에서 내 대적을 흩으셨다.**" **이것이 바로 다윗이 삼손과 다른 점이다.** 다윗과 삼손 모두 하나님의 은혜로 블레셋을 물리쳤다. 그러나 다윗은 그 공을 하나님께 돌린 반면 삼손은 그 공을 자신에게 돌렸다. 이후 분열 왕국 시대에도 블레셋은 이스라엘의 통제와 견제 아래 있었으나, 때로는 그 통제를 벗어나 큰 위협이 될 때도 있었다.: "**블레셋 사람들 중에서는 여호사밧에게 예물을 드리며 은으로 조공을 바쳤고** 아라비아 사람들도 짐승 떼 곧 숫양 칠천칠백 마리와 숫염소 칠천칠백 마리를 드렸더라"(역대하 17:11). "[16]**여호와께서 블레셋 사람들과** 구스에서 가까운 아라비

흘러 그 후손들은 '단 지파'에 속한 삼손을 잡아 블레셋에 넘기려 삼천 명이나 나섰다.

아 사람들의 **마음을 격동시키사 여호람을 치게 하셨으므로** [17]**그들이 올라와서 유다를 침략하여 왕궁의 모든 재물과 그의 아들들과 아내들을 탈취하였으므로 막내 아들 여호아하스 외에는 한 아들도 남지 아니하였더라**"(역대하 21:16-17). "[6]웃시야가 나가서 블레셋 사람들과 싸우고 가드 성벽과 야브네 성벽과 아스돗 성벽을 헐고 아스돗 땅과 블레셋 사람들 가운데에 성읍들을 건축하매 [7]하나님이 그를 도우사 블레셋 사람들과 구르바알에 거주하는 아라비아 사람들과 마온 사람들을 치게 하신지라"(역대하 26:6-7). "**블레셋 사람들도** 유다의 평지와 남방 성읍들을 침노하여 벧세메스와 아얄론과 그데롯과 소고 및 그 주변 마을들과 딤나 및 그 주변 마을들과 김소 및 그 주변 마을들을 점령하고 거기에 살았으니"(역대하 28:18).: 즉 블레셋은 이스라엘이 하나님 앞에 순종할 때는 그들의 영향권 안에 통제되었다. 그러나 이스라엘이 하나님 앞에 불순종할 때는 그들의 가시가 되었다. 블레셋은 히브리어로는 '이주자(移住者)'를 뜻하는 '펠레쉐트'다. 그리고 헬라어로는 '외국인'을 뜻하는 '필리스티에임'이다. 애굽에서는 이들을 '바다를 건너온 민족'이라는 뜻으로 'prst'로 불렀다. 애굽에서 블레셋을 이렇게 부른 이유는 이러한 역사 때문으로 보인다.: '**또 갑돌에서 나온 갑돌 사람이 가사까지** 각 촌에 거주하는 아위 사람을 멸하고 **그들을 대신하여 거기에 거주하였느니라**'(신명기 2:23).: 가사는 '블레셋의 5대 성읍' 중 하나다. 이 말씀은 하나님께서 모세에게 주신 말씀 가운데 언급되어 있다.: '이는 블레셋 사람을 유린하시며 두로와 시돈에 남아 있는 바 도와 줄 자를 다 끊어 버리시는 날이 올 것임이라 **여호와께서 갑돌 섬에 남아 있는 블레셋 사람을 유린하시리라**'(예레미야 47:4).: 이 말씀은 예레미야가 블레셋에 대하여 예언한 내용이다.: "여호와의 말씀이니라 이스라엘 자손들아 너희는 내게 구스 족속 같지 아니하냐 내가 이스라엘을 애굽 땅에서, **블레셋 사람을 갑돌에서**, 아람 사람을 기르에서 **올라오게 하지 아니하였느냐**"(아모스 9:7).: 아모스의 예언과 모세와 예레미야의 증언으로 볼 때, 블레셋의 원래 고향은 '갑돌'이었다. 갑돌은 사도 바울의 선교 여행 가운데 언급되는 지중해에 있는 '그레데 섬'이다. 즉 블레셋은 '해양 민족 출신'이었다. 이러한 블레셋의 역사는 다음 단원에 언급할 '블레셋의 신 다곤'이 '머리와 손은 사람의 모습'이나 '하반신은 물고기 형상'인 이유를 이해하게 해준다. 많은 책에서 블레셋이 갑돌(그레데 섬)을 떠나 가나안 땅에 정착한 시기를 '기원전 12세기에서 13세기 정도'였다고 한다. 그러나 출애굽은 '기원전 1446년'인 기원전 15세기에 있었다. 그리고 출애굽 당시 하나님은 모세에게 "갑돌에서 나온 갑돌 사람이 가사에 거주했다"라고 말씀하셨다. 이와 동시에 예레미야의 예언에 "여호와께서 갑돌 섬에 남아 있는 블레셋 사람을 유린하실 것"이라는 말씀이 나온다. 그렇다면 블레셋은 아브라함보다 먼저 가나안 땅에 정착했으나, 갑돌 섬에 있는 민족 전체가 이주한 것은 아니었던 것으로 보인다. 즉 블레셋은 기원전 12, 13세기보다 훨씬 이른 시기에 가나안으로 민족 일부가 옮겨와 정착했고, 이러한 상태에서 가나안과 갑돌에 거주하는 블레셋 사이에 교류가 끊겨 지지 않고 지속되었던 것으로 보인다. 그리고 기원전 12, 13세기에 '다시 한번 대규모의 이주'가 있었을 것이다. 그 결과 삼손이 활동하던 기원전 11세기에는 이스라엘을 압제할 만큼 큰 세력을 이룬 것으로 보인다. 마지막으로, 우리가 인터넷을 통해 중동문제를 접할 때마다 듣는 '팔레스타인'이라는 지명(地名)은 '블레셋' 혹은 '블레셋의 땅'이라는 말에서 나왔음을 기억해야 한다.

> [14]**삼손이 레히에 이르매** 블레셋 사람들이 그에게로 마주 나가며 소리 지르를 때 여호와의 영이 삼손에게 갑자기 임하시매 그의 팔 위의 밧줄이 불탄 삼과 같이 그의 결박되었던 손에서 떨어진지라 [15]삼손이 나귀의 새 턱뼈를 보고 손을 내밀어 집어들고 그것으로 천 명을 죽이고 [16]이르되 나귀의 턱뼈로 한 더미, 두 더미를 쌓았음이여 나귀의 턱뼈로 내가 천 명을 죽였도다 하니라 [17]그가 말을 마치고 턱뼈를 자기 손에서 내던지고 그곳을 라맛 레히라 이름하였더라(사사기 15:14-17)

"삼손이 레히에 이르매" 이 말씀을 통해서도 우리는 삼손이 숨어있었던 '에담 바위'와 '블레셋 진영' 사이에 거리가 있었음을 알 수 있다. 거리가 얼마인지는 알 수 없으나, 삼손이 블레셋 진영에 이르자 블레셋 사람들이 함성을 지르며 삼손에게 나아갔다. 반대편에는 삼손을 결박하여 끌고 온 유다 지파 삼천 명이 서 있었을 것이다. 유다 지파 입장에서는 블레셋 사람들에게 소위(所謂) 정성이라는 것을 보인 것이다. 이 장면을 상상하면 할수록 기가 막힐 것이다.

이때 갑자기 여호와의 영이 삼손에게 임했다. 그리고 그 순간 삼손을 강하게 결박한 새 밧줄 두 겹이 불탄 삼과 같이 되어 끊어졌다. 순식간에 일어난 일이었다. 그렇게 결박되었던 몸이 자유로워진 순간, 삼손의 눈에 '나귀의 새 턱뼈'가 보였다. 그리고 삼손은 블레셋 사람 천 명을 나귀 턱뼈로 때려죽였다. 나귀의 새 턱뼈는 마른 뼈보다 무거웠지만 쉽게 부서지지 않는 특성을 가졌다. 그리고 무게가 나가는 만큼 타격감도 컸을 것이다.

물론 신학자들은 이 부분에서도 시체를 만져서는 안 되는 '나실인의 규례'를 상기시킨다. 그리고 삼손이 '나실인의 규례'에 관심이 없었다는 점을 강조한다. 하지만 나는 이 부분에서만큼은 삼손 편을 들어주고 싶다. 비무장인 채로 동족(同族)들에게 끌려온 삼손이었다. 그런 그에게 다른 대안(代案)이 있었을까? 입장을 바꿔 우리가 그 자리에 있었다면 다른 선택을 할 수 있었을까? 어찌 되었든 대단한 괴력(怪力)이었다.

문제는 삼손이 '나실인의 규례'를 어기고 나귀 턱뼈를 만졌다는 것이 아니었다. 문제는 나귀 턱뼈로 블레셋 사람 천 명을 죽인 뒤였다. 허풍을 치는 친구 중에는 "자신이 '소시적(小時的)'에 여러 사람을 상대로 싸워 이겼다"라는 이야기를 하는 경우가 있다. 물론 말도 안 되는 소리다. 우리는 '프로 권투 선수'가 뛰는 '1라운드'의 시간이 왜 '3분'인지 생각해봐야 한다. 프로 권투 시합을 '15라운드'에서 '12라운드'로 바꾼 이유는 선수의 사망 사고를 줄이기 위해서였다. 그런데 한 사람이 나귀 턱뼈 하나로 천 명을 때려죽인다? 이것은 절대 사람이 한 일이 아니었다. 이것은 '하나님의 개입'이 아니고서는 설명이 되지 않는 일이었다.

그러나 삼손은 그렇게 생각하지 않은 것 같다. 삼손이 블레셋 사람 천 명을 죽인 뒤 승리의 노래를 부를 때 가사가 이러했다. "나귀의 턱뼈로 한 더미, 두 더미를 쌓았음이여. 나귀의 턱뼈로 **내가** 천 명을 죽였도다." 삼손의 노래 어디에도 하나님에 대한 이야기가 없다. 하나님의 도움으로 빛나는 승리를 얻었음에도 불구하고 삼손의 마음속은 오직 '나'로만 가득했다. "내가 천 명을 죽였다!"

그렇게 노래를 마친 그는 턱뼈를 내던지고 그곳을 '라맛 레히'라 이름했다. '라맛 레히'[56]의 뜻은 '턱뼈의 산'이다. '김지찬 교수님'[57]의 지적처럼 삼손은 그 순간 얼마든지 하나님을 기리는 지명(地名)을 지을 수 있었다. '라맛 레히'와 비슷한 운율로 '라마 라하이(살아 계신 분을 위한 언덕)'라고 지을 수도 있었다. 그러나 삼손의 안중(眼中)에는 하나님이 없었다. 이러한 현상은 우리를 당황하게 만든다. 분명히 '여호와의 영'이 삼손에게 임했지만, 그 일은 삼손에게 '능력을 발휘하는 것'에만 영향을 주었다. 그런 점에서 우리는 지난 단원에 지적했듯이 '성령의 은사'[58]보다 '성령의 열매'[59]를 사모해야 한다. 물론 '성령의 은사'와 더불어 '성령의 열매'까지 맺을 수 있다면 얼마나 좋을까? 하지만, 둘 중에 하나를 선택해야 한다면 우리는 '성령의 열매'를 선택해야 한다.

사실 한심한 것은 삼손뿐이 아니었다. 우리는 삼손이 하나님을 힘입어 나귀 턱뼈로 블레셋 사람 천 명을 죽인 장소에 있었던 '다른 이들'을 기억해

---

56 '라맛'은 '산 혹은 언덕'을 뜻하고 '레히'는 '턱뼈'를 뜻한다.

57 총신대학교 신학대학원 구약학 교수. 나는 총신대학교 신학대학원 시절 구약은 '김지찬 교수님'의 영향을 가장 많이 받았다.

58 "[8]어떤 사람에게는 성령으로 말미암아 **지혜의 말씀을**, 어떤 사람에게는 같은 성령을 따라 **지식의 말씀을**, [9]다른 사람에게는 같은 성령으로 **믿음을**, 어떤 사람에게는 한 성령으로 **병 고치는 은사를**, [10]어떤 사람에게는 **능력 행함을**, 어떤 사람에게는 **예언함을**, 어떤 사람에게는 **영들 분별함을**, 다른 사람에게는 **각종 방언 말함을**, 어떤 사람에게는 **방언들 통역함을** 주시나니 [11]이 모든 일은 같은 한 성령이 행하사 그의 뜻대로 각 사람에게 나누어 주시는 것이니라"(고린도전서 12:8-11).

59 "[22]오직 성령의 열매는 **사랑과 희락과 화평과 오래 참음과 자비와 양선과 충성과** [23]**온유와 절제**니 이같은 것을 금지할 법이 없느니라"(갈라디아서 5:22-23).

야 한다. 그 '다른 이들'은 삼손을 블레셋 사람들에게 끌고 온 '유다 지파 삼천 명'이었다. 비록 블레셋의 위세에 눌려 삼손을 체포해 왔다 해도 상황이 급반전한 뒤에 유다 지파가 했어야 하는 일은 분명했다. 당연히 그들은 삼손을 도와 블레셋을 공격했어야 했다. 그랬다면, 레히에 가득했던[60] 블레셋의 주력부대는 괴멸(壞滅)되었을 것이다. 다른 사사들의 경우를 생각할 때 더욱 그러하다. '에브라임 지파'가 아무리 기드온에게 비협조적이었다고 해도 미디안과의 전쟁에서 기드온이 승기(勝機)를 잡자 참전(參戰)했던 모습을 우리는 기억해야 한다. 그런 점에서 보면, 삼손은 그 어떤 사사보다도 불리한 상황에 놓여 있었다. 그런 점에서 보면, 그 시대 이스라엘 사람들은 삼손보다 못한 인간들이었다. 그런 점에서 보면, 21세기 대한민국에 사는 우리는 삼손보다 나은 인간들일까?

> 18**삼손이 심히 목이 말라 여호와께 부르짖어 이르되** 주께서 종의 손을 통하여 이 큰 구원을 베푸셨사오나 내가 이제 목말라 죽어서 할례 받지 못한 자들의 손에 떨어지겠나이다 하니 19하나님이 레히에서 한 우묵한 곳을 터뜨리시니 거기서 물이 솟아나오는지라 삼손이 그것을 마시고 정신이 회복되어 소생하니 그러므로 그 샘 이름을 엔학고레라 불렀으며 그 샘이 오늘까지 레히에 있더라 20블레셋 사람의 때에 삼손이 이스라엘의 사사로 이십 년 동안 지냈더라(사사기 15:18-20)

---

60 "이에 블레셋 사람들이 올라와 유다에 진을 치고 **레히에 가득한지라**"(사사기 15:9).

여호와의 영이 임했다 한들, 삼손은 어디까지나 '피조물(被造物)'이었다. 이 사실을 기억하는 것은 중요하다. 하나님의 특별한 은혜를 입은 사람들 중에 이 사실을 망각하는 사람들이 종종 있다. 그가 하나님께 특별한 은혜를 입었다 해도 그는 하나님이 아니다. 이 사실은 '성령의 은사'를 특별히 사모하는 한국 교회 교인들이 새겨들어야 하는 말이다. 천 명이나 되는 블레셋 사람들을 나귀 턱뼈로 때려죽인 삼손은 순간 심한 갈증을 느꼈다. 바로 전까지 "내가!"를 외치던 그였다. 하지만 심한 갈증을 느끼자 그는 하나님께 부르짖었다. 그렇게 놓고 보면, 삼손은 참으로 단순하고 해맑은(?) 성격의 소유자로 보인다.

"주께서 종의 손을 통하여 이 큰 구원을 베푸셨사오나 **내가 이제 목말라 죽어서 할례 받지 못한 자들의 손에 떨어지겠나이다.**" 이런 말투는 정말이지, 부잣집 막내아들이 응석을 잘 받아주는 엄마에게나 할 법한 이야기다. 그런 점에서 정말이지, 하나님은 우리의 아빠 아버지 되신다.[61] 삼손이 느꼈던 갈증은 순간 그에게 '죽음의 공포'를 불러일으켰던 것 같다. 너무 심한 갈증에 그는 자신이 목말라 죽을지도 모른다는 생각을 했던 것 같다. 피조물로서의 이러한 한계에 부딪히자, 그는 비로소 하나님께 공을 돌린다. "주께서 종의 손을 통하여 이 큰 구원을 베푸셨사오나" 동시에 삼손은 하나님을 다그친다. "내가 이제 목말라 죽어서 할례 받지 못한 자들의 손에 떨어지겠나이다." 이 말은 마치 그가 목이 말라 죽으면 하나님께 큰 손해가 될 것이

---

61 "[14]무릇 하나님의 영으로 인도함을 받는 사람은 **곧 하나님의 아들이라** [15]너희는 다시 무서워하는 종의 영을 받지 아니하고 양자의 영을 받았으므로 **우리가 아빠 아버지라고 부르짖느니라**" (로마서 8:14-15).

라는 협박처럼 들린다. 쉽게 말해, 삼손이 하는 말은 이런 뜻이다. "하나님 저처럼 능력 있고 힘 있는 종이 죽으면 누구를 통해 이스라엘을 블레셋으로부터 구원하시려는데요?" 이 말은 정말이지, '블랙 코미디(black comedy)'다. 삼손 그가 언제 할례받지 않은 사람과 할례받은 사람을 구별했다고? 이 난리가 처음 일어나게 된 계기는 그가 '할례받지 않은 여인'을 그의 눈에 옳다고 했기 때문이 아니던가?

한 가지 사실을 더 짚고 넘어가자면 이러하다. 삼손이 블레셋 사람 천 명을 죽인 후 극심한 갈증에 괴로워하며 부르짖는 순간 유다 자파 사람들은 어디 있었을까? 그에게 물 한 모금을 건네 줄 사람이 그 삼천 명 중 단 한 명도 없었다는 이야기이니 말이다. 그렇게 놓고 보면, 삼손 그도 예수님처럼 머리 둘 곳이 없는 처지였을 것이다.[62] 이 대목에서 나는 이런 의문을 가져봤다. "삼손에게 왜 이스라엘 백성들을 체계적으로 조직화하지 않았는지에 대해 지적하는 것이 정당할까?" 물론 삼손이 평소에 했던 행실(行實)을 생각하면 이 또한 할 말은 없지만 말이다.

성경 인물설교를 하면 할수록 느끼는 일이지만, 하나님은 정말 '죄송한 말'로 속도 좋으시다. 삼손의 말도 안 되는 투정에도 하나님께서는 선선히 응답해주신다. "하나님이 레히에서 한 우묵한 곳을 터뜨리시니 거기서 물이

62 "예수께서 이르시되 여우도 굴이 있고 공중의 새도 거처가 있으되 인자는 머리 둘 곳이 없다 하시더라"(마태복음 8:20).

솟아나오는지라." 그리고 이때 하나님께서 터뜨려주신 샘은 이후 레히를 오고 가는 사람들의 생명줄이 되었다.

그렇게 하나님께서 샘을 터뜨려주시자 삼손이 그것을 마시고 정신이 회복되어 소생했다고 성경은 기록하고 있다. 나는 이 구절을 보면서 웃음을 터뜨렸다. '삼손 이 인간은 정말 …'이라는 의미로 터뜨린 웃음이었다. 나의 이 웃음은 하나님께서 샘을 터뜨려주시기 전, 삼손의 기도와 연관이 있다. **"주께서 종의 손을 통하여 이 큰 구원을 베푸셨사오나** 내가 이제 목말라 죽어서 할례 받지 못한 자들의 손에 떨어지겠나이다." 분명히 삼손은 목이 말라 정신이 혼미할 때 "주께서 종의 손을 통하여 이 큰 구원을 베푸셨다"라고 기도했다. 정말이지, 삼손의 입에서 나온 몇 안 되는 '바른말'이다.

하지만 삼손은 정신이 혼미할 때 외에는 '이상한 소리'를 했다. "정신이 회복되어 소생하니" 그렇게 하나님께서 터뜨려주신 샘에서 물을 마신 뒤 삼손의 정신이 회복되었다. 그렇게 정신이 회복된 후 삼손이 그 샘에 붙인 이름은 다름 아닌 '엔학고레'였다. 삼손이 하나님께서 주신 물을 마시고 소생한 후에 그의 입에서 나온 이름이다. '엔학고레'는 '외치는 자의 우물'이라는 뜻이다. 무슨 뜻인가? 삼손이 목이 말라 죽을 것 같은 두려움에서 제정신으로 돌아오자마자 그 샘에 붙인 이름이 '죽을 것같이 목마른 내가 외치자 생긴 우물'이라는 말이다. 쉽게 말해 삼손은 목이 말라 죽을 것만 같은 상황에서만 하나님을 찾았다는 이야기다. 소위(所謂) 제정신이 아닌 상황에서만 '바른 소리'를 했다는 이야기다.

그런데도 성경은 삼손에 대해 이렇게 평가한다. "블레셋 사람의 때에 삼손이 이스라엘의 사사로 이십 년 동안 지냈더라." 참 우리 하나님은 뭐라고 해야 하나? 그렇게 제정신이 아닐 때만 하나님을 찾았던 삼손인데 말이다. 그렇게 제정신으로 돌아오기만 하면 뭐든지 "내가 했다!"라고 주장하는 삼손이었는데 말이다. 그렇게 제정신으로 돌아오기만 하면 제멋대로 행동하는 삼손이었는데 말이다. 참으로 모를 일이다. 이렇게 말하는 것은 내가 분명히 아직 '성화(聖化)'가 덜 되었기 때문일 것이다. 어찌 되었든, 하나님의 삼손에 대한 평가는 이러했다. "그럼에도 불구하고, 삼손 그는 내가 세운 이스라엘의 사사였다." 하나님의 이러한 깊이와 사랑을 우리가 가늠이나 할 수 있을까?

삼손 4

당신은 다릅니까?

딤나 여인과의 결혼 실패 후, 삼손은 한 여인에게 정착하지 못했다. 딤나에서의 실패는 삼손에게 '사람과 사랑에 대한 믿음'에 많은 손상(損傷)을 주었을 것이다. 비록 이방 여인이었다고는 하나, 삼손 입장에서는 첫사랑일 수도 있지 않은가? 그런데 그 첫사랑이 삼손을 속였다. 삼십 명의 청년들에게 협박받았을 때, 삼손의 아내는 울면서 삼손을 다그칠 일이 아니었다. 그녀는 그 사실을 삼손과 상의했어야 했다. 그녀가 그렇게 했다면 결과는 달라졌을 것이다. 최소한 삼손이 그렇게 분노했을 리가 없다. 그렇게 삼손은 아내의 배신을 경험했다.

그리고 바로 이어 삼손은 장인의 배신을 경험했다. "네가 그를 심히 미워하는 줄 알고 그를 네 친구에게 주었노라." 여기에서 삼손의 장인이 말한 '네 친구'는 삼손의 친구가 아니다. 그는 삼손의 아내를 협박했던 삼십 청년 중 하나였다. "무리가 삼손을 보고 삼십 명을 데려와서 친구를 삼아 그와 함께 하게 한지라."[63] 즉 삼손의 아내는 '삼손과 그녀 사이를 멀어지게 한' 삼십 청년 중 하나에게 시집간 셈이다. 결국 삼손은 이중삼중(二重三重)의 배신을 경험하게 되었다.

그래도 여기까지는 이방 민족인 블레셋에 의해 벌어진 일이었다. 쉽게 말해 삼손 입장에서는 그 자신을 다독일 수 있는 명분(?)이 있었다. '그래, 내가 하나님과 부모님의 말을 듣지 않고 제멋대로 굴다가 이렇게 되었어.' 하지만 에담 바위틈에서 경험한 배신은 '같은 민족'인 유다 지파에 의한 것이었다. 블레셋 사람들과 싸울 때는 단 한 명도 보이지 않았던 그들이었다. 그러던 그들이 삼천 명이나 몰려왔다. 분명 삼손을 잡으러 왔을 때 그들은 무장하고 있었을 것이다. 나는 자신을 향해 몰려오는 유다 지파를 보며 느꼈을 삼손의 감정이 충분히 공감된다. 정말이지, '억장이 무너진다는 것'은 이런 경우를 두고 하는 말일 것이다.

이런 감정은 사역을 하는 중 적지 않게 경험하는 일이다. 그리고 배신감이라고 모든 배신감이 같은 크기로 아픈 것도 아니다. 경험해 보면 알 수 있다. 같은 편이라고 생각해왔던 상대의 배신은 뼈를 때리게 마련이다. 골수를 녹인다는 것은 이런 경우를 두고 하는 말이다. 물론 삼손의 이전 삶을 생각해볼 때, 유다 지파의 배신이 그렇게 아프지 않았을 수도 있다. 이유는 간단하다. 삼손은 이스라엘 백성에게 그의 삶을 바친 적이 없기 때문이다. 하지만, 사람이라는 존재가 그렇다. 사람은 자신이 상대에게 했던 일은 잘 생

---

63 사사기 14:11

각하지 않는 존재다. 사람은 항상 자기중심적으로 생각하는 존재다. 특별히 삼손같이 "나, 나, 나!"를 외치는 경우에는 더더욱 그렇다.

백 번을 양보해서, 에담 바위로 삼손을 잡으러 온 것은 그들도 살기 위해서라고 할 수도 있다. 거기까지는 그렇다 치더라도, 레히에서 삼손이 블레셋을 칠 때 유다 지파가 도왔다는 기록이 없다. 그 시각 그들이 무엇을 했는지 성경에 기록되어 있지 않으니, 그들의 행적(行蹟)을 정확히 알 수는 없다. 그러나 그들 대부분은 그 자리를 피했을 가능성이 높다. 성경의 분위기로 볼 때, 그들은 싸움에 휘말리고 싶지 않았음에 틀림없다. 삼손이 블레셋을 치기 시작했을 때, 유다 지파 중 상당수는 그 자리를 떠났을 것이다. 그러나 몇몇 유다 지파 사람들은 삼손이 죽을 것 같은 갈증에 괴로워하는 소리를 들었을 것이다. 그들이 그 자리에 남아있었던 이유는 호기심 때문이었을 것이다. 어찌 되었든 그들 중 어느 누구도 삼손에게 물 한 잔 가져다주는 이가 없었다. 삼손의 갈증에 응답하신 분은 오직 하나님이셨다.

이 또한 사역을 하다 보면 겪게 되는 일이다. 물론 삼손의 경우는 하나님께서 직접 샘을 터뜨려 주셨다. 그러나 사역을 하다 보면, 그 일과 관계없는 사람을 뜬금없이 보내주시는 하나님을 만나게 되는 경우가 많다. 많은 사역자들은 그 순간 '하나님의 보이지 않는 손'[64]을 느낀다. 당연한 이야기지만, 사역 중에 이러한 은혜를 입은 사역자들이 삼손을 닮았다는 의미에서 하는 말이 아니다. 하나님은 '삼손과 같은 사역자'이든 '삼손과 다른 사역자'이든

64 '하나님의 섭리'

당신이 선택하신 사람들에게 은혜를 베푸시는 분이시다. 하나님의 은사와 부르심에는 후회하심이 없다.[65]

딤나의 여인과 결혼하겠다고 나섰던 시절, 삼손의 나이는 20세 정도였을 것이다. 아니면 그보다 약간 이른 나이였을 수도 있다. 내가 이렇게 보는 이유는 유대인의 평균적인 혼인 연령 때문이다. 유대인은 '여성의 경우 보통 16세 정도'에 '남성의 경우 보통 20세 정도'에 혼인했다. 즉 삼손의 나이가 20세를 넘겼다면 그의 부모가 먼저 나서 며느리감을 찾았을 것이다. 그런데 삼손이 딤나에 있는 여자와 결혼하고 싶다고 하자, 그의 부모가 했던 대답은 이러했다. "네 형제들의 딸들 중에나 내 백성 중에 어찌 여자가 없어서 네가 할례 받지 아니한 블레셋 사람에게 가서 아내를 맞으려 하느냐?"[66] 유대인들은 보통 '같은 동네에서 자란 상대' 혹은 '유대인의 축제시기에 만나 호감을 느낀 상대'와 혼인했다고 한다. 그런 점에서, 삼손은 그 시기 한참 결혼할 짝을 찾아 나설 때였을 것이다. 즉 '결혼적령기(結婚適齡期)'보다는 약간 이른 소위(所謂) '연애적령기(?)'였을 것이다.

> 블레셋 사람의 때에 **삼손이 이스라엘의 사사로 이십 년 동안 지냈더라** (사사기 15:20)

---

65 "하나님의 은사와 부르심에는 후회하심이 없느니라"(로마서 11:29).
66 사사기 14:3 전반부

지난 단원을 이 말씀으로 마무리했었다. 이스라엘의 사사는 '재판관과 군사적 리더(leader)' 역할을 했다. 그리고 지난 단원까지는 딤나에서 시작된 싸움이 레히에서 블레셋 사람 천 명을 죽인 전투로 번진 일까지 다루었다. 그런데 성경은 블레셋과의 전투 기사 마지막에 이 말을 덧붙이고 있다. "삼손이 이스라엘의 사사로 이십 년을 지냈더라." 그리고 이어지는 사사기 16장의 기록은 삼손의 생애 마지막(?)에 일어난 일들이다. 그런 점에서 이번 단원에서 다룰 사건은 레히에서의 전투로부터 상당한 시간이 흐른 뒤였다. 즉 당시 기준으로 삼손이 '중년에 이른 때'였을 것이다.[67]

> [1]**삼손이 가사에 가서 거기서 한 기생을 보고 그에게로 들어갔더니** [2]가사 사람들에게 삼손이 왔다고 알려지매 그들이 곧 그를 에워싸고 밤새도록 성문에 매복하고 밤새도록 조용히 하며 이르기를 새벽이 되거든 그를 죽이리라 하였더라 [3]**삼손이 밤중까지 누워 있다가 그 밤중에 일어나 성문짝들과 두 문설주와 문빗장을 빼어 가지고 그것을 모두 어깨에 메고 헤브론 앞산 꼭대기로 가니라**(사사기 16:1-3)

삼손 또래의 사내들은 첫째가 딸인 경우 사위를 얻었을 나이였다. 그런 그가 '가사'[68]에서 한 기생을 보고 그에게로 들어갔다. 여기에서 "들어갔다"라는 표현은 성관계를 의미한다. 삼손의 또래 중 빠른 경우는 손주를 보았

---

67 아마 '30대 후반'이지 않았을까?
68 블레셋의 '5대 성읍' 중 하나.

을 나이였다. 앞에서도 언급했지만, 이 시기 유대인들은 여성의 경우 16살 정도에 혼인했다. 즉 16살에 혼인한 여성이 첫째로 딸을 낳은 경우 삼손의 나이 때는 손주를 얻었을 것이다.

그런데 그 나이가 되도록 삼손은 블레셋 땅을 전전(展轉)[69]하며 여자를 찾아다니고 있었다. 아마도 그는 딤나에서 불타 죽은 아내를 닮은 여인을 찾아다녔을 것이다. 독자의 나이가 20대 중반만 되어도 이 말에 깊이 공감할 것이다. 사람은 항상 비슷한 분위기를 풍기는 사람에게 호감을 느끼게 마련이다. 어찌 되었든 삼손의 눈(아인)에 옳았던(야샤르) 그의 아내는 그에게 깊은 공허감만 남겼던 것 같다. 그 공허감이 삼손을 '한 세대' 동안[70] 블레셋 땅을 헤매게 만들었던 것 같다. 이것이 우리네 인생의 함정이다. 우리는 우리의 눈에 옳은 것이 하나님의 눈에도 옳은지 깊이 성찰할 필요가 있다.

"가사 사람들에게 삼손이 왔다고 알려지매" 블레셋 사람들에게는 끊임없이 여자를 찾아 헤맸던 삼손의 행적이 잘 알려져 있었을 것이다. 그러던 중 삼손이 가사에 왔다는 소식이 그들에게 알려졌다. '강하다'라는 뜻을 가진 '가사'는 '블레셋의 5대 성읍' 중 하나로 지중해 연안에 위치해 있었다. 가사는 '블레셋의 5대 성읍' 중 애굽과 가장 가까운 곳에 위치했다. 즉 블레셋의 주력이라고 할 수 있는 성읍이었다. 그런 곳에 있는 한 기생이 삼손의 눈(아인)에 옳아(야사르) 보였던 것 같다. 소식을 들은 블레셋 사람들은 기생의

---

69 말이나 행동을 이랬다저랬다 하며 자꾸 되풀이하다.

70 통상 '한 세대'를 30년이라고 하지만, 삼손 때는 20년이라고 하는 것이 맞다.

집을 에워싸는 동시에 밤새도록 성문에 매복했다. 그러나 어느 누구도 쉽게 삼손을 치러 들어가지 못했다. 그리고서 그들이 했던 말은 이러했다. “새벽이 되거든 그를 죽이리라.” 블레셋 사람들이 서로에게 숨죽여 했던 말이다. 이 말을 통하여 우리는 삼손이 블레셋 사람들에게 어떤 존재였는지를 알 수 있다.

이 상황은 ‘강하다’는 지명(地名)을 가진 ‘성읍 전체’가 ‘삼손 한 명’을 두고 전전긍긍하고 있다는 것을 의미했다. 이 사실을 통해 우리는 지난 20년 가까운 세월 동안 블레셋과 이스라엘의 관계가 어떠했을지 쉽게 유추할 수 있다. 아이러니하게도, 지난 20년 가까운 세월 동안 이스라엘은 블레셋의 압제로부터 벗어날 수 있었을 것이다. 이러한 사실은 생각할수록 아이러니하다. 지난 20년간 이스라엘의 사사인 삼손은 첫사랑(?)을 닮은 블레셋 여인을 찾아 헤맨 것이 전부였다. 그런데 그 결과는 블레셋의 압제로부터 이스라엘의 해방이었다. 어디서 어느 때 어느 방향으로 튈지 모르는 삼손의 성향만큼 블레셋을 힘들게 한 것은 없었을 것이다. 블레셋의 입장에서는 정규군을 대하는 것보다 힘들었을 것이다. 예측 불가능한 것보다 사람을 힘들고 난감하게 하는 것은 없다.

지난 20년 가까운 세월 동안, 삼손은 소위(所謂) ‘그의 눈(아인)에 옳은(야사르) 짓’을 하고 다녔다. 그 사이 하나님은 ‘그러한 삼손의 존재와 행동’으로 이스라엘의 구원을 만들어내셨다. 이것이 바로 하나님의 선택을 받았으나 불순종하는 종을 통해서도 ‘일을 이루시는 하나님의 방법’이다.

“새벽이 되거든 그를 죽이리라.” 말은 이렇게 했지만, 새벽이 되었을 때 블레셋 사람들이 삼손에게 들이닥칠 수 있었을까? 신학자 중 일부는 삼손이 기생과의 격렬한 성관계로 그의 체력이 소진(消盡)되기를 블레셋 사람들이 기다렸다고 주장한다. 그러나 내가 보기에는 어림도 없는 말이다. 그들이 삼손에게 들이닥칠 용기가 있었다면 애시당초 그런 말을 꺼내지도 않았을 것이다. 옛말에 "나중에 보자는 놈 무섭지 않다"라는 속담이 있다. 이런 말은 몸을 사리며 서로의 등을 떠밀 때 하는 말이다. 새벽이 아니라 그다음 날 해가 중천에 떴을 때도, 그들은 서로를 향해 눈짓만 했을 뿐 어느 누구도 삼손 앞에 나서지 못했을 것이다.

그러던 중, 블레셋 사람들에게 '다행이라고 해야 할지' 아니면 '다행이 아니라고 해야 할지' 모를 상황이 벌어졌다. "삼손이 밤중까지 누워 있다가 그 밤중에 일어나 성 문짝들과 두 문설주와 문빗장을 빼어 가지고 그것을 모두 어깨에 메고 헤브론 앞산 꼭대기로 가니라." 블레셋 사람들에게 다행이라면, 더 이상 해가 중천에 뜰 때까지 서로를 향해 눈치를 줄 필요가 없어졌다는 점일 것이다. 다행이 아니라면, 이제는 정말 발 뻗고 자기는 글렀다는 점일 것이다.

그날 밤, 블레셋 사람들은 두 곳에 매복했었다. 한 곳은 삼손이 들어간 기생집이었다. 그리고 다른 한 곳은 '가사 성문'이었다. 그런데 밤중까지 기생집에 누워 있던 삼손이 일어나 '가사의 성 문짝들뿐 아니라 문설주와 문빗장'까지 맨손으로 빼냈다. 그곳은 블레셋 사람들이 매복해 있던 곳이었다. 즉 이 일은 블레셋 사람들의 눈앞에서 벌어진 일이었다. 그러나 어느 누구 하나 그 순간에 나섰다는 기록이 성경에 없다. 그러니 "새벽이 되거든 그를 죽이리라"라는 블레셋 사람들의 말은 서로에게 일을 미루는 과정에서 나온 변명이었을 뿐이다.

그렇게 '성 문짝들'을 빼어든 삼손은 그것들을 모두 어깨에 메었다. 괴력이었다. 그리고는 그것들을 메고 헤브론 앞산 꼭대기로 갔다. 헤브론은 유다 지파의 땅에 있는 산이다. 신학자 중 일부는 가사에서 헤브론까지의 거리가 64km 정도 된다는 점을 들어, '헤브론 앞산'은 진짜 '헤브론 앞산'이 아니라는 주장을 한다. 그냥 헤브론 방향에 있는 '가사 근처의 산'이라고 주장한다.

그러나 나는 이러한 견해에 동의하지 않는다. 이유는 간단하다. 신학자 중 일부의 주장처럼 일반적인 사람의 능력에 맞추어 '소위(所謂) 합리적인 해석'을 한다면 '성 문짝들과 두 문설주 그리고 문빗장'부터 문제가 된다. 즉 일부 신학자들의 주장은 합리성이라는 포장으로 "성경 말씀을 가감(加減)할 위험성"이 있다. 그런 점에서 이러한 해석을 시도하는 것은 옳지 못하다. 우리는 성경 말씀을 기록된 그대로 믿음으로 수납(受納)하든지, 아니면 "나는 성경을 기록된 그대로 믿지 못한다"라고 하든지, 둘 중에 하나를 선택해야 한다. 그것이 성경과 자신에 대한 '정직한 태도'다.

> 네가 만들 방주는 이러하니 **그 길이는 삼백 규빗, 너비는 오십 규빗, 높이는 삼십 규빗이라**(창세기 6:15)

일례(一例)를 들면 이러하다. 창세기에 증언된 '노아의 방주'에 대한 질문이다. 성경에 기록된 '노아의 방주' 크기는 얼마나 되었을까? 창세기 6장을 보면 그 크기를 알 수 있다. '노아의 방주'는 길이가 삼백 규빗, 너비는 오십 규빗, 높이는 삼십 규빗이었다. '규빗'의 히브리어는 '암마'로 '팔'을 의미한다. 즉 규빗은 사람의 가운데 손가락 끝에서 팔꿈치까지의 길이로 약 45cm 정도다. 쉬운 계산을 위해 1규빗을 50cm로 계산한다면, '노아의 방주'의 길이는 150m, 너비는 25m, 높이는 15m 정도가 된다. 참고로 우리나라에 있는 '63빌딩'의 높이는 240m로 알려져 있다. 그렇다면 '노아의 방주'는 '길이, 너비, 높이' 모두 '63빌딩'을 눕혀놓은 것보다 작다는 이야기가 된다. 그런데 '63빌딩'을 눕혀놓은 것보다 작은 '노아의 방주'에 들어간 동물의 수는 이러했다.

> [2]너는 모든 **정결한 짐승은 암수 일곱씩, 부정한 것은 암수 둘씩**을 네게 로 데려오며 [3]**공중의 새도 암수 일곱씩**을 데려와 그 씨를 온 지면에 유전하게 하라(창세기 7:2–3)

과학자마다 천차만별이지만, 지구상에는 약 1,500만 종의 생물종이 존재한다고 한다.[71] 물론 '노아의 방주'에 식물은 들어가지 않았다. 물에 사는 생물종 또한 들어가지 않았다. 그리고 육지에 사는 생물종 중 대부분은 곤충이라고 알려져 있다. 그렇다 하더라도 '63빌딩'보다도 작은 크기의 '노아의 방주'에 들어간 짐승의 숫자는 몇만 마리였을까? 과연 그 숫자가 다 들어갈 수 있었을까? 이것은 CMF전국학생수련회 'EBS(Evangelical Bible Study)

---

71 이 또한 직접 세어본 것은 아닐 것이다.

트랙(track)'[72] '정직한 질문, 정직한 대답' 시간에 나온 질문이다.

이에 대한 나의 대답은 이러했다.

"어떻게 그 많은 수의 짐승이 노아의 방주에 들어갔는지 나는 알 수 없다. 그러나 내가 알고 있는 사실은 이것이다. 노아의 방주에는 분명히 '정결한 짐승은 암수 일곱씩, 부정한 것은 암수 둘씩, 그리고 공중의 새도 암수 일곱씩' 들어갔다."

"어떻게 그 많은 짐승이 들어갔냐?"라는 질문에 나는 내 엄지손톱을 들어 보이며 이렇게 설명했다.

"100년 전에 간사님의 엄지손톱만한 크기의 돌에 만권이 넘는 책을 새겨 넣을 수 있다고 주장하는 사람이 있는 경우, 그 사람은 아마 정신과의 돌봄을 받았을 것이다. 하지만 21세기인 지금은 그렇지 않다. 지금은 엄지손톱만한 크기의 돌에 그 정도의 양을 새겨 넣을 수 없다고 하는 사람을 가리켜 '컴맹'이라고 부른다. 동영상도 아니고 글은 용량이 정말 작다. 그러니 엄지손톱만한 반도체에 만권의 책을 새겨 넣는 것은 일도 아니다.

불과 '몇십 년 사이'에 벌어진 변화다. 피조물인 우리도 '몇십 년 사이'에

---

72 'EBS(Evangelical Bible Study) 트랙(track)'은 아직 복음을 모르는 지체 혹은 초신자를 위한 과정이다. 물론 최근에는 신입생들이 주로 들어오는 과정이 되었다. 이는 '의치한간'에 들어오는 아이들의 중·고등부 시절 신앙생활과 관련이 있다.

이렇게 다른 세상을 살고 있다. 하물며 노아의 방주는 '전지전능하신 하나님께서 하신 일'이다. 물론 하나님께서 어떤 방식으로 그 일을 하셨는지 자세한 사정을 우리는 알지 못한다. 성경이 그 부분에 대해 침묵하고 있기 때문이다. 하지만 성경은 '정결한 짐승과 부정한 짐승 그리고 새와 땅에 기는 모든 것'이 나아와 노아의 방주에 들어갔다고 증언하고 있다.[73]

그렇다면, 우리에게 남은 것은 이 말씀을 아멘으로 수납(受納)하는 것뿐이다. 우리가 '자세한 방법을 모른다는 것'이 '그 일이 일어나지 않았다는 근거'가 될 수는 없다. 수십 년 전의 인류와 지금의 인류 사이에도 이렇게 넘기 힘든 이해의 차이가 있는데, 하물며 전지전능하신 하나님께서 하신 일과 피조물인 우리의 이해력 사이에 있는 '빈공간'을 채워야만 '합리적인 사고'라고 고집하는 것은 믿음이 아니다."

우리는 성자 하나님의 이름을 묻는 삼손의 아버지 마노아에게 하나님께서 해주신 답을 기억해야 한다. "어찌하여 내 이름을 묻느냐? 내 이름은 기묘자라." "Why do you ask my name? It is beyond understanding." "어찌하여 내 이름을 묻느냐? 내 이름은 '네가 이해할 수 없는 것(beyond understanding)'이다."

---

73 "[6]홍수가 땅에 있을 때에 노아가 육백 세라 [7]노아는 아들들과 아내와 며느리들과 함께 홍수를 피하여 방주에 들어갔고 [8]정결한 짐승과 부정한 짐승과 새와 땅에 기는 모든 것은 [9]하나님이 노아에게 명하신 대로 암수 둘씩 **노아에게 나아와 방주로 들어갔으며**"(창세기 7:6–9).: "노아에게 나아와 방주로 들어갔으며" 이 말의 뜻은 창조주이신 하나님께서 그 짐승들에게 '명(命)'하여 노아의 방주로 들어가게 하셨다는 의미다.

즉 삼손은 하나님께서 주신 능력으로 '가사의 성 문짝들과 두 문설주와 문빗장'을 어깨에 메고 헤브론 앞산 꼭대기로 갔다. 앞 단원에 '성령의 능력'과 '성령의 열매'를 비교하는 가운데 설명한 내용이 기억나리라 믿는다. 그렇게 괴력을 발휘했던 삼손이었지만 '삼손에게 임한 능력'이 '그의 인격적 성숙'을 의미하지는 않았다.

그러니 삼손의 이러한 행동은 때마다 다른 모습으로 반복되었을 가능성이 높다. 삼손이 가사에 있는 한 기생을 '보고' 그녀에게 들어갔다는 것은 삼손이 불타 죽은 아내의 모습을 그녀에게서 발견했다는 이야기일 수도 있다. 그렇게 삼손은 그의 마음 한 가운데 '채워지지 않는 허기'를 채우려 20년 가까운 세월을 헤맸다. 하지만 삼손은 여러 여자를 통해서도 그의 빈 곳을 채우지 못했다. 이러한 일은 자기 소견(아인)에 옳은(야사르)대로 행동하는 사람들의 인생에 항상 따라오는 현상이다.[74] 동시에 삼손과 같은 이들을 낳은 시대에 만연한 '집단적 허기'다.

사실 삼손은 사사 시대의 '평균적인 인물상'이었다. 그런데도 다른 이스라엘 백성 중 삼손과 같은 인물이 나오지 않은 이유는 간단하다. 다른 사람에게는 삼손만한 능력이 없었기 때문이다. 그런 점에서 악한 시대에는 약자(弱者) 또한 선인(善人)인 경우가 드물다. 악한 시대에는 약자(弱者)든 강자(强者)든 그가 가진 능력만큼 자기 소견에(아인) 옳은(야사르) 대로 행동하게 마

---

74 "그때에는 이스라엘에 왕이 없었으므로 **사람마다 자기 소견에 옳은 대로 행하였더라**"(사사기 17:6).

련이다. 21세기 대한민국에 '갑(甲)질'뿐 아니라 '을(乙)질' 또한 만연한 현상은 이러한 사실을 뒷받침해준다.

그런 점에서, 삼손이 살던 시절 이스라엘에는 마음 둘 곳을 잃어버린 사람들이 집단으로 존재했을 것이다. 이러한 현상은 뿌리 깊은 현상이었을 것이다. 삼손은 그가 속한 '단 지파'가 북쪽으로 이주한 지 100년쯤 후에 태어났다. 사사기의 에필로그(epilogue)에서 자세히 다루었던 이야기다. 삼손이 속한 지파는 그렇게 한 세기 전 그들에게 주어진 약속의 땅을 떠났다. 그리고 한가하고 걱정 없이 사는 라이스 주민을 학살한 뒤 그곳에 정착했다.[75]

삼손이 태어난 소라는 '단 지파'에게 주어진 약속의 땅이었다. 즉 삼손은 '단 지파'의 주력(主力)이 전부 떠난 약속의 땅에 남은 자들 가운데 태어났다. 말이 남은 자들이지 그들은 단 지파의 하층을 구성하던 사람들이었을 것이다.[76] 이러한 상황을 생각해 볼 때, 삼손의 처지는 정말 녹록치 않았을 것이다. 소라에 남아있는 '단 지파' 사람들은 평소 '유다 지파'에게 어떤 대우를 받았을까? '유다 지파'는 '에브라임 지파'와 더불어 이스라엘의 양대 지파를 이루는 세력이었다.

---

75 "[27]단 자손이 미가가 만든 것과 그 제사장을 취하여 **라이스에 이르러 한가하고 걱정 없이 사는 백성을 만나 칼날로 그들을 치며 그 성읍을 불사르되** [28]그들을 구원할 자가 없었으니 그 성읍이 베드르홉 가까운 골짜기에 있어서 시돈과 거리가 멀고 상종하는 사람도 없음이었더라 단 자손이 성읍을 세우고 거기 거주하면서 [29]이스라엘에게서 태어난 그들의 조상 단의 이름을 따라 그 성읍을 단이라 하니라 그 성읍의 본 이름은 라이스였더라"(사사기 18:27-29).

76 "[15]사령관 느부사라단이 백성 중 가난한 자와 성중에 남아 있는 백성과 바벨론 왕에게 항복한 자와 무리의 남은 자를 사로잡아 갔고 [16]**가난한 백성은 남겨 두어** 포도원을 관리하는 자와 농부가 되게 하였더라"(예레미야 52:15-16).

그렇게 놓고 보면, 삼손의 처지가 안쓰럽게 느껴지기도 한다. 또 한편으로 생각해보면, 그렇게 말썽을 피우는 삼손이었건만 삼손을 대하시는 하나님의 마음이 이해가 된다. 하나님은 우리의 어려운 처지를 외면하시는 분이 아니시기 때문이다.

> [15]우리에게 있는 대제사장은 **우리의 연약함을 동정하지 못하실 이가 아니요** 모든 일에 우리와 똑같이 시험을 받으신 이로되 죄는 없으시니라
> [16]그러므로 우리는 긍휼하심을 받고 때를 따라 돕는 은혜를 얻기 위하여 은혜의 보좌 앞에 담대히 나아갈 것이니라(히브리서 4:15-16)

이 말씀은 성육신(成肉身)하신 이후 '인성(人性)을 따라' 우리의 연약함을 경험하신 성자 하나님에 대한 설명이다. 연약한 인간의 몸을 취하신 성자 하나님의 성육신은 삼위일체 하나님의 대표적인 일하심의 방식이다. 성경 인물을 공부할수록 느끼는 점이다. 하나님은 절대 우리의 처지를 외면하지 않으신다. 하나님은 우리의 어려움과 곤고한 처지를 감안하여 우리의 인생을 평가해주신다. 성경 인물에 대한 하나님의 평가는 대부분 이렇게 결론이 난다. "그만하면 애썼다. 고생했다." 오해가 없기 바란다. 이것은 어디까지나 하나님 편에서 우리에게 주시는 은혜로운 평가다. 그러니 그분의 자녀 된 우리의 태도는 마땅히 이러해야 한다. "저희가 더 잘했어야 하는데 …, 하나님 죄송합니다." 이것이 잘되는 집안의 부모와 자식 간에 오가는 대화다.

어찌 되었든 삼손의 때와 같이 각자도생(各自圖生)이 일반화되는 경우, 그

사회구성원은 이익이 겹칠 때만 연대하게 된다. 이러한 사회에서는 자신의 이익이 침해당하지 않는 한, 어느 누구 하나 불의(不義)에 나서지 않게 된다.

유다 지파 삼천 명이 나서 에담 바위에 숨은 삼손을 잡으러 간 이유가 그러했다. '그들의 안전이라는 이익'[77]이 침해당했기 때문이다. 이들 삼천 명은 그들 스스로 생각하기에 '안전이라는 이익'이 겹친 집단이었다.[78] 당연히 이들 삼천 명은 "그들이 내게 행한 대로 나도 그들에게 행하였노라"라는 '삼손의 항변(抗辯)'에는 관심이 없었다. 삼손의 침해당한 권리는 그들의 이익이 아니라고 생각했기 때문이다. 그들의 관심은 오직 블레셋 사람들로부터 학대받지 않는 것이었다. 그들의 선(善)은 옳고 그름이 아니었다. 그들에게 있어 선(善)의 기준은 오직 '힘의 논리'였다. 하나님에 대한 신뢰가 깨진 사회, 사람과 사람 사이의 신의(信義)가 깨진 사회에서 사람들은 '눈에 보이는 그 무언가'를 찾아 일생을 헤매게 마련이다. 그러나 그들 중 어느 누구도 가슴 한가운데 비어 있는 공간을 채우지 못한다. 즉 삼손이 살던 시절, 이스라엘에는 삼손과 같은 "방황"이 가득했을 것이다. 다만 그들 각자가 가진 능력에 따라 겉으로 드러나는 정도가 달랐을 뿐이다.

가사의 기생과 짧은 열정의 시간을 보낸 뒤, 삼손은 밤중까지 누워 있었다. "삼손이 밤중까지 누워 있다가" 바로 앞에서 설명했듯이, 나는 이 본문에서 '삼손의 허무함과 채워지지 않는 외로움'을 보았다. 허망함에 시달리던

---

77 하나님의 관점이 아닌 그들의 관점에서의 '안전이라는 이익'
78 그들은 그렇게 생각했을 것이다.

삼손이 한밤중에 벌떡 일어났다. 그리고 기생과의 관계로도 채워지지 않는 빈공간을 잊기 위해 삼손이 택한 방법은 '가사의 성 문짝들'을 빼어버리는 것이었다.

삼손의 이러한 행위는 그의 아내를 불태워 죽인 블레셋 사람들의 악행과 연관되어 보인다. 삼손은 블레셋 사람들을 그때까지도 용서할 수 없었을 것이다. 그 일을 생각하면 할수록 미칠 것만 같았을 것이다. '성 문짝들'을 뺀다는 것은 그 성읍의 무장해제를 의미했다. 성벽이 외적의 침입을 막는 '가장 효율적인 방어 수단'이던 시절이었다. 그러므로 성문이 없는 성벽은 그 방어 기능을 상실한 것이었다. '강하다'라는 뜻을 가진 가사였지만, 그 순간 가사는 어떤 외적의 침입에도 무방비 상태가 되고 말았다.

그렇게 빼어낸 것들을 어깨에 메고 삼손은 '유다 지파의 땅'인 헤브론 앞 산 꼭대기로 갔다. 동족상잔(同族相殘)을 피하기 위해 자신을 잡으러 온 유다 지파에게 이렇게 말했던 삼손이었다. "너희가 나를 치지 아니하겠다고 내게 맹세하라."[79] 겉으로야 물리적 충돌이 없었지만, 유다 지파 사람들이 삼손을 묶어 블레셋에게 넘긴 일은 삼손을 친 것이나 다름없었다. 한 겹도 아니고 새 밧줄 둘로 결박해 원수를 갚겠다는 블레셋 사람들에게 삼손을 넘겼다.[80] 이러한 행위는 삼손에게 죽으라는 이야기가 아닌가?

---

79 사사기 15:12 후반부

80 "그들이 삼손에게 말하여 이르되 아니라 우리가 다만 너를 단단히 결박하여 그들의 손에 넘겨줄 뿐이요 우리가 결단코 너를 죽이지 아니하리라 하고 **새 밧줄 둘로 결박하고** 바위 틈에서 그를 끌어내니라"(사사기 15:13).

레히에서 블레셋 사람들과의 전투가 끝날 때까지 삼손은 이 사실을 깨닫지 못했을 확률이 높다. 사람이라는 존재가 원래 그렇다. 갑자기 일을 당하여 경황이 없을 때는 더더욱 그러하다. 특별히 삼손과 같이 능력이 출중한 경우 '세밀한 부분'은 그냥 넘기는 경향이 있다. 그러나 이런 사람일수록 나중에 상황 파악을 한 뒤에는 그 일을 곱씹는 경향이 강하다.

그러니 일이 끝난 뒤, 삼손은 새록새록 유다 지파가 자신에게 한 일이 생각났을 것이다. 생각할수록 동족(同族)인 그들이 원수인 블레셋보다도 못한 인간들이라는 생각이 들었을 것이다. 그리고 생각이 거기까지 미치자, 같은 동족(同族)에게 불타 죽은 그의 아내가 생각났을 것이다. "같은 민족?" 삼손은 나지막하게 이 말을 되뇌이며 코웃음을 쳤을 것이다. 삼손 입장에서 세상은 그에게 불친절하다는 생각을 했을 것이다. 그의 엄청난 능력이 그를 행복하게 해주지 못한다는 사실에 화가 났을 것이다.

그런 점에서 삼손이 가사의 성 문짝들을 헤브론 앞산 꼭대기에 가져다 놓은 것은 유다 지파를 향한 분노의 표현이었다. 당연히 "조롱이 섞인 분노" 말이다. 그래도 같은 민족이기에 차마 블레셋처럼 학살할 수는 없었다. 하지만 마음만은 그보다 더한 일도 하고 싶다는 표현이었을 것이다. 블레셋의 방어막인 성문을 빼 유다 지파 앞에 전시하는 것으로 그들에게 하고 싶은 말은 이것이었을 것이다. "전에 너희가 레히에서 블레셋의 편을 들었지? 그렇게 나를 사지(死地)로 몰아넣었지? 그래 이것이 바로 너희가 편을 든 블레셋의 성문이다. 이 비겁한 배신자들아. 같은 민족만 아니었으면 네놈들을 그냥 …"

그렇다면 삼손의 이러한 행동이 그의 한(恨)을 조금이나마 풀 수 있었을까? 아니, 풀 수 없었던 것 같다. 그의 한(恨)이 어느 정도 풀렸다면 그의 방황은 잦아들었을 것이다. 그러나 이후에도 삼손은 끊임없이 새로운 여인을 찾아 나서는 모습을 볼 수 있다. 즉 20년 가까운 세월을 헤맸지만, 삼손의 가슴 한가운데 응어리진 그 무엇은 전혀 풀리지 않았다. 그 결과, 가사와 헤브론 앞산에서의 일 후에도 삼손은 여전히 블레셋 여인들 가운데 불에 타 죽은 아내의 모습을 찾아 헤맨 것 같다. 이제, 소렉 골짜기의 '들릴라'라는 블레셋 여인과 얽힌 삼손의 이야기를 다룰 차례다.

삼손 5

당신은 다릅니까?

이후에 삼손이 소렉 골짜기의 **들릴라라 이름하는 여인을 사랑하매**(사사기 16:4)

삼손이 누군가를 사랑했다는 기록이 유일하게 나오는 구절이다.

이전 단원에서 나는 딤나의 여인이 어쩌면 삼손의 첫사랑일지도 모른다고 했었다. 그러나 생각해보면, 삼손이 사랑한 것은 어쩌면 그 자신뿐인지도 모른다. 삼손이 그의 아내를 잊지 못했다는 것은 다른 의미로는 '자기 연민'일 수도 있다. 그런 점에서 "삼손이 들릴라라 이름하는 여인을 사랑하였다"라는 것은 그만큼 그녀가 삼손을 정신적으로 휘어잡았다는 이야기일 것이다.

영화 "삼손과 들릴라"에서 들릴라는 불타 죽었던 삼손 아내의 동생으로 나온다. "그의 동생이 그보다 더 아름답지 아니하냐? 청하노니 너는 그를 대신하여 동생을 아내로 맞이하라."[81] 삼손의 장인이 했던 말이다. 아마 영화의 대본을 쓴 작가는 이 말에서 그런 발상(發想)을 했던 것 같다. 물론 당시 여성의 지위를 생각해볼 때 개연성 있는 전개다. 고대 근동(近東) 지역에서 여성은 '경제적 계약의 주체'가 될 수 없었다. 그런 점에서 아버지와 언니가 불에 타 죽는 화를 당한 후, 그 여동생이 생존했다면 그녀가 할 수 있는 선택은 뻔하다. 비슷한 일을 당한 그 시절의 여인들이 했던 선택 또한 둘 중의 하나였다고 전해진다. 그것은 죽거나 아니면 성매매를 통해 생존하는 것이었다.

그런 점에서 영화에서 들릴라를 삼손의 처제라는 전제하에 기생으로 묘사한 것은 개연성 있는 설정이다. 그러나 내 생각은 다르다. 이유는 그녀의 나이 때문이다. 삼손의 장인이 처제를 아내로 권한 것으로 보아, 이미 그 시절 그녀는 혼인 적령기의 처녀였을 것이다. 그런데 삼손이 들릴라를 만난 때는 이미 한세대가 흐른 후였다. 그런 점에서 들릴라가 삼손의 처제였다는 영화적 설정은 개연성이 떨어져 보인다.

오히려 '들릴라 그녀가 누구였냐?'보다 중요한 점은 다른 곳에 있다. 삼손의 이름 뜻은 '작은 태양'이다. 블레셋의 압제 가운데 언약 백성인 이스라엘의 빛이 되라는 하나님과 그의 부모의 염원(念願)이 담긴 이름이 삼손이었다. 그렇다면 '들릴라'의 이름 뜻은 무엇이었을까?[82] 김지찬 교수님은 '들

---

81 사사기 15:2 후반부

82 자세한 내용을 확인하고 싶은 독자들에게는『여호와의 날개 아래 약속의 땅을 향하여, 구약 역사서 이해–문예적 신학적 서론』(김지찬, 생명의말씀사)을 권한다.

릴라'의 이름을 이렇게 설명한다. '들릴라'는 '그'를 뜻하는 지시대명사 '드'와 '밤 혹은 어두움'을 뜻하는 히브리어 '라엘라'의 합성어다. 즉 '들릴라'의 이름 뜻은 '그 밤' 혹은 '그 어두움'이라고 할 수 있다.

그렇다면 앞에 인용한 말씀은 무슨 뜻일까? "삼손이 소렉 골짜기의 들릴라라 이름하는 여인을 사랑하매" 그것은 태에서 나옴으로부터 포도를 멀리해야 하는 '나실인'으로 태어난 '작은 태양(삼손)'이 '포도원 골짜기(소렉 골짜기)'의 '그 어두움(들릴라)'을 사랑했다는 이야기다. 삼손이 태어난 때는 '블레셋의 압제'로 이스라엘이 온통 '어두움 가운데 고통받던 시절'이었다. 그렇게 언약 백성의 '빛이 되라는 소명'을 받고 태어난 삼손이었다. 그런데 그런 그가 '블레셋의 그 어두움을 사랑한 이야기'가 '삼손 이야기'다. 동시에 이렇듯 자신의 소명과는 다른 삶을 살아간 삼손을 통해서도 '언약 백성을 구원하신 하나님의 헤아릴 수 없는 은혜'가 또한 '삼손 이야기'다. 어찌 우리가 이러한 하나님의 마음과 지혜와 지식을 가늠할 수 있을까?[83]

"삼손이 소렉 골짜기의 들릴라라 이름하는 여인을 사랑하매" 사랑만큼 강하고 달콤한 유혹이 있을까? 사실 삼손이 내었던 수수께끼의 답은 '사랑'이 아닐까? 무엇이 꿀보다 달고, 무엇이 사자보다 강할까? 그것은 '사랑'일 것이다.[84] 그렇게 놓고 보면, '사자의 시체'에서 '꿀'이 나왔듯이 '하나님을 잊

---

83 "**깊도다 하나님의 지혜와 지식의 풍성함이여,** 그의 판단은 헤아리지 못할 것이며 그의 길은 찾지 못할 것이로다"(로마서 11:33).

84 "일곱째 날 해 지기 전에 성읍 사람들이 삼손에게 이르되 **무엇이 꿀보다 달겠으며 무엇이 사자보다 강하겠느냐** 한지라 삼손이 그들에게 이르되 너희가 내 암송아지로 밭 갈지 아니하였더라면 내 수수께끼를 능히 풀지 못하였으리라 하니라"(사사기 14:18).

고 사는 삼손의 죽은 마음'에서 '그 어두움을 향한 사랑'이 나온 것인지도 모른다.

들릴라의 어떤 부분이 삼손의 마음을 건드렸는지는 알 수 없다.[85] 그러나 삼손은 지난 20년간의 방황 끝에 비로소 한 여인에게 정착하게 된 듯한 느낌이 들었을 것이다. 성경은 삼손의 이러한 마음을 "사랑하매"라고 표현하고 있다. 그러나 그 사랑은 '정착'이 아니라 삼손의 마지막을 향한 '덫'이었다.

> 블레셋 사람의 방백들이 그 여인에게로 올라가서 그에게 이르되 **삼손을 꾀어서 무엇으로 말미암아 그 큰 힘이 생기는지 그리고 우리가 어떻게 하면 능히 그를 결박하여 굴복하게 할 수 있을는지 알아보라** 그리하면 우리가 각각 은 천백 개씩을 네게 주리라 하니(사사기 16:5)

삼손이 소렉 골짜기에 사는 한 여인에게 푹 빠졌다는 소문은 블레셋 전역에 퍼져나갔던 것 같다. 분명히 삼손은 지난 20년과는 다른 행태(行態)를 보였을 것이다. 역시 사랑의 힘은 강하고 치명적이다. 중년이 다 되도록 평생 제멋대로 살아온 능력 있는 사내의 행동에 변화가 온 것이다.

이 사실을 들은 블레셋의 방백들이 들릴라를 찾아와 했던 제안은 이러했다. "삼손을 꾀어서 무엇으로 말미암아 그 큰 힘이 생기는지 그리고 우리가 어떻게 하면 능히 그를 결박하여 굴복하게 할 수 있을는지 알아보라. 그리하면 우리가 각각 은 천백 개씩을 네게 주리라." 그렇다면 블레셋 방백들

---

85 이것이 사랑을 느끼는 중요한 '포인트(point)'다.

이 제안한 은 천백 개는 어느 정도의 금액이었을까? 이전에 '미가의 신상 이야기'에서 언급한 적이 있다. '은 하나'는 당시 노동자의 '4일 치 임금'이었다. 즉 안식일과 명절을 제외하고 단 하루도 쉬지 않고 일한 노동자의 경우 일년에 은 70개에서 75개 정도의 수입을 올렸다. 그렇다면 은 천백은 '노동자 15년 치의 임금'에 해당하는 금액이다. 그리고 들릴라를 찾아온 블레셋의 방백은 '다섯 명'이었을 것이다. 이것은 이스라엘이 언약궤를 블레셋에 빼앗긴 뒤, 하나님의 권능으로 언약궤가 이스라엘에게 반납되는 '사무엘서 기사'를 통하여 확인할 수 있다.[86]

즉 들릴라가 블레셋의 방백들로부터 '삼손을 넘겨주는 대가(代價)'로 제안받은 금액은 '노동자 75년 치 임금'이었다. 그렇게 '작은 태양(삼손)'은 '그 어두움(들릴라)'을 사랑했지만, '그 어두움(들릴라)'은 '작은 태양(삼손)'을 돈벌이로 여겼다. 이것이 하나님을 떠나 세상을 사랑한 인생들이 만나게 되는 운명이다.

> [6]들릴라가 삼손에게 말하되 청하건대 당신의 큰 힘이 무엇으로 말미암아 생기며 어떻게 하면 능히 당신을 결박하여 굴복하게 할 수 있을는지 내게 말하라 하니 [7]삼손이 그에게 이르되 **만일 마르지 아니한 새 활줄**

86 "[1]여호와의 궤가 블레셋 사람들의 지방에 있은 지 일곱 달이라 [2]블레셋 사람들이 제사장들과 복술자들을 불러서 이르되 우리가 여호와의 궤를 어떻게 할까 그것을 어떻게 그 있던 곳으로 보낼 것인지 우리에게 가르치라 [3]그들이 이르되 이스라엘 신의 궤를 보내려거든 거저 보내지 말고 그에게 속건제를 드려야 할지니라 그리하면 병도 낫고 그의 손을 너희에게서 옮기지 아니하는 이유도 알리라 하니 [4]그들이 이르되 **무엇으로 그에게 드릴 속건제를 삼을까** 하니 이르되 **블레셋 사람의 방백의 수효대로 금 독종 다섯과 금 쥐 다섯 마리라야 하리니** 너희와 너희 통치자에게 내린 재앙이 같음이니라"(사무엘상 6:1-4).

> **일곱으로 나를 결박하면 내가 약해져서 다른 사람과 같으리라**(사사기 16:6-7)

블레셋 방백들의 사주(使嗾)를 받은 들릴라는 바로 행동에 들어갔다. 누군가의 말처럼 불법은 성실하다. "청하건대 당신의 큰 힘이 무엇으로 말미암아 생기며 어떻게 하면 능히 당신을 결박하여 굴복하게 할 수 있을는지 내게 말하라." 사실 들릴라의 이 말은 너무나 노골적이다. 그런 점에서 보면, 들릴라는 삼손의 마음이 자신을 향하고 있다는 사실을 정확히 파악하고 있었다. 이 말은 삼손이 그녀에게 완전히 빠져 있다는 사실을 모르고서는 할 수 없는 말이었다. "어떻게 하면 능히 당신을 결박하여 굴복하게 할 수 있을는지 내게 말하라." 들릴라의 이 말은 삼손의 생명줄을 요구하는 대담한 말이었다.

삼손의 답은 이러했다. "만일 마르지 아니한 새 활줄 일곱으로 나를 결박하면 내가 약해져서 다른 사람과 같으리라." 그런데 '새 활줄'은 '짐승의 힘줄'을 의미했다. 질긴 성질 덕에 '짐승의 힘줄'은 '활의 시위'로 사용되었다고 한다. 그런데 삼손은 시체를 가까이 해서는 안 되는 '나실인'이었다. 즉 이 대답을 통해서도 우리는 삼손이 얼마나 그에게 주어진 '나실인의 소명(召命)'을 무시했는지 알 수 있다.

> 8**블레셋 사람의 방백들이 마르지 아니한 새 활줄 일곱을 여인에게로 가져오매 그가 그것으로 삼손을 결박하고** 9이미 사람을 방 안에 매복시켰으므로 삼손에게 말하되 삼손이여 블레셋 사람들이 당신에게 들이닥쳤

느니라 하니 삼손이 그 줄들을 끊기를 불탄 삼실을 끊음 같이 하였고 그 의 힘의 근원은 알아내지 못하니라(사사기 16:8-9)

"블레셋 사람의 방백들이 마르지 아니한 새 활줄 일곱을 여인에게로 가져오매 그가 그것으로 삼손을 결박하고" 이보다 더 죽이 잘 맞는 '팀 플레이(team play)'가 있을까? 그렇게 '그 어두움(들릴라)'이 '작은 태양(삼손)'을 결박했을 때, 이미 블레셋의 용사들이 그 방안에 매복되어 있었다. 그렇다면 삼손은 블레셋인들이 매복했다는 사실을 알았을까? 아마 처음에는 몰랐을 것이다. 들릴라가 삼손을 새 활줄로 묶었을 때, 삼손은 들릴라와 사랑을 나눈 후 깊이 잠들어 있었을 때였을 것이다. 들릴라는 새 활줄 하나도 아니고 일곱으로 삼손을 묶었다. 육중한 삼손의 육체를 생각할 때 상당한 시간이 드는 일이었을 것이다. "삼손이여, 블레셋 사람들이 당신에게 들이닥쳤느니라." 삼손은 들릴라의 이 외침에 깨어났다. 그리고 그 줄들을 불탄 삼실 끊음같이 했다.

[10]들릴라가 삼손에게 이르되 보라 **당신이 나를 희롱하여 내게 거짓말을 하였도다** 청하건대 무엇으로 당신을 결박할 수 있을는지 이제는 내게 말하라 하니 [11]삼손이 그에게 이르되 만일 쓰지 아니한 새 밧줄들로 나를 결박하면 내가 약해져서 다른 사람과 같으리라 하니라 [12]들릴라가 새 밧줄들을 가져다가 그것들로 그를 결박하고 그에게 이르되 삼손이여 블레셋 사람이 당신에게 들이닥쳤느니라 하니 삼손이 팔 위의 줄 끊기를 실을 끊음 같이 하였고 **그때에도 사람이 방 안에 매복하였더라**(사사기

16:10-12)

"당신이 나를 희롱하여 내게 거짓말을 하였도다." 들릴라의 이 말은 정말이지 '적반하장(賊反荷杖)도 유분수지'라는 속담을 떠올린다. '도둑이 도리어 몽둥이를 들었다'라는 말처럼 그녀는 삼손의 거짓말을 책망할 위치에 있지 않았다. 들릴라가 삼손에게 한 행위는 삼손의 목숨을 위협한 배신행위였다. 그러나 '그 어두움(들릴라)'은 자신을 향한 '작은 태양(삼손)'의 사랑을 무기 삼아 다시 요구했다. "청하건대 무엇으로 당신을 결박할 수 있을는지 이제는 내게 말하라." 이러한 일은 하나님을 떠나 세상을 사랑한 인생들에게 세상이 반복적으로 보이는 행태(行態)다.

"만일 쓰지 아니한 **새 밧줄들로 나를 결박하면** 내가 약해져서 다른 사람과 같으리라." 이 말을 했을 때, 삼손은 동족(同族)인 유다 지파가 그를 '새 밧줄'로 묶어 블레셋 사람들에게 넘겼던 일을 떠올렸을지도 모른다.[87] 거의 20년 전의 일이어서 그랬을까? 삼손의 이 말에 들릴라도 블레셋의 방백들도 넘어갔다. 분명히 20년 전 삼손은 새 밧줄 둘로 묶여 레히에 끌려왔지만 팔 위의 새 밧줄들을 불탄 삼 끊듯이 끊은 적이 있었다.[88]

그러나 삼손의 말을 들은 들릴라는 새 밧줄들을 가져다가 그를 결박하고

---

87 "그들이 삼손에게 말하여 이르되 아니라 우리가 다만 너를 단단히 결박하여 그들의 손에 넘겨줄 뿐이요 우리가 결단코 너를 죽이지 아니하리라 하고 **새 밧줄 둘로 결박하고 바위 틈에서 그를 끌어내니라**"(사사기 15:13).

88 "삼손이 레히에 이르매 블레셋 사람들이 그에게로 마주 나가며 소리 지를 때 **여호와의 영이 삼손에게 갑자기 임하시매 그의 팔 위의 밧줄이 불탄 삼과 같이** 그의 결박되었던 손에서 떨어진지라"(사사기 15:14).

다시 말했다. "삼손이여, 블레셋 사람이 당신에게 들이닥쳤느니라." 들릴라가 새 밧줄들로 결박할 때도 삼손은 지난번과 같은 과정을 거쳐 깊이 잠들어 있었다. 그리고 블레셋 사람들 또한 그 방에 매복해 있었다.

사실 이 정도면 들릴라와의 관계를 정리하는 것이 맞았다. 더군다나 삼손은 힘만 세고 지적으로 떨어지는 인물이 아니었다. 하지만 삼손은 그렇게 하지 못했다. 그런 의미에서, 성경에서 누군가를 향하여 "어리석다"라고 할 때는 그의 '지적 능력'을 지적하는 것이 아니다. 삼손은 그 순간 정말 어리석었다.

> [13]들릴라가 삼손에게 이르되 **당신이 이때까지 나를 희롱하여 내게 거짓말을 하였도다** 내가 무엇으로 당신을 결박할 수 있을는지 내게 말하라 하니 삼손이 그에게 이르되 **그대가 만일 나의 머리털 일곱 가닥을 베틀의 날실에 섞어 짜면 되리라** 하는지라 [14]들릴라가 바디로 그 머리털을 단단히 짜고 그에게 이르되 삼손이여 블레셋 사람들이 당신에게 들이닥쳤느니라 하니 삼손이 잠을 깨어 베틀의 바디와 날실을 다 빼내니라(사사기 16:13–14)

"당신이 이때까지 나를 희롱하여 내게 거짓말을 하였도다." 앞에서도 지적했듯이, 이런 말은 들릴라가 삼손에게 할 말이 아니었다. 반복해서 삼손을 배신한 것은 그녀였다. 그러나 '그 어두움(들릴라)'은 자신에게서 헤어 나오지 못하는 '작은 태양(삼손)의 허전함'을 무기 삼아 당당히 요구했다. "내가 무엇으로 당신을 결박할 수 있을는지 내게 말하라." 이쯤 되면 들릴라도 자신의 의도를 '대놓고 드러낸 상황'이었다. 그만큼 들릴라는 삼손에게 자신이 있었다. 세상도 마찬가지다. 처음 속을 때는 속인 사람의 잘못이지만, 두 번 세 번 속을 때는 속는 사람의 잘못 또한 포함된다는 말이 있다. '어떻게 그렇게 어리석은 사람이 있을까?' 싶겠지만, 그것이 인생이다. 그런 점에서, 삼손은 '우리의 자아상'이다.

일이 이 단계에 이르면, 하나님을 떠난 인생들은 조금씩 '자신의 근본(根本)'을 세상을 향해 드러내기 시작한다. 삼손도 마찬가지였다. "그대가 만일 나의 머리털 일곱 가닥을 베틀의 날실에 섞어 짜면 되리라." 물론 삼손의 힘의 근원은 그의 머리카락에 있지 않았다. 삼손의 힘의 근원은 여호와 하나님이었다. 그러나 최소한 삼손은 그의 힘의 근원을 자신의 머리카락으로 알고 있는 상황에서 했던 말이다. 들릴라의 반복되는 요구에 삼손은 비로소 그가 알고 있는 힘의 근원을 조금씩 '그 어두움(들릴라)'에게 보이기 시작했다. 이러한 단계는 하나님을 떠난 인생들 또한 동일하게 밟게 되는 수순(手順)이다.

"들릴라가 바디로 그 머리털을 단단히 짜고" 이번에는 삼손을 묶는 줄을 만드는 데 좀 더 많은 시간이 들었을 것이다. 지난 두 번은 외부에서 완성된 줄을 가져왔지만, 이번에는 들릴라가 직접 줄을 만들었다. 그리고 그 시각 삼손은 들릴라 곁에서 깊이 잠들어 있었다. 이러한 장면은 정말이지 기가 막힌 일이다. 그러나 인생을 살아보면 알게 되겠지만, 이 장면을 마냥 한심하게만 볼 수 없는 것이 또한 인생이다. 우리는 삼손의 이러한 모습을 보면서, 우리네 인생을 뒤돌아보아야 한다. 우리의 삶 가운데도 뻔히 알면서 끊어내지 못하는 그 무엇이 있지는 않은지? 우리는 과연 삼손과 다르다고 자신할 수 있는지 스스로 성찰해보는 것이 지혜다.

그렇게 삼손의 머리털 일곱 가닥을 베틀의 날실에 섞어 짠 들릴라가 삼손에게 외쳤다. "삼손이여, 블레셋 사람들이 당신에게 들이닥쳤느니라." 그리고 잠에서 깬 삼손은 베틀의 바디와 날실을 다 빼냈다.

> [15]들릴라가 삼손에게 이르되 **당신의 마음이 내게 있지 아니하면서 당신이 어찌 나를 사랑한다 하느냐** 당신이 이로써 세 번이나 나를 희롱하고 당신의 큰 힘이 무엇으로 말미암아 생기는지를 내게 말하지 아니하였도다 하며 [16]**날마다 그 말로 그를 재촉하여 조르매 삼손의 마음이 번뇌하여 죽을 지경이라**(사사기 16:15-16)

드디어 '그 어두움(들릴라)'이 '작은 태양(삼손)'에게 '사랑'이라는 말을 들이밀었다. "당신의 마음이 내게 있지 아니하면서 당신이 어찌 나를 사랑한다 하느냐?" 들릴라의 이 말을 읽으면서 내 마음속에 떠오르는 질문이 있었다. "그래, 그렇게 삼손에게 사랑을 운운(云云)하는 들릴라 당신은 삼손을 사랑한다고 할 수 있느냐? 들릴라 당신은 삼손의 생명보다 은 오천오백을 더 사랑하지 않느냐?" 이것이 세상이다.

"당신이 이로써 세 번이나 나를 희롱하고 당신의 큰 힘이 무엇으로 말미암아 생기는지를 내게 말하지 아니하였도다." 이보다 뻔뻔한 말이 세상에 있을까? 들릴라는 삼손이 그녀를 세 번이나 희롱했다고 주장하고 있다. 그런데, 들릴라의 이 말은 결국 그녀가 지금까지 삼손을 세 번이나 배신했다는 범죄 사실에 대한 고백이었다. 그녀는 사랑을 인질 삼아 한 사내를 배신하고 있었다.

그렇게 날마다 '그 어두움(들릴라)'이 재촉하며 조르자 '작은 태양(삼손)'의 마음이 번뇌하여 죽을 지경이 되었다고 성경은 증언하고 있다. 나귀 턱뼈 하나로 블레셋 사람 천 명을 때려죽였던 삼손이었다. 그런 그가 블레셋의 한 여인이 재촉하며 조르자 죽을 지경이 되었다. "삼손의 마음이 번뇌하여 죽을 지경이라"에서 '번뇌'는 '무언가의 늪에서 헤어나지 못하다'라는 뜻이다. 이때 삼손이 헤어 나오지 못한 늪이 무엇인지는 쉽게 가늠할 수 있다. 삼손은 '그 어두움(들릴라)'의 늪에서 헤어 나오지 못하고 있었다.

평생을 상담자로 살아온 나는 이러한 상황이 어떤 상황인지 깊이 이해한다. 멀리서 볼 때 대단해 보이는 사람일수록 가까이서 보면 연약한 것이 우리네 인생이다. 사람은 배고파서 죽는 것이 아니라 외로워서 죽는다. 즉 그 당시 '그 어두움(들릴라)'은 삼손의 빈 곳을 채워주는 듯이 보였을 것이다.

이때 삼손의 부모는 이 세상 사람이 아니었던 것으로 보인다.[89] 평생 블레셋 여인을 쫓아다니며 제멋대로 살아온 삼손이었다. 그러니 삼손 그가 갈 곳은 세상 어디에도 없었을 것이다. 어느 언약 백성이 그를 존중하며 그의 이야기를 들어줄 마음이 있었을까? 물론 그가 평생에 걸쳐 뿌린 씨앗이니 그 누구를 원망할 수도 없는 일이었다. 삼손 그가 마음을 열고 쉴 곳은 세상 어디에도 없었을 것이다. 그런 상황에서 그의 생애 처음으로 사랑이라는 말을 담을 수 있는 여인이 생겼는데, 그 여인은 하필 '그 어두움(들릴라)'이었다.

---

89 "그의 형제와 아버지의 온 집이 다 내려가서 그의 시체를 가지고 올라가서 소라와 에스다올 사이 **그의 아버지 마노아의 장지에** 장사하니라 삼손이 이스라엘의 사사로 이십 년 동안 지냈더라"(사사기 16:31).

> [17]**삼손이 진심을 드러내어** 그에게 이르되 내 머리 위에는 삭도를 대지
> 아니하였나니 **이는 내가 모태에서부터 하나님의 나실인이 되었음이라**
> 만일 내 머리가 밀리면 내 힘이 내게서 떠나고 나는 약해져서 다른 사람
> 과 같으리라 하니라 [18]**들릴라가 삼손이 진심을 다 알려 주므로 사람을**
> **보내어 블레셋 사람들의 방백들을 불러 이르되** 삼손이 내게 진심을 알
> 려 주었으니 이제 한 번만 올라오라 하니 블레셋 방백들이 손에 은을 가
> 지고 그 여인에게로 올라오니라(사사기 16:17–18)

그렇게 들릴라의 늪에서 헤어 나오지 못하던 삼손이 '그의 진심'을 드러냈다. 이때 '진심'으로 번역된 히브리어 '레브'의 뜻은 '심장(heart)'으로 '속사람(inner man)'을 의미한다. 즉 '그 어두움(들릴라)'의 늪에서 헤어 나오지 못하던 '작은 태양(삼손)'이 비로소 그의 '속사람(inner man)'을 드러내고 말했다. "내 머리 위에는 삭도를 대지 아니하였나니 이는 내가 모태에서부터 하나님의 나실인이 되었음이라." 비로소 삼손의 입에서 '하나님의 나실인'이라는 고백이 나왔다. "내가 모태에서부터 하나님의 나실인이 되었음이라." 무슨 말인가? 지난 세월 삼손이 한 짓들은 모르고 한 일이 아니라는 이야기다. 생각할수록 괘씸하고 한심하며 허탈한 이야기다. 그러면 아는 놈이 그렇게 행동했다는 말이 아니던가?

"만일 내 머리가 밀리면 내 힘이 내게서 떠나고 나는 약해져서 다른 사람과 같으리라." 그렇게 삼손이 그의 '심장(heart)'을 드러내자 들릴라는 블레셋의 방백들을 불러 모았다. 이때 '그 어두움(들릴라)'이 블레셋의 방백들에게 했던 말이다. "삼손이 내게 **진심**을 알려 주었으니 이제 한 번만 올라오라."

들릴라의 이 말을 전해 들은 블레셋의 방백들은 약속한 은을 들고 올라왔다.

> [19]**들릴라가 삼손에게 자기 무릎을 베고 자게 하고** 사람을 불러 그의 머리털 일곱 가닥을 밀고 괴롭게 하여 본즉 그의 힘이 없어졌더라 [20]들릴라가 이르되 삼손이여 블레셋 사람이 당신에게 들이닥쳤느니라 하니 삼손이 잠을 깨며 이르기를 내가 전과 같이 나가서 몸을 떨치리라 하였으나 **여호와께서 이미 자기를 떠나신 줄을 깨닫지 못하였더라**(사사기 16:19-20)

그렇게 자신의 심장(레브)을 '그 어두움(들릴라)'에게 팔아먹은 '작은 태양(삼손)'에게 '아주 짧은 달콤함'이 보상으로 제공되었다. 들릴라가 재촉하며 조르는 순간 죽을 지경이 되었던 것만큼이나 그 짧은 시간은 달콤했을 것이다. 하나님을 떠나 세상에 영혼을 팔아넘긴 '소명자(召命者)'에게 제공되는 보상 또한 같은 '패턴(pattern)'을 가진다. 이번에는 삼손을 자기 무릎에 재운 들릴라가 사람들을 불러 그의 머리털을 모두 밀게 했다. 그리고는 삼손을 괴롭게 하여 본즉 그의 힘이 없어졌다고 성경은 증언하고 있다.

삼손의 힘이 없어진 것을 확인한 '그 어두움(들릴라)'이 '작은 태양(삼손)'에게 마지막으로 외쳤다. "삼손이여, 블레셋 사람이 당신에게 들이닥쳤느니라." 정말이지, 짧은 순간이었지만 '그 어두움(들릴라)'의 무릎을 베고 행복한 꿈에 빠져 있던 '작은 태양(삼손)'이 잠에서 깨어 말했다. "내가 전과 같이 나가서 몸을 떨치리라." 그러나 하나님께서는 이미 그를 떠나셨고 그는 아주 평범한 사람이 되어 있었다.

그렇다면, 하나님께서는 왜 이제야 삼손을 떠나셨을까?[90] 아니, 질문이 잘못되었다. 왜 삼손은 나실인의 서원을 그렇게 쉽게 무시했을까? 누군가의 말처럼 삼손도 그랬을 것이다. "하나님은 모든 것을 알고 계신다. 다만 때를 기다리실 뿐이다. 그 때문에 인생은 마치 하나님이 계시지 않는 것처럼 행동한다."

삼손이 나실인으로서 지켜야 할 규례는 세 가지였다. 첫 번째, 삼손은 포도주 등 포도에서 나오는 소산(所產)을 먹지 말아야 했다. 그러나 그는 블레셋 땅을 수시로 출입했고 잔치를 베풀기도 했다. 그가 만나고 다녔던 블레셋 여인들은 대부분 기생이었다. 즉 그의 일상은 포도주와 함께하는 삶이었다. 그러나 이러한 그의 행동이 그에게 임한 하나님의 능력을 제한하지 않는 것처럼 보였다.

두 번째 삼손은 시체를 멀리해야 했다. 그러나 그는 사자의 시체에서 난 꿀을 먹었다. 들릴라의 질문에 '짐승의 힘줄'로 만든 '새 활줄'로 자신을 묶으면 된다고 이야기했다. 즉 그는 시체를 만지는데 전혀 거리낌이 없었다. 반복되는 그의 일탈에도 그의 삶에 커다란 문제가 생기지 않자, 그는 둔감해지는 동시에 대담해지기 시작했다.

---

90 이것은 '하나님의 주권'에 해당하는 문제다.: "삼손이 이르되 블레셋 사람과 함께 죽기를 원하노라 하고 힘을 다하여 몸을 굽히매 그 집이 곧 무너져 그 안에 있는 모든 방백들과 온 백성에게 덮이니 **삼손이 죽을 때에 죽인 자가 살았을 때에 죽인 자보다 더욱 많았더라**"(사사기 16:30).: 결국, 우리가 알 수 있는 것은 하나님께서 하신 일의 결과다. 그렇게 뒤늦게 깨닫게 되는 것이 인생이다. '아, 하나님께서는 삼손을 통해 다곤 신전에서 블레셋의 지도층을 한꺼번에 싹쓸이하실 계획이셨구나!'

그래도 마지막 한 가지만은 마음 한구석에 지키고 있었던 삼손이었다. 그러나 들릴라의 끈질긴 추궁에 그는 자신의 '심장(heart)'을 그녀에게 드러내고 말았다. 그의 '속사람(inner man)'을 들릴라에게 넘겨주고 말았다. 물론 그 말을 하면서 삼손은 마음에 걸리는 무엇이 있었을 것이다. 그러나 '그 어두움(들릴라)'의 늪에 빠진 '작은 태양(삼손)'은 지난 20년처럼 이번에도 별일이 없으리라 생각했을 것이다. 아니, 그러기를 바랬을 것이다. 그러나 그의 머리 위에 삭도를 대자 하나님의 능력이 그를 떠나고 말았다.[91] 물론 이 또한 블레셋 사람의 손에서 이스라엘을 구원하기 시작하신 하나님의 일하심을 벗어나지는 못했다. 결과적으로 '작은 태양(삼손)'은 그의 의도와는 상관없이 이스라엘을 구원하는 도구로 사용되었다.

> [21]블레셋 사람들이 그를 붙잡아 그의 눈을 빼고 끌고 가사에 내려가 놋줄로 매고 그에게 옥에서 맷돌을 돌리게 하였더라 [22]**그의 머리털이 밀린 후에 다시 자라기 시작하니라**(사사기 16:21-22)

그렇게 하나님이 떠난 삼손을 블레셋 사람들이 붙잡아 가사로 끌고 갔다. 그곳은 이전에 삼손이 '성 문짝들'을 빼낸 곳이었다. 그때 삼손은 그것들을 메고 헤브론 앞산 꼭대기로 갔었다. 또한 그곳은 블렛셋 사람들의 주신(主神)인 '다곤의 신전'이 있는 곳이었다. 그렇게 삼손을 끌고 간 블레셋 사람

---

91 "보라 네가 임신하여 아들을 낳으리니 **그의 머리 위에 삭도를 대지 말라** 이 아이는 태에서 나옴으로부터 하나님께 바쳐진 나실인이 됨이라 그가 블레셋 사람의 손에서 이스라엘을 구원하기 시작하리라 하시니"(사사기 13:5).

들은 그를 끌고 가기 전에 그의 두 눈을 빼내었다. 그리고 놋줄로 매어 옥에서 맷돌을 돌리게 하였다. 그 맷돌은 원래 짐승이 돌리던 것이었다. 그런데 이 지점에서 우리는 블레셋 사람들이 한 행동의 의미를 주목해야 한다. 물론 블레셋 사람들은 전혀 모르고 한 일이었다.

> [9]누가 갑자기 그 곁에서 죽어서 스스로 구별한 자의 머리를 더럽히면 **그의 몸을 정결하게 하는 날에 머리를 밀 것이니** 곧 일곱째 날에 밀 것이며 [10]여덟째 날에 **산비둘기 두 마리나 집비둘기 새끼 두 마리를 가지고** 회막 문에 와서 제사장에게 줄 것이요 [11]**제사장은 그 하나를 속죄제물로, 하나를 번제물로 드려서** 그의 시체로 말미암아 얻은 죄를 속하고 또 그는 그날에 그의 머리를 성결하게 할 것이며 [12]자기 몸을 구별하여 여호와께 드릴 날을 새로 정하고 일 년 된 숫양을 가져다가 속건제물로 드릴지니라 **자기의 몸을 구별한 때에 그의 몸을 더럽혔은즉 지나간 기간은 무효니라**(민수기 6:9-12)

민수기 6장은 나실인이 '나실인의 규례'를 어긴 경우 '재(再)헌신하는 절차'에 대해 자세히 설명하고 있다. 나실인이 '재(再)헌신하는 첫 번째 절차'는 그의 머리를 미는 것이었다. 그리고 '두 번째 절차'는 산비둘기 두 마리나 집비둘기 새끼 두 마리를 가지고 그의 죄를 속하는 것이었다. 이때 한 마리는 '속죄 제물'로, 다른 한 마리는 '번제물'로 드려졌다. 그렇게 '나실인의 규례를 어긴 나실인'은 '재(再)헌신'할 수 있었다. 그리고 이렇게 '재(再)헌신'하는 경우, 지나간 기간은 무효가 되었다. 즉 하나님 앞에서 잊혀진 기간이 되었

다.[92]

이제 보이는가? 물론 삼손이 그의 의지로 밟은 '재(再)헌신 절차'는 아니었다. 블레셋 사람들의 손으로 이루어져 버린 '재(再)헌신'이었다. 이 모든 것은 하나님의 주권과 섭리 가운데 일어난 일이었다. 태에서 나옴으로부터 하나님께 나실인으로 바쳐진 삼손이었다. 그러나 나실인의 규례에는 전혀 관심이 없던 삼손이었다. 오히려 보란 듯이 더 적극적으로 나서 어겼던 나실인의 규례였다. 그런 삼손이었다. 그런 그가 하나님의 섭리 가운데 블레셋 사람들의 손으로 '재(再)헌신 절차'를 밟고 있음을 우리는 알 수 있다.

우선 삼손은 들릴라의 무릎을 베고 자는 사이, 블레셋 사람들의 손에 의해 머리가 밀리게 되었다. 그리고 가사로 끌려가기 전, 블레셋 사람들의 손에 의해 두 눈이 뽑혔다. 그 결과 '작은 태양(삼손)'은 어둠속으로 들어가게 되었다. 하나님과 그의 부모로부터 언약 백성의 빛이 되기를 바라는 마음을 받았던 그였다. 이 모든 것은 '작은 태양(삼손)'인 그가 '그 어두움(들릴라)'을 사랑한 결과였다. 하지만 동시에 이 일은 산비둘기 두 마리나 집비둘기 새끼 두 마리로 그의 죄를 속하는 절차였다. 즉 비둘기 두 마리 대신 바쳐진

---

92 "여호와께서 말씀하시되 오라 우리가 서로 변론하자 **너희의 죄가 주홍 같을지라도 눈과 같이 희어질 것이요 진홍 같이 붉을지라도 양털 같이 희게 되리라**"(이사야 1:18). "내가 말하기를 내 주여 당신이 아시나이다 하니 그가 나에게 이르되 이는 큰 환난에서 나오는 자들인데 **어린 양의 피에 그 옷을 씻어 희게 하였느니라**"(요한계시록 7:14).: 민수기 6장에 나오는 '나실인의 재(再)헌신 절차'는 우리 주 예수 그리스도의 '십자가의 모형(模型)' 중 하나다. 그러한 이유로 나실인의 규례를 어기기 전의 기간은 '없었던 일(무효)'이 되는 것이다.

그의 두 눈이었다. 그렇게 그의 눈 한쪽은 '속죄 제물'로 다른 눈 한쪽은 '번제물'로 드려져 그의 죄를 속하는 데 사용되었다.

그렇게 '나실인으로서의 재(再)헌신 절차'가 하나님의 섭리 가운데 완료되었다. 그리고 삼손의 지나간 기간은 무효가 되었다. 즉 하나님 앞에서 잊혀진 기간이 되었다. 새것이 되었다.[93] 그 결과 삼손에게는 **"나실인으로서의 새로운 날"**이 시작되었다. 성경은 이러한 사실을 이렇게 증언하고 있다. "그의 머리털이 밀린 후에 **다시** 자라기 시작하니라." 이때 사용된 '다시'의 히브리어는 '챠마흐'다. 그리고 '챠마흐'의 뜻은 "싹이 트다"이다. 즉 이른 봄날 언 땅을 뚫고 피어나는 새싹처럼 삼손의 머리털이 싹트기 시작했다. "하나님께서 삼손과 함께 하신다."라는 상징이 자라기 시작했다. 그의 머리털이 '봄날의 새싹'처럼 자라기 시작했다. 이 모든 것은 하나님의 은혜로 말미암은 것이었다.

그렇다면, 삼손의 머리가 다시 자라는 데는 어느 정도의 시간이 걸렸을까? 보통 사람의 머리카락은 한 달에 1.3cm 정도 자라는 것으로 알려져 있다. 즉 머리카락은 1년에 평균적으로 약 15.6cm 정도 자란다. 그렇다면 삼손의 머리카락이 충분히 자라는 데는 어느 정도의 시간이 걸렸을까? 몇 달이었을까? 아니면 그래도 1년의 시간은 지나야 했을까? 잘 모르겠다. 어찌 되었든, 최소한 수개월의 시간이 지났을 것이다.

---

93 "그런즉 누구든지 그리스도 안에 있으면 새로운 피조물이라 **이전 것은 지나갔으니 보라 새 것이 되었도다**"(고린도후서 5:17).: 이것이 바로 삼손이 '의인'으로 히브리서 11장 '믿음의 전당'에 오른 이유다.

"놋줄로 매고 그에게 옥에서 맷돌을 돌리게 하였더라." 그 기간 삼손은 가사의 옥에서 짐승이 돌리는 맷돌을 돌렸다. 그는 '놋줄'에 매여 그 일을 했다. 이때 사용된 '놋줄'의 히브리어는 '네호세트'다. 그리고 '네호세트'는 '강한 욕망(欲望), 갈망(渴望), 육욕(肉慾), 색욕(色慾)'을 뜻했다. 즉 삼손은 놋줄에 매여 맷돌을 돌리는 사이, 지난날 그를 옭아매었던 욕망들을 되씹는 시간을 가졌을 것이다. 못난 그 자신을 만나는 시간을 가졌을 것이다. 하나님으로부터 받은 모든 것을 자신의 것인 양 날뛰던 지난날을 되씹었을 것이다. 그렇게 두 눈을 뽑힌 채 맷돌을 돌리는 가운데 '작은 태양(삼손)'은 '하나님의 빛을 보는 눈'을 가지게 되었을 것이다.

자신의 한계를 만나는 자리, 자신이 얼마나 한심하고 무능한 존재인지를 마주하는 자리, 그 처절한 자리에 가본 자만이 자신의 '전적 무능(全的 無能)'과 '전적 타락(全的 墮落)'을 만나게 된다. 깨닫게 된다. 이것이 바로 '회개(悔改)의 자리'다. 우리는 비슷한 자리에 있었던 신약의 한 사내를 알고 있다.

> [74]**그가 저주하며 맹세하여 이르되 나는 그 사람을 알지 못하노라 하니** 곧 닭이 울더라 [75]이에 베드로가 예수의 말씀에 닭 울기 전에 네가 세 번 나를 부인하리라 하심이 생각나서 **밖에 나가서 심히 통곡하니라**(마태복음 26:74-75)

"베드로가 예수의 말씀에 닭 울기 전에 네가 세 번 나를 부인하리라 하심이 생각나서 밖에 나가서 심히 통곡하니라." 이것이 '가룟 유다'와 '베드로'의

차이다. '후회(後悔)'와 '회개(悔改)'의 차이다.[94]

그렇게 '나실인으로서의 재(再)헌신 절차'를 밟은 뒤, 삼손은 하나님을 만나게 되었다. 놋줄에 매여 맷돌을 돌리는 가운데, 비로소 자신이 어떤 존재인지 깨닫게 되었다. 이것이 바로 삼손 그가 히브리서 11장 '명예의 전당'에 오른 과정이다. 우리 모두에게 이와 동일한 은혜가 임하기를 기도한다.

> [23]블레셋 사람의 방백들이 이르되 **우리의 신이 우리 원수 삼손을 우리 손에 넘겨 주었다** 하고 다 모여 그들의 신 다곤에게 큰 제사를 드리고 즐거워하고 [24]백성들도 삼손을 보았으므로 이르되 **우리의 땅을 망쳐 놓고 우리의 많은 사람을 죽인 원수를 우리의 신이 우리 손에 넘겨 주었다** 하고 자기들의 신을 찬양하며 [25]그들의 마음이 즐거울 때에 이르되 삼손을 불러다가 우리를 위하여 재주를 부리게 하자 하고 옥에서 삼손을 불러내매 삼손이 그들을 위하여 재주를 부리니라 그들이 삼손을 두 기둥 사이에 세웠더니 [26]삼손이 자기 손을 붙든 소년에게 이르되 **나에게 이 집을 버틴 기둥을 찾아 그것을 의지하게 하라** 하니라 [27]그 집에는 남녀가 가득하니 **블레셋 모든 방백들도 거기에 있고 지붕에 있는 남녀도 삼천 명 가량이라** 다 삼손이 재주 부리는 것을 보더라(사사기 16:23-27)

---

94 "[3]그때에 **예수를 판 유다가 그의 정죄됨을 보고 스스로 뉘우쳐** 그 은 삼십을 대제사장들과 장로들에게 도로 갖다 주며 [4]이르되 내가 무죄한 피를 팔고 죄를 범하였도다 하니 그들이 이르되 그것이 우리에게 무슨 상관이냐 네가 당하라 하거늘 [5]**유다가 은을 성소에 던져 넣고 물러가서 스스로 목매어 죽은지라**"(마태복음 27:3-5).: 베드로와 유다의 차이에 대한 자세한 이야기는 후에 하나님의 은혜로 예수님의 열두 제자를 설교할 때 다루도록 하겠다.

“그의 머리털이 밀린 후에 다시 자라기 시작하니라.” 그러나 블레셋의 방백들은 상황 파악을 하지 못하고 있었다. 그들은 기쁨에 겨워 외치고 있었다. “우리의 신이 우리 원수 삼손을 우리 손에 넘겨주었다.” 이때 블레셋의 방백들이 말한 신은 ‘다곤 신’이었다. 해양 민족인 블레셋의 주신(主神)은 ‘다곤’이었다. 다곤은 ‘큰 물고기’라는 뜻이다. 다곤은 머리와 손은 사람 모습을 하고 하반신은 물고기 모양을 한 우상이었다. 누군가의 말처럼 일은 끝날 때까지 끝난 것이 아니다. 그들이 다곤을 찬양할 때, 삼손의 밀린 머리는 ‘봄날의 새싹’처럼 다시 자라기 시작했다.

삼손을 잡은 블레셋 사람들은 다곤 신전에 모여 그들의 신에게 감사 제사를 드렸다. 성경의 증언대로 그 제사는 큰 제사였다. 그 제사에 모인 블레셋 사람들은 이렇게 찬양했다. “우리의 땅을 망쳐 놓고 우리의 많은 사람을 죽인 원수를 우리의 신이 우리 손에 넘겨주었다!” 입장을 바꾸어 놓고 생각하면 이해가 되는 대목이다. 지난 20년간 그들은 삼손 때문에 되는 일이 없었을 것이다. 정말이지, 편히 발 뻗고 잘 수가 없었을 것이다. 물론 삼손이 의도한 일은 아니었다. 삼손은 그저 자신의 빈 가슴을 채우기 위해 그의 눈(아인)에 옳은(야사르) 블레셋 여인들을 쫓아다녔을 뿐이다.

그렇게 한창 흥이 오르자, 삼손을 불러내어 재주를 부리게 하자는 의견이 나왔다. 이 또한 하나님을 버린 소명자(召命者)가 겪게 되는 정해진 수순(手順)이다. 그렇게 삼손이 옥에서 불려 나왔다. 그리고 그들의 바람대로 블레셋 사람들 앞에서 재주를 부렸다. 쉽게 말해 재롱을 떨었다. 태에서 나옴으로부터 하나님의 나실인으로 부름받은 삼손이었다. 생각할수록 그의 꼴이 처참했다.

그렇게 그들 앞에서 한참 재롱을 부린 뒤, 삼손이 자기 손을 붙든 소년에게 말했다. "나에게 이 집을 버틴 기둥을 찾아 그것을 의지하게 하라." 감옥에서 놋줄에 매여 맷돌을 돌리던 삼손이었다. 짐승이 돌리는 맷돌에 매여 같은 장소를 하염없이 돌며 '자신과 하나님을 만나는 시간'을 가졌던 삼손이었다. 그리고 삼손은 알았을 것이다. 어느 순간부터 맷돌을 돌리는 것이 힘에 버겁지 않다는 사실을 알았을 것이다. 같은 맷돌인데 시간이 갈수록 맷돌이 가벼워지고 있다는 사실을 깨달았을 것이다. 즉 삼손은 그의 힘이 돌아오고 있음을 알았을 것이다. 그렇다면 삼손이 자기 손을 붙든 소년에게 했던 말은 계획된 것이었다는 이야기가 된다.

그 시각, 다곤 신전에는 블레셋의 남녀가 가득했다. 그들은 모두 블레셋의 지도층에 속하는 사람들이거나 그들의 가족이었을 것이다. 뿐만 아니라, 그곳에는 블레셋의 모든 방백들이 모여 있었다. 즉 그 시각 다곤 신전에서는 그들의 원수인 삼손을 사로잡은 '전승기념행사(戰勝記念行事)'가 열리고 있었다. 그러니 그 시각 다곤 신전은 인산인해(人山人海)를 이루었을 것이다. 블레셋에게는 승리의 기쁨이 가득 찬 날이었다. 그러다 보니 자리가 모자랐고, 신전 안에 들어가지 못한 이들은 지붕까지 빽빽하게 들어찼다. 그들의 수가 얼마나 많았던지 지붕에 있는 남녀의 수도 삼천 명 가량이나 되었다. 정말이지, 가사 전체가 들썩이던 순간이었다.

[28]삼손이 여호와께 부르짖어 이르되 **주 여호와여 구하옵나니 나를 생각**

> **하옵소서 하나님이여 구하옵나니 이번만 나를 강하게 하사 나의 두 눈을 뺀 블레셋 사람에게 원수를 단번에 갚게 하옵소서** 하고 [29]삼손이 집을 버틴 두 기둥 가운데 하나는 왼손으로 하나는 오른손으로 껴 의지하고 [30]삼손이 이르되 블레셋 사람과 함께 죽기를 원하노라 하고 힘을 다하여 몸을 굽히매 그 집이 곧 무너져 그 안에 있는 모든 방백들과 온 백성에게 덮이니 삼손이 죽을 때에 죽인 자가 살았을 때에 죽인 자보다 더욱 많았더라(사사기 16:28-30)

온통 승리의 기쁨에 겨운 환호성으로 가득했다. 그러나 그 환호성 가운데 조용히 자세를 잡고 있는 "나실인"이 있었다. 그는 이미 두 눈을 잃어 누군가에게 의지하지 않고는 어디에도 갈 수 없게 된 '작은 태양(삼손)'이었다. 그렇게 소년에게 의지하여 두 기둥 사이에 자리 잡은 삼손이 부르짖었다. 그 기둥 둘은 다곤 신전을 버티고 있는 기둥이었다. "주 여호와여 구하옵나니 나를 생각하옵소서. 하나님이여 구하옵나니 이번만 나를 강하게 하사 나의 두 눈을 뺀 블레셋 사람에게 원수를 단번에 갚게 하옵소서."[95] 이미 삼손의 왼손과 오른손은 두 기둥을 하나씩 껴 의지한 상태였다.

마지막으로 다시 한번 삼손이 부르짖었다. "블레셋 사람과 함께 죽기를

---

95 "나의 두 눈을 뺀 블레셋 사람에게 원수를 단번에 갚게 하옵소서.": 여기서도 삼손은 '내 원수'를 갚게 해달라고 하나님께 기도했다. 사실 실망스러운 면이 많은 기도다. 그러나 하나님께서는 이러한 삼손의 철이 덜든 기도에도 응답해주셨다. 그리고 그의 이름을 히브리서 11장 '명예의 전당'에 올려주셨다. 나는 이러한 모습에서 '최종적인 모습이 얼마나 훌륭했냐?'보다는 **'그가 얼마나 성장했느냐?'**에 관심을 주시는 '하나님의 은혜'를 깨닫는다.

원하노라." 이 말을 외친 삼손이 힘을 다하여 몸을 굽히자 두 기둥이 삼손과 함께 넘어졌다. 그 큰 신전을 버티고 있던 기둥들이었다. 그렇게 다곤 신전은 다곤 신을 찬양하던 블레셋의 모든 방백들 위에 무너져 내렸다. 그렇게 다곤 신전에서 그들의 신을 찬양하던 블레셋의 지도층들은 다곤 신전의 잔해에 매몰되었다. 그 결과, 삼손이 죽을 때에 죽인 자가 살았을 때에 죽인 자보다 많았다고 성경은 증언하고 있다.

> 그의 형제와 아버지의 온 집이 다 내려가서 그의 시체를 가지고 올라가서 **소라와 에스다올 사이**[96] 그의 아버지 마노아의 장지에 장사하니라 **삼손이 이스라엘의 사사로 이십 년 동안 지냈더라**(사사기 16:31)

이 소식은 삽시간에 고대 근동(古代 近東) 전체에 퍼져나갔을 것이다. 말 그대로 블레셋은 아비규환(阿鼻叫喚)에 빠졌을 것이다. 블레셋의 모든 방백들이 한꺼번에 유고(有故)된 상황이었다. 블레셋의 지도층 대부분이 한꺼번에 없어진 상황이었다. 블레셋의 정예병 중 상당수가 사망한 상황이었을 것이다. 즉 블레셋은 순식간에 무정부 상황에 빠졌을 것이다. 이러한 사실은 이어지는 성경 구절을 통해서도 쉽게 추측할 수 있다.

"그의 형제와 아버지의 온 집이 다 내려가서 그의 시체를 가지고 올라가

---

96 "소라와 에스다올 사이 마하네단에서 여호와의 영이 그를 움직이기 시작하셨더라"(사사기 13:25).: 물론, 삼손의 아버지 마노아의 장지가 마하네단이라는 명시된 기록은 없다. 그러나 삼손은 여호와의 영이 그를 움직이기 시작하신 곳 어딘가에 장사되었다는 사실을 확인할 수 있다.

서" 무슨 말인가? 이스라엘 사람들이 블레셋의 5대 성읍 중 가장 강력했던 가사에 단체로 출입할 수 있었다는 이야기다. 당연히 삼손의 형제와 아버지의 온 집 사람들은 무장한 군인들이 아니었을 것이다. 그들은 민간인이었을 것이다. 그런데 그의 형제와 아버지의 온 집이 다 내려가서 '작은 태양(삼손)'의 시체를 가지고 올라왔다. 즉 삼손이 다곤 신전을 무너뜨린 뒤, 블레셋의 방어막이 완전히 와해(瓦解)되었다는 것을 알 수 있다. 이러한 사실은 사울이 죽은 뒤에 일어났던 일을 살펴볼 때 더욱 분명해진다.

> [8]**그 이튿날 블레셋 사람들이 죽은 자를 벗기러 왔다가 사울과 그의 세 아들이 길보아산에서 죽은 것을 보고** [9]사울의 머리를 베고 그의 갑옷을 벗기고 자기들의 신당과 백성에게 알리기 위하여 그것을 블레셋 사람들의 땅 사방에 보내고 [10]그의 갑옷은 아스다롯의 집에 두고 그의 시체는 벧산 성벽에 못 박으매 [11]길르앗 야베스 주민들이 블레셋 사람들이 사울에게 행한 일을 듣고 [12]**모든 장사들이 일어나 밤새도록 달려가서 사울의 시체와 그의 아들들의 시체를 벧산 성벽에서 내려 가지고** 야베스에 돌아가서 거기서 불사르고 [13]그의 뼈를 가져다가 야베스 에셀 나무 아래에 장사하고 칠 일 동안 금식하였더라(사무엘상 31:8-13)

사울은 기원전 1010년에 사망했다. 몇 년의 차이는 있겠지만, 삼손의 사후(死後) 약 60년 정도 지난 시점의 일이다. 사울의 죽음 또한 블레셋과 연관되었다. 그런데 사울의 시체를 욕보인 블레셋 사람들의 만행에 '길르앗 야베스의 장사들'이 나섰다. 이러한 길르앗 야베스 사람들의 행동은 사울이 왕이 된 후 그들을 구원했던 은혜를 잊지 않았기 때문이었다.[97] 사울과 마찬가지로 블레셋의 입장에서는 삼손 또한 그들의 대적 이스라엘의 수장(首長)이었다. 즉 삼손의 시체는 블레셋의 입장에서 그렇게 쉽게 내어줄 성질의 것이 아니었다. 그런데 성경은 삼손의 형제와 아버지의 온 집이 다 내려가서 그의 시체를 가지고 올라왔다고 증언하고 있다. 쉽게 말해 블레셋은 이 때로부터 상당한 기간 민족 집단으로서 제대로 된 기능을 하지 못했다는 이야기다. 사울 때에 와서 상당히 회복되었다고는 하나, 삼손이 없었다면 블레셋은 이스라엘이 감당하기 어려울 정도로 성장한 집단이 되었을 것이다.

그렇다면, 하나님의 나실인으로 태어난 삼손에게 이 죽음은 어떤 의미였을까?

> [13]**나실인의 법은 이러하니라 자기의 몸을 구별한 날이 차면** 그 사람을 회막 문으로 데리고 갈 것이요 [14]**그는 여호와께 헌물을 드리되** 번제물로

---

97 "[1]**암몬 사람 나하스가 올라와서 길르앗 야베스에 맞서 진 치매** 야베스 모든 사람들이 나하스에게 이르되 우리와 언약하자 그리하면 우리가 너를 섬기리라 하니 [2]암몬 사람 나하스가 그들에게 이르되 **내가 너희 오른 눈을 다 빼야 너희와 언약하리라 내가 온 이스라엘을 이같이 모욕하리라** [3]야베스 장로들이 그에게 이르되 우리에게 이레 동안 말미를 주어 우리가 이스라엘 온 지역에 전령들을 보내게 하라 만일 우리를 구원할 자가 없으면 네게 나아가리라 하니라 [4]이에 전령들이 사울이 사는 기브아에 이르러 이 말을 백성에게 전하매 모든 백성이 소리를 높여 울더니 [5]마침 사울이 밭에서 소를 몰고 오다가 이르되 백성이 무슨 일로 우느냐 하니 그들이 야베스 사람의 말을 전하니라 [6]**사울이 이 말을 들을 때에 하나님의 영에게 크게 감동되매** 그의 노가 크게 일어나 [7]한 겨리의 소를 잡아 각을 뜨고 전령들의 손으로 그것을 이스라엘 모든 지역에 두루 보내어 이르되 **누구든지 나와서 사울과 사무엘을 따르지 아니하면 그의 소들도 이와 같이 하리라 하였더니 여호와의 두려움이 백성에게 임하매 그들이 한 사람 같이 나온지라**"(사무엘상 11:1-7).

일 년 된 흠 없는 숫양 한 마리와 속죄제물로 일 년 된 흠 없는 어린 암양 한 마리와 화목제물로 흠 없는 숫양 한 마리와 [15]무교병 한 광주리와 고운 가루에 기름 섞은 과자들과 기름 바른 무교전병들과 그 소제물과 전제물을 드릴 것이요(민수기 6:13-15)

민수기 6장에 나오는 '나실인의 규례'다. 이 규례에 따르면 나실인으로 구별된 날을 마친 뒤 '나실인으로서의 서원을 마치는 절차'가 나온다. 눈에 띄는 부분이 있을 것이다. '번제물로 일 년 된 흠 없는 숫양 한 마리와 속죄 제물로 일 년 된 흠 없는 어린 암양 한 마리' 그리고 '화목제물로 흠 없는 숫양 한 마리'가 그것이다. 블레셋 사람들이 빼낸 삼손의 두 눈이 비둘기를 대신했다는 사실이 기억날 것이다. 삼손의 두 눈은 '나실인으로서의 재(再)헌신 과정'에서 속죄 제물과 번제물로 사용되었다.

삼손은 이스라엘을 구원하기 위해 선택된 '하나님의 나실인'이었다. 그는 베들레헴에 태어날 다윗을 준비하는 역할 또한 맡은 인생이었다. "삼손이 죽을 때에 죽인 자가 살았을 때에 죽인 자보다 더욱 많았더라." 그렇게 그는 하나님의 섭리 가운데 그에게 주어진 소명(召命)을 완성하게 되었다. 즉 나실인으로서의 서원이 완성되었다. 그리고 이제 삼손에게 남은 것은 '나실인으로서의 서원을 마치는 절차'였다. 엄밀히 말하면, 삼손의 경우 '나실인으로서의 소명'과 '나실인으로서의 서원을 마치는 절차'가 동시에 진행되었다. 이제는 쉽게 보일 것이다. 그렇게 삼손은 다곤 신전에서 블레셋의 지도층을 몰살시키면서 자신의 몸을 서원을 마치는 번제와 속죄 제물로 드리게 되었다. 그리하여 그는 사도 바울이 말한 것처럼 '하나님께 드리는 전제(奠祭)'가 되었다.[98] 이 모든 것은 하나님의 은혜로 완성된 일이었다.

---

98 "[5]그러나 너는 모든 일에 신중하여 고난을 받으며 전도자의 일을 하며 네 직무를 다하라 [6]**전제와 같이 내가 벌써 부어지고 나의 떠날 시각이 가까웠도다** [7]나는 선한 싸움을 싸우고 나의 달려갈 길을 마치고 믿음을 지켰으니 [8]이제 후로는 나를 위하여 의의 면류관이 예비되었으므로 주 곧 의로우신 재판장이 그날에 내게 주실 것이며 내게만 아니라 주의 나타나심을 사모하는 모든 자에게도니라"(디모데후서 4:5-8).

5부

입다

입다 1

너는 우리 아버지의 집에서 기업을 잇지 못하리라

이스라엘 자손이 다시 여호와의 목전에 악을 행하여 바알들과 아스다롯과 아람의 신들과 시돈의 신들과 모압의 신들과 암몬 자손의 신들과 블레셋 사람들의 신들을 섬기고 **여호와를 버리고 그를 섬기지 아니하므로** (사사기 10:6)

"이스라엘 자손이 다시 여호와의 목전에 악을 행하여" 이 말, 이제는 새롭지도 않을 것이다. 사사기 10장의 기사는 '사사 입다'가 세워지게 된 '시대 배경'을 설명하고 있다. '사사 돌라'와 '사사 야일'의 시대가 지나자 일어난 현상이었다.

[1]아비멜렉의 뒤를 이어서 잇사갈 사람 **도도의 손자 부아의 아들 돌라가**
일어나서 이스라엘을 구원하니라 그가 에브라임 산지 사밀에 거주하면
서 [2]이스라엘의 사사가 된 지 이십삼 년 만에 죽으매 사밀에 장사되었더

라 [3]그 후에 길르앗 사람 **야일이 일어나서** 이십이 년 동안 이스라엘의 사사가 되니라 [4]**그에게 아들 삼십 명이 있어 어린 나귀 삼십을 탔고 성읍 삼십을 가졌는데** 그 성읍들은 길르앗 땅에 있고 오늘까지 하봇야일이라 부르더라 (사사기 10:1-4)

소사사[1]인 '돌라와 야일'에 대해 성경은 아주 적은 양의 정보만을 제공하고 있다. 하지만 이들 둘은 소위(所謂) '귀족 출신'이었다. 무엇을 통해 이러한 사실을 알 수 있을까? 우선 돌라의 명칭을 성경은 이렇게 소개하고 있다. "도도의 손자 부아의 아들 돌라" 이스라엘 사람들에게 있어서 "누구의 손자 누구의 아들 누구"라고 불리는 사람은 그가 이름만 들어도 누구나 알 수 있는 명문가(名門家) 출신이라는 의미였다. 즉 돌라는 그 시대 사람들에게는 따로 부연설명(敷衍說明)이 필요 없는 사람이었다.

다음은 야일에 대한 소개다. "그에게 아들 삼십 명이 있어 어린 나귀 삼십을 탔고 성읍 삼십을 가졌는데" 이스라엘 사람들에게 있어서 나귀는 '왕족이나 귀족이 타는 동물'이었다. 그런데 '사사 야일'의 아들 삼십 명은 모두 어린 나귀를 탔다. 그리고 이들은 각자 한 성읍을 소유하고 있었다. 즉 야일은 엄청난 부와 명성을 가진 인물이었다.

'사사 입다'가 나오기 전, 소사사 두 명의 이러한 배경은 입다와 '극적인

---

1 '소사사와 대사사'를 나누는 기준은 아주 간단하다. 성경에 많은 정보가 담겨있는 사사를 '대사사'라고 하며, 많은 정보가 담겨있지 않은 사사를 '소사사'라 한다.

대조'를 보이고 있다. 이제 '변화의 시대'에 들어간 것이다. 돌라와 야일의 시대 뒤에 이스라엘을 구원한 입다는 '사생아 출신'이었다. 그의 어머니는 기생이었다. 그러한 이유로 입다는 아버지의 집에서 쫓겨난 인물이었다.[2]

입다 이전, 겉으로는 번영과 평안의 시대였다. 표면적으로는 명문가 출신 사사와 함께 한 평화의 시대였다. 그러나 이들이 죽고 나자 이스라엘은 다시 여호와의 목전에 악을 행하기 시작했다. '길르앗 사람 야일'은 죽었어도 그의 아들 삼십 명은 여전히 각자 자신의 나귀를 타고 다녔을 것이다. 그러나 그들의 '고귀한 신분(?)'은 '이스라엘의 영성'을 지키는 데 무력(無力)하고 무능(無能)했다. 그 결과, 길르앗은 암몬의 억압 아래 허덕이게 되었다.

"바알들과 아스다롯과 아람의 신들과 시돈의 신들과 모압의 신들과 암몬 자손의 신들과 블레셋 사람들의 신들을 섬기고" 이스라엘 백성들은 야일이 죽자, 그의 아들의 숫자만큼이나 많은 일곱 족속의 우상을 섬기기 시작했다.[3] 그래도 이전에는 한두 개의 우상을 섬기던 그들이었다. 언약 백성들의

---

2 "[1]길르앗 사람 입다는 큰 용사였으니 **기생이 길르앗에게서 낳은 아들이었고** [2]길르앗의 아내도 그의 아들들을 낳았더라 그 아내의 아들들이 자라매 입다를 쫓아내며 그에게 이르되 **너는 다른 여인의 자식이니 우리 아버지의 집에서 기업을 잇지 못하리라** 한지라"(사사기 11:1–2).

3 다른 사람은 몰라도, 우리 대한민국의 지도층 자제들을 여러 명 양육해본 나는 이러한 현상이 이해된다. 쉽게 예상할 수 있듯이, 의료인의 선교단체인 한국누가회(CMF)에는 부유한 집안의 자녀들이 비교적 많이 들어온다. 물론 한국누가회 지체들은 의대생들의 평균보다는 가난한 집안 출신이 훨씬 많다. 이것 또한 쉽게 예상되는 일일 것이다. 집안이 부유하든 가난하든 신앙이 좋은 아이들은 문제가 없다. 그러나 집안이 부유한데 사고를 치는 아이들의 경우, 그 사고 치는 규모가 글로벌(global)하다. 이런 아이들은 지구상에 있는 여러 나라가 그냥 옆 동네 혹은 옆집이다. 분명히 엊그제 내 옆에서 떠들던 아이가 오늘은 지구 반대편에 있는 경우가 많다. 그 며칠 안 되는 사이 무엇하러 그 먼 거리까지 항공비를 들여 갔는지 이해할 수가 없다. 하지만 그것이 그 아이들의 일상이다. 입다가 등장하던 시절, 이스라엘은 귀족들의 시대를 수십 년

이러한 타락은 '뻔한 결과'를 가져왔다. 이제는 그 '뻔한 결과'가 무엇인지 알 것이다. 그 '뻔한 결과'는 이방 민족에 의한 압제였다. 그렇다면 그 '뻔한 결과'의 이유는 무엇일까? 그러니까 우상을 섬기는 원조(元祖)들은 놔두고 왜 이스라엘만 혼이 나야 했을까?[4] 이유는 간단하다. 그들이 '하나님의 백성'이기 때문이다.

예를 들면 이와 같다. 물론 이 예(例) 때문에 젊은 세대는 나를 "꼰대"라고 생각할 수도 있다. 1993년 육군 병장으로 군대를 제대하고 서울 노량진에서 수능 공부를 하던 때였다. 어느 날 학원 문을 나서면서 잠깐 멍했던 기억이 있다. 학원 문을 나서는데 20살 정도 되어 보이는 여학생 몇 명이 길거리에서 담배를 피우는 모습이 눈에 들어왔기 때문이다. 그때 머리를 스치는 생각이 있었다. '저것들이 내 여동생이었으면 그냥 …' 하지만 그 여학생들은 내가 전혀 모르는 아이들이었다. 즉 나와 아무 상관이 없는 사람들이었다. 나는 바로 지갑에 매식집의 식권이 몇 장 남았는지를 확인하며 식당으로 향했다. 만약 그 여학생 중에 내 여동생이 있었다면 그 아이들은 내 손에

간 보낸 후였다. 시대를 불문하고 사람들이 사는 모습은 비슷하게 마련이다. 그리고 능력이 있는 집안의 아이들은 그 시대에 가용(可用)한 교통수단 중 최고치가 닿을 수 있는 곳까지 수시로 왕래했을 것이다. 그렇게 수시로 주변 민족을 왕래했을 아이들이 배워온 것은 무엇일까? 경건한 삶과 여호와 신앙일까? 그럴 리가 없다. 그 아이들은 "바알들과 아스다롯과 아람의 신들과 시돈의 신들과 모압의 신들과 암몬 자손의 신들과 블레셋 사람들의 신들"을 배워왔을 것이다. 이것이 다른 시대와는 달리 입다가 등장하던 시대 정말 종합선물세트와 같은 우상숭배가 일어난 배경이다.

4 물론 하나님의 주권과 계획하심에 따라 우상을 섬기는 이방 민족 또한 끝장날 때가 있다. 그러나 우리들의 눈에는 같은 잘못을 했음에도 우리만 혼나는 것 같은 때가 많은 이유에 대해 설명한 것이다.

온전치 못했을 것이다.[5]

하나님도 마찬가지시다. 앞에 언급된 일곱 족속의 경우, 그들이 언약 백성인 이스라엘을 건드리지 않는 한 그들의 우상숭배는 최후의 심판까지 유예될 것이다.[6] 하지만 이스라엘은 다르다. 언약 백성인 이스라엘의 우상숭배는 넘어갈 수 있는 일이 아니기 때문이다.

> [7]여호와께서 이스라엘에게 진노하사 **블레셋 사람들의 손과 암몬 자손의 손에 그들을 파시매** [8]그 해에 그들이 요단강 저쪽 길르앗에 있는 아모리 족속의 땅에 있는 모든 이스라엘 자손을 쳤으며 열여덟 해 동안 억압하였더라 [9]암몬 자손이 또 요단을 건너서 유다와 베냐민과 에브라임 족속과 싸우므로 이스라엘의 곤고가 심하였더라(사사기 10:7-9)

진노하신 하나님은 '블레셋과 암몬의 손'에 이스라엘을 넘기셨다. 가만히 생각해보면 이상한 일이다. 솔직히 이스라엘이 저지른 우상숭배의 원조(元祖)는 '블레셋과 암몬'이지 않은가? 그런데 이스라엘의 우상숭배를 징계하시는 과정에서 하나님은 '블레셋과 암몬'을 사용하신다. 21세기를 사는 우리

---

5 다행히 나에게는 여동생이 없다. 남동생만 하나 있다.

6 이스라엘 백성이 우상숭배를 하는 경우, 이스라엘을 징계하는 과정에 도구로 쓰인 이방 민족이 있다. 그렇다면, 이때 도구로 쓰인 이방 민족의 결국은 어떻게 될까? 선지서를 읽으면 알게 될 것이다. 이때 도구로 쓰인 이방 민족의 운명은 이스라엘의 징계가 끝나면서 끝장이 난다. 즉 "그들이 언약 백성인 이스라엘을 건드리지 않는 한"이라는 말은 이러한 역사적 배경 때문에 쓴 표현이다. 그들이 이스라엘을 징계하는 도구로 쓰인 것은 사실이지만, 어찌 되었든 그들은 이스라엘을 건드린 것이다. 물론 이방 민족 그들이 행한 우상숭배 또한 그들이 끝장나는 이유다.

네 인생에서도 마찬가지다. 이러한 패턴(pattern)을 알아두면 신앙생활에서 많은 유익을 얻을 수 있다. 특별히, 맞을 매를 줄이는 데 많은 도움이 된다.

일곱 족속의 우상을 한꺼번에 섬긴 이스라엘의 타락에 하나님께서는 양쪽에서 그들을 압박해 오셨다. 서쪽에서는 블레셋 사람들의 손이, 동쪽에서는 암몬 사람들의 손이 이스라엘을 억압해 들어오기 시작했다. 참고로 서쪽에서 들어온 블레셋의 압박은 입다 이후에 등장한 '삼손 이야기'를 이룬다.

"그 해에 그들이 요단강 저쪽 **길르앗에 있는** 아모리 족속의 땅에 있는 **모든 이스라엘 자손을 쳤으며**" 길르앗은 요단강 동쪽에 있었다. 길르앗은 출애굽 당시 아모리왕 시혼이 차지하고 있었던 곳이다.[7] 모세 때 정복한 이 땅의 북쪽은 '므낫세 반 지파'에게 중간 부분은 '갓 지파'에게 그리고 남쪽은 '르우벤 지파'에게 분배되었다. 그리고 이들 동쪽에 '암몬'이 있었다. 출애굽 당시 하나님께서는 롯의 자손인 암몬 족속의 땅에 이스라엘이 접근하지 못하게 하셨다.[8] 이것은 아브라함이 약속의 땅을 향해 갈 당시, 그 여정에 동

---

7 "그때에 여호와께서 내게 이르시되 **내가 이제 시혼과 그의 땅을 네게 넘기노니 너는 이제부터 그의 땅을 차지하여 기업으로 삼으라** 하시더니"(신명기 2:31). "[46]요단 동쪽 벳브올 맞은편 골짜기에서 그리하였더라 **이 땅은 헤스본에 사는 아모리 족속의 왕 시혼에게 속하였더니** 모세와 이스라엘 자손이 애굽에서 나온 후에 그를 쳐서 멸하고 [47]그 땅을 기업으로 얻었고 또 바산 왕 옥의 땅을 얻었으니 그 두 사람은 아모리 족속의 왕으로서 요단 이쪽 해 돋는 쪽에 살았으며"(신명기 4:46–47).

8 "**오직 암몬 족속의 땅** 얍복강 가와 산지에 있는 성읍들과 **우리 하나님 여호와께서 우리가 가기를 금하신 모든 곳은 네가 가까이 하지 못하였느니라**"(신명기 2:37). "[17]여호와께서 내게 말씀하여 이르시되 [18]네가 오늘 모압 변경 아르를 지나리니 [19]암몬 족속에게 가까이 이르거든 그들을 괴롭히지 말고 그들과 다투지도 말라 **암몬 족속의 땅은 내가 네게 기업으로 주지 아니하리니 이는 내가 그것을 롯 자손에게 기업으로 주었음이라**"(신명기 2:17–19).

행한 롯에 대한 하나님의 배려였다. 우리는 당신이 창조하신 온 우주를 지금도 다스리시는 하나님의 이러한 원칙을 배워야 한다. 하나님께서는 비록 언약 백성이 아닐지라도 그들의 조상이 아브라함에게 행한 은혜를 잊지 않으시고 갚으셨다.

어찌 되었든, 이스라엘이 여호와를 버리고 우상들을 숭배하자 하나님께서는 암몬 자손의 손에 그들을 파셨다. 그 결과, 길르앗의 동쪽에 있었던 암몬이 십팔 년 동안 이스라엘을 억압했다. "암몬 자손이 또 요단을 건너서 유다와 베냐민과 에브라임 족속과 싸우므로" 게다가 암몬은 길르앗 뿐 아니라 요단강 서편에 있었던 '유다와 베냐민 그리고 에브라임 지파'를 압박하기 시작했다. 쉽게 말해 이스라엘의 양대 지파인 유다와 에브라임마저 안전이 보장되지 않게 되었다.

유다 지파마저 위협받는 이러한 상황은 이스라엘에게 심리적으로 엄청난 충격을 주었던 것 같다. 유다 지파는 여호수아의 사후(死後) 가나안 정복의 선두에 섰던 지파였다.[9]

> [10]이스라엘 자손이 여호와께 부르짖어 이르되 **우리가 우리 하나님을 버리고 바알들을 섬김으로 주께 범죄하였나이다** 하니 [11]여호와께서 이스라엘 자손에게 이르시되 내가 애굽 사람과 아모리 사람과 암몬 자손과

---

9 "[1]여호수아가 죽은 후에 이스라엘 자손이 여호와께 여쭈어 이르되 **우리 가운데 누가 먼저 올라가서 가나안 족속과 싸우리이까** [2]여호와께서 이르시되 **유다가 올라갈지니라 보라 내가 이 땅을 그의 손에 넘겨 주었노라 하시니라**"(사사기 1:1–2).

> 블레셋 사람에게서 너희를 구원하지 아니하였느냐 [12]또 시돈 사람과 아
> 말렉 사람과 마온 사람이 너희를 압제할 때에 너희가 내게 부르짖으므
> 로 내가 너희를 그들의 손에서 구원하였거늘 [13]너희가 나를 버리고 다른
> 신들을 섬기니 그러므로 내가 다시는 너희를 구원하지 아니하리라 [14]가
> 서 너희가 택한 신들에게 부르짖어 너희의 환난 때에 그들이 너희를 구
> 원하게 하라 하신지라(사사기 10:10-14)

정말이지, 이스라엘은 죄를 짓는 것도 잘하지만, 문제가 생겼을 때 하나님 앞에 가서 부르짖는 것 또한 잘하는 모습을 볼 수 있다. 상황이 급박해진 이스라엘 자손들은 하나님께 부르짖었다. 정말이지, 사고 치는 것을 제외하고 이 부분은 이스라엘에게 꼭 배워야 할 점이다. "우리가 우리 하나님을 버리고 바알들을 섬김으로 주께 범죄하였나이다!" 보통 이스라엘 백성이 이 정도까지 외치면 하나님께서는 구원자를 보내주셨다. 더군다나 이스라엘의 이번 외침은 이전과는 달랐다. 그동안 이스라엘은 그저 자신들의 어려움을 하나님께 하소연했을 뿐이었다. 사사기 내내 이스라엘이 하나님 앞에 "우리가 범죄하였나이다!"라고 고백한 것은 단 두 번만 나온다. 그리고 이 두 번 모두 이번 사건에서 언급되고 있다.

하지만 반복되는 이스라엘의 패역(悖逆)에 하나님께서는 이렇게 답하셨다. 그도 그럴 것이 일곱 족속의 우상을 섬긴 이스라엘이었다. 이스라엘이 원래 그런 족속이라고는 하지만 해도 너무한 것이기는 했다. "내가 애굽 사람과 아모리 사람과 암몬 자손과 블레셋 사람에게서 너희를 구원하지 아니하였느냐? 또 시돈 사람과 아말렉 사람과 마온 사람이 너희를 압제할 때에

너희가 내게 부르짖으므로 내가 너희를 그들의 손에서 구원하였거늘 너희가 나를 버리고 다른 신들을 섬기니 그러므로 내가 다시는 너희를 구원하지 아니하리라. 가서 너희가 택한 신들에게 부르짖어 너희의 환난 때에 그들이 너희를 구원하게 하라."

> [15]이스라엘 자손이 여호와께 여쭈되 **우리가 범죄하였사오니 주께서 보시기에 좋은 대로 우리에게 행하시려니와 오직 주께 구하옵나니 오늘 우리를 건져내옵소서** 하고 [16]자기 가운데에서 이방 신들을 제하여 버리고 여호와를 섬기매 여호와께서 이스라엘의 곤고로 말미암아 마음에 근심하시니라(사사기 10:15-16)

"우리가 범죄하였사오니" 이스라엘이 하나님께 다시 한번 그들의 죄를 고백했다. 부모들이 흔히 하는 이야기가 있다. 물론 정상적인 부모를 예로 든 것이다. 혹시라도 있을지 모르는 학대의 경험이 있는 독자들은 용서하고 들어 주기 바란다. 애들을 혼내보면 이 아이가 (정서적으로) 내 새끼인지 아닌지를 바로 구분할 수 있다고 한다. 내 새끼의 특징은 간단하다. 내 새끼는 아무리 혼이 나도 부모에게 바로 안긴다. 그렇게 놓고 보면 이스라엘은 여호와 하나님의 자녀가 맞았다. 그들이 바르고 잘했기 때문이 아니라, 끝까지 하나님께 '엉겨 붙었다(?)'는 점에서 그렇다.

"우리가 우리 하나님을 버리고 바알들을 섬김으로 주께 범죄하였나이다!" 이러한 이스라엘의 첫 번째 부르짖음에 화를 내시는 하나님께 그들은 엉겨 붙었다. 지난날의 시시비비(是是非非)를 말씀하시는 하나님께 다시 여쭈었다. "우리가 범죄하였사오니 주께서 보시기에 좋은 대로 우리에게 행하시려니와, 오직 주께 구하옵나니 오늘 우리를 건져내옵소서." 사실 이스라엘 백성들도 화를 내시는 하나님께 할 말이 없었다. 그래서 했던 말이다. "주께서 보시기에 좋은 대로 우리에게 행하시려니와", 솔직히 입이 열 개여도 할 말이 없는 상황이었다. 하지만 다음 말 또한 잊지 않았다. "오직 주께 구하옵나니 오늘 우리를 건져내옵소서." 이스라엘의 이 말은 우리 또한 잊지 말아야 한다. 우리 같은 인생에 구원은 오직 하나님밖에 없다. 우리 또한 그들과 다르지 않기 때문이다.

그리고 영악한(?) 이스라엘 백성들은 바로 그들 가운데 이방 신들을 없애 버렸다. 물론 칭찬받을 일이기는 하다. 하지만 이러한 이스라엘의 행위를 "영악하다"라고 한 이유는 간단하다. 하나님께서 그들의 요구에 응해주셔서 상황이 조금만 나아지면 바로 돌아갈 것이기 때문이다. 그들뿐이 아니다. 우리네 인생 또한 다르지 않다. '나는 다르다'라고 생각하는 독자가 있다면, 그 사람은 아직 신앙생활을 시작하지도 않은 것이다. 그렇게 그들 가운데 만연했던 우상들을 제거한 이스라엘은 여호와를 섬겼다. "가서 너희가 택한 신들에게 부르짖어 너희의 환난 때에 그들이 너희를 구원하게 하라"며 화를 내셨던 하나님이셨다. 하지만 결과는 정해져 있었다. 결국 하나님께서는 이스라엘을 구원하실 것이다.

하지만 하나님께서 이스라엘 백성을 구원하신 이유는 '이스라엘의 회개(悔改)' 때문이 아니었다. 물론 이스라엘의 회개가 전혀 역할을 하지 않았다는 의미로 하는 말은 아니다. "여호와께서 이스라엘의 곤고로 말미암아 마음에 **근심하시니라.**” 물론 우리말 성경에는 이스라엘이 그들 가운데 이방 신들을 제하여 버리고 여호와를 섬기매 하나님께서 이스라엘의 곤고(困苦)로 말미암아 마음에 근심하셨다고 기록하고 있다. 그러나 '근심하다'의 히브리어 '카차르'는 '고통을 당하는 모습을 보고 견디지 못하는 심정'을 뜻한다.[10] 즉 하나님은 이스라엘이 회개하는 모습 때문에 그들이 고통당하는 모습을 견디지 못하신 것이 아니다. 하나님은 그들이 '당신의 자녀'이기에[11] 그들이 고통당하는 모습을 보고 견디지 못하신 것이다. 전지전능하신 하나님께서는 이스라엘이 지금은 제대로 하는 것처럼 보이지만, 이 또한 오래 가지 못할 것이라는 사실을 잘 알고 계셨다. 하지만 당신의 백성이 겪는 고통과 괴로움을 차마 보실 수가 없으셨다. 즉 하나님께서 이번에도 이스라엘을 구원하시는 이유는 그들의 행위(Doing) 때문이 아니었다. 이스라엘에게 속을 줄 알면서도 하나님께서 그들을 구원하신 이유는 그들이 당신의 자녀들(Being)이기 때문이었다.[12]

일부 독자들은 "그게 그 말 아닌가?"라고 할 수 있다. 하지만, 이 부분은 매우 중요하다. 하나님께서 우리를 구원하시는 이유는 우리가 그분의 자녀이기 때문이다. 즉 그분과 우리의 관계 때문이다. 하나님께서 우리의 바른 행동 때문에 우리를 구원하신다고 믿는다면 그는 아직 구원이 무엇인지 모

---

10 자세한 내용을 확인하고 싶은 독자들에게는 『여호와의 날개 아래 약속의 땅을 향하여, 구약 역사서 이해-문예적 신학적 서론』(김지찬, 생명의말씀사)을 권한다.

11 '당신의 백성'이기에

12 우리의 구원 또한 마찬가지다. 우리는 "예수의 피를 힘입어" 하나님의 자녀(Being)가 되었기 때문에 구원받는다. 우리는 행위(Doing)로 구원받는 것이 아니다.

르는 것이다. 이러한 존재(Being)와 행위(Doing)의 차이에 대해 마음속 깊이 묵상하길 바란다.

> [17]그때에 암몬 자손이 모여서 길르앗에 진을 쳤으므로 **이스라엘 자손도 모여서 미스바에 진을 치고** [18]**길르앗 백성과 방백들이 서로 이르되** 누가 먼저 나가서 암몬 자손과 싸움을 시작하랴 그가 길르앗 모든 주민의 머리가 되리라 하니라(사사기 10:17-18)

이렇듯 '당신의 백성이 겪는 고통과 괴로움을 차마 보실 수가 없으셨던 하나님'이셨다. 그러한 하나님의 고통이 심해지는 가운데, 암몬 자손들이 이스라엘을 치러 길르앗에 진을 쳤다. 그렇다면 이 전쟁의 결과는 이미 정해진 것이었다. 암몬은 그들의 무덤으로 들어오는 셈이 되었다. 그렇게 암몬이 길르앗에 진을 치자, 이스라엘도 미스바에 진을 쳤다. 이때 이스라엘이 진을 친 미스바는 '유다 지파'의 땅에 있는 미스바가 아니었다. 즉 이때 이스라엘이 진을 친 미스바는 '요단 서편'이 아니라 '요단 동편'에 있었다. 이러한 사실은 입다가 암몬과의 전쟁을 승리로 이끈 후, 전쟁에 참여하지 않았던 에브라임 지파의 반응으로도 알 수 있다. 에브라임 지파는 요단 서편 지역에 거주하는 지파였다. 이스라엘 백성이 진을 친 곳은 야곱이 그의 아버지의 집으로 귀향(歸鄕)하던 중, 그의 외삼촌 라반과 언약을 맺은 곳으로 보인다.[13] 즉 암몬에 대항하여 이스라엘은 얍복강 북쪽에 진을 쳤다.

---

13 "[47]라반은 그것을 여갈사하두다라 불렀고 야곱은 그것을 갈르엣이라 불렀으니 [48]라반의 말

그렇게 암몬을 대항해서 진을 쳤지만, 정작 이스라엘 가운데에는 먼저 나서 싸울 장수가 없었다. 생각해보면 기가 막힌 일이지만, 이러한 일은 인류 역사 가운데 반복되는 현상이다. 입다가 사사로 세워지기 전, 이스라엘은 두 명의 귀족 출신 사사와 평화 시대를 구가했다. 그들의 이름은 '돌라와 야일'이었다. 그렇게 45년간의 평화를 누리는 동안, 사람들은 귀족들이 그들의 안전을 지켜줄 것이라 생각했을지도 모른다. 그러나 그 시각까지도 나귀를 타고 다녔을 야일의 아들 삼십 명 중 어느 누구도 나서는 이가 없었다. 더군다나 이들 삼십 명이 소유한 삼십 성읍들은 모두 길르앗 땅에 있었다.[14]

일단 침략해오는 암몬을 대항해서 미스바에 진을 친 이스라엘이었다. 그러나 어느 누구 하나 선봉에 서겠다는 이가 없었다. 길르앗 백성과 방백들 사이에 오갔던 말은 '했던 말을 또 하고 했던 말을 또 하는 도돌이표'였을 것이다. "누가 먼저 나가서 암몬 자손과 싸움을 시작하랴? 그가 길르앗 모든 주민의 머리가 되리라." 이와 비슷한 부류의 말은 책상머리에 앉아 있으면 쉽게 들을 수 있을 것이다. 그래도 이때는 21세기 대한민국보다 사람들이 순박했던 것으로 보인다. "그가 길르앗 모든 주민의 머리가 되리라." 싸움이 끝난 뒤에는 앞서 나가 싸운 자를 죽이는 것이 세상의 정해진 수순이다. 누군가 목숨을 걸고 앞에 나가 싸우는 동안, 세상에서 출세하는 이들은 선봉에 나가 싸우는 이를 넘어뜨릴 준비에 힘을 합치는 모습을 쉽게 볼 수 있다.

에 오늘 이 무더기가 너와 나 사이에 증거가 된다 하였으므로 그 이름을 갈르엣이라 불렀으며 [49]**또 미스바라 하였으니** 이는 그의 말에 우리가 서로 떠나 있을 때에 여호와께서 나와 너 사이를 살피시옵소서 함이라"(창세기 31:47-49).

14 "그에게 아들 삼십 명이 있어 어린 나귀 삼십을 탔고 성읍 삼십을 가졌는데 **그 성읍들은 길르앗 땅에 있고** 오늘까지 하봇야일이라 부르더라"(사사기 10:4).

그들은 싸움이 끝난 뒤, 선봉에 섰던 이를 죽일 함정을 파는 데 열심이다. 이러한 모습은 교회나 선교단체라고 예외는 아니다.

어찌 되었든, 이 싸움은 '이스라엘이 겪는 고통과 괴로움을 차마 보실 수가 없으셨던 하나님'께서 개입하실 것이 분명한 전쟁이었다. 즉, 결론이 정해진 싸움이었다. 이러한 배경 가운데 성경은 한 인물을 소개한다.

> [1]**길르앗 사람 입다는 큰 용사였으니 기생이 길르앗에게서 낳은 아들이었고** [2]길르앗의 아내도 그의 아들들을 낳았더라 그 아내의 아들들이 자라매 입다를 쫓아내며 그에게 이르되 **너는 다른 여인의 자식이니 우리 아버지의 집에서 기업을 잇지 못하리라** 한지라 [3]이에 입다가 그의 형제들을 피하여 돕 땅에 거주하매 잡류가 그에게로 모여 와서 그와 함께 출입하였더라(사사기 11:1–3)

처음 내가 입다에게 주목했던 계기 또한 히브리서 11장이었다. '믿음의 전당'에 언급된 성경 인물들을 묵상하던 때였다. "내가 무슨 말을 더 하리요 기드온, 바락, 삼손, **입다**, 다윗 및 사무엘과 선지자들의 일을 말하려면 내게 시간이 부족하리로다."[15] 역시 그때도 같은 구절에서 내 시선이 멈췄었다. '입다?' '기생의 아들, 입다?' '하나님께서 전쟁에 이기게 해주시면, 가장 먼저 나와 맞이하는 존재를 그가 사람이라 할지라도 번제물로 바치겠다고

---

15 히브리서 11:32

서원했던 인물?' '그 결과 무남독녀인 딸을 바치게 되었던 바로 그 입다?' '그래, 삼손도 이해가 잘 되는 것은 아니지만 …, 그래도 입다는 좀 …, 그런데 입다?' 하지만, 내가 뭐라고? 성경에서 그렇다고 말씀하시는데!

그렇게 해서 자세히 살펴보게 된 인물이 입다였다. 그리고 어느 시 한 구절이 머리에 떠올랐다. 이제는 대한민국 사람 대부분이 알게 된 시일 것이다. 그것은 '나태주 시인'의 '풀꽃 1'이었다. "자세히 보아야 예쁘다. 오래 보아야 사랑스럽다. 너도 그렇다." 정말이지, 입다가 그랬다. 물론 성경에 나오는 어떤 인물이든지 자세히 살펴보기 전과 그 후는 항상 달랐다. 그래서 성경에 나오는 인물의 설교문을 쓸 때마다 나는 약간의 설렘과 기대가 있었다. 그러나 입다 만큼 설교문을 쓰기 전과 쓴 후, 그 인물에 대한 마음의 감흥이 달랐던 적은 많지 않았던 것 같다.

처음 입다를 묵상하기 시작할 때의 마음은 이러했다. '어쩌면 우리에게 엄청난 희망을 주는 메시지가 나올지도 몰라. 그렇지 않은가? 입다 정도의 배경을 가진 인물도 믿음의 전당에 그 이름을 올릴 수 있다면, 우리들 중 어느 누가 "나는 이제 신앙인으로서 끝난 인생이야. 나는 이제 하나님 앞에서 끝났어"라고 포기할 정도의 인생이 있겠는가?' 딱 그 정도였다. 그 정도의 희망의 메시지(message)를 끌어내면 성공이라고 생각했다. 그런데, 결과는? 글쎄, 이 상황을 희망이라고 해야 하나? 영적으로야, 분명히 희망이 맞기는 한데 …. 이런 경우를 무엇이라 해야 하나? 일단 입다의 인생 이야기를 들어보자.

"길르앗 사람 입다는 큰 용사였으니 **기생이 길르앗에게서 낳은 아들이었**

고" 다른 사사와 달리 입다는 그의 출생부터 '서러움'과 '한스러움'을 안고 태어난 인생이었다. 그는 모든 이로부터 사람 취급을 받지 못하는 여인을 엄마로 둔 '큰 용사'였다. 모든 사람의 손가락질을 당하는 '기생'을 엄마로 둔 사내였다. 성경에서는 말을 순화하여 '기생'이라고 표현했지, 그의 엄마는 '창녀'였다. 생각해보면, 기가 막힌 상황이다. 세상에 '수요자(需要者)' 없는 '공급자(供給者)'는 존재할 수 없다. 특히 입다 엄마의 '대표적인 수요자'는 입다를 쫓아낸 이복형제(異腹兄弟)들의 '자랑스러운(?) 아버지'였다. 고귀한 척하며 입다를 쫓아낸 이복형제들은 그 잘난 '대표적인 수요자의 씨'였다. 그런 여인을 엄마로 둔 그는 '큰 용사'였다. '큰 용사'는 주로 '재산(財産)이나 혈통(血統) 그리고 전투 기술(戰鬪 技術)' 등이 뛰어난 사람을 가리키는 용어(用語)였다. 이러한 탁월함으로 명망(名望)이 높은 인물을 가리키는 말이었다. 당연히 입다는 그의 전투 기술 덕에 '큰 용사'라는 명성을 얻었을 것이다. 그러나 그의 명성 뒤에는 또 하나의 꼬리표가 따라다녔다. 그것은 '기생의 아들'이라는 호칭이었다.

그 결과 입다는 그의 아버지의 집에서 분깃[16]을 얻지 못했다. "그 아내의 아들들이 자라매 입다를 쫓아내며" 아마도 그의 아버지 사후(死後)에 생긴 일이었을 것이다. 아버지의 사후, 본처 소생(本妻 所生)들은 힘을 합쳐 입다를 쫓아냈다. 이때 입다의 이복형제들이 했던 말은 이러했다. "너는 다른 여인의 자식이니 우리 아버지의 집에서 **기업을 잇지 못하리라.**" 입다에게는

---

16 유산을 나누어 주는 것 혹은 그 몫을 의미한다. 상속권과 관련하여 성경에 자주 나오는 표현이다.

이 말이 단순히 재산에 대한 이야기로 들리지 않았을 것이다.

> [1]요셉의 아들 므낫세 종족들에게 므낫세의 현손 마길의 증손 길르앗의 손자 헤벨의 아들 슬로브핫의 **딸들이 찾아왔으니** 그의 딸들의 이름은 말라와 노아와 호글라와 밀가와 디르사라 … [4]**어찌하여 아들이 없다고 우리 아버지의 이름이 그의 종족 중에서 삭제되리이까** 우리 아버지의 형제 중에서 우리에게 기업을 주소서 하매 [5]모세가 그 사연을 여호와께 아뢰니라 [6]여호와께서 모세에게 말씀하여 이르시되 [7]**슬로브핫 딸들의 말이 옳으니 너는 반드시 그들의 아버지의 형제 중에서 그들에게 기업을 주어 받게 하되 그들의 아버지의 기업을 그들에게 돌릴지니라**(민수기 27:1, 4-7)

모세에게 '슬로브핫의 딸'들이 찾아와 했던 말이다. "어찌하여 아들이 없다고 우리 아버지의 이름이 그의 종족 중에서 삭제되리이까?" 그녀들은 '므낫세의 현손 마길의 증손 길르앗의 손자 헤벨의 아들 슬로브핫의 딸'들이었다. 즉 앞에서도 언급했듯이, 이스라엘의 명문가 출신 자손들이었다. 그러나 그녀들의 아버지는 아들이 없었다. 그 결과 기업을 나누어 받지 못했다. 부동산이라면 환장하는 21세기 대한민국 사람들의 눈에는 땅 이야기만 들어올 수도 있다. 그러나 이들은 "언약 백성의 명분"을 이야기하고 있다. 기업을 이을 자가 없어 기업을 받지 못한다는 것은 그의 이름이 언약 백성 중에서 삭제되는 것으로 이해되던 시절이었다. 하나님께서 주신 언약 백성으로서의 분깃이 사라지는 것으로 이해되던 시절이었다. 그런데 입다의 이복형제들이 입다를 내쫓으며 했던 말은 이러했다. **"너는 다른 여인의 자식이니 우리 아버지의 집에서 기업을 잇지 못하리라."**

이 말을 해석하면 이와 같다. "기생의 소생인 너는 언약 백성이 될 자격이 없어! 너는 하나님의 은혜를 받을 자격이 없어!" 즉 입다의 이복형제들이 했던 말은 '영적 정신적 살인 행위'였다.

이러한 분위기는 입다의 아버지가 살아있을 때도 크게 다르지 않았을 것이다. 모든 사람들로부터 손가락질을 받던 그의 엄마는 당연히 사람 대접을 받지 못했을 것이다. 그런데 입다는 '큰 용사'였다. 앞에서도 설명했지만, 이 당시 '큰 용사'라는 명칭은 뛰어난 능력으로 많은 사람들의 인정을 받는 경우에 붙여졌다. 그렇다면 입다는 어린 시절부터 총명(聰明)했을 것이다. 명민(明敏)했을 것이다.

차라리 입다에게 능력이 없었다면 그는 그의 엄마를 원망했을 것이다. 이런 경우 그는 '자신의 운명'과 '그의 엄마' 양쪽을 원망하는 가운데 둘 모두의 삶을 파괴하는 쪽으로 흘러갔을 가능성이 높다. 하지만 입다와 같이 범상치 않은 능력을 가진 사람은 '원망의 대상'이 다르다. 입다와 같은 경우, 그의 원망은 그의 엄마보다는 세상을 향하게 마련이다. 동시에 그의 가슴속에 사무친 한(恨)은 가련한 자신의 엄마를 지키기 위한 담금질로 사용되었을 것이다. 더군다나 그 시절의 기생은 유흥업과 연관된 것이 아니었다. 그 시절의 기생은 잔인한 인생의 굴곡 때문에 가련한 처지에 몰린 여인들의 생계 수단이었다. 그러니 입다는 어린 시절 자신의 엄마를 못 지킨 것에 대한 '트라우마(trauma)'가 있었을 것이다.

“이에 입다가 그의 형제들을 피하여 돕 땅에 거주하매, 잡류가 그에게로 모여 와서 그와 함께 출입하였더라.” 입다는 능력뿐 아니라 ‘독하지 못했던 인물’이었던 것 같다. 사실 입다 입장에서 그의 이복형제들은 그의 상대가 되지 못했을 것이다. 게다가 아버지 사후(死後)였으니 악심(惡心)만 먹는다면 못할 일이 없었을 것이다. 당연히 무슨 수를 썼다 한들 성읍 사람들 때문에 아버지의 재산을 상속받지는 못했을 것이다. 하지만 자신을 향하여 막말을 하는 이복형제들을 끝장내 줄 능력은 충분히 있었을 것이다.

하지만 입다는 그의 형제들을 피하여 ‘돕 땅’으로 가 거주했다. ‘돕 땅’은 ‘좋은 땅’이라는 뜻이다. 그런데 ‘돕 땅’은 정말 ‘좋은 땅’이었을까? 아니면 ‘척박한 땅’을 입다가 ‘좋은 땅’이라 이름 붙여 정을 붙인 것일까? 아무튼 이복형제에게 쫓겨난 뒤에도 희망의 끈을 놓지 않고 치열한 삶을 산 그였다. 그렇게 그가 그의 형제들을 피하여 돕 땅에 거주하자 ‘잡류(雜類)’가 그에게 모여와 그와 함께했다. 이때 ‘잡류’란 입다에게 모인 사람들의 도덕성을 의미하지 않았다. 이때 ‘잡류’는 자신이 속한 사회에서 정상적인 방법으로는 절대 성공할 수 없는 배경을 가진 사람들을 의미했다. 즉 입다와 비슷한 처지에 있었던 사람들을 가리켰다. 그렇게 돕 땅에 거주한 입다는 일정한 세력을 형성하게 되었다.

성경에 기록된 이러한 사실들로 보아, 입다는 ‘전투 능력’뿐 아니라 ‘리더십(leadership)’ 그리고 ‘인품(人品)’에 있어서 상당한 포용력을 가졌던 것으로 보인다. 무엇으로 이러한 사실을 알 수 있을까? 아버지의 사후(死後), 이복형제들에게 말할 수 없는 모욕을 당한 뒤 쫓겨 간 ‘돕 땅’이었다. 그렇다면, 입다가 처음 '돕 땅'에 이르렀을 때, 그의 수중(手中)에 무엇이 있었을까? 정말 이지, 아무것도 없었을 것이다. 입다는 혼자 몸이었을까? 아니면 그의 어머니와 함께였을까? 내 생각에 그의 어머니는 노쇠하여 이 세상 사람이 아니었을 가능성이 높아 보인다. 그 시절 생계로 인해 기생의 처지로 내몰린 여성이 얼마나 건강관리가 되었을까? 누구 하나 돌봐주는 이 없는 여성이 장수했을 리는 없지 않은가? 그렇게 빈손으로 쫓겨나 간 곳이 '돕 땅'이었다.

그곳은 요단 동편 길르앗 라못에서 동쪽으로 20km 정도 떨어진 지점에 있었다. 그곳으로 입다와 같은 처지에 몰린 이들이 하나둘 모여들기 시작했다. 그렇게 모여든 이들로 상당한 세력을 형성한 입다였다. 인생을 살아보고, 조직 생활을 해본 사람이라면 다 아는 사실이 있다. 아무것도 없이 시작한 입다의 세력이었다. 더군다나 입다에게 모여든 이들은 각자의 가슴에 비수 하나씩은 품고 모여든 사람들이었다. 상처가 많은 사람들끼리 모여 있는 공동체 내부에 평화를 유지하고 살림살이를 유지하는 것은 쉬운 일이 아니다. 정말 별것도 아닌 일이 서로의 가슴에 새겨져 있는 상처를 건드리는 일은 매일매일 수도 없이 일어났을 것이다. 이러한 상처와 다툼 가운데 질서를 만들고, 그 많은 사람들의 생계를 책임지는 일을 해내는 것은 보통 일이 아니다.

그런 점에서 볼 때, 입다 이야기는 자수성가(自手成家)한 사람들의 아픈 이야기이기도 하다. 그러한 삶을 살아내야 했던 이들이 치르고 있는 아픔에 대한 이야기이기도 하다. 이스라엘의 귀족 출신들 입장에서 입다가 가진 전투력과 세력은 질투의 대상이었을 것이다. 하지만, 그들의 눈에는 그것만 보였을 것이다. 그들에게는 입다가 매일 치러야만 하는 일상의 수고를 알아볼 눈이 없었을 것이기 때문이다.

귀족 출신의 사사들이 45년간 다스렸던 이스라엘이 위기를 당하여 입다를 찾아왔다. 생각해보라. 당연히 이때 입다를 찾아온 길르앗 장로들은 귀족 출신들이었을 것이다. 금수저로 자란 사람들이 입다와 같은 사람을 어떤 눈으로 보는지는 따로 설명하지 않아도 될 것이다. 귀족 출신이었을 길르앗 장로들은 입다를 인정하고 싶지 않았을 것이다. 하지만 그들의 눈에도 입다가 이끌고 있는 '돕 땅'의 세력은 암몬과의 전투에 선봉에 설 수 있는 역량(力量)을 가지고 있었다. 이제 '변화의 시대'에 들어간 것이다. 이것이 바로 입다가 '전투 능력'뿐 아니라 '리더십(leadership)' 그리고 '인품(人品)'에 있어서 상당한 포용력을 가졌을 것이라고 보는 '나의 근거'다.

그러면 이제 하나님께서 이스라엘을 암몬의 손에서 구원하기 위해 준비하신 '사사 입다'의 일생을 좀 더 살펴보자.

입다 2

너는 우리 아버지의 집에서 기업을 잇지 못하리라

[4]얼마 후에 암몬 자손이 이스라엘을 치려 하니라 [5]암몬 자손이 이스라엘
을 치려 할 때에 길르앗 장로들이 입다를 데려오려고 돕 땅에 가서 [6]입
다에게 이르되 **우리가 암몬 자손과 싸우려 하니 당신은 와서 우리의 장
관이 되라** 하니(사사기 11:4-6)

입다가 '돕 땅'에서 살림을 일구고 일정한 세력을 형성한 지 얼마 후의 일이다. 암몬이 이스라엘을 치려 길르앗에 진을 쳤고, 이에 대항하여 이스라엘도 미스바에 진을 쳤다. 그러나 귀족 출신들로 가득했던 이스라엘 진영에는 선봉에 나설 장수가 없었다.

처음에는 탁상공론(卓上空論)만 있었을 이스라엘 진영에서 '입다에 대한 이야기'가 나왔던 것 같다. 그 과정에서 '입다의 배경과 인물됨 그리고 그의 상처'까지도 상당한 깊이로 논의되었던 것 같다. 이스라엘 진영에서 이 문제에 대해 어느 정도의 시간 동안 논의했는지는 알 수 없다. 하지만 상황이

급박해지자[17], 길르앗 장로들은 입다를 데려오려고 '돕 땅'을 방문했다. 더 이상 물러설 곳이 없게 되자 궁여지책(窮餘之策)으로 찾은 입다였다.

그리고 입다에게 이렇게 제안했다. "우리가 암몬 자손과 싸우려 하니 당신은 와서 우리의 장관이 되라." 내가 이스라엘 진영에서 '입다의 배경과 인물됨 그리고 그의 상처'까지도 상당한 깊이로 논의되었을 것이라고 한 이유는 바로 이 말 때문이다. 쉽게 말해, 길르앗 장로들은 '돕 땅'에 용병(傭兵)을 구하러 간 것이었다. 21세기에 들어 지구촌에서 일어나는 국가 간의 전쟁에도 '용병회사'가 동원된다는 사실을 알 것이다. '국민개병제(國民皆兵制)'를 채택하고 있는 우리 대한민국에서는 낯선 일이지만, 이러한 용병 제도는 고대로부터 이어져 내려오는 아주 오래된 제도다. 용병 제도는 돈을 주고 무력(武力)을 구입하는 제도다. 그러니 암몬의 침략 때문에 입다를 찾아갔을 때, 길르앗 장로들은 입다에게 '돈 이야기'를 했어야 했다.

그런데 입다를 찾아온 길르앗 장로들의 '계약 조건'이 약간 이상하다. 보이는가? **"우리가 암몬 자손과 싸우려 하니 당신은 와서 우리의 장관이 되라."** 보통의 경우, 용병 계약은 전쟁 후 '노획물에 대한 이야기'와 '전쟁 비용'에 대한 이야기가 오고 가기 마련이다. 그런데 길르앗 장로들이 입다를 찾아와 내민 계약 조건에는 '돈 이야기'가 없었다. 그 대신 '사회적 지위'를 계약 조건으로 들이밀고 있다. 무슨 말인가? 그 난리 와중에도 길르앗의 장로들은 "입다의 상처"를 파고들고 있었다. 참으로 잔인한 사람들이다. 길르앗의 장로들은 '입다의 상처와 아픔'을 정확히 알고 있었다는 이야기다. 길

---

17 "암몬 자손이 이스라엘을 치려 할 때에"

르앗의 장로들은 입다가 그의 아버지의 집에서 '쫓겨난 이유와 과정'을 알고 있었다는 이야기다. 길르앗의 장로들은 바로 그 지점을 콕 집어 입다에게 들이민다. "우리가 암몬 자손과 싸우려 하니 당신은 와서 우리의 장관이 되라."

순간 입다의 마음에 파도가 쳤을 것이다. 그러나 입다 또한 만만한 인물이 아니었다. 어린 시절부터 그에게 친절하지 않았던 세상과 세월 덕에 그는 상당히 단단해져 있었을 것이다. 또한 입다는 길르앗 사람들을 잘 알고 있었다. 아니, 입다와 같은 성장배경을 가진 사람들의 공통점처럼 입다는 사람이라는 존재가 어떤 존재인지 잘 알고 있었을 것이다. '가진 자'가 절박한 상황을 마주하여 '경멸하던 사람'에게 내미는 손은 믿어서는 안 된다는 사실을 그는 잘 알고 있었을 것이다. 지금 그의 앞에서 그들의 장관이 되라고 제안하는 자들은 입다 그를 사람으로도 여기지 않던 인물들이었다.

> 7입다가 길르앗 장로들에게 이르되 **너희가 전에 나를 미워하여 내 아버지 집에서 쫓아내지 아니하였느냐 이제 너희가 환난을 당하였다고 어찌하여 내게 왔느냐** 하니라 8그러므로 길르앗 장로들이 입다에게 이르되 이제 우리가 당신을 찾아온 것은 우리와 함께 가서 암몬 자손과 싸우게 하려 함이니 **그리하면 당신이 우리 길르앗 모든 주민의 머리가 되리라** 하매(사사기 11:7–8)

그래서 던진 말이었다. "너희가 전에 나를 미워하여 내 아버지 집에서 쫓아내지 아니하였느냐? 이제 너희가 환난을 당하였다고 어찌하여 내게 왔느냐?" 생각해보면, 입다에게 참전(參戰)을 제안하러 온 순간에도 길르앗의 장로들은 입다를 우습게 봤던 것이 분명하다. 입다가 길르앗에 있는 그의 아버지의 집에서 쫓겨날 때 들었던 말은 이러했다. "너는 다른 여인의 자식이니 우리 아버지의 집에서 기업을 잇지 못하리라." 이 말뜻이 무엇인지에 대해서는 앞 단원에서 충분히 설명했다. 즉 길르앗의 장로들은 입다에게 참전을 요청하기 전에 먼저 이 부분에 대해서 이야기하는 것이 맞는 순서였다. 그런데 그들은 이 부분에 대해서 단 한마디의 사과도 없이 대뜸 대단한 것이나 던져주는 듯이 말했다. 선심 쓰듯이 말했다. "우리가 암몬 자손과 싸우려 하니 당신은 와서 우리의 장관이 되라." 입다의 '자라온 배경과 상처'를 잘 알고 있었던 그들은 내심 이렇게 생각했을 것이다. '장관직을 제안하는데, 지가 덥석 물지 않겠어?'

그러나 이 제안을 받을 당시, 입다는 길르앗 땅에서 괄시받던 그 입다가 아니었다. "너희가 전에 나를 미워하여 내 아버지 집에서 쫓아내지 아니하였느냐? 이제 너희가 환난을 당하였다고 어찌하여 내게 왔느냐?" 호락호락하지 않은 입다에 약간 당황한 길르앗의 장로들이 다시 말했다. "이제 우리가 당신을 찾아온 것은 우리와 함께 가서 암몬 자손과 싸우게 하려 함이니, 그리하면 당신이 우리 길르앗 모든 주민의 머리가 되리라." 처음 입다에게 던진 말보다는 약간 더 정중해진 말이긴 했다. 하지만 이 말에도 입다가 아버지의 집에서 쫓겨난 일에 대한 사과나 언급이 없는 것은 마찬가지였다.

"암몬 자손과 싸우게 하려 함이니" 그들의 관심은 오직 이것이었다. 길르앗 장로들은 그들이 원하는 이것을 얻기 위해 좀 더 공손하게 말한 것뿐이었다. 그 과정에서 "우리의 장관이 되라"라는 말은 "우리 머리가 되리라"로 바뀌었다. 사람이라는 존재가 원래 그렇다. 누군가를 향한 선입관(先入觀)은 쉽게 고쳐지는 것이 아니다. 입다의 출신(出身)을 업신여겼던 길르앗 장로들의 속마음은 여전했을 것이다. 다만 그들에게는 암몬의 침략에 맞서 싸울 무력(武力)이 필요했다. 이런 길르앗의 장로들의 마음을 모를 리 없는 입다였다.

> 9입다가 길르앗 장로들에게 이르되 너희가 나를 데리고 고향으로 돌아
> 가서 암몬 자손과 싸우게 할 때에 만일 여호와께서 그들을 내게 넘겨 주
> 시면 내가 과연 너희의 머리가 되겠느냐 하니 10길르앗 장로들이 입다에
> 게 이르되 여호와는 우리 사이의 증인이시니 당신의 말대로 우리가 그
> 렇게 행하리이다 하니라 11이에 입다가 길르앗 장로들과 함께 가니 백성
> 이 그를 자기들의 머리와 장관을 삼은지라 **입다가 미스바에서 자기의
> 말을 다 여호와 앞에 아뢰니라**(사사기 11:9-11)

입다는 길르앗 장로들을 믿을 수 없었던 것 같다. 처음보다는 공손해졌지만, 그의 경험으로 이런 부류(部類)의 인간들은 쉽게 바뀌지 않는다는 사실을 잘 알고 있었을 것이다. 그런 연유(緣由)로 여호와 하나님의 이름을 인용했던 것 같다. "너희가 나를 데리고 고향으로 돌아가서 암몬 자손과 싸우게 할 때에 만일 여호와께서 그들을 내게 넘겨주시면 내가 과연 너희의 머리가 되겠느냐?" 생각했던 것보다 입다가 호락호락하지 않자, 길르앗 장로들은 이번 기회를 놓칠지도 모른다고 생각했던 것 같다. 처음에는 '장관직'이라는 말로 입다를 쉽게 구슬릴 수 있다고 생각했을 그들이었다. 그러나

대화가 진행되는 가운데 길르앗 장로들의 마음은 다급해졌던 것 같다. 입다의 입에서 여호와의 이름이 나오자 길르앗 장로들은 처음으로 입다에게 겸손한 태도를 보였다. "여호와는 우리 사이의 증인이시니 **당신의 말대로** 우리가 그렇게 행하리이다."

보이는가? 처음 길르앗 장로들이 입다에게 했던 제안은 이러했다. "와서 우리의 장관이 되라." 그리고 그 이유는 "우리가 암몬 자손과 싸우려 하니"였다. 그런데 두 번의 대화가 더 진행된 뒤 길르앗 장로들의 입에서 나온 말은 이러했다. "입다 당신의 말대로 우리가 그렇게 행하리이다." 그리고 그들은 여호와를 그들과 입다 사이에 증인으로 언급했다.

길르앗 장로들의 이러한 태도 변화에 입다가 움직이기 시작했다. "이에 입다가 길르앗 장로들과 함께 가니 백성이 그를 자기들의 머리와 장관을 삼은지라." 그렇게 입다는 이스라엘의 진영이 있는 미스바에 이르렀다. 그리고 입다는 그곳에서 길르앗 장로와 자신 사이에 오간 말을 모두 여호와 앞에 아뢰었다. 물론 입다와 길르앗 장로 사이에 대화가 오가는 동안, 길르앗 장로들의 입다에 대한 태도가 변한 것은 사실이다. 그러나 처음 입다를 데려오기로 할 때, 이스라엘 진영에서 논의되었던 길르앗 장로들의 전략은 맞아떨어진 셈이었다. 그들은 분명히 '입다의 배경과 인물됨 그리고 그의 상처'까지도 상당한 깊이로 논의했을 것이다. 그리고 입다를 불러오는 데 그 정보를 사용하기로 했을 것이다. 결과적으로 이들의 논의는 성공적으로 맞아떨어졌다.

사실 길르앗 장로들의 입장에서는 잃은 것이 없었다. 입다를 그들의 머리로 삼은 것은 어디까지나 임시적인 일이었다. 하나님 앞에서 했던 약속에 따르면, 입다가 정말로 그들의 머리로 확정되기 위해서는 한 가지 조건이 충족되어야 했다. 그것은 바로 "고향으로 돌아가서 암몬 자손과 싸우게 할 때에 만일 여호와께서 그들을 내게(입다에게) 넘겨주시면"이었다. 이 일이 이루어진다면, 입다는 하나님께서 세우신 사사가 분명해지는 것이었다. 반면 이 일이 이루어지지 않는다면, 입다는 암몬과의 전투 과정에서 전사하거나 최소한 그 세력을 잃게 될 것이었다. 그러니 길르앗 장로들의 입장에서는 손해볼 것 없는 계약이었다.

그런 점에서 보면, 입다의 참전은 특이한 점이 많다. 먼저 다른 사사들은 하나님께서 그들을 부르셨다. 그런데 입다는 표면적으로 볼 때[18], 하나님이 아니라 길르앗 장로들이 불렀다. 즉 다른 사사들은 '하나님과의 언약 관계'에 근거해서 이스라엘을 구원했다. 하지만 입다는 '길르앗 백성들과의 계약 관계'에 근거해서 전쟁에 참여했다.

다른 사사들의 경우는 '이스라엘 공동체를 구원하기 위한 명분'으로 사사로 세워졌다. 그러나 입다의 경우는 '입다 개인의 성장배경과 그에 따른 상처와 욕망'이 그를 전쟁터로 이끌었다. 입다의 이러한 참전 동기(動機)는 이후 그의 절박한 서원을 통하여 표출(表出)되었다.

---

18 '표면적으로 볼 때'라고 한 이유는 입다 또한 '하나님의 섭리 가운데 하나님께서 세우신 사사'이기 때문이다.

> [12]입다가 암몬 자손의 왕에게 사자들을 보내 이르되 **네가 나와 무슨 상관이 있기에 내 땅을 치러 내게 왔느냐** 하니 [13]암몬 자손의 왕이 입다의 사자들에게 대답하되 이스라엘이 애굽에서 올라올 때에 아르논에서부터 얍복과 요단까지 내 땅을 점령했기 때문이니 이제 그것을 평화롭게 돌려 달라 하니라(사사기 11:12-13)

길르앗 백성들의 머리와 장관이 된 입다는 곧바로 당면한 문제 해결에 나섰다. 이 당시 전쟁 전에 외교 사절을 상대 진영에 보내는 것은 정해진 관례였다. 입다는 암몬 왕에게 사자를 보내 이렇게 말했다. "네가 나와 무슨 상관이 있기에 내 땅을 치러 내게 왔느냐?" 입다의 이 질문은 '상대방의 침략 의도'를 알아보기 위한 것이었다. 이것은 전쟁을 맞이하여 전투계획을 짜는 데 필수적인 정보다. 그런 점에서 보면 입다는 '준비된 사령관'이었다.

입다의 질문에 대한 암몬 왕의 대답은 이러했다. "이스라엘이 애굽에서 올라올 때에 아르논에서부터 얍복과 요단까지 내 땅을 점령했기 때문이니 이제 그것을 평화롭게 돌려 달라." 암몬 왕의 답은 억지 주장이었다. 동시에 역사적 사실 또한 맞지 않았다. 출애굽 당시 이스라엘은 '에돔과 모압 그리고 암몬 땅'을 침범한 적이 없었다. 이유는 간단했다. 하나님께서 이들 땅을 이스라엘에게 넘겨주지 않으셨기 때문이다.[19] 넘겨주지 않으신 정도가 아

---

19 "[17]여호와께서 내게 말씀하여 이르시되 [18]네가 오늘 모압 변경 아르를 지나리니 [19]암몬 족속에게 가까이 이르거든 그들을 괴롭히지 말고 그들과 다투지도 말라 **암몬 족속의 땅은 내가 네게 기업으로 주지 아니하리니 이는 내가 그것을 롯 자손에게 기업으로 주었음이라**"(신명기 2:17-

니라 아예 그 땅에 가까이 가는 것 자체를 금(禁)하셨다.[20] 에돔은 야곱의 형 '에서의 후손'이다. 그리고 모압과 암몬은 아브라함의 조카 '롯의 후손'이다. 즉 하나님은 이들의 조상들이 야곱과 아브라함에게 베풀었던 은혜를 기억하셨다.[21]

> [6]에서가 자기 아내들과 자기 자녀들과 자기 집의 모든 사람과 자기의 가축과 자기의 모든 짐승과 자기가 가나안 땅에서 모은 모든 재물을 이끌고 **그의 동생 야곱을 떠나 다른 곳으로 갔으니** [7]**두 사람의 소유가 풍부하여 함께 거주할 수 없음이러라** 그들이 거주하는 땅이 그들의 가축으로 말미암아 그들을 용납할 수 없었더라 [8]**이에 에서 곧 에돔이 세일산에 거주하니라**(창세기 36:6-8)

'에돔 족속'의 조상 '에서'의 경우, 그는 자신이 평생 일군 땅을 야곱에게 양보하고 떠났음을 알 수 있다. 야곱이 그의 외삼촌 라반의 집에서 돌아온 후, 에서는 야곱과 같은 지역에 살았다. 그러나 그들의 소유가 많아 그 땅이 그들의 가축을 감당하지 못하게 되었다. 그러자 에서는 그의 모든 소유와 사람들을 정리하여 다른 곳으로 갔다. 이는 얍복강 가에서의 사건 이후 다

---

19).

20 "**오직 암몬 족속의 땅** 얍복강 가와 산지에 있는 성읍들과 **우리 하나님 여호와께서 우리가 가기를 금하신 모든 곳은 네가 가까이 하지 못하였느니라**"(신명기 2:37).

21 하나님께서 아브라함의 조카 롯의 자손인 모압과 암몬 땅을 이스라엘에게 허락하지 않으신 이유는 앞 단원에서 다루었다.

리를 절었던 동생 야곱에 대한 배려였던 것으로 보인다.[22] 그렇게 에서가 동생 야곱에게 고향 땅을 양보하고 떠난 후 차지하게 된 땅이 바로 에돔 족속의 땅이 되었다.[23] 성경 인물설교를 하면 할수록 느끼는 일이지만, 하나님은 정말 신의(信義)가 깊으신 분이시다.

> [4]너는 또 백성에게 명령하여 이르기를 너희는 세일에 거주하는 너희 동족 에서의 자손이 사는 지역으로 지날진대 그들이 너희를 두려워하리니 너희는 스스로 깊이 삼가고 [5]그들과 다투지 말라 **그들의 땅은 한 발자국도 너희에게 주지 아니하리니** 이는 내가 세일산을 에서에게 기업으로 주었음이라(신명기 2:4–5)

출애굽 당시, 에돔 족속이 살고 있던 땅은 에서가 그의 동생 야곱에게 고향 땅을 양보하고 가서 차지한 곳이었다. 하나님께서는 에서의 이러한 행동을 마음 깊이 새겨두셨다. 그래서 하셨던 명령이다. "너희는 스스로 깊이 삼가고 그들과 다투지 말라. **그들의 땅은 한 발자국도 너희에게 주지 아니하**

---

22 "[24]야곱은 홀로 남았더니 어떤 사람이 날이 새도록 야곱과 씨름하다가 [25]자기가 야곱을 이기지 못함을 보고 그가 야곱의 허벅지 관절을 치매 야곱의 허벅지 관절이 그 사람과 씨름할 때에 어긋났더라 … [31]그가 브니엘을 지날 때에 해가 돋았고 그의 허벅다리로 말미암아 절었더라"(창세기 32:24–25, 31).

23 사람들은 쉽게 '에서'를 비난하곤 한다. 그러나 현실에서 우리 주변에 야곱과 에서가 함께 있다면 누가 더 매력적인 사람일까? 물어볼 필요도 없다. 누구나 쉽게 답할 수 있을 것이다. "에서 같은 형이 하나 있으면 좋겠다." 그러나 하나님은 야곱을 선택하셨고, 그를 통하여 하나님의 복이 흘러내렸다. 이 부분은 하나님의 은혜로 '야곱과 에서'에 대한 인물설교집을 출판하게 된다면 다루겠다.

리니, 이는 내가 세일산을 에서에게 기업으로 주었음이라." 이 대목에서도 우리는 대를 이어서라도 은혜를 갚아주시는 하나님을 만나게 된다.

> [14]**입다가 암몬 자손의 왕에게 다시 사자들을 보내** [15]그에게 이르되 입
> 다가 이같이 말하노라 **이스라엘이 모압 땅과 암몬 자손의 땅을 점령하
> 지 아니하였느니라** [16]이스라엘이 애굽에서 올라올 때에 광야로 행하여
> 홍해에 이르고 가데스에 이르러서는 [17]이스라엘이 사자들을 에돔 왕에
> 게 보내어 이르기를 청하건대 나를 네 땅 가운데로 지나게 하라 하였으
> 나 에돔 왕이 이를 듣지 아니하였고 또 그와 같이 사람을 모압 왕에게도
> 보냈으나 그도 허락하지 아니하므로 이스라엘이 가데스에 머물렀더니
> [18]그 후에 광야를 지나 에돔 땅과 모압 땅을 돌아서 모압 땅의 해 뜨는
> 쪽으로 들어가 아르논 저쪽에 진 쳤고 아르논은 모압의 경계이므로 모
> 압 지역 안에는 들어가지 아니하였으며 [19]이스라엘이 헤스본 왕 곧 아모
> 리 족속의 왕 시혼에게 사자들을 보내어 그에게 이르되 청하건대 우리
> 를 당신의 땅으로 지나 우리의 곳에 이르게 하라 하였으나 [20]**시혼이 이
> 스라엘을 믿지 아니하여 그의 지역으로 지나지 못하게 할 뿐 아니라 그
> 의 모든 백성을 모아 야하스에 진 치고 이스라엘을 치므로** [21]이스라엘의
> 하나님 여호와께서 시혼과 그의 모든 백성을 이스라엘의 손에 넘겨 주
> 시매 이스라엘이 그들을 쳐서 그 땅 주민 아모리 족속의 온 땅을 점령하
> 되 [22]아르논에서부터 얍복까지와 광야에서부터 요단까지 아모리 족속의
> 온 지역을 점령하였느니라 [23]**이스라엘의 하나님 여호와께서 이같이 아
> 모리 족속을 자기 백성 이스라엘 앞에서 쫓아내셨거늘 네가 그 땅을 얻**

> **고자 하는 것이 옳으냐 [24]네 신 그모스가 네게 주어 차지하게 한 것을 네 가 차지하지 아니하겠느냐 우리 하나님 여호와께서 우리 앞에서 어떤 사람이든지 쫓아내시면 그것을 우리가 차지하리라** [25]이제 네가 모압 왕 십볼의 아들 발락보다 더 나은 것이 있느냐 그가 이스라엘과 더불어 다툰 일이 있었느냐 싸운 일이 있었느냐(사사기 11:14–25)

이렇듯 '에돔과 모압 그리고 암몬'의 조상들은 야곱과 아브라함에게 은혜를 베풀었던 인물들이었다. 그리고 하나님 앞에서 보인 그러한 행동으로 말미암아, 출애굽 시기 그들의 후손인 '에돔과 모압 그리고 암몬 땅'은 정벌의 대상이 되지 않았다. 하나님께서는 그들의 땅 한 발자국도 이스라엘에게 허락하지 않으셨다. 그러니 이스라엘 백성들이 살고 있는 길르앗 땅이 원래 암몬 족속의 땅이었다는 암몬 왕의 주장은 거짓말이었다. 동시에 암몬 왕의 이러한 주장은 그들의 조상이 이루어놓은 은혜를 허무는 어리석은 행동이었다.[24]

암몬 왕의 억지 주장에 입다는 다시 사자를 보내 이 사실을 길게 이야기했다. "입다가 이같이 말하노라. 이스라엘이 모압 땅과 암몬 자손의 땅을 점령하지 아니하였느니라." 이 말로 시작하는 입다의 전언(傳言)은 출애굽 당시의 역사를 상기시키고 있다.

입다는 길르앗 땅이 하나님께서 이스라엘 백성에게 주신 땅임을 밝힌 뒤

---

24 안타깝게도, 여호수아 시대 이후 이들 세 족속은 모두 같은 어리석음에 빠지고 말았다.

이렇게 주장했다. "이스라엘의 하나님 여호와께서 이같이 아모리 족속을 자기 백성 이스라엘 앞에서 쫓아내셨거늘, 네가 그 땅을 얻고자 하는 것이 옳으냐? 네 신 그모스가 네게 주어 차지하게 한 것을 네가 차지하지 아니하겠느냐? 우리 하나님 여호와께서 우리 앞에서 어떤 사람이든지 쫓아내시면 그것을 우리가 차지하리라." 입다의 이 말은 당시의 세계관을 반영한 말이었다. 이 당시 사람들은 어느 족속과 족속 사이의 전쟁을 그들 족속이 섬기는 신들의 전쟁으로 이해했다. 즉 입다의 말은 '암몬의 신 그모스'를 인정했다고 보기에는 무리가 있어 보인다. 입다는 그 시대 사람들의 언어를 사용하여 이스라엘의 입장을 암몬 왕에게 피력했다. 어찌 되었든 사실관계를 따지자면, 암몬 족속의 땅은 그모스가 그들에게 준 것이 아니라 여호와 하나님께서 그들의 조상 롯 때문에 주신 것이었다.[25]

> [26]**이스라엘이 헤스본과 그 마을들과 아로엘과 그 마을들과 아르논강 가에 있는 모든 성읍에 거주한 지 삼백 년이거늘 그 동안에 너희가 어찌하여 도로 찾지 아니하였느냐** [27]내가 네게 죄를 짓지 아니하였거늘 네가 나를 쳐서 내게 악을 행하고자 하는도다 **원하건대 심판하시는 여호와께서 오늘 이스라엘 자손과 암몬 자손 사이에 판결하시옵소서** 하였으나
> [28]암몬 자손의 왕이 입다가 사람을 보내어 말한 것을 듣지 아니하였더라

---

25 "[17]여호와께서 내게 말씀하여 이르시되 [18]네가 오늘 모압 변경 아르를 지나리니 [19]암몬 족속에게 가까이 이르거든 그들을 괴롭히지 말고 그들과 다투지도 말라 **암몬 족속의 땅은 내가 네게 기업으로 주지 아니하리니 이는 내가 그것을 롯 자손에게 기업으로 주었음이라**"(신명기 2:17-19).

(사사기 11:26-28)

마지막으로 입다는 암몬 왕에게 한 가지 사실을 더 상기시켰다. 그것은 암몬 왕의 주장처럼 이스라엘이 암몬 땅을 출애굽 당시에 강제로 빼앗은 것이라면, 왜 지난 삼백 년간 도로 찾지 않았느냐는 것이었다. "이스라엘이 헤스본과 그 마을들과 아로엘과 그 마을들과 아르논강 가에 있는 모든 성읍에 거주한 지 삼백 년이거늘, 그 동안에 너희가 어찌하여 도로 찾지 아니하였느냐?"

입다가 암몬 왕에게 전한 말은 세 부분으로 나누어질 수 있다. 첫 번째 부분은 출애굽 당시의 역사로 이스라엘은 암몬 땅을 침범한 적이 없다는 것이었다. 두 번째 부분은 당시 고대 근동(古代 近東)에서 통용되는 세계관으로 반박한 것이었다. 즉 길르앗 땅은 여호와 하나님께서 이스라엘에게 주신 땅이다. 그러므로 이스라엘이 차지하는 것은 당연하다. "암몬 너희들도 너희가 섬기는 신 그모스가 너희에게 땅을 주면 그것을 차지할 것 아니냐?"라는 논리였다. 세 번째 부분은 "백번 양보해서 길르앗 땅이 원래 암몬 족속의 땅이었다면 진작에 돌려달라고 할 것이지, 왜 삼백 년 동안 가만히 있다가 이제 와서 난리냐?"라는 논리였다.

그리고 마지막으로 입다는 여호와 하나님의 이름을 걸고 자신의 말이 옳음을 주장했다. "내가 네게 죄를 짓지 아니하였거늘, 네가 나를 쳐서 내게 악을 행하고자 하는도다. **원하건대 심판하시는 여호와께서 오늘 이스라엘 자손과 암몬 자손 사이에 판결하시옵소서.**" 즉 입다가 암몬 왕에게 전한 말의 마지막은 기도로 끝남을 알 수 있다.

입다가 암몬 왕에게 전한 말을 보며 그런 생각을 했다. 만약에 입다의 아버지가 능력 있는 사람이었다면, 그의 아들 중 가장 그를 닮은 아들은 '입다'이었을 가능성이 높다. 생각해보면, 입다의 아버지는 비록 기생에게서 얻은 아들이었지만 입다를 그의 집에서 키운 것이 분명하다. 입다를 데려다 키우지 않았다면, 입다가 그의 아버지의 사후(死後)에 이복형제들에게 쫓겨날 일도 없었을 테니 말이다.

> **이에 여호와의 영이 입다에게 임하시니** 입다가 길르앗과 므낫세를 지나서 길르앗의 미스베에 이르고 **길르앗의 미스베에서부터 암몬 자손에게로 나아갈 때에**(사사기 11:29)

여호와 하나님의 이름을 건 입다의 전언(傳言)에도 암몬 왕은 입다가 전한 말을 듣지 않았다. 그러자 여호와의 영이 입다에게 임하셨다. 그러자 입다는 이스라엘이 진을 치고 있는 길르앗의 '미스베'에서부터 암몬 자손에게로 나아가기 시작했다.[26] 이때 '미스베'는 '미스바'의 남성형으로 '미스바'와 같은 지명(地名)이다.

그리고 이어지는 사사기 말씀에는 "입다의 딸이 정말 번제로 드려졌나?"

---

26 "그때에 암몬 자손이 모여서 길르앗에 진을 쳤으므로 이스라엘 자손도 모여서 미스바에 진을 치고"(사사기 10:17).

라는 논쟁이 되는 사건이 나온다.

> [30]**그가 여호와께 서원하여 이르되** 주께서 과연 암몬 자손을 내 손에 넘겨 주시면 [31]내가 암몬 자손에게서 평안히 돌아올 때에 누구든지 내 집 문에서 나와서 나를 영접하는 그는 여호와께 돌릴 것이니 내가 그를 번제물로 드리겠나이다 하니라(사사기 11:30-31)

사실 할 필요가 없었던 서원이었다. 이미 '여호와의 영'이 임한 입다였다. 그러니 이 전쟁의 결론은 승리로 정해진 상태에서 시작한 것이었다. 그러나 입다는 갈급했던 것으로 보인다. 그렇다면 무엇이 입다 그를 그토록 갈급하게 만들었을까? 무엇이 그를 이러한 실수로 이끌었을까? 분명히 바로 전에 암몬 왕과의 외교전에서 보여준 입다의 모습과는 다른 '치명적인 실수'였다.

사실 '입다의 실수'는 우리 모두가 흔히 하는 실수다. 사람을 부리거나 사람을 조정하는 데 능숙한 사람들은 '상대의 심리적 약점'을 정확히 파악하는 재주가 있다. 그런 점에서 보면, 길르앗의 장로들은 사람을 부리거나 사람을 조정하는 데 뛰어난 능력을 가진 사람들로 보인다. 생각해보면, 이러한 사실은 너무나도 당연하다. 입다 이전에 45년간 이스라엘을 이끌었던 사사들은 '귀족 출신'이었다. 귀족 출신은 어린 시절부터 사람을 부리는 훈련을 받은 사람들이다. 그러므로 이들보다 상대의 심리적 약점을 잘 이용하는 사람들은 없었을 것이다. 이러한 심리적 약점의 무서운 점은 이것이다. 처음에는 상대가 '나의 약점'을 건드린다. 하지만 한번 자극받은 그 약점은 이후 '내 안에서 나를 조정하는 힘'이 된다. 이것이 '심리적 약점'의 '무서운 점'이다.

그렇다면 입다의 결정적인 '심리적 약점'은 무엇이었을까? 이제는 모두가 쉽게 답할 수 있을 것이다. 그것은 그가 '기생의 아들'로 태어났다는 것이다. 이러한 그의 심리적 약점에 확실한 도장을 찍은 사건은 아버지의 사후(死後) 그의 이복형제들이 했던 행동과 말이다. 입다의 이복형제들이 그를 아버지의 집에서 쫓아내면서 한 말을 다시 한번 반복한다. "너는 다른 여인의 자식이니 우리 아버지의 집에서 기업을 잇지 못하리라." 이 말의 뜻은 "너는 언약 백성이 아니다. 이스라엘 안에는 너의 분깃이 없다"이었다. 그러한 상처를 마음 한가운데 품고 살고 있었던 입다를 찾아가 길르앗 장로들이 처음 던진 말은 이것이었다. "우리가 암몬 자손과 싸우려 하니 당신은 와서 우리의 장관이 되라." 그렇게 시작된 '밀당'[27]에서 입다가 최종적으로 길르앗 장로들에게 했던 말은 이것이었다. "너희가 나를 데리고 고향으로 돌아가서 암몬 자손과 싸우게 할 때에 만일 여호와께서 그들을 내게 넘겨주시면 내가 과연 너희의 머리가 되겠느냐?"

자신을 쫓아낸 이복형제들을 피하여 '돕 땅'에서 일가(一家)를 이룬 입다였다. 그가 그렇게 되기까지 헤쳐 왔을 험난한 세월은 따로 설명할 필요가 없을 것이다. 정말이지, 노심초사 아등바등하며 살아 온 세월이었을 것이다. 총명했던 그는 '돕 땅'에서 자신을 쫓아낸 이복형제들의 눈에 보란 듯이 잘 살고 싶었을 것이다. 그 마음으로 그에게 오는 잡류(雜類)들의 그 많은 응석과 상처들을 그의 가슴에 담아 안았을 것이다. 그 많은 잡류들의 아픈 이야기를 그의 가슴에 쓸어 담았을 것이다. 하루가 멀다고 날마다 터지는 사건

---

27 밀고 당김. 밀고 당기는 흥정.

사고들을 처리하며 그 많은 잡류들의 상처까지 쓸어 안았을 입다를 생각하면 가슴이 먹먹해진다.

생각해보면 기적과 같은 일이었을 것이다. 이복형제들에게 쫓겨 아무것도 없는 빈손으로 찾아든 '돕 땅'이었다. 그런데 길르앗의 장로들이 와서 암몬과의 전투에서 승리하면 고향 땅의 머리와 장관으로 삼겠다는 제안을 해온 것이다. 입다는 처음 자신을 찾아왔을 때 보였던 '길르앗 장로들의 낯빛'을 분명히 기억했을 것이다. 대화가 오가는 가운데 자신을 바라보는 '장로들의 눈빛'에서 경멸의 기운이 점차 사라지는 것 또한 보았을 것이다. 비록 전쟁의 난리 통이었지만, 그렇게 고향 땅에 금의환향(錦衣還鄕)한 그였다. 이제 이 일을 성공적으로 처리한다면 그의 금의환향은 확정되는 것이었다. 그렇게만 된다면, 그는 언약 백성 가운데 그의 분깃을 인정받을 수 있는 것이었다. 그렇게만 된다면, 어느 누구도 그를 향하여 "너는 언약 백성이 아니니, 이스라엘 가운데 너의 분깃은 없다!"라고 말할 수 없게 되는 것이었다. 그것뿐이 아니라, 이제는 언약 백성의 한 축인 길르앗의 머리와 장관으로서의 자리가 확정되는 것이었다.

이스라엘 백성들이 진 친 미스바에 들어온 뒤, 바로 여호와 하나님 앞에 자신과 길르앗 장로들 사이에 오갔던 말을 다 아뢰었다. 그는 사람을 믿지 않았다. 그렇지 않은가? 그가 태어나 겪어낸 세월은 그리고 세상은 그에게 친절하지 않았다. 그런데 어떻게 길르앗 장로들을 믿을 수 있단 말인가? 아무리 그를 바라보는 그들의 눈빛이 처음 그를 찾아왔을 때보다는 부드러워졌다 할지라도 지나온 세월은 그를 순진하게 만들지 않았다. 하나님 말고 이 세상에서 그 누구를 신뢰할 수 있단 말인가? 하나님 말고 이 세상에서 그 누구에게 기댈 수 있단 말인가? 그래서 했던 '아룀'이었다. 미스바에 오자 가장 먼저 했던 일이다. 그렇게 길르앗 장로들과 자신 사이에 오갔던 말들을 하나님 앞에 '확정'했던 입다였다.

그렇게 하나님 앞에 모든 것을 아뢴 뒤, 입다가 처음 한 일은 암몬 왕에게 사자를 보내는 일이었다. 총명했던 그는 외교적 해결을 시도했다. 입다의 성장배경과 그가 겪어왔을 세월을 감안할 때, 그는 그의 외교적 시도가 성공하리라 생각하지 않았을 것이다. 하지만 하나님의 은혜로 의외로 쉽게 해결이 될 수도 있는 일이지 않은가? 그렇게만 된다면 더할 수 없이 좋은 일 아닌가? 처음 사자를 보내 그는 '암몬의 침략 의도'를 파악했다. 그리고 그들이 원하는 것이 '조공이나 무역' 정도가 아님을 확인했다. 이번 침략의 목적은 영토분쟁이었다. 그렇게 암몬의 침략 의도를 확인한 입다는 두 번째로 사자를 보내 그들의 의도가 부당함을 세 가지 영역에 걸쳐 밝혔다. 그러나 예상대로 그들은 입다의 정당한 논리를 받아들이지 않았다. 이제는 무력으로 양측이 부딪쳐 결론을 내야 하는 순간, 여호와 하나님의 영이 그에게 임했다. 그리고 그는 암몬과의 전쟁을 시작하러 이스라엘 진영에서 암몬 진영을 향하여 출발했다.

그 길에서 했던 서원이었다. "주께서 과연 암몬 자손을 내 손에 넘겨주시면 내가 암몬 자손에게서 평안히 돌아올 때에 누구든지 내 집 문에서 나와서 나를 영접하는 그는 여호와께 돌릴 것이니 내가 그를 번제물로 드리겠나이다." 길르앗의 머리와 장관으로 암몬과의 전쟁에 나서는 순간이었다. 하지만 그의 눈에는 아직도 그를 '도끼눈'으로 보고 있는 이복형제들의 표정이 보였을 것이다. 그들이 품고 있는 마음의 소리가 들렸을 것이다. 입다는 그들에게 증명하고 싶었을 것이다. 그들의 입으로도 당신은 언약 백성인 길르앗의 장관이라는 인정을 받고 싶었을 것이다. 그래서 했던 서원이었다. 솔직히 이러한 심리적 아픔과 약점을 가지게 된 것은 입다 탓이 아니다. 자신의 어머니를 선택해서 태어날 수 있는 사람은 없지 않은가?

그러나 그의 서원은 문제가 있었다. "내가 그를 번제물로 드리겠나이다." 물론 입다가 암몬과의 전쟁을 승리로 이끈 뒤, 그의 집에서 가장 먼저 나와 그를 영접하는 것이 가축일 수 있었다. 하지만 강아지를 키우지 않는 한, 가장 먼저 그를 영접하는 것은 사람일 수밖에 없었다. 즉 그는 사람을 번제로 드리는 인신 제사(人身 祭祀)를 하나님께 서원한 것이었다. 물론 입다가 했던 서원 중 접속사에 대한 논쟁이 지금도 격렬하다. 이러한 논쟁은 "입다가 그의 딸을 정말 하나님께 번제로 드렸느냐?"라는 점 때문이다.

입다의 딸이 번제로 드려진 것이 아니라 여호와 하나님의 회막을 섬기는 여인으로 바쳐졌다고 주장하는 사람들은, 입다의 서원 중간에 있는 접속사 "and"를 "or"로 해석해야 한다고 주장한다. 입다가 서원한 "그는 여호와께 돌릴 것이니(and) 내가 그를 번제물로 드리겠나이다."[28]를 "그를 여호와께

28 "[30]And Jephthah made a vow to the LORD: "If you give the Ammonites into my hands, [31]whatever comes out of the door of my house to meet me when I return in triumph from the Ammonites will be the LORD's, **and** I will sacrifice it as a burnt offering."(Judges 11:30–31, NIV).

돌리거나(or) 내가 그것을 번제물로 드리겠나이다."로 해석해야 한다는 주장이다. 즉 사람이 가장 먼저 나오는 경우 그의 평생을 하나님께 드리겠다는 서원인 동시에, 짐승이 가장 먼저 나오는 경우 그것을 번제물로 드리겠다는 서원이라는 것이다.

물론 나는 결론적으로 입다의 딸이 번제물로 바쳐지지 않았다고 생각한다. 그러나 접속사의 해석을 들어 입다의 딸이 번제물로 바쳐지지 않았다는 사람들과는 "다른 이유"로 그렇게 생각한다. 내가 그렇게 생각하는 이유는 다음 단원에 밝히겠다.

어찌 되었든, 입다가 서원한 내용은 율법에서는 금기(禁忌)사항이었다.[29] 정말이지, 말도 안 되는 일이었다. 사람을 불태워 바치는 인신 제사(人身 祭祀)는 하나님을 욕되게 하는 일이었다. 그리고 하나님께서 가증히 여기시는 일이었다. 언약 백성이 앗수르와 바벨론의 포로로 잡혀가게 된 이유 중 하나가 바로 인신 제사(人身 祭祀)였다는 점에서 입다의 이 서원은 '심각한 문제'였다.[30]

암몬 왕과의 외교전에서 출애굽의 역사를 정확하고 일목요연(一目瞭然)하

---

29 "**너는 결단코 자녀를 몰렉에게 주어 불로 통과하게 함으로** 네 하나님의 이름을 욕되게 하지 말라 나는 여호와이니라"(레위기 18:21). "**네 하나님 여호와께는 네가 그와 같이 행하지 못할 것이라** 그들은 여호와께서 꺼리시며 가증히 여기시는 일을 그들의 신들에게 행하여 **심지어 자기들의 자녀를 불살라 그들의 신들에게 드렸느니라**"(신명기 12:31).

30 "[20]또 네가 나를 위하여 낳은 **네 자녀를 그들에게 데리고 가서 드려 제물로 삼아 불살랐느니라** 네가 네 음행을 작은 일로 여겨서 [21]나의 자녀들을 죽여 우상에게 넘겨 **불 가운데로 지나가게 하였느냐**"(에스겔 16:20-21). "**그들이 자녀를 죽여** 그 우상에게 드린 그날에 **내 성소에 들어와서 더럽혔으되** 그들이 내 성전 가운데에서 그렇게 행하였으며"(에스겔 23:39).

게 알고 있었던 입다였다. 그런 그가 인신 제사(人身 祭祀)를 극도로 혐오하시는 하나님의 율법을 몰랐을까? 그랬을 리는 없다. 입다 그는 사람을 번제로 드려서는 안 된다는 사실을 분명히 알고 있었을 것이다. 이것이 바로 우리가 주의해야 하는 지점이다. 특별히 '소수자 인권'이라는 이름으로 '동성애'에 문을 열기 시작한 현대 사회에서는 더욱 그러하다.

사람을 불태워 바치는 인신 제사(人身 祭祀)는 '암몬의 제사법'이었다. 특별히 '암몬의 신 몰렉'에게 드리는 제사법이었다. 암몬 사람들은 몰렉에게 자녀를 불태워 바치는 제사 습관이 있었다. 그런데 입다가 도망가 일군 '돕 땅'은 '길르앗과 암몬의 경계'에 위치했다. 입다의 이러한 상황은 아브라함의 조카 롯이 소돔에서 보인 행동을 생각나게 한다.

> [1]저녁 때에 그 두 천사가 소돔에 이르니 **마침 롯이 소돔 성문에 앉아 있다가** 그들을 보고 일어나 영접하고 땅에 엎드려 절하며 [2]이르되 **내 주여 돌이켜 종의 집으로 들어와 발을 씻고 주무시고 일찍이 일어나 갈 길을 가소서** 그들이 이르되 아니라 우리가 거리에서 밤을 새우리라 [3]롯이 간청하매 그제서야 돌이켜 그 집으로 들어오는지라 롯이 그들을 위하여 식탁을 베풀고 무교병을 구우니 그들이 먹으니라 [4]그들이 눕기 전에 그 성 사람 곧 소돔 백성들이 노소를 막론하고 원근에서 다 모여 그 집을 에워싸고 [5]롯을 부르고 그에게 이르되 **오늘 밤에 네게 온 사람들이 어디 있느냐 이끌어 내라 우리가 그들을 상관하리라** [6]롯이 문 밖의 무리에게로 나가서 뒤로 문을 닫고 [7]이르되 **청하노니 내 형제들아 이런 악을 행하지 말라** [8]**내게 남자를 가까이 하지 아니한 두 딸이 있노라 청하건대**

내가 그들을 너희에게로 이끌어 내리니 너희 눈에 좋을 대로 그들에게 행하고 이 사람들은 내 집에 들어왔은즉 이 사람들에게는 아무 일도 저지르지 말라(창세기 19:1-8)

여호와의 사자가 아브라함에게 이삭의 수태고지(受胎告知)를 한 후 소돔을 방문했을 때의 일이다. 마침 소돔 성문에 앉아 있던 롯이 여호와의 사자를 영접했다. 이는 나그네 환대법과 연관된 의로운 행동이었다.[31] 그러나 롯의 집에 낯선 나그네가 들었다는 소식을 들은 소돔 백성들이 롯의 집을 에워싸고 여호와의 사자를 요구했다. "오늘 밤에 네게 온 사람들이 어디 있느냐? 이끌어 내라. 우리가 그들을 상관하리라." 소돔 사람들의 이 요구는 롯의 집에 들어온 손님들과 강제로 동성애(同性愛)를 하겠다는 것이었다. 우리는 소돔 사람들의 이러한 요구에 대한 롯의 대답에 주목해야 한다.

성경에서 롯은 의인이라고 칭(稱)해지는 사람이었다. "무법한 자들의 음란한 행실로 말미암아 고통당하는 **의로운 롯을 건지셨으니**, 이는 이 의인이 그들 중에 거하여 **날마다 저 불법한 행실을 보고 들음으로 그 의로운 심령이 상함이라**"라고 평가받은 롯이었다.[32] 그러나 자신의 집에 들어온 손님들과 강제로 동성애를 하겠다는 소돔 사람들에게 했던 롯의 제안은 이러했다. "청하노니 내 형제들아 이런 악을 행하지 말라. 내게 남자를 가까이 하지 아니한 **두 딸이 있노라**. 청하건대 내가 그들을 너희에게로 이끌어 내리니 **너**

31 "[1]형제 사랑하기를 계속하고 [2]손님 대접하기를 잊지 말라 **이로써 부지중에 천사들을 대접한 이들이 있었느니라**"(히브리서 13:1-2).

32 베드로후서 2:7-8

희 눈에 좋을 대로 그들에게 행하고 이 사람들은 내 집에 들어왔은즉 이 사람들에게는 아무 일도 저지르지 말라." 보이는가? 이것이 '죄의 전염성'이다. 이것이 바로 하나님께서 이스라엘 백성에게 가나안 땅을 정복할 때 그 땅에 숨 쉬는 것을 하나도 남기지 말고 진멸(殄滅)하라고 명령하신 이유다. 소돔에서 일상으로 일어나는 동성애를 보고 들음으로 심령이 상했던 롯이었다. 하지만 그러한 일을 보고 듣는 것이 반복되는 과정에서 롯의 성 관념에 그도 모르는 사이 변형이 일어났다는 사실을 알 수 있다. 동성애를 일상으로 보던 그는 이제 '이성간의 성적 행위'는 그것이 집단 강간이라 할지라도 필요에 따라서는 할 수도 있는 일이라는 착각을 하게 되었다. 이것이 '죄의 심각함'이다.

그렇다면 무엇이 롯을 그렇게 만들었을까? 그것은 소돔에서의 삶 때문이었다. 그렇다면 무엇이 입다를 그렇게 만들었을까? 그것은 '돕 땅'에서의 삶 때문이었을 것이다. 롯은 그가 선택해서 간 소돔이었다.[33] 그러나 입다는 그의 이복형제들로부터 배척을 받고 쫓겨간 '돕 땅'이었다. 그런데 그렇게 쫓겨 간 곳은 몰렉을 섬기는 암몬 족속과의 경계에 위치했다. 왜 암몬 족속의 경계까지 갔냐고 힐난하는 사람이 있다면 그는 정말이지 나쁜 사람이다. 입다가 암몬 족속의 경계까지 밀려난 이유는 길르앗 어디에도 그의 머리를 둘

---

33 "[10]이에 롯이 눈을 들어 요단 지역을 바라본즉 소알까지 온 땅에 물이 넉넉하니 여호와께서 소돔과 고모라를 멸하시기 전이었으므로 여호와의 동산 같고 애굽 땅과 같았더라 [11]그러므로 롯이 요단 온 지역을 택하고 동으로 옮기니 그들이 서로 떠난지라 [12]아브람은 가나안 땅에 거주하였고 롯은 그 지역의 도시들에 머무르며 그 장막을 옮겨 소돔까지 이르렀더라 [13]소돔 사람은 여호와 앞에 악하며 큰 죄인이었더라"(창세기 13:10-13).

곳이 없었기 때문이다.

그러나 '입다의 서원'은 잘한 일은 아니었다. 그리고 암몬과의 전쟁에서 승리한 후 길르앗의 머리와 장관이 되었지만, 이후 그의 삶이 평탄하지 못하게 된 원인이 되었다. 그러나 결정적인 그의 실수는 또한 '하나님의 은혜의 통로'가 되었다.

> [13]이 사람들은 다 믿음을 따라 죽었으며 약속을 받지 못하였으되 그것들을 멀리서 보고 환영하며 또 땅에서는 외국인과 나그네임을 증언하였으니 [14]그들이 이같이 말하는 것은 자기들이 본향 찾는 자임을 나타냄이라
> [15]**그들이 나온 바 본향을 생각하였더라면 돌아갈 기회가 있었으려니와**
> [16]**그들이 이제는 더 나은 본향을 사모하니 곧 하늘에 있는 것이라 이러므로 하나님이 그들의 하나님이라 일컬음 받으심을 부끄러워하지 아니하시고 그들을 위하여 한 성을 예비하셨느니라**(히브리서 11:13-16)

다음에는 그렇게 입다의 삶에 임하신 '하나님의 은혜'를 알아보도록 하겠다. 그리고 그 과정을 통하여 히브리서 11장 믿음의 전당에 이름을 올린 입다가 다듬어져 간 흔적을 찾아보도록 하겠다. 그렇게 자신의 본향(本鄕)이라고 생각한 길르앗의 머리가 되었으나, 더 나은 본향(本鄕)을 사모하게 된 한 사내의 이야기를 따라가 보도록 하자.

입다 3

너는 우리 아버지의 집에서 기업을 잇지 못하리라

> [32]이에 입다가 암몬 자손에게 이르러 그들과 싸우더니 **여호와께서 그들을 그의 손에 넘겨 주시매** [33]아로엘에서부터 민닛에 이르기까지 이십 성읍을 치고 또 아벨 그라밈까지 매우 크게 무찌르니 이에 암몬 자손이 이스라엘 자손 앞에 항복하였더라(사사기 11:32-33)

본격적으로 입다와 암몬 사이에 전투가 시작되었다. 그러나 결과가 정해진 전투였다. 여호와의 영이 임한 입다였다. 여호와께서 입다에게 암몬을 넘겨주시자, 이스라엘은 암몬을 아벨 그라밈까지 매우 크게 무찔렀다고 성경은 증언하고 있다. 결국 암몬은 이스라엘 앞에 항복했다. 다른 사사들의 기사와 달리 사사 입다의 경우, 이스라엘을 압제하던 이방 민족과의 전투는 이렇게 간단하게 기록되어 있다.

> [34]입다가 미스바에 있는 자기 집에 이를 때에 **보라 그의 딸이 소고를 잡**

고 춤추며 나와서 영접하니 이는 그의 무남독녀라 [35]입다가 이를 보고 자기 옷을 찢으며 이르되 어찌할꼬 내 딸이여 너는 나를 참담하게 하는 자요 너는 나를 괴롭게 하는 자 중의 하나로다 내가 여호와를 향하여 입을 열었으니 능히 돌이키지 못하리로다 하니(사사기 11:34-35)

암몬과의 전쟁을 승리로 이끈 입다는 '미스바에 있는 자기 집'으로 금의환향(錦衣還鄕)했다. '미스바에 있는 자기 집'이라는 표현으로 보아, 입다는 그 사이 '돕 땅'에서 '길르앗 미스바'로 거처(居處)를 옮긴 것으로 보인다. "너는 다른 여인의 자식이니 우리 아버지의 집에서 기업을 잇지 못하리라." 이복형제들에게 모욕을 당하며 쫓겨났던 고향이었다. '돕 땅'에서 치열한 삶을 보낸 후였다.

'좋은 땅'이라는 뜻의 '돕 땅'은 정말 좋은 땅이었을까? 정말 그곳이 기름진 땅이었다면 입다와 잡류(雜類)들이 차지하게 놔뒀을까? 그곳이 정말 좋은 땅이었다면, 입다가 가기 전에 이미 정착한 사람들이 있었을 것이다. 그런 점에서 보면, '돕 땅'은 '좋은 땅'이기보다는 비록 척박하지만 '좋은 삶의 터전'으로 일구기 위한 입다의 '희망이 서린 땅'이 아니었을까?[34] 입다의 딸이 소고를 잡고 춤을 추며 나와 그를 영접했다는 것은 그의 딸이 상당히 성장한 상태였다는 것을 의미한다. 그렇다면 입다가 '돕 땅'에서 삶의 터전을 일군 세월은 상당했을 것이다.

그 세월을 견디고 돌아온 고향 땅이었다. 고향 땅을 떠날 때는 빈손으로

---

34 '돕 땅'이 기름진 곳이었다는 주장이 있기는 하다. 그러나 정말 그랬을까?

쫓겨났지만, 돌아올 때는 고향 땅의 머리와 장관으로 돌아왔다. 그리고 그는 자신의 '외교적 역량과 전투 역량'을 아낌없이 보여줬다. 이스라엘 사람들은 암몬과의 전쟁 가운데 그와 함께하시는 하나님을 보았을 것이다. 이복 형제들이 그를 아버지의 집에서 쫓아내며 했던 말은 "너에게는 언약 백성의 자격이 없어"라는 뜻이었다. 그런데 그 기생의 아들이 길르앗의 머리와 장관이 되어 돌아왔다. 기생의 아들이 언약 백성의 대표가 되었다.

생각해보면 그렇다. 기생의 아들이라고 혈육을 쫓아냈던 사람들이었다. 그렇다면 입다의 어린 시절, 그의 엄마는 어떤 처지였을까? 사람 취급이나 받을 수 있었을까? 그랬을 리가 없다. 분명히 입다는 어린 시절부터 총명했을 것이다. 어쩌면 그의 아버지를 가장 닮은 아들은 입다였을 지도 모른다. 어린 시절, 핏기 없는 얼굴로 때로는 초점을 잃은 눈에 지쳐 보이는 엄마의 치맛자락을 잡고 입다는 이와 같은 마음을 새겼을 것이다. '내가 나중에 성장하여 힘을 가지게 된다면, 우리 엄마를 지키고 사람들로부터 사람대접을 받게 하리라.' 그 시대에는 여성이 경제적 주체가 될 수 없던 시절이었다. 경제적 계약의 주체가 될 수 없던 시절이었다. 그러한 이유로 남편이 아들을 남기지 않고 죽는 경우, 그의 형제가 형수와 결혼하여 대를 이어주는 '계대결혼'을 하나님께서 명령하셨던 시절이었다.[35] 그러나 그마저도 불가능한 경우, 자신을 지켜줄 어떤 남자도 없는 여인들은 두 가지 선택으로 내몰리

---

35 '계대결혼'에 대해서는 내 처음 책 『하나님을 위한 변명』(최관호, 예영커뮤니케이션) '보아스와 룻' 단원에서 자세히 다루었다.

던 시절이었다. 그 두 가지 선택 중 하나는 죽음이었고 다른 하나는 성매매에 내몰리는 것이었다. 즉 입다의 엄마가 기생이었다는 사실은 그녀에게 기가 막힌 가정사가 있었다는 것을 의미한다. 그런 엄마 밑에 지적으로 총명하고 전투 능력과 리더십(leadership)이 뛰어난 아들이 태어난 것이었다. 그런 배경에서 태어나 자란 남자아이가 꿈꾸는 것은 정해져 있다. "내가 나중에 성장하여 힘을 가지게 된다면, 우리 엄마를 지키고 우리 엄마가 사람들로부터 사람 대접을 받게 하리라."

그런 입다의 아픔과 욕망을 정확히 파악하고 있었던 길르앗 장로들이었다. 그러한 이유로, 암몬의 침략에 대항하기 위하여 입다를 찾아갔을 때 그들이 했던 제안은 이러했다. "우리가 암몬 자손과 싸우려 하니 당신은 와서 우리의 장관이 되라." 길르앗 장로들의 입장에서는 나쁘지 않은 제안이었을 것이다.

그들은 입다마저 암몬과의 전투에서 패하게 된다면 암몬에게 항복하고 조공을 바치면 될 일이라고 생각했을지도 모른다. "이에 입다가 암몬 자손에게 이르러 그들과 싸우더니" 특히 암몬과의 전투에 대한 성경의 기록이 약간 특이하다. 보이는가? 암몬과의 전투가 시작될 때, 싸움의 주체로 "입다"만 기록되어 있다. 이스라엘 자손은 암몬이 항복할 때 나온다. 이것은 무슨 뜻일까? 암몬과의 전쟁에서 이스라엘 백성들 앞에 입다와 함께했던 '돕땅'의 잡류(雜類)들이 서 있었다는 의미다. 즉 길르앗 장로들은 이들의 전투 결과를 보고 다음 선택을 할 수 있었을 것이다.

만에 하나 입다가 암몬을 이긴다면? 그것도 길르앗 장로들의 생각에 나뻐지 않은 일이었을 것이다. 그들 중 정치적인 인물들은 입다를 길르앗의 머리와 장관으로 세운다 할지라도 어차피 입다의 영향력은 제한적일 뿐이라고 판단했을지 모른다. 반면 그들 중 경건한 인물들은 이렇게 생각했을 것이다. '입다가 암몬을 이기는 경우는 하나님께서 그의 편을 드셨을 때뿐이다. 그렇다면 하나님께서 편을 들어주신 입다를 길르앗의 장관으로 인정하지 못할 이유가 없지 않은가? 하나님께서 그의 편을 들어주셨다면, 그의 배경이 기생의 아들이라 한들 그것이 무슨 상관인가? 우리가 뭐라고?'

"내가 나중에 성장하여 힘을 가지게 된다면, 우리 엄마를 지키고 사람들로부터 사람대접을 받게 하리라." 이러한 입다의 욕망은 딸이 생기면서 그의 딸에게로 전이(轉移)되었을 것이 분명하다. 입다의 딸이 성장한 것으로 보아, 암몬과의 전쟁 당시 입다의 엄마는 고인(故人)이었을 것이다. 그렇다면 입다의 욕망은 하나밖에 없는 딸을 지키는 것으로 바뀌어 있었을 것이다. 특별히 성경은 입다의 딸이 무남독녀(無男獨女)라는 사실을 아주 강조하고 있다. "이는 그의 무남독녀라." 개역개정 성경의 이 부분을 직역하면 이런 말이다. "오직 그 딸 하나만 있었고, 그 딸 외에는 없었다. 어떤 아들이나 딸도"

그런데 바로 그 딸이 가장 먼저 나와 입다를 맞이하는 것이었다. 이미 누구든지 그를 가장 먼저 영접하는 자는 번제물로 드리겠다는 서원을 한 상태였는데 말이다.[36] 전쟁에서 돌아오는 길, 입다는 약간 불길한 느낌이 들기는

---

36 "[30]그가 여호와께 서원하여 이르되 주께서 과연 암몬 자손을 내 손에 넘겨 주시면 [31]내가 암몬

했을 것이다. 하지만 애써 그 마음을 외면했을 것이다. 그러나 슬픈 예감이 현실이 되자, 그는 울부짖었다. "자기 옷을 찢으며 이르되, 어찌할꼬 내 딸이여 너는 나를 참담하게 하는 자요. 너는 나를 괴롭게 하는 자 중의 하나로다. 내가 여호와를 향하여 입을 열었으니 능히 돌이키지 못하리로다."

사실 입다의 딸이 잘못한 것이 아니었다. 이 당시 전쟁에 나간 남자들이 승리하고 돌아올 때, 집안 여인들이 소고를 잡고 나와 춤추며 영접하는 것은 누구나 하는 풍습이었다. 그러한 이유로 입다가 마치 그의 딸을 탓하는 것처럼 말했다고 지적하는 신학자들이 있다. 번제로 바쳐져 죽게 된 것은 딸인데 오히려 딸을 비난했다는 이유로 말이다. 그 순간에도[37] 입다가 자신만을 생각했다는 것이다. 그러나 나는 입다 편을 들어주고 싶다.

'입다와 그의 엄마가 사람대접을 받지 못했다'라는 것은 그의 아버지가 남편과 아버지의 역할을 제대로 해주지 않았다는 의미가 된다. 즉 입다는 어린 시절 그의 아버지를 원망했을 것이다. 당연히 그 이유와 집안의 역학관계는 잘 이해하고 있었을 것이지만 말이다. 그의 엄마와 그의 편을 들어주고 보호해주지 않는 아버지를 원망했을 것이다. 그리고 결심했을 것이다. '내가 나중에 아버지가 된다면 내 자식을 분명히 보호하리라!' 그는 이후에 아버지가 된다면 그의 아버지와 같은 아버지는 되지 않으리라 결심했을 것

자손에게서 평안히 돌아올 때에 누구든지 내 집 문에서 나와서 나를 영접하는 그는 여호와께 돌릴 것이니 내가 그를 번제물로 드리겠나이다 하니라"(사사기 11:30-31).

37 "그 순간에도"라는 표현을 통해서도 알 수 있듯이, 이 부분에서 입다를 비난하는 신학자들은 입다를 부정적으로 바라본다.

이다. 그런 상처와 결심이 있는 사내가 얻은 "무남독녀 딸"이었다. 평소 딸에 대한 입다의 애정과 정성이 어떠했을지는 따로 언급할 필요가 없을 것이다. 또한 그러한 아빠를 둔 입다의 딸 또한 그의 아버지에 대한 존경과 애정 그리고 신뢰가 깊었을 것은 분명하다. 입다의 딸에게 있어 그녀의 아버지는 그녀의 영웅이자 모든 것이었을 것이다. 그러니 그녀가 그녀의 아버지가 승전하고 돌아오는 길에 소고를 들고 춤추며 나오는 것은 너무도 당연한 일이었다.

그러나 전쟁을 시작할 때 하나님께 말도 안 되는 서원을 했던 입다는 딸의 모습을 발견하고 숨이 턱하니 막혔을 것이다. 제대로 서 있는 것조차 쉽지 않았을 것이다. 만약에 짐승 위에 타고 있었다면 그곳에서 떨어지지 않기 위해 무던히 애를 써야 했을 것이다. '이게 뭐 하는 짓인가? 내 인생은 도대체 왜 이 모양인가? 엄마와 나를 보호해주지 않던 아버지를 원망하며 평생을 살아온 인생이 아니던가? 나는 절대 그런 아버지가 되지 않으리라 평생을 곱씹으며 살아왔는데, 내 딸에게 나는 나의 아버지보다도 못한 애비가 되어버렸구나. 내가 헛된 꿈을 꾸었구나. 장관의 딸로 사람들의 호의(好意)와 대접을 받게 해주려 참여했던 전쟁이 아니던가? 그런데 바치어질 번제물이 내 딸이라니? 내가 도대체 무슨 짓을 한 것인가? 이게 뭐 하는 짓인가? 내 인생은 도대체 왜 이 모양인가?'

> [36]딸이 그에게 이르되 나의 아버지여 아버지께서 여호와를 향하여 입을 여셨으니 아버지의 입에서 낸 말씀대로 내게 행하소서 이는 여호와께서 아버지를 위하여 아버지의 대적 암몬 자손에게 원수를 갚으셨음이니이

> 다 하니라 [37]또 그의 아버지에게 이르되 이 일만 내게 허락하사 나를 두 달만 버려 두소서 내가 내 여자 친구들과 산에 가서 나의 처녀로 죽음을 인하여 애곡하겠나이다 하니(사사기 11:36-37)

그렇게 핏기를 잃고 사색이 된 입다에게 그의 딸이 입을 열었다. 승전가(勝戰歌)를 부르던 분위기에서 순식간에 '초상집 분위기'가 된 자리에서 그의 딸이 입을 열었다. "나의 아버지여, 아버지께서 여호와를 향하여 입을 여셨으니 아버지의 입에서 낸 말씀대로 내게 행하소서. 이는 여호와께서 아버지를 위하여 아버지의 대적 암몬 자손에게 원수를 갚으셨음이니이다." 역시 그 아버지에 그 딸이었다. 우리는 이 대목에서 입다의 딸 또한 입다처럼 총명함을 알 수 있다. 게다가 입다의 딸은 그 어린 나이에 '냉정함과 침착함'을 잃지 않고 있다. 물론 입다처럼 인신 제사(人身 祭祀)에 대한 율법적 지식을 가지고 있지는 않았을 것이다. 하지만 입다의 딸은 사리분별(事理分別)이 분명하고 일의 전후 관계(前後 關係)에 대한 이해가 분명했다. 그러니 입다에게 있어서 그녀는 그의 자랑이자 모든 것이었을 것이다.

그렇게 입을 연 입다의 딸이 그녀의 아버지에게 한 가지를 청했다. "이 일만 내게 허락하사 나를 두 달만 버려두소서. 내가 내 여자 친구들과 산에 가서 **나의 처녀로 죽음을 인하여** 애곡하겠나이다."[38] 이 부분이 내가 입다

---

38 "But grant me this one request," she said. "Give me two months to roam the hills and weep with my friends, **because I will never marry**."(Judges 11:37).

의 딸이 번제로 드려지지 않았을 것이라고 보는 이유다. 우선 우리말 성경에는 "죽음"이라는 단어가 나오나, 히브리어 본문에는 "죽음"이라는 단어가 나오지 않는다. NIV 성경에도 이 부분은 **"because I will never marry."**로 번역되어 있다.

이뿐 아니라, 내가 입다의 딸이 번제로 드려지지 않았을 것이라고 보는 이유가 또 있다. 그것은 길르앗 지역의 귀족 출신 장로들 때문이다. 지난 시간에도 언급했지만, 인신 제사(人身 祭祀)는 하나님께서 극도로 혐오하시는 제사 방법이었다.[39] 또한 북방 이스라엘과 남방 유다가 앗수르와 바벨론의 포로로 잡혀가는 원인 중 하나였다.[40] 물론 하나님께서 주신 율법이 여기까지만 있었다면, 입다의 딸은 번제로 드려져 죽임을 당했을 가능성이 높다. 하지만 하나님께서는 다음의 경고 또한 해주셨다.

> [1]여호와께서 모세에게 말씀하여 이르시되 [2]너는 이스라엘 자손에게 또 이르라 그가 이스라엘 자손이든지 이스라엘에 거류하는 거류민이든지 그의 자식을 몰렉에게 주면 반드시 죽이되 그 지방 사람이 돌로 칠 것이요 [3]나도 그 사람에게 진노하여 그를 그의 백성 중에서 끊으리니 이

---

39 "너는 결단코 자녀를 몰렉에게 주어 불로 통과하게 함으로 네 하나님의 이름을 욕되게 하지 말라 나는 여호와이니라"(레위기 18:21). "네 하나님 여호와께는 네가 그와 같이 행하지 못할 것이라 그들은 여호와께서 꺼리시며 가증히 여기시는 일을 그들의 신들에게 행하여 심지어 자기들의 자녀를 불살라 그들의 신들에게 드렸느니라"(신명기 12:31).

40 "[20]또 네가 나를 위하여 낳은 네 자녀를 그들에게 데리고 가서 드려 제물로 삼아 불살랐느니라 네가 네 음행을 작은 일로 여겨서 [21]나의 자녀들을 죽여 우상에게 넘겨 불 가운데로 지나가게 하였느냐"(에스겔 16:20-21). "그들이 자녀를 죽여 그 우상에게 드린 그날에 내 성소에 들어와서 더럽혔으되 그들이 내 성전 가운데에서 그렇게 행하였으며"(에스겔 23:39).

> 는 그가 그의 자식을 몰렉에게 주어서 내 성소를 더럽히고 내 성호를 욕되게 하였음이라 [4]**그가 그의 자식을 몰렉에게 주는 것을 그 지방 사람이 못 본 체하고** 그를 죽이지 아니하면 [5]내가 그 사람과 그의 권속에게 진노하여 그와 그를 본받아 몰렉을 음란하게 섬기는 모든 사람을 **그들의 백성 중에서 끊으리라**(레위기 20:1-5)

레위기 20장 1절에서 3절까지는 인신 제사 금지에 대한 말씀으로 각주에 인용한 말씀들과 별 차이가 없는 경고다. 하지만 4절에서 5절의 말씀 또한 길르앗 장로들은 기억하고 있었을 것이다. 그리고 입다가 '암몬과의 전투에 앞서 했던 서원의 내용'과 입다를 가장 먼저 맞이한 이가 그의 딸이라는 사실을 길르앗 장로들이 모를 리가 없었다. "그가 그의 자식을 몰렉에게 주는 것을 그 지방 사람이 못 본 체하고" 이때 몰렉에게 준다는 것은 자식을 불태워 드리는 제사를 의미한다. 그러니 입다가 그의 딸을 번제로 불태워 드리는 제사를 길르앗의 장로들이 그냥 두었을 리가 없다. 하나님께서 모세를 통하여 주신 율법을 근거로 이 부분을 교정해 주지 않을 경우, 길르앗의 장로들 또한 같은 지방 사람으로서 그 책임에서 자유롭지 않다는 사실을 인식하고 있었을 것이다. 더군다나 길르앗 장로들은 이러한 책임 관계에 민감한 귀족 출신들이었다. 그러므로 그들은 적극적으로 나서 입다가 서원한 내용이 하나님 앞에서는 무엇을 의미하는지 설명하고 교정해 주었을 것이다. 사람을 여호와께 돌린다는 의미가 무엇인지 설명했을 것이다. 이것이 바로 내가 입다의 딸이 번제로 바쳐져 죽지 않았다고 보는 이유다.

> [38]그가 이르되 가라 하고 두 달을 기한하고 그를 보내니 그가 그 여자 친구들과 가서 산 위에서 처녀로 죽음을 인하여 애곡하고 [39]두 달 만에 그의 아버지에게로 돌아온지라 그는 자기가 서원한 대로 딸에게 행하니 딸이 남자를 알지 못하였더라 이것이 이스라엘에 관습이 되어 [40]이스라엘의 딸들이 해마다 가서 길르앗 사람 입다의 딸을 위하여 나흘씩 애곡하더라(사사기 11:38-40)

두 달의 시간을 달라는 딸의 요청에 입다는 짧은 말로 대답했다. "가라." 사실 무슨 말을 더 할 수 있었을까? 험한 삶을 살아낸 사내의 한마디는 천 마디 말보다 많은 감정과 할 말을 담게 마련이다. "가라." 이 한마디에 담겨 있었을 입다의 감정과 회한 그리고 아픔을 상상해봤다. 어떤 단어로 그 순간 입다의 가슴에 담겼을 마음을 표현해낼 수 있을까?

그렇게 아버지의 허락을 받아낸 입다의 딸은 그의 동무들과 함께 산 위에서 처녀로 죽음을 인하여 두 달간 애곡하였다고 한다. 21세기 대한민국 땅에서 삶을 영위하고 있는 우리 입장에서는 약간 낯선 장면일 것이다. 이게 뭐지 싶을 수도 있다. 입다의 딸이 번제로 드려진 것이 아니라면, 그녀는 어떻게 여호와 하나님께 바쳐졌을까? 입다의 딸이 번제로 드려지지 않았다고 주장하는 신학자들은 그녀가 평생 회막 문에서 수종 드는 여인이 되었을 것이라고 말한다.[41] 그런 점에서 지금의 시선으로 보면 입다의 딸이 산 위

---

41 "그가 놋으로 물두멍을 만들고 그 받침도 놋으로 하였으니 곧 회막 문에서 수종드는 여인들의 거울로 만들었더라"(출애굽기 38:8).

에서 두 달간 애곡하는 행위가 낯설게 보일 수도 있다. 좀 과한 행동이 아닌가 싶기도 할 것이다. 그냥 평생 독신으로 하나님을 섬기는 일이 아니던가? 그러나 당시의 기준으로 보면 이는 간단한 일이 아니었다. 여성이 결혼하지 못하거나 자식을 낳지 못하는 것을 최대의 수치로 여기던 시절이었다.

회막 문에서 수종 드는 여인은 평생 결혼하지 못했다고 한다. 또한 이스라엘이 타락한 뒤 일어난 일련의 사건들로 볼 때, 회막에서 수종 드는 여인은 존중받는 신분이 아니었던 것으로 보인다. 의인이 사라진 시대에는 보호받지 못하는 여성들이었던 것으로 보인다.

> 엘리가 매우 늙었더니 **그의 아들들이** 온 이스라엘에게 행한 모든 일과 **회막 문에서 수종 드는 여인들과 동침하였음을 듣고**(사무엘상 2:22)

즉 쉽게 성적으로 유린당할 수도 있는 위치에 있었던 여인들로 보인다. 생각해보면 이해가 되는 부분이다. 회막 문에서 수종 드는 여인들은 하나님을 가까이서 섬기는 가치 있는 일을 했던 여성들이었다. 그러나 여성은 사람으로 취급받지 못하던 시절이었다. 그러니 현실적으로는 이들은 남편이 없는 여인이었다.

그렇게 놓고 보면, 딸이 회막에서 수종 드는 여인이 되었다는 것은 입다에게 있어서 정말 간단한 일이 아니었다. 우선 그녀는 입다의 무남독녀였다. 즉 입다의 대를 이를 유일한 자녀였다. 우리는 입다의 뿌리 깊은 상처를 기억해야 한다. "너는 우리 아버지의 집에서 기업을 잇지 못하리라." 이 말은 평생 입다를 옥죄이던 말이었다. 이 말은 입다의 평생의 한(恨)이었다.

그 한(恨)을 풀기 위해 목숨을 걸고 나선 암몬과의 전쟁이었다. 사람대접 받지 못했던 엄마의 삶을 딸에게 반복하지 않기 위해 나선 길이었다. "너는 언약 백성의 자격이 없어!"라는 말을 부정하기 위해 평생 몸부림쳐온 삶이었다. 그렇게 그 어려운 굴곡과 삶의 여정을 거쳐 왔다. 그리고 최종적으로 암몬과의 전쟁을 통하여 길르앗의 머리와 장관이 되었다. 이제야 비로소 내 딸에게 언약 백성의 분깃을 당당하게 물려줄 수 있게 된 것이다. 이제야 비로소 내 딸에게 사람다운 삶을 물려줄 수 있게 된 것이다. 그리고 그 아이는 '나의 유일한 기업을 이을 자'였다. 그런데 입다 자신의 서원 때문에 그 아이는 여호와의 회막에 바쳐진 여인이 되고 말았다. 아버지 집의 상속자가 될 수 없어 형제들에게 쫓겨난 인생이었다. 길고 긴 풍파를 지나 이제야 언약 백성의 상속자가 되었다. 그런데 길르앗의 머리가 되자마자 나의 "상속자가 없어져 버린 상황"이었다.

게다가 입다는 남편이 없는 여인의 삶이 얼마나 비참한지 그의 엄마를 통하여 처절히 학습한 사람이 아니던가? 즉 그의 평생은 그가 사랑하는 여인들이 사람대접 받고 살게 하기 위한 투쟁이었다. 그런데 하나밖에 없는 딸이 평생 남편 없는 삶이 되어야 했다. 이 얼마나 기가 막힌 일인가?

그러나 입다는 두 달 만에 돌아온 딸을 여호와 하나님의 회막에 바쳤다. "그는 자기가 서원한 대로 딸에게 행하니 딸이 남자를 알지 못하였더라." 그렇게 입다의 딸은 평생 남편을 만나지 못하고 여호와의 회막을 섬기는 여인이 되었다. 그렇게 입다는 평생 꿈꿔왔던 것을 손에 쥐었으나, 그것을 손에 쥐는 순간 아무것도 남지 않게 되었다.

> 에브라임 사람들이 모여 북쪽으로 가서 입다에게 이르되 **네가 암몬 자손과 싸우러 건너갈 때에 어찌하여 우리를 불러 너와 함께 가게 하지 아니하였느냐 우리가 반드시 너와 네 집을 불사르리라** 하니(사사기 12:1)

불난 집에 부채질한다는 것은 이런 경우를 두고 하는 말일 것이다. 사사기 내내 망나니(?) 노릇을 하던 '에브라임 지파'가 모여 입다를 찾아왔다. "네가 암몬 자손과 싸우러 건너갈 때에 어찌하여 우리를 불러 너와 함께 가게 하지 아니하였느냐? 우리가 반드시 너와 네 집을 불사르리라." 이제는 '에브라임 지파'의 이 말이 익숙할 것이다.

> 2입다가 그들에게 이르되 나와 내 백성이 암몬 자손과 크게 싸울 때에 내가 너희를 부르되 너희가 나를 그들의 손에서 구원하지 아니한 고로 3나는 너희가 도와 주지 아니하는 것을 보고 내 목숨을 돌보지 아니하고 건너가서 암몬 자손을 쳤더니 여호와께서 그들을 내 손에 넘겨 주셨거늘 너희가 어찌하여 오늘 내게 올라와서 나와 더불어 싸우고자 하느냐 하니라(사사기 12:2-3)

입다가 암몬과 싸우러 갈 때 그들을 부르지 않았다는 '에브라임 지파'의 시비는 거짓말이었다. 분명히 암몬과의 전쟁 전에 입다는 에브라임 지파에게 도움을 요청했었다. 그래서 했던 말이다. "나와 내 백성이 암몬 자손과 크게 싸울 때에 내가 너희를 부르되 너희가 나를 그들의 손에서 구원하지 아니한 고로 나는 너희가 도와 주지 아니하는 것을 보고 내 목숨을 돌보지 아니하고 건너가서 암몬 자손을 쳤더니 여호와께서 그들을 내 손에 넘겨 주셨거늘 너희가 어찌하여 오늘 내게 올라와서 나와 더불어 싸우고자 하느냐?" 입다의 말 중 "내 목숨을 돌보지 아니하고 건너가서 암몬 자손을 쳤더니"를 통해서도 알 수 있듯이, 입다는 에브라임 지파를 직접 방문해서 도움을 요청했었다. 에브라임 지파는 요단강 서쪽에 거주했고, 입다의 전투진지는 요단강 동쪽에 있었다. 즉 사람을 보내어 도움을 요청한 것이 아니라, 전쟁을 앞둔 사령관이 전투진지를 떠나 직접 요청했던 도움이었다. 더군다나 에브라임 지파가 시비를 걸 때, 입다는 이제 더 이상 잃을 것이 없는 사내였다. 무남독녀 딸을 여호와의 회막에 바친 상황이었다. 그런 그에게 에브라임 지파가 했던 말은 이것이었다. "우리가 반드시 너와 네 집을 불사르리라!" 이것이 이제는 불에 탈 상속자도 없는 입다에게 할 말인가?

> 입다가 길르앗 사람을 다 모으고 에브라임과 싸웠으며 길르앗 사람들이 에브라임을 쳐서 무찔렀으니 이는 에브라임의 말이 **너희 길르앗 사람은 본래 에브라임에서 도망한 자로서 에브라임과 므낫세 중에 있다** 하였음이라(사사기 12:4)

그렇게 싸움을 걸어오는 에브라임 지파를 상대로 입다는 길르앗 사람들을 다 모았다. 여기에서 알 수 있는 사실이 하나 있다. 그것은 길르앗 사람들이 입다의 명령에 순종하기 시작했다는 것이다. 물론 성경은 길르앗 사람들이 입다를 중심으로 모여든 이유에 대해 이렇게 설명하고 있다. "이는 에브라임의 말이 너희 길르앗 사람은 본래 에브라임에서 도망한 자로서 에브라임과 므낫세 중에 있다 하였음이라." 길르앗은 '므낫세 반 지파'와 '갓 지파'로 이루어져 있었다. 그리고 '므낫세'는 '에브라임'과 함께 요셉의 아들이었다. 그런데 요단 서편에 있었던 '에브라임 지파' 사람들은 요단 동편에 있는 '므낫세 반 지파'를 무시해왔던 것 같다. 대학병원으로 치면 '요단 서편은 본원(本院)'에 해당하고 '요단 동편 지역은 분원(分院)' 정도로 보았던 것 같다. 원래 가족은 건드리는 것이 아니라는 말이 있다. 그런데 '에브라임 지파'는 '입다의 집안'뿐 아니라 '길르앗 사람들의 집안'을 거론했다. 이에 분개한 입다와 길르앗 사람들은 하나가 되어 에브라임 지파와 내전(內戰)에 돌입하게 되었다. 그리고 결과는 길르앗 사람들의 승리였다.

이것은 당연한 결과였다. 이유는 간단하다. 첫 번째 길르앗에는 하나님의 영이 임한 입다가 사령관으로 있었다. 두 번째 길르앗 사람들은 조금 전까지 암몬과의 전쟁으로 전투 경험이 있었다. 국력(國力)이 월등하지 않는 한, 전투 경험이 있는 군인들을 보유한 국가를 상대로 전쟁 경험이 없는 국가가 싸움을 거는 일은 정말 어리석은 일이다. 죽지 않고 살아남은 병사는 베테랑이 되는 것이 전쟁이다.

> [5]**길르앗 사람이 에브라임 사람보다 앞서 요단강 나루턱을 장악하고** 에브라임 사람의 도망하는 자가 말하기를 청하건대 나를 건너가게 하라 하면 길르앗 사람이 그에게 묻기를 네가 에브라임 사람이냐 하여 그가 만일 아니라 하면 [6]그에게 이르기를 쉽볼렛이라 발음하라 하여 에브라임 사람이 그렇게 바로 말하지 못하고 십볼렛이라 발음하면 길르앗 사람이 곧 그를 잡아서 요단강 나루턱에서 죽였더라 그때에 에브라임 사

람의 죽은 자가 사만 이천 명이었더라(사사기 12:5–6)

에브라임 지파와의 내전에 승리한 길르앗 사람들은 바로 에브라임의 퇴로(退路)를 끊었다. 이것만 보아도 전쟁에서 전투 경험이 얼마나 중요한지를 알 수 있다. "길르앗 사람이 에브라임 사람보다 앞서 요단강 나루턱을 장악하고" 성경의 기록으로 볼 때, 길르앗 사람들의 이러한 행동은 '집단 지성'의 결과로 보인다. 에브라임과의 내전(內戰)에 승기(勝機)를 잡자 길르앗 사람들은 서둘러 요단강 나루턱을 장악했다. 아이러니하게도 이곳은 기드온 때 에브라임 사람들이 미디안 사람들을 상대로 장악했던 나루터였다.[42] [43]

그렇게 아담 나루터를 장악한 길르앗 사람들은 검문을 시작했다. 그런데 문제는 그곳이 요단 동편과 요단 서편을 잇는 전략적 요충지라는 점이었다. 즉 에브라임의 퇴로를 확실히 막을 수 있는 장점이 있었지만, 이 나루터는 에브라임뿐 아니라 여러 지파 사람들이 동시에 사용하는 곳이었다. 그러한 이유로 길르앗 사람들은 에브라임 사람들을 구별하기 위한 한 가지 방법을 생각해냈는데 그것은 '쉽볼렛'이라고 발음해보라는 것이었다. 즉 아담 나루터를 건너겠다는 사람들에게 먼저 에브라임 사람인지를 물은 뒤, 그렇지 않

---

42 이 나루터 혹은 나루턱은 '아담 나루터'였을 것이다. '아담 나루터'는 요단 동편과 서편을 이어주는 '전략적 요충지'였다.

43 "[24]기드온이 사자들을 보내서 에브라임 온 산지로 두루 다니게 하여 이르기를 내려와서 미디안을 치고 그들을 앞질러 벧 바라와 요단강에 이르는 수로를 점령하라 하매 이에 에브라임 사람들이 다 모여 **벧 바라와 요단강에 이르는 수로를 점령하고** [25]**또 미디안의 두 방백 오렙과 스엡을 사로잡아 오렙은 오렙 바위에서 죽이고** 스엡은 스엡 포도주 틀에서 죽이고 미디안을 추격하였고 오렙과 스엡의 머리를 요단강 건너편에서 기드온에게 가져왔더라"(사사기 7:24–25).

다고 하는 경우 '쉽볼렛'이라고 발음해보라는 것이었다. 그런데 에브라임 사람들은 '쉽볼렛'이라고 말하지 못했다고 성경은 증언하고 있다. 에브라임 사람들은 '쉽볼렛'을 '십볼렛'이라고 발음했는데, 그렇게 발음하는 사람은 바로 잡아 죽였다. 이러한 현상은 요단강 동편과 요단강 서편으로 나뉘어 산 세월이 삼백 년이 되면서 생긴 일이었을 것이다.[44] 어찌 되었든, 방언을 통한 감별법에 의해 요단강 나루턱에서 죽은 에브라임 사람의 수는 사만 이천 명에 이르렀다. 정말이지. 엄청난 살육(殺戮)이었다.

> 7**입다가 이스라엘의 사사가 된 지 육 년이라 길르앗 사람 입다가 죽으매** 길르앗에 있는 그의 성읍에 장사되었더라 8그 뒤를 이어 베들레헴의 입산이 이스라엘의 사사가 되었더라 9그가 아들 삼십 명과 딸 삼십 명을 두었더니 **그가 딸들을 밖으로 시집 보냈고 아들들을 위하여는 밖에서 여자 삼십 명을 데려왔더라** 그가 이스라엘의 사사가 된 지 칠 년이라 10입산이 죽으매 베들레헴에 장사되었더라(사사기 12:7-10)

그렇게 파란만장한 삶을 살아낸 입다는 '이스라엘의 사사'가 된 지 6년 만에 죽었다. 생각보다 빠른 죽음이었을 것이다. 그렇다면 그 6년 동안 입다에게는 무슨 일이 있었던 것일까? 암몬과의 전쟁을 주도할 만큼 건장했던 그에게 무슨 일이 있었기에 6년 만에 죽음을 맞이한 것일까? 얼마 되지 않

---

44 "**이스라엘이** 헤스본과 그 마을들과 아로엘과 그 마을들과 아르논강 가에 있는 **모든 성읍에 거주한 지 삼백 년이거늘** 그 동안에 너희가 어찌하여 도로 찾지 아니하였느냐"(사사기 11:26).

는 성경의 기록이지만, 입다는 설움과 한(恨)이 많은 삶이었다. 하지만 어려움 속에서도 살아남고자 치열한 삶을 살았고, 약속을 지키는 정 많고 덩치 좋은 사내였던 것으로 보인다. 게다가 그는 명석한 두뇌의 소유자였다. 물론 입다의 서원이 잘한 일이라는 것이 아니다. 그는 하나님을 알았지만, 그가 살았던 곳의 문화로부터 자유롭지 않았다. 출애굽의 역사와 서원을 지켜야 한다는 사실은 알고 있었지만, 율법에 정통하지는 못했다. 그러나 그가 율법에 정통하지 못했다는 사실을 비난할 수만은 없지 않을까? 그의 출생 배경을 생각해볼 때, 누가 있어 그에게 율법을 차근차근 가르쳐주었을까? 오히려 아무도 가르쳐 주는 이 없는 가운데, 그가 출애굽의 역사에 그토록 밝았다는 점이 놀랍지 않은가? 그런 점에서 보면, 하나님은 '그의 현재 위치'보다는 '그가 시작한 지점으로부터 현재 서 있는 거리'에 관심이 있으신 것 같다.

물론 그가 '돕 땅'에 가서 이룬 것들은 하나님의 배려였다. 아무리 그가 아등바등 애썼다 한들, 하나님의 도움이 없었다면 그의 모든 수고는 허사였을 것이다.[45] 암몬과의 전쟁 또한 하나님께서 그들을 그의 손에 넘겨주신 결과였다. 그렇다면, 그렇게까지 입다 편을 들어주신 하나님은 왜 입다가 평생 품고 있던 아픔을 외면하신 것일까? 물론 여기까지 책을 읽어온 독자라면, 하나님께서 입다의 아픔을 외면한 것이 아니라 더 큰 그림이 있을 것이

45 "여호와께서 집을 세우지 아니하시면 세우는 자의 수고가 헛되며 여호와께서 성을 지키지 아니하시면 파수꾼의 깨어 있음이 헛되도다"(시편 127:1).

라 눈치채고 있을 것이다.

이스라엘의 사사가 된 뒤, 입다는 그의 무남독녀 외동딸을 여호와의 회막 문에서 수종 드는 여인으로 바쳤다. 그의 모든 꿈과 희망을 바친 것이었다. 이제 그의 손에는 아무것도 남아 있지 않은 것으로 보였을 것이다. 입다의 딸은 그녀의 동무들과 함께 산에 올라 그녀의 처지를 두 달간 애곡(哀哭)했다. 슬피 울었다. 이러한 사실은 그 당시의 시선으로 볼 때 이 일이 간단하지 않았다는 것을 보여준다. 우리의 시선으로는 쉽게 공감되지 않는 일이지만, 이 일은 입다의 뼈를 녹이는 일이었을 것이다. 딸이 산에 올라 두 달간이나 울부짖어야 그 한(恨)이 어느 정도 풀릴 일이었다면, 그 아비의 심정은 어떠했을까?

더군다나 입다의 딸 또한 입다와 비슷한 성정(性情)의 사람이었을 것이다. 자녀의 무릎이 깨지면 부모의 가슴이 찢어진다는 말이 있다. 하물며 입다와 같은 사내가 딸의 눈물을 보며 느꼈을 고통을 말로 표현할 수 있을까? 인생을 살아본 사람들은 다 아는 사실이 있다. 몸이 힘든 것과 마음이 힘든 것 중, 사람의 뼈를 녹이고 건강을 잃게 하는 것은 마음이 힘든 것이다. 다시 한번 상기하지만, 암몬과의 전쟁에서 선봉에 섰던 입다였다. 그런 그가 6년 만에 죽음에 이르렀다. "길르앗 사람 입다가 죽으매"라는 기록으로 보아 입다는 특별한 질병이나 외상없이 죽음에 이른 것으로 보인다. 그렇다면, 그렇게 강건했던 그를 6년 만에 죽음에 이르게 한 것은 그의 서원과 관련된 일이었을 것이다.

하나밖에 없는 딸을 여호와의 회막에 바친 뒤, 입다는 거의 매일 회막 주변을 배회했을 것이다. 지금 나는 입다가 히브리서 11장에 오를 만큼의 '신앙의 용사'가 되어가는 과정을 말하려는 것이다. 입다는 회막에서 일하게 된 딸을 보았을 것이다. 처음에는 그저 물리적인 어려움은 없는지 오가던 길이었을 것이다. 그러나 어느 날부터인가 딸에게 임한 하나님의 기적을 보았을 것이다. 입다라는 시공간에 갇힌 한 사내의 딸로서는 죽은 아이였다. 이제는 길르앗의 머리와 장관이 된 입다의 딸로서는 죽은 아이였다. 하지만 어느 순간부터인가 온 우주를 지으신 창조주 하나님의 딸로 다시 살아난 딸아이를 발견했을 것이다. 입다라는 사내의 상속자로서는 죽은 아이였다. 하지만 온 우주를 지으신 창조주의 상속자로 다시 태어난 딸아이를 발견하게 되었을 것이다.

딸아이를 회막에 바치는 순간, **"너는 다른 여인의 자식이니 우리 아버지의 집에서 기업을 잇지 못하리라."**는 이복형제들의 저주가 떠올랐을 것이다. 그렇게 기가 막힌 세월을 통과했건만, 표면적으로는 이복형제들의 저주가 실현된 것으로 보였을 것이다. 태생(胎生)이 천한 놈은 뭘 해도 안 되는구나 싶었을 것이다. 하지만 어느 순간부터인가 회막에서 섬기는 딸아이의 얼굴에서 풍기기 시작한 기품에서 깨닫게 되었을 것이다. 눈에 보이는 육신의 아버지의 기업을 잇는 것이 아니라, 온 우주를 지으신 아버지의 상속자가 된 딸을 보았을 것이다. 온 우주를 지으신 하나님 아버지의 집에서 기업을 잇게 된 딸아이를 발견했을 것이다. 딸아이의 그러한 모습을 보고서 신앙이 깨어나지 않을 아비가 어디 있을까? 더군다나 평생을 치열하게 살아온 입다와 같은 인생이 어찌 딸아이의 그 모습에 변화되지 않을 수 있었을까? 이것이 바로 입다가 신앙에서조차 '큰 용사'가 된 과정이었을 것이다. **이것이**

바로 하나님께서 입다의 아픔을 표면적으로 외면한 이유였을 것이다. 그리고 이 과정이 바로 입다 그가 히브리서 11장 '믿음의 전당'에 오르게 된 과정이었을 것이다.

> 내가 무슨 말을 더 하리요 기드온, 바락, 삼손, **입다**, 다윗 및 사무엘과 선지자들의 일을 말하려면 내게 시간이 부족하리로다(히브리서 11:32)

마지막으로, 어떻게 이것들을 알 수 있냐고 묻는 사람들에게 해줄 수 있는 대답은 이것이다. 방금 한 말들은 성경에 기록되어 있지 않은 소설이 아니냐고 따지는 사람들에게 해줄 수 있는 대답은 이것이다. 그분을 깊이 사귀다 보면 알 수 있다. 그분의 가슴에 품은 아픔과 눈물을 나도 품고 있다면 알 수 있다. 그분이 우리의 아빠 아버지 되신 것을 안다면 알 수 있다. 그러한 하나님 아빠 아버지의 마음이 우리 모두의 마음이 되기를 기도하며 이 책을 마친다.

Gideon

Barak

Samson

Jephthah